두타초

이 책은 2016년도 정부(교육부)의 재원으로 한국고전번역원의 지원을 받아
수행된 '권역별거점연구소협동번역사업'의 결과물임.
This work was supported by Institute for the Translation of Korean Classics - Grant funded by the Korean Government.

한국고전번역원 한국문집번역총서 / 충남대학교 한자문화연구소

두타초 2

頭陀草

이하곤 李夏坤 지음

정만호 이재숙 오승준 옮김

일러두기

1. 이 책의 번역 대본은 한국고전번역원에서 간행한 한국문집총간 191집 소재《두타초(頭陀草)》로 하였다. 번역 대본의 원문 텍스트와 원문 이미지는 한국고전종합DB(http://db.itkc.or.kr)에서 확인할 수 있다.
2. 내용이 간단한 역주는 간주(間註)로, 긴 역주는 각주(脚註)로 처리하였다.
3. 한자는 필요한 경우 이해를 돕기 위하여 넣었으며, 운문(韻文)은 원문을 병기하였다.
4. 맞춤법과 띄어쓰기는 한글 맞춤법과 표준어 규정을 따랐다.
5. 이 책에서 사용한 부호는 다음과 같다.
   ( ) : 번역문과 음이 같은 한자를 묶는다.
   〔 〕: 번역문과 뜻은 같으나 음이 다른 한자를 묶는다.
   " " : 대화 등의 인용문을 묶는다.
   ' ' : " " 안의 재인용 또는 강조 문구를 묶는다.
   「 」: ' ' 안의 재인용을 묶는다.
   『 』: 「 」 안의 재인용을 묶는다.
   《 》: 책명 및 각주의 전거(典據)를 묶는다.
   〈 〉: 책의 편명 및 운문·산문의 제목을 묶는다.

차례

두타초 제3책

시詩

두타초 제4책

시詩

동유록東游錄

두타초 제5책

시詩

동유록東游錄

두타초

제3책

詩시

명중[1]이 보내온 시의 운에 맞춰 짓다

次明仲寄示韻

거친 태도 남들과 어긋남 잘 아노니　深知狂態與人乖
종일 문 닫아 두어 푸른 이끼 자라네　盡日關門長綠苔
지팡이 짚고 산 바라보며 유유자적하지만　杖外看山聊自得
우중에 밥 싸올 사람 누가 있으랴[2]　雨中裹飯有誰來
무더위에 책보며 누워 있을 뿐　只堪苦熱攤書臥
그윽한 회포를 그대에게 펼치기 어렵구나　難把幽懷向汝開
날 개면 나귀 타고 가려니　會待新晴跨驢去
대숲 그늘 시원한 곳에서 술이나 나누세　竹陰涼處對含杯

1 명중(明仲) : 오진주(吳晉周, 1680~?)로, 본관은 해주(海州), 자는 명중, 호는 무위재(無爲齋)이다. 김창협(金昌協)의 《농암집(農巖集)》 권27 〈망녀오씨부묘지명(亡女吳氏婦墓誌銘)〉에 "수양 오진주 명중의 처 안동 김씨는 농암거사의 딸이다.〔首陽吳晉周明仲妻, 安東金氏, 農巖居士女也.〕"라고 하였으므로, 오진주가 김창협의 사위임을 알 수 있다.

2 우중(雨中)에……있으랴 : 찾아올 사람이 아무도 없다는 말이다. 《장자(莊子)》 〈대종사(大宗師)〉에 "자여와 자상이 친구로 지냈는데, 장맛비가 열흘이나 계속되자, 자여가 말하기를 '자상이 거의 병들었겠구나.' 하고 밥을 싸 들고 가서 먹였다.〔子輿與子桑友, 而霖雨十日, 子輿曰, 子桑殆病矣, 裹飯而往食之.〕"라는 내용이 있으므로, 이를 원용하였다.

가을밤에 일원[3]에게 들렀는데, 사포서의 숙직 날이라 만나지 못하였다. 서글픈 마음에 적다

秋夜步過一源 値圃直不遇 悵然有述

저녁 무렵 동쪽 이웃에 들렀더니	步屧東隣暮過遲
쓸쓸한 버들 그림자가 서재를 가렸네	蕭蕭柳影掩書帷
가련하다 추운 관청에서 연일 숙직하니	獨憐冷署連宵直
찬 등불 아래 담소 나누지 못하게 되었네	已失寒燈一話期
그윽한 달은 의자 매단 곳[4]에 뜨려 하고	幽月欲生懸榻處
지팡이 짚고 선 때에 슬픈 벌레 소리 울리네	悲蟲互答倚笻時
알겠다 그대는 이 밤에 홀로 누워서	知君此夜還孤臥
오래된 정원의 가을 풍경을 시에 담겠지	老圃秋容盡入詩

3 일원(一源) : 이병연(李秉淵, 1671~1751)으로, 본관은 한산(韓山), 자는 일원, 호는 사천(槎川)·백악하(白嶽下)이다. 1706년(숙종32) 8월에 사포서 봉사(司圃署奉事)에 임명되었다.

4 의자 매단 곳 : 후한(後漢)의 진번(陳蕃)이 다른 손님은 일체 접대하지 않았는데, 서치(徐穉)만 오면 특별히 의자 하나를 내려놓고 환담을 하다가 그가 가면 다시 올려놓았다는 현탑(懸榻)의 고사가 전한다. 《後漢書 卷53 徐穉列傳》 저본에는 懸塌으로 되어 있으나, 의미를 고려하여 수정하였다.

중추절 밤에 달빛이 매우 고왔다. "일년명월금소다"[5]를 운자로 삼아 짓다

仲秋夜月色甚佳 以一年明月今宵多爲韻賦此

바람과 이슬이 세상에 가득한데	風露浩已盈
달빛이 다시 희고 깨끗하다	月華復皎潔
숲이 맑은 거울에 담긴 듯	林樹涵淸鏡
맑고 밝아 터럭까지 비치네	澄明鑑毫髮
은하수는 맑고 얕게 비꼈고	河漢自淸淺
뜬구름이 때때로 엉겨 붙네	浮雲時點綴
그동안 본 광경 가운데	蓄眼閱光景
이것이 가장 아름다운 경치로구나	奇觀此第一

평생 산수를 사랑하여	平生愛丘壑
마음으로 감상하며 홀로 상쾌했네	心賞獨泠然
매번 고운 달 떠오르면	每當好月來
우리 고향 생각 간절했지	憶我舊林泉
세상 밖에서 이 밤 만나니	世外得此宵
맑은 빛 곱절이나 어여쁘네	淸光倍娟娟
어이할까 청령대[6]	奈何淸泠臺

5 일년명월금소다(一年明月今宵多) : "일 년 가운데 오늘 밤 달빛이 가장 밝네."라는 의미로, 한유(韓愈)의 시에 보인다. 《韓昌黎集 卷3 八月十五夜贈張功曹》

너와 헤어진 지 일 년 되었구나 別汝今一年

지난날 군산[7]과 함께 往者與君山
외로운 배로 달빛 거슬러 갔었지 孤舟泝月行
술에 취해 맑은 노래 번갈아 부르며 醉後迭淸歌
우러러 북두칠성 바라보았지 仰視斗柄橫
아아 십 년 사이에 嗚乎十年間
생사 갈렸으니 마음 아파라 存沒傷我情
삼주[8]에 낚싯배 있지만 三洲有釣艇

6 청령대(淸泠臺) : 이하곤의 《두타초(頭陀草)》에 여러 번 등장하는 이름이다. 특히 《두타초》 책4 〈초평이십오영(草坪二十五詠)〉에 청령대가 포함된 것으로 보아, 청령대는 현재의 충청북도 진천군 초평면 용정리에 있었던 것으로 보인다. 또 책4 〈사군부조대지승우시일률봉화(使君賦釣臺之勝又示一律奉和)〉의 원주(原註)에 "청령은 낚시터의 이름이다.〔淸泠卽釣臺之號〕"라고 한 것으로 보아 청령대는 낚시터로 사용했던 바위임을 알 수 있다.

7 군산(君山) : 김숭겸(金崇謙, 1682~1700)으로, 본관은 안동(安東), 자는 군산, 호는 관복암(觀復菴)이다. 농암(農巖) 김창협(金昌協)의 아들이다. 《渼湖集 卷15 先府君墓誌》

8 삼주(三洲) : 경기도 남양주시 지금동의 석실서원(石室書院) 앞쪽에 있는 세 개의 모래톱을 가리킨다. 김창협(金昌協)의 《농암집(農巖集)》 권36 〈연보 하(年譜下)〉에 "8월에 삼주에 거처를 정했다.〔八月, 定居于三洲.〕"라고 하였는데, 그 아래에 "석실서원의 주변 산수가 깨끗하게 탁 트여 한가로이 거처하며 늘 학문에 힘쓰는 즐거움이 제법 있었기 때문에, 마침내 그곳에 거처를 정한 것이다. 몇 칸짜리 사랑채를 지어 거처하면서 삼산각이라는 편액을 달았으며, 앞에 모래톱 세 개가 있기 때문에 그곳을 또 삼주라고 명명하였다.〔且以石室書院, 江山淸曠, 頗有齋居藏修之樂, 遂定居焉. 作外軒數楹以處焉, 扁曰三山閣. 前有沙渚三, 故又命其地曰三洲.〕"라고 하였다. 《두타초》에서는 김숭겸의 거처를 가리키는 말로 사용되었다.

여울의 달빛만 부질없이 밝네　　灘月空自明

빙설 같은 자태의 항아는　　嫦娥氷雪姿
흰 은궐에 있을 만하지만[9]　　合在白銀闕
고토는 무슨 물건이기에　　顧兎復何物
예부터 이곳에 굴을 만들었나[10]　　終古此營窟
하늘하늘 대지에 그림자 드리워도　　婆娑大地影
누가 계수나무 꽃이 피었다고 의심하랴　　孰疑桂花發
조용한 읊조림 속에 지극한 이치 헤아리며　　沈吟推至理
이리저리 밝은 달빛 아래 거니노라　　徘徊步明月

지난 해 오늘 밤 달 떴을 때　　去歲今夜月
나는 소금산[11]에 있었지　　我在金山岑

9 항아(嫦娥)는……만하지만 : 항아는 달에 살만하다는 말이다. 항아는 본래 후예(后羿)의 처인데, 남편이 서왕모(西王母)에게서 얻은 불사약을 몰래 훔쳐 먹고 달 속으로 도망쳤다는 전설이 전한다. 일반적으로 달을 가리키는 말로 사용된다. 《搜神記 卷14》 은궐(銀闕) 역시 달의 이칭(異稱)이다.

10 고토(顧兎)는……만들었나 : 달에 토끼가 산다는 전설이 있기에 한 말이다. 《초사(楚辭)》 〈천문(天問)〉에 "달에게는 무슨 덕이 있기에 죽었다가 곧 살아나는가. 그 속에는 무슨 이로움이 있기에 돌아보는 토끼가 뱃속에 있는가.〔夜光何德, 死則又育. 厥利維何, 而顧兎在腹.〕"라고 하였다.

11 소금산(小金山) : 금산(金山)은 소금산을 가리키는 것으로 보인다. 이하곤의 《두타초(頭陀草)》 책1 〈홍군여관……(洪君汝寬……)〉에 "사담의 눈 속 봉우리 떠오른다〔遙憶沙潭雪裡峯〕"라는 구가 있는데, 그 아래에 "사담은 소금산 아래에 있다. 이곳에 우리의 별업이 있다.〔沙潭在小金山下, 是吾家別業.〕"라는 소주(小注)가 있다.

찬 이슬 내릴 때 산발한 채　　散髮涼露下
홀로 계수나무 숲에 누웠는데　　獨臥叢桂林
솔바람과 시냇물이　　松風與澗水
시원하게 화음을 이루었지　　泠泠自成音
한번 흰 구름과 이별하고서　　一別白雲來
그리움 지금까지 이어지네　　相思遂至今

당나라 황제가 옛날 술법을 좋아하여　　唐皇昔好術
은빛 다리로 높은 하늘을 올라갔다가[12]　　銀橋躡絳霄
아득한 노주의 밤에　　迢迢潞州夜
바람 맞으며 옥퉁소를 불었다지[13]　　臨風發玉簫
기이한 일 참으로 허황하니　　異事誠怳惚
한바탕 웃음으로 적막함 깨노라　　一笑破寂寥
훌륭하다 매숙의 말이여　　壯哉枚叔語
고상한 생각이 오늘 밤 격동하네[14]　　遐思激今宵

12 당(唐)나라……올라갔다가 : 당 현종(玄宗)이 중추절에 달을 감상하고 있었는데, 도사(道士) 나공원(羅公遠)이 공중을 향하여 지팡이를 던지자, 그 지팡이가 은빛의 다리로 변하였다. 이에 현종이 나공원과 함께 월궁(月宮)에 올라 선녀들의 춤을 구경하고 〈예상우의곡(霓裳羽衣曲)〉을 듣고 돌아왔다는 전설이 전한다. 《神仙感遇傳》

13 아득한……불었다지 : 당 현종이 월궁에 갔다가 돌아와 노주(潞州)를 지나는데, 성 위에서 내려다보니 성곽이 고요하고 달빛이 대낮처럼 밝았다. 이에 섭법희(葉法喜)가 현종에게 옥적(玉笛) 연주를 청하였는데, 옥적이 마침 현종의 침전(寢殿)에 있었다. 이에 섭법희가 사람을 시켜 가져오게 하자, 곧바로 가지고 왔다. 현종이 연주를 마치고 금전(金錢)을 성에 던지고 돌아왔다는 고사가 전한다. 《山堂肆考 卷12 投錢》

14 매숙(枚叔)의……격동하네 : 매숙은 한(漢)나라의 시인 매승(枚乘)의 자이다. 그

달 마주하고 술 마주했으니　對月復對酒
마시지 않고 어찌하랴　不飮其若何
백 년도 안 되는 인생살이　人生百年內
세월은 동쪽으로 흐르는 물 같아라　流光東逝波
얼큰히 취해 귀가 뜨거워진 후에　酒酣耳熱後
하늘을 우러르며 긴 노래 부르니　仰天一長歌
별들은 나를 위해 높이 떴고　衆星爲我高
달빛도 나를 위해 밝구나　月色爲我多

의 〈칠발(七發)〉에 "장차 팔월 보름날에 여러 공후 및 먼 지역에서 사귄 형제들과 함께 광릉의 곡강으로 물결을 구경하러 갈 것이다.〔將以八月之望, 與諸侯遠方交遊兄弟, 竝往觀濤于廣陵之曲江.〕"라고 하였다. 여기서는 이 말을 인용하여 여러 지인(知人)들과 함께 달구경을 가고 싶은 감회를 읊은 것이다.

가을 창가

秋牕

가랑비가 부슬부슬 내려	小雨還蕭瑟
가을 창에 새벽 밝아 오지 않네	秋牕耿不晨
가을벌레 부질없이 울어대고	寒蟲空自語
국화도 이미 피었으리	黃菊已應新
티끌세상에 본래 일 많으니	塵世元多故
시내와 산도 나를 비웃는구나	溪山亦笑人
고향 동산의 솔과 대 그리워	故園松竹意
돌아가고픈 꿈 매번 이어지네	歸夢每相因

한강 가에서 배를 타고 구호로 올라가다

自漢皐 舟上鷗湖

선명한 단풍나무 숲 언덕 사이로	歷歷楓林岸
흔들흔들 석양에 배 타고 가노라니	搖搖落日船
누대는 높은 바위 끝에 외로이 섰고	樓孤危石角
하늘은 몇몇 배들 앞에 넓게 펼쳐졌네	天闊數帆前
가을 물 차가워 더욱 푸르고	秋水寒愈碧
모래톱 저물녘에 다시 둥글어라	沙洲暮更圓
앉아서 갈매기와 해오라기 바라보니	坐看鷗鷺意
돌아갈 흥취 더불어 한가롭네	歸興與翛然

장차 인천 종모님의 장례에 가려고 새벽에 오리촌을 출발하다

將赴仁川從母葬 曉發梧里村

새벽 기운 완연하고 시내 가득 서리 내려	曉氣森森霜滿溪
찬 물줄기가 우거진 숲 서쪽에 아른대네	寒流明滅亂林西
별과 달 따라 오솔길 가는데	但隨星月還微逕
인가가 있는지 멀리서 닭 울음 문득 들리네	似有人家忽遠鷄
황량한 산 지나려니 온통 아득하고	過去荒山渾莽蒼
먼 숲 바라보니 문득 희미하네	望來遙樹却凄迷
안장에 앉아 졸며 무료하기 짝이 없는데	憑鞍倦睡渾無賴
어느새 새벽 까마귀가 말 옆에서 우는구나	已復晨鴉傍馬啼

번포에서 밤에 앉아 여러 사람들과 시를 짓는데 소 자를 얻었다

樊圃夜坐 同諸子賦 得宵字

당시 박성적(朴聖適)[15]이 새로 구호(鷗湖)로부터 도착하였다.

숲 어둡고 마을 쓸쓸하며	林暝村蕭瑟
등불 차갑고 산 적막한데	燈寒山寂寥
몇 사람이 와서	能來有數子
한바탕 웃으며 긴 밤을 함께 지새우네	一笑共長宵
두 동이 술 마시며 시 짓는데	朋酒詩篇得
풍상 속에 세월 저물어 가네	風霜歲月遙
이제부터 함께 이불 덮고 자리니	從今聯被宿
다시 부르는 수고 필요치 않네	更不費招邀

15 박성적(朴聖適) : 박필재(朴弼載, 1688~1750)로, 본관은 반남(潘南), 자는 성적, 호는 영천(泠泉)이다. 《雙溪遺稿 卷7 大司諫朴公墓表》

붙임 백기[16]・재창[17]・성적・군서[18]・김이태의 시

한강 너머에서 친구들 만나　得友江漢外
등불 걸고 적막한 밤 보내네　懸燈寂寞宵
차가운 집에서 비로소 한 번 웃고　寒齋始一笑
열흘 동안 길게 노래하니　十日只長謠
외로움이 어찌 찾아오랴　蕭瑟何由到
근심걱정 절로 사라지네　憂愁自爾消
동쪽 숲 더욱 깨끗하니　東林更淸絶
지팡이 짚고 함께 거닐리라　杖屨與逍遙

위는 최백기(崔伯幾)의 시이다.

그윽한 집에 어느덧 세밑 다가와　幽居已歲暮
등불 아래 참으로 쓸쓸한데　燈火正蕭蕭
좋은 벗과 미리 약속해서　好友有前約
덧없는 인생 이런 밤을 보내네　浮生得此宵
가랑눈 내리는 외로운 마을 고요하고　微雪孤村靜
차가운 구름 걸린 몇 나무 아득하다　寒雲數樹遙

16　백기(伯幾) : 최수철(崔守哲, 1683~1712)로, 본관은 전주(全州), 자는 백기, 호는 청령자(淸泠子)이다. 최명길(崔鳴吉)의 현손(玄孫)이다.《明谷集 卷27 宗孫守哲墓誌銘》

17　재창(載昌) : 이하곤의 막내아우 이명곤(李明坤, 1685~?)이다.

18　군서(君敍) : 이석구(李錫九, 1678~1720)로, 본관은 전주(全州), 자는 군서이다.《歸鹿集 卷14 李君敍墓表》

새 시를 술병 앞에서 지으며 新詩當尊酒
애오라지 무료함 달래노라 聊可慰寂寥

위는 재창(載昌)의 시이다.

파리한 말 타고 차가운 강 너머로 羸馬寒江外
은근히 멋진 초대에 달려와 殷勤赴勝招
사립문에서 한바탕 웃고 荊扉還一笑
등불 아래 긴 밤 함께 지새우네 燈火共長宵
산에 눈 내려 쓸쓸한 소리 듣고 山雪聽蕭瑟
시골 막걸리로 적막함 달래노라 村醪慰寂寥
함께 만나 세모의 마음에 相看歲暮意
숲 자락을 함께 소요하네 林下與逍遙

위는 박성적(朴聖適)의 시이다.

그윽한 집에서 좋은 벗 만나 幽齋逢好友
탁주 마시며 추운 밤 위로하네 濁酒慰寒宵
한 방에 등불 고요히 빛나고 一室燈火靜
한겨울에 눈보라 아득히 날리네 三冬風雪遙
시가 응당 나의 병을 낫게 하리니 詩應寬我病
봄이 이미 매화 가지에 이르렀네 春已到梅梢
함께 동쪽 숲에 달 오르기 기다리려 共待東林月
가만히 읊조리며 조용히 앉았노라 沈吟坐寂寥

위는 최군서(崔君敍)의 시이다.

강가 누각에 벌써 서리 내려 江閣已霜露
나그네 마음 자못 쓸쓸한데 客懷頗寂寥
벗이 빈 골짝에 들러 주니 有朋過空谷
반갑게 맞이하여 밤새 담소 나누네 握手話長宵
몇 사람이 자세히 문장 논하다가 數子論文細
황량한 마을에서 술 사오네 荒村得酒遙
밤 깊어 외로운 달 떠오르니 夜深孤月上
맑은 그림자가 숲 끝에 어지러이 아른댄다 淸影亂林梢

위는 김이태(金以泰)의 시이다.

자리를 파하고 돌아갈 때 써서 여러 벗들에게 보여 주다
將罷歸 書示諸友

당시 박성적(朴聖適)[19]이 또 뒤늦게 도착하여 고작 이틀만 머물다가 갔다.

그대와 만나 고작 이틀 보냈는데	與汝相逢只二日
책 상자 들고 다시 도성으로 돌아가네	書箱忽復漢城中
새 시는 이미 어여쁜 매화 놓쳤고	新詩已負梅花好
가랑눈이 도리어 세모를 재촉하네	微雪還催歲色窮
착잡하다 내일 아침 벗들과 이별할 텐데	錯莫明朝諸子別
쓸쓸히 오늘 밤 작은 화로 함께 쬐네	蕭條今夜小爐同
동이에 마땅히 새로 거른 술 있으리니	甕頭應有新芻酒
그대여 말 타고 동쪽 마을 찾아 주려는가	匹馬君能問巷東

19 박성적(朴聖適) : 박필재(朴弼載, 1688~1750)로, 본관은 반남(潘南), 자는 성적, 호는 영천(泠泉)이다. 《雙溪遺稿 卷7 大司諫朴公墓表》

눈 내리는 날 이청산 숙겸 의 집에 모여 명나라 율시의 운자[20]를 따서 입으로 부르다 무자년(1708, 숙종34)

雪日小集李青山 叔謙 家 拈明律韻口號 戊子

윤중화(尹仲和)[21]와 함께 짓다. 마땅히 위에 있어야 한다.

높은 누대에 마주 앉아 안개 낀 들판 바라보며	高軒對坐望烟郊
띠풀로 거른 술을 들고 마시네	入手新醪已縮茅
나무는 바람 일으켜 시든 잎 나부끼고	樹自吟風危葉動
하늘은 눈 내리려 언 구름 엉겼네	天方下雪凍雲苞
지친 말이 석양에 시름하든 말든	不妨倦馬愁斜日
다시 찬 까마귀가 저녁 둥지 정하는구나	復有寒鴉定暝巢
풍진세상 지금 한 번 웃기도 어려우니	塵世于今難一笑
그대들 오늘 밤을 쉬 보내지 마시게	諸君今夜莫輕抛

20 명(明)나라 율시의 운자 : 이하곤이 이 시에서 사용한 운자는 명나라 사람 이몽양(李夢陽)의 《공동집(空同集)》 권29에 수록된 〈출교(出郊)〉의 운자와 동일하다.

21 윤중화(尹仲和) : 윤순(尹淳, 1680~1741)으로, 본관은 해평(海平), 자는 중화, 호는 백하(白下)·학음(鶴陰)이다. 《白下集 附錄 行狀》

길을 가다가 김인수 군을 만났기에 적어 보여 주다

途中逢金君仁叟書示

김인수는 무인(武人)이다.

객지에서 김군 만나니	客裏逢金子
예전 얼굴 그대로인데	依然隔歲顏
그대는 백발 돋았고	君今生白髮
나는 청산 그리워하네	吾亦戀青山
돌을 찢는 노랫소리 괴롭고[22]	裂石歌聲苦
별을 쏘는 검기 한가롭다[23]	衝星劍氣閑
운정[24]에서 하룻밤 묵기를 기약하니	雲亭期一宿
그윽한 달이 사립문 비추리	幽月照柴關

22 돌을……괴롭고 : 피리소리가 구슬프다는 말인데, 여기서는 이하곤의 마음을 비유적으로 읊은 것이다. 열석(裂石)은 돌을 찢는다는 말이다. 무이산(武夷山)에 사는 은자(隱者) 유겸도(劉兼道)가 피리를 잘 불었는데, 그에 대해 "철적(鐵笛)을 잘 불었는데, 구름을 뚫고 돌을 찢는 소리가 난다."라고 하였다. 《晦庵集 卷9 鐵笛亭 小註》

23 별을……한가롭다 : 김인수가 뛰어난 재능을 지녔지만 그 능력을 펼치지 못하고 있음을 비유한 말이다. 진(晉)나라 때 장화(張華)가 예장(豫章) 사람 뇌환(雷煥)에게 두성(斗星)과 우성(牛星) 사이에 특이한 기운이 있는 것이 무엇을 의미하는지 물었다. 뇌환이 "그것은 보검(寶劍)의 정채가 하늘까지 닿았기 때문이며, 현재 예장 풍성에 있다."라고 대답하였다. 이에 장화가 그를 풍성 영(豐城令)으로 보내 그 보검을 찾게 하였더니, 감옥으로 사용했던 집터에서 석함(石函)이 하나 나왔고, 그 석함 속에 용천(龍泉)과 태아(太阿)라는 쌍검(雙劍)이 있었다고 한다. 《晉書 卷36 張華列傳》

24 운정(雲亭) : 《두타초(頭陀草)》 책4 〈초평이십오영(草坪二十五詠)〉에 열운정(悅雲亭)이 있으므로, 이하곤의 고향에 있던 이 정자를 가리키는 것으로 보인다.

삼가 옥오재[25] 선생의 증별시에 화운하다

敬和玉吾先生贈別韻

반평생 문장으로 부질없는 명성 얻었지만	半世雕蟲浪博名
실속 없어 많은 영재에게 부끄럽네[26]	居前糠粃愧群英
호서에서 질탕하게 삼 년 보냈는데	湖山跌宕三年得
경물 쓸쓸하고 팔월 기운 맑구나	風物蕭條八月淸
취한 뒤에 새 시를 감잎에 쓰고	醉後新詩題柿葉
등불 앞에 웃으며 기러기 소리 듣노라	燈前一笑聽鴻聲
내일 아침 채찍질해 돌아가리니	明朝又復揮鞭去
단풍 숲과 찬 구름에 이별하는 마음 서글프리	錦樹寒雲愴別情

병술년(1706, 숙종32)에 내가 회천(懷川)[27]에 들러 지금까지 3년이 되었기에 함련(頷聯)에서 언급하였다.

25 옥오재(玉吾齋) : 송상기(宋相琦, 1657~1723)로, 본관은 은진(恩津), 자는 옥여(玉汝), 호는 옥오재, 시호는 문정(文貞)이다. 이하곤의 장인이다.

26 반평생……부끄럽네 : 이하곤이 시문에 능하다는 명성을 얻었지만 실제와 달라 부끄럽다는 겸사이다. 조충(雕蟲)은 조충전각(雕蟲篆刻)의 준말로, 벌레 모양이나 전서(篆書)를 조각하듯이 미사여구로 문장을 꾸미는 작은 기예라는 뜻의 겸사이다. 비강(粃糠)은 쭉정이와 겨인데, 키질을 하면 알맹이는 뒤쪽으로 오고, 쭉정이는 앞쪽으로 날아가기 때문에 하찮은 재주나 헛된 명성을 의미한다. 진(晉)나라 손작(孫綽)이 습착치(習鑿齒)와 함께 길을 갈 때, 손작이 앞서가면서 습착치를 돌아보고 말하기를 "곡식을 일면 자갈은 뒤에 남는다."라고 하니, 습착치가 대꾸하기를 "곡식을 키로 까불면 쭉정이는 앞으로 나간다."라고 했다는 고사가 전한다. 《晉書 卷56 孫楚列傳 孫綽》

27 회천(懷川) : 현재의 대전광역시 대덕구 회덕동에 있는 물 이름으로, 이하곤의 장인 송상기가 회덕에 거주하였다.

다시 한 수를 지어 남은 감회를 쓰다

又賦一首 以述餘懷

공의 부자는 아름다운 명성 있으니	公家父子有芳名
일찍 관직에 올라 준걸들 압도했지[28]	早歲青雲壓俊英
뛰어난 문장 석실에서 나왔고[29]	高世文章源石室
집안에 전하는 절조 쌍청을 계승했네[30]	承家節操繼雙淸
위상처럼 선조의 자취 이은 줄을 일찍 알았으니[31]	早知韋相能繩武

28 공(公)의……압도했지 : 송상기(宋相琦, 1657~1723)와 그의 부친 송규렴(宋奎濂, 1630~1709)이 일찍 조정에 출사하여 명성을 드날렸다는 말이다.

29 뛰어난……나왔고 : 석실(石室)은 석실서원(石室書院)으로, 김상용(金尙容)과 김상헌(金尙憲) 형제의 충절과 학덕을 기리는 서원이다. 따라서 이 구는 송상기와 송규렴의 학문 연원을 김상헌에게 두고 있는 것인데, 사실 송상기는 송시열(宋時烈)과 송준길(宋浚吉)에게 배웠다. 다만 송상기의 어머니 안동 김씨(安東金氏)가 김상헌의 손녀이므로 그 영향도 있었을 것이기에 이렇게 읊은 것으로 보인다. 《玉吾齋集 卷18 諡狀》

30 집안에……계승했네 : 송상기와 송규렴의 절조(節操)가 쌍청당(雙淸堂) 송유(宋愉, 1388~1446)를 계승했다는 말이다. 쌍청(雙淸)은 송유의 호이다. 그는 13세에 신덕왕후(神德王后) 강씨(姜氏)의 위패가 태조묘(太祖廟)에 부(祔)해지지 않자, 이를 한탄하는 글을 지어 올리고 관직을 그만두었다. 그가 회덕에 돌아와 학문에 정진한 이후, 은진 송씨(恩津宋氏)는 회송(懷宋)이라 일컬어질 만큼 이 지역과 깊은 연고를 가지게 되었다.

31 위상(韋相)처럼……알았으니 : 송상기가 부친 송규렴을 이어 재상이 된 것을 말한다. 위상은 한(漢)나라의 경학자(經學者) 위현(韋賢)을 가리킨다. 그는 네 아들을 모두 잘 가르쳤는데 특히 막내아들 위현성(韋玄成)은 위현을 이어 벼슬이 승상에 이르렀다. 《漢書 卷73 韋賢傳》 승무(繩武)는 선조의 발자취를 계승한다는 의미이다. 《시경》 〈하무(下武)〉에 "밝은지라 내세에서 그 선조의 발자취를 계승한다면, 아아 만년토록 하늘의

소옹만 명성 드날릴 뿐이겠는가[32] 肯使疏翁獨擅聲
장가든 지 십 년 세월 옥윤에 부끄러운데[33] 甥舘十年慙玉潤
새 시에 깊은 마음 부치려니 거듭 낯 뜨겁네 新詞重愧托深情

복을 받으리라.〔昭玆來許, 繩其祖武, 於萬斯年, 受天之祜.〕"라고 하였다.

32 소옹(疏翁)만……뿐이겠는가 : 송상기가 벼슬을 그만두고 초야로 돌아온 것을 말한다. 소옹은 한(漢)나라 난릉(蘭陵) 사람 소광(疏廣)으로, 자는 중옹(仲翁)이다. 그는 선제(宣帝) 때 황태자의 태부(太傅)로 있었는데, 5년이 지났을 무렵에 관직과 명성이 높아졌는데도 떠나지 않으면 후회할 일이 생긴다고 하면서 소부(少傅)로 있던 조카 소수(疏受)와 함께 고향으로 내려갔다.《漢書 卷71 疏廣傳》이 시는 앞의 시로 볼 때 1708년 무렵에 지어졌는데, 이 무렵 송상기는 부친 송규렴의 병간호를 위해 고향에 물러나 있었으며, 1707년(숙종33)에 충청 감사, 1708년에 청주 목사에 임명되었으나 부임하지 않았다. 또 1709년에는 부친의 상을 당하였다.《玉吾齋集 卷18 諡狀》한편 송상기는 아버지의 행적을 서술하면서 송규렴을 소광, 소수, 전약수(錢若水)에 비견된다고 말한 바 있다.《玉吾齋集 卷18 先府君行狀》

33 장가든……부끄러운데 : 이하곤이 송상기의 사위가 되었지만, 송상기의 인품을 제대로 본받지 못해 부끄럽다는 말이다. 진(晉)나라 위개(衛玠)가 악광(樂廣)의 딸에게 장가들자, 배숙도(裴叔道)가 "장인은 얼음처럼 맑고, 사위는 옥돌처럼 윤기가 난다.〔婦公氷淸, 女婿玉潤.〕"라고 찬탄한 고사가 전한다.《晉書 卷36 衛瓘列傳 衛玠》

남쪽 골짝에 눈 내리는 밤에 군형[34]이 들러 주니 반가웠다

정해년(1707, 숙종33)

南谷雪夜 喜君馨見過 丁亥

마땅히 위에 있어야 한다.

눈 쌓인 집 쓸쓸하고 등불만 밝은데　　雪屋蕭蕭燈火明
그대 만나 고향의 정 다 나누네　　逢君說盡故園情
여전히 한바탕 웃으며 운정[35] 마주했지만　　依然一笑雲亭面
아쉽게도 솔바람과 시냇물 소리 없구나[36]　　只欠松風與澗聲

34 이군형(李君馨) : 이하곤의 족제(族弟)인데, 인적 사항은 자세하지 않다.

35 운정(雲亭) : 이하곤의 고향에 있던 열운정(悅雲亭)으로 추정된다. 47쪽 각주24 참조.

36 아쉽게도……없구나 : 이하곤의 《두타초(頭陀草)》 책2 〈계미정월십사일야대설……(癸未正月十四日夜大雪……)〉을 보면 이군형이 이하곤의 집에 들른 적이 있음을 알 수 있는데, 당시 지은 시 가운데 "솔바람 소리와 시냇물 소리 맑게 들려온다.〔松風澗水聽冷然〕"라는 구가 있다. 따라서 이 구는 이군형이 전에 왔을 때와 달리, 지금은 솔바람 소리와 시냇물 소리가 들리지 않는다고 읊은 것이다.

고성 군수 박태성[37] 만사 무자년(1708, 숙종34)

朴高城 泰成 挽 戊子

목릉의 어진 부마들 가운데	穆陵賢駙馬
금양위를 제일로 꼽는데[38]	先數錦陽公
이처럼 훌륭한 자손 있으니	有此佳孫子
어찌 조부의 유풍 실추시키랴	寧隳乃祖風
부귀한 가문의 자제로도 나쁜 습관 없어	綺紈無習在
사람들에게 간격을 두지 않았지	畦畛向人空
만년에 제종들의 추앙 받았으니	晩得諸宗仰
우뚝 노나라 궁궐과 같으셨네[39]	巋然魯殿同

37 박태성(朴泰成) : 1643~1708. 저본(底本)에는 탈자(脫字)가 있으나, 《승정원일기》 숙종 33년 10월 20일 기사에 박태성을 고성 군수(高城郡守)에 임명한 기록이 있고 시의 내용 가운데 금양(錦陽)이 보이므로, 이러한 사실에 근거하여 바로잡았다. 박태성의 본관은 나주(羅州), 자는 집경(集卿)·학이(學而)이다. 금양위(錦陽尉) 박미(朴瀰, 1592~1645)의 손자이다. 1707년 고성 군수에 임명되었는데, 얼마 지나지 않아 병에 걸려 돌아왔고, 이듬해 7월 17일에 운명하였다. 《黎湖集 卷27 叔父高城郡守府君墓誌》

38 목릉(穆陵)의……꼽는데 : 목릉은 선조(宣祖)를 가리키므로, 선조의 부마들 가운데 금양위 박미를 가장 뛰어난 인물로 꼽는다는 말이다. 박미의 본관은 반남(潘南), 자는 중연(仲淵), 호는 분서(汾西)·수옹(睡翁)이다. 선조의 다섯째 딸 정안옹주(貞安翁主)와 혼인하여 금양위에 봉해졌다. 반남은 현재의 전라남도 나주시의 옛 이름이다. 《丈巖集 卷19 錦陽君朴公諡狀》

39 만년(晩年)에……같으셨네 : 박태성이 종인(宗人)들의 존경을 받았다는 말이다. 노전(魯殿)은 한(漢)나라 경제(景帝)의 아들 노공왕(魯恭王)이 산동(山東) 곡부현(曲

2

말세의 세태 아 이러한데	末俗嗟如許
오직 공만은 관후장자셨지	唯公長者人
담박하고 온화한데다 도기를 겸하였으며	沖和兼道氣
말하고 침묵하는 것을 본성대로 하였네	語默任天眞
세상살이 사물에 얽매이지 않았고	處世無攖物
벼슬하며 가난을 싫어하지 않았으니	爲官不厭貧
지금 침문에서 슬퍼함은	向來寢門慟
친분 때문만은 아니라네	非獨爲情親

3

도성 남쪽 댁에 들를 때마다	每趨南郭第
나를 반갑게 맞아 주셨지[40]	雙眼爲余靑

皐縣) 동쪽에 세운 영광전(靈光殿)을 가리키는데, 마지막으로 남은 원로 석학(碩學)이나 유현(儒賢)을 비유한다. 후한(後漢) 왕연수(王延壽)의 글에 "서경의 미앙궁과 건장궁으로부터 모든 궁전이 파괴되어 허물어졌지만, 영광전만은 우뚝 홀로 서 있었다.〔自西京未央建章之殿, 皆見隳壞, 而靈光巋然獨存.〕"라고 하였다.《東漢文紀 卷14 魯靈光殿賦序》 박필주(朴弼周)의 글에 "공은 이처럼 효성과 우애가 독실하였기 때문에, 무릇 모든 행실에 드러나는 것이 모두 이것을 따라 확대하여 종족을 사랑하고 향당의 사람들에게 신뢰를 받았으니, 한 번 공을 보면 충후하고 장덕한 인물임을 알았다.〔公之篤於孝友如是, 故凡其見于群行者, 皆率是推廣, 仁於宗族, 信於鄕黨, 一見而知其爲忠厚長德.〕"라고 하였다.《黎湖集 卷27 叔父高城郡守府君墓誌》

40 도성……주셨지 : 이하곤이 박태성의 집에 들를 때마다 박태성이 반갑게 맞이해 주었다는 말이다. 진(晉)나라 완적(阮籍)이 미운 사람을 만나면 백안(白眼)으로 보고, 반가운 사람을 만나면 청안(靑眼)으로 보았다는 고사가 전한다.《晉書 卷49 阮籍列傳》

가꾸는 화초에도 적절한 규모 있었고　花木存經濟
술을 본성대로 즐기셨지　壺觴適性靈
서풍에 새로 눈물 흘리는데　西風新涕淚
차가운 해가 옛 뜰 비추누나　寒日舊門庭
쓸쓸하게 남은 국화 떨기　蕭瑟餘叢菊
감상하는 이 없어도 홀로 향기롭다　無人獨自馨

4

내가 예전에 속리산 유람할 때　我昔俗離遊
공의 관아에 열흘 동안 머물며[41]　公衙十日留
외진 냉천으로 꽃 찾아가고　尋花冷泉僻
그윽한 옥계에서 폭포 구경했지[42]　觀瀑玉溪幽
일산 쓰고 봄 숲에 노닐고　冠蓋春天樹

41 내가……머물며 : 이하곤은 1703년(숙종29) 무렵 속리산을 유람하였는데, 당시 지은 시를 모아 엮은 것이 《두타초(頭陀草)》 책2의 속리록(俗離錄)이다. 그 가운데 〈영동현아잡영(永同縣衙雜咏)〉이 있는데, 그 아래에 "막내아우 재창이 처자를 데리고 장인 박씨 어른을 따라 이곳에 있었다.〔舍季載昌, 與其妻兒隨氷翁朴丈在此.〕"라는 기록이 있다. 이하곤의 막내아우 이명곤(李明坤)은 박태성의 맏사위이고, 박태성은 영동현감(永同縣監)을 역임하였으므로, 이하곤이 속리산 유람 뒤에 영동 관아에 가서 머물렀던 것이다.《黎湖集 卷27 叔父高城郡守府君墓誌》

42 외진……구경했지 : 이하곤이 영동에 머물렀던 때를 회상한 것이다. 냉천(冷泉)은 충청북도 영동군 황간면 원촌리에 있는 물 이름이다. 송시열(宋時烈, 1607~1689)이 한때 이곳에 머물며 작은 정사를 짓고 학문을 연구한 적이 있으며, 그를 제향하는 냉천서원(冷泉書院)이 있다. 또 영동군 심천면(深川面)에 높이가 20m 되는 기암절벽에서 떨어지는 수직 폭포가 있는데, 그 폭포의 이름이 옥계폭포(玉溪瀑布)이다.

생황 노래를 달밤 누대에서 즐겼지　笙歌夜月樓
서글피 지난날 돌이켜보니　悽然懷往迹
공의 멋진 풍류 더욱 애석하다　重惜好風流

5
영애를 내 아우에게 시집보내셨으니[43]　令愛歸予季
공을 내가 더욱 잘 알건만　知公我獨偏
관직은 겨우 군수에 그치고　官纔紆郡紱
향년도 일흔에 이르지 못하셨네　壽不到稀年
동쪽 골짝에 병든 몸으로 돌아왔는데　東峽初舁疾
남쪽 마을에 이미 묘소 정했네[44]　南鄉已卜阡
봄날 화수의 감회 일어　春來花樹感
부아악 앞에서 눈물 떨구네[45]　淚落負兒前

43 영애(令愛)를……시집보내셨으니 : 박태성은 2남 2녀를 두었는데, 장녀가 이하곤의 아우 이명곤과 혼인하였다. 박필주의 글에 "두 사위는 목사 이명곤과 사인 유운기이다.〔二女婿牧使李明坤士人兪運基〕"라고 하였다.《黎湖集 卷27 叔父高城郡守府君墓誌》

44 동쪽……정했네 : 박태성이 병든 몸으로 돌아오고 얼마 지나지 않아 운명하였다는 말이다. 박필주의 글에 "금천의 삼성산 아래 유좌의 등성이에 안장하였다.〔葬於襟川三聖山下坐酉之原〕"라고 하였는데, 삼성산은 서울특별시 관악구 신림동과 경기도 안양시 석수동에 걸쳐 있는 산이다.

45 봄날……떨구네 : 박태성을 애도하며 눈물을 흘린다는 말이다. 부아(負兒)는 부아악(負兒岳)으로, 삼각산(三角山)을 가리킨다.《신증동국여지승람》 권3 〈한성부(漢城府)〉에 "삼각산은 양주(楊州) 지경에 있다. 화산(華山)이라고도 하며, 신라 때에는 부아악이라 하였다."라고 하였다. 화수(花樹)는 친족의 모임을 의미한다. 당(唐)나라 위장(韋莊)이 화수 아래에서 친족들과 자주 술을 마셨는데, 잠삼(岑參)의 시에 "그대의

또 짓다

又

아버지를 대신해서 짓다.

공의 딸이 우리 집에 시집온 뒤로	自從公女入吾門
과갈의 정에다 세의까지 돈독했지[46]	瓜葛情兼世誼敦
고귀한 신분으로 겸손한 사람 어찌 쉬 만나랴	貴介謙沖那易得
대가의 풍운을 다행히 보존했네	大家風韻幸猶存
눈 내릴 때 선구에 부임했다가	仙區帶雪纔飛舃
매미 울 때 고향으로 혼 돌아왔네[47]	故里聞蟬竟復魂

집 형제를 당할 수 없나니, 열경과 어사와 상서랑이 즐비하구나. 조회에서 돌아와서는 늘 꽃나무 아래 모이나니, 꽃이 옥 항아리에 떨어져 봄 술이 향기로워라.〔君家兄弟不可當, 列卿御使尙書郎. 朝回花底恒會客, 花撲玉缸春酒香.〕"라고 하였다. 《古今事文類聚 後集 卷32 韋員外家花樹歌》

46 과갈(瓜葛)의……돈독했지 : 이인엽과 박태성이 사돈 관계일 뿐 아니라 세의(世誼)도 돈독한 사이였다는 말이다. 과갈은 덩굴이 뻗어서 서로 얽힌 외와 칡으로, 혼인으로 맺어진 관계를 뜻한다.

47 눈……돌아왔네 : 박태성이 고성 군수로 부임했다가 고향으로 돌아와 운명한 사실을 말한 것이다. 《승정원일기》 숙종 33년 11월 18일 기사에 "고성 군수 박태성이 하직했다."라는 기록이 있는 것으로 보아, 그가 한겨울에 고성으로 부임했음을 알 수 있다. 박태성은 고성에서 병에 걸려 고향으로 돌아와 1708년(숙종34) 7월 17일에 운명하였다. 《黎湖集 卷27 叔父高城郡守府君墓誌》 선구(仙區)는 선경(仙境)과 같은 말로 경치 좋은 고장을 뜻하는데, 여기서는 고성을 의미한다. 비석(飛舃)은 지방관을 의미한다. 후한(後漢)의 왕교(王喬)가 섭 현령(葉縣令)으로 있으면서 매월 삭망(朔望) 때마다 수레도 타지 않고 먼 길을 와서 조회에 참석하였다. 그것을 괴이하게 여긴 임금이 내막

예전에 심은 국화는 부질없이 활짝 피었건만　　舊種黃花空爛熳
다시 술동이 마련할 사람 없구나　　無人更理濁醪樽

을 알아보게 하니, 그가 올 때마다 오리 두 마리가 동남쪽에서 날아왔다. 그물을 쳐서 그 오리를 잡았는데, 바로 왕교의 신이었다는 고사가 전한다.《後漢書 卷112 方術列傳 王喬》

삼청동 연회 자리에서 좌주 강 상서의 운자에 맞춰 짓다[48]

三淸宴席上 次座主姜尙書韻

예전에는 은문에서 멋진 잔치 열었는데[49]	故事恩門卽勝筵
오래도록 사라져 벌써 많은 세월 흘렀네	從知曠廢已多年
우리의 이 모임을 모름지기 기록해야 하니	吾儕此會還須記
새로 지은 시로 선후배에게 자랑하려네	欲把新詩詑後先
삼청동의 모임 곧 곡강의 놀이인데[50]	三淸會是曲江遊
붉게 단풍 들고 노란 국화 핀 늦가을이네	赤葉黃花又暮秋
다시 누가 있어 멋진 일 만들까	更有何人修勝事
뒷날 마땅히 이 풍류 말하리라	他年應說此風流

48 삼청동(三淸洞)……짓다 : 이 시는 다음 시와 연관 지어 볼 때, 이하곤과 함께 진사시에 합격한 사람들이 모여 연회를 열었을 때 지은 작품이다. 이하곤은 1708년(숙종34) 진사시에 장원으로 합격하였다. 삼청동은 서울특별시 종로구에 있다.

49 예전에는……열었는데 : 이 시의 제목에 좌주(座主)라 하였고, 이 구에서 은문(恩門)이라 하였는데, 이는 모두 과거 시험을 볼 때 시험관을 가리키는 말이다. 따라서 이 구는 문생(門生)들이 좌주를 모시고 연회하는 전통이 있었음을 말한 것이다.

50 삼청동의……놀이인데 : 자신들이 삼청동에서 동방연(同榜宴)을 열고 있다는 말이다. 당(唐)나라 때 진사과에 급제한 이를 위해 곡강(曲江)에 있는 정자에서 연회를 베풀었으므로, 이를 곡강회(曲江會) 또는 곡강연(曲江宴)이라 하였다.《歲華紀麗》

다음 날 다시 삼청동에 모여 앞의 운자에 맞춰 동방의 여러 사람들과 연구로 짓다[51]

翌日復會三淸洞 與諸同年聯句 次前韻

어제 남은 술로 다시 이 자리 여니 _군경(君敬)	昨日餘樽更此筵
멋진 동방 모임 또 올해에 갖게 되었네 _재대(載大)	同年佳會又今年
어찌 곡강의 멋진 일만 아름다우랴[52] _사관(士寬)	曲江勝事那專美
성대의 영광 양보하지 않노라 _국보(國甫)	聖代恩光不讓先

오늘 유흥이 어제와 어떠한가 _재대(載大)	今日何如昨日遊
국화 피고 단풍 물든 가을 정취 같구나 _일지(一之)	菊花楓葉一般秋
술잔 들고 정겨운 이야기 나누며 _군경(君敬)	含杯共接慇懃話
추운 날 앉았노라니 달도 지려 하네 _사관(士寬)	坐到寒天月欲流

51 다음 날……짓다 : 1708년(숙종34) 이하곤과 함께 진사시에 합격한 사람들이 모임을 갖고 지은 것이다. 동년(同年)은 함께 급제한 사람들을 가리키는 말로, 동방(同榜)과 같다. 이 작품에서 국보(國甫)는 조관빈(趙觀彬, 1691~1757), 재대(載大)는 이하곤, 일지(一之)는 윤최적(尹最績), 군경(君敬)은 이일제(李日躋, 1683~1757), 사관(士寬)은 김담(金墰, 1678~1743)의 자이다.

52 어찌……아름다우랴 : 자신들의 동방연(同榜宴)이 당(唐)나라의 곡강연(曲江宴)에 비견될 수 있다는 말이다. 58쪽 각주50 참조.

연구로 짓는데 또 군 자를 얻었다[53]

聯句 又得君字

앞에 있는 쭉정이 제군에게 부끄러운데 _재대(載大) 居前糠粃愧諸君

우리들 되레 그 향기 따름 기뻐하네[54] _군경(君敬) 吾輩猶欣躡後芬

멋진 모임을 국화 핀 계절에 여니 _자후(子厚) 勝集政當黃菊節

화려한 자리에 비단 치마 필요 없네 _일지(一之) 華筵不用紫羅裙

저물도록 노래하며 돌아감도 잊은 채 _사관(士寬) 笙歌侵暮渾忘返

시와 술 즐기며 헤어지기 아쉬워하네 _국보(國甫) 詩酒傾歡故惜分

촛불 잡고 노닒 참 즐거우니 _덕망(德望) 秉燭留連眞樂事

풍류 있는 이런 모임 전에도 드물었지 _재대(載大) 風流此會罕先聞

53 연구(聯句)로……얻었다 : 이 작품에서 자후(子厚)는 이진순(李眞淳, 1679~?), 덕망(德望)은 최치중(崔致重, 1672~?)의 자이다. 나머지 인물은 59쪽 각주51 참조.

54 앞에……기뻐하네 : 이하곤이 장원한 것에 대해 겸사로 읊자, 이일제가 이하곤과 함께 진사시에 합격한 것을 기쁘게 생각한다고 말한 것이다. 강비(糠粃)는 하찮은 재주를 의미한다. 48쪽 각주26 참조.

가을날의 감회
秋懷

서울에서 삼 년간 얼굴에 먼지 뒤집어쓰며	京洛三年面撲塵
산림으로 오래도록 돌아가지 못했구나	山林長作未歸人
갈바람에 국화도 쉬 시들고	秋風容易黃花老
어지러운 세상사에 백발만 늘어나네	世事繽紛白髮新
조용할 틈 없어 시 짓기도 그만두고	難得從容詩亦廢
답답함 달래려 술만 가까이 하네[55]	須澆塊磊酒相親
남아는 덧없는 명성에 얽매이지 않는 법	男兒不受浮名縛
금계[56]로 가서 여생 마치리라	定向金溪了此身

55 답답함……하네 : 술로 답답한 마음을 달랜다는 말이다. 유의경(劉義慶)의 《세설신어(世說新語)》 〈임탄(任誕)〉에 "완적은 마음이 불평스러웠기 때문에 술로 씻어내야 했다.〔阮籍胸中壘塊, 故須酒澆之.〕"라는 말이 있다.

56 금계(金溪) : 《두타초(頭陀草)》 책1에 〈침우담은 진천현 남쪽 10여 리 쯤에 있다.……금계와 석탄의 물이 대 아래에 합쳐져서 큰 못을 이루는데……〔沈牛潭在鎭川縣南十餘里……金溪石灘之水 合流滙于臺下 成巨潭……〕〉라고 하였으므로, 이하곤의 고향에 있는 물 이름임을 알 수 있다.

홀로 앉아서

獨坐

아침 내내 홀로 앉아 길게 탄식하니	終朝獨坐自長嘆
성성한 백발만 관을 비추네	白髮蕭蕭已映冠
가을 내내 좋은 일 없어	只是一秋無好緖
부질없이 국화떨기만 마주하고 있노라	空餘叢菊覯相看
산림으로 언제나 돌아갈까	山林能得幾時去
비바람이 어젯밤에 차갑게 내렸지	風雨更從前夜寒
늙어가며 스산한 가을 분위기[57] 견디기 어려운데	向晩不堪搖落意
변방 기러기마저 먼 구름 가를 날아가네	塞鴻飛過遠雲端

57 스산한 가을 분위기 : 요락의(搖落意)는 가을에 숙살지기(肅殺之氣)가 왕성하여 나뭇잎이 다 떨어지는 쓸쓸한 분위기를 의미한다. 초(楚)나라 시인 송옥(宋玉)의 〈구변(九辯)〉에 "슬프다, 가을 기운이여. 쓸쓸하게 초목은 바람에 흔들려 땅에 떨어지고 쇠한 모습으로 바뀌었도다.〔悲哉秋之爲氣也, 蕭瑟兮, 草木搖落而變衰.〕"라고 하였다.

거듭 군 자 운으로 지어서 여러 동년들에게 부쳐 보여 주다[58]

復疊君字 寄示諸同年

멋진 자리에서 동년들과 취해	留醉華筵共數君
맑은 시 읊고 나니 입 안 가득 향기 났지	淸詩吟罷頰生芬
재인들의 훌륭한 문장 보기 좋았는데	耽看才子交龍筆
어찌 미인들의 나비 무늬 치마 떠올리랴	豈戀佳人簇蝶裙
길 메운 생황 노래 달을 흔들어 지게 하고	擁路笙歌搖月落
성 채운 등불 찬란한 별빛 같았지	滿城燈燭燦星分
그 풍류 앵도연 못지않았으니[59]	風流不減櫻桃宴
이제부터 문단에서 기이한 일로 기억하리	從此詞林記異聞

위는 사실을 기록한 시이다.

과장의 명성 누가 그대를 압도할까	場屋聲名孰揜君
다행히 은문 잔치에서 맑은 향기에 젖었네[60]	幸從恩宴襲淸芬

58 거듭……주다 : 이하곤과 함께 1708년(숙종34) 진사시에 합격한 사람들에게 보낸 시인데, 앞의 삼청동(三淸洞) 모임 때 지은 시와 관련이 있다. 동년(同年)은 과거에 함께 합격한 사람을 가리키는 말로, 동방(同榜)과 같은 의미이다.

59 그……못지않았으니 : 동방한 사람들이 삼청동에서 가진 모임이 앵도연(櫻桃宴)에 비견될 만하다는 말이다. 《당척언(唐摭言)》에 의하면, 유담(劉覃)이 처음 급제하고 나서 공경(公卿)들을 모아 놓고 앵두를 많이 가져다가 잔치를 크게 베풀었던 데서 유래하여, 진사(進士)에 급제한 사람들에게 베풀었던 연회를 앵도연이라 하게 되었다고 한다.

취한 손님 시 완성하자 붓에서 구름 피어났고	詩成醉客雲生筆
아리따운 여인 춤 마치자 달이 치마 비추었지	舞罷妖童月照裙
호박 술잔으로 연벽들이 마시고[61]	琥珀杯傳聯璧飮
부용지에 써서 한 자리의 사람들 나누어 가졌네	芙蓉牋得一筵分
우리들의 이 모임 끝내 사라지게 할 수 없으니	吾儕此會終難泯
영원히 미담으로 전해지리라	留作千秋勝話聞

위는 일지(一之) 윤최적(尹最績)[62]에 관한 시이다.

지금 세상에 마음 알아주는 이는 그대뿐인데	今世知心獨有君
이어진 가지와 아가위꽃 다시 향기롭네[63]	連枝棣蕚更芳芬

60 다행히……젖었네 : 이하곤이 동방연(同榜宴)에서 윤최적(尹最績)을 만나 그의 인품에 영향을 받았다는 말이다. 은연(恩宴)은 좌주(座主)를 모시고 문생(門生)들이 여는 잔치로, 여기서는 삼청동에서 열었던 잔치를 가리킨다. 58쪽 각주50 참조.

61 호박(琥珀)……마시고 : 삼청동의 모임에서 동방(同榜)한 사람들과 나란히 술을 마셨다는 말이다. 연벽(聯璧)은 두 구슬이 서로 연했다는 말로, 둘이 똑같이 아름답다는 표현이다. 《진서(晉書)》 권55 〈하후담열전(夏侯湛列傳)〉에 "담(湛)은 풍채가 아름다우며 반악(潘岳)과 더불어 사이가 좋아, 나가면 수레를 함께 타고 앉으면 자리를 같이하니, 서울 사람들이 연벽이라 칭하였다."라고 하였다. 후대에는 주로 뛰어난 형제를 가리키는 말로 사용되었는데, 동방한 사람을 가리키기도 한다.

62 윤최적(尹最績) : 본관은 칠원(漆原), 자는 일지(一之)이다. 1708년(숙종34) 진사시에 합격하였다.

63 이어진……향기롭네 : 이 시는 이진순(李眞淳)을 대상으로 한 것이고, 이 구는 이진순과 그의 형 이진원(李眞源)이 모두 훌륭한 인재라고 칭찬한 것이다. 이진원은 1699년(숙종25) 기묘 증광시(增廣試)에서 진사에 합격하였다. 체악(棣蕚)은 《시경》 〈상체(常棣)〉의 "아가위 꽃이여, 악연히 선명하지 않겠는가. 무릇 지금 사람들은 형제만한 이가 없느니라.〔常棣之華, 鄂不韡韡. 凡今之人, 莫如兄弟.〕"라고 한 데서 유래한

재명은 강령의 금꽃 두른 붓 같고[64] 才名江令金花筆
서법은 양가의 흰 비단 치마 같네[65] 書法羊家白練裙
안탑에 나란히 이름 오를 줄 생각도 못했는데[66] 鴈塔聯名曾不意
멋진 자리에서 함께 취하기까지 했네 華筵一醉與同分
삼엄한 도성에 달 떠올라도 돌아갈 줄 몰랐으니 嚴城月出渾忘返
둥둥 울리는 오고 소리 다시 들었지[67] 已復鼕鼕五鼓聞

말로, 형제의 우애를 의미한다. 그런데 원(元)나라 주백기(周伯琦)가 〈기사(紀事)〉라는 시를 지으면서 자주(自注)하기를 "또 세 집안의 형제가 잇따라 급제하였으므로, 체악방이라 불렸다.〔又有三家兄弟聯中, 號棣萼榜.〕"라고 한 데서 유래하여 형제가 함께 과거에 급제한 것을 의미하기도 한다.

64 재명(才名)은……같고 : 이진순의 문장 실력을 남조 양(南朝梁)의 문인(文人) 강엄(江淹)에 비유하여 기린 것이다. 강엄이 동무 령(東武令)을 지냈으므로 강령(江令)이라 부른다. 그는 문장가로 명성이 있었는데, 일찍이 야정(冶亭)에서 잠을 자다가 꿈을 꾸니, 곽박(郭璞)이라고 자칭하는 노인이 와서 "내 붓이 그대에게 가 있은 지 여러 해이니, 이제는 나에게 돌려다오." 하므로, 자기 품속에서 오색필(五色筆)을 꺼내 주었는데, 그 뒤로는 좋은 시문을 짓지 못했다는 고사가 전한다.《南史 卷59 江淹列傳》

65 서법(書法)은……같네 : 이진순의 뛰어난 서예 솜씨를 양흔(羊欣)의 고사에 비유하여 기린 것이다. 이진순은 서예에 뛰어나 〈삼진충의비(三陣忠義碑)〉, 〈사간박동현표(司諫朴東賢表)〉 등의 글씨를 남겼다. 양흔의 자는 경원(敬元)으로, 예서(隷書)에 뛰어났다. 진(晉)나라 왕헌지(王獻之)가 양흔을 찾아갔을 때 그가 낮잠을 자고 있었으므로, 그의 치마에 글씨를 써서 남겼던 고사가 전한다.《南史 卷36 羊欣列傳》

66 안탑(鴈塔)에……못했는데 : 이하곤이 이진순과 함께 진사시에 합격할 줄을 예상하지 못했다는 말이다. 안탑은 대안탑(大雁塔)을 가리키는데, 이 탑은 중국 자은사(慈恩寺) 안에 있는 7층 탑이다. 당(唐)나라 때 과거 급제자들의 이름을 여기에 써 넣었던 데서 유래하여 과거 급제를 의미하는 말로 사용되었다.

67 삼엄한……들었지 : 삼청동에서의 모임이 새벽까지 이어졌다는 말이다. 오고(五鼓)는 오경고(五更鼓)와 같은 말로, 닭이 울 무렵을 말한다.

위는 자후(子厚) 이진순(李眞淳)[68]에 관한 시이다.

그대처럼 젊어서 뜻 이룬 이 드무니 得意青春小似君
대가의 풍운 선대의 아름다움 계승했네 大家風韻繼先芬
이미 멋진 연회 주관하여 베풀고 已能張主陳華宴
놀이에 다시 수놓은 치마 좋아하지 않았네 不復留連愛繡裙
달 질 때까지 실컷 마시고 痛飮只須從月落
한밤중 되도록 시 지었지 題詩直欲到宵分
하찮은 과거 급제 그대에게 무슨 의미 있으랴 區區科第何關汝
아름다운 명성 영원히 전하기를 바라네 要使芳名百世聞

위는 국보(國甫) 조관빈(趙觀彬)[69]에 관한 시이다.

젊은 나이의 훌륭한 재능 그대가 가장 뛰어나니 妙歲才華最畏君
마음과 취향 같아 난초 향기에 젖었네 同心臭味挹蘭芬
다시 옛일 따라 멋진 잔치 열고 重修故事開芳讌
가을 숲 함께 감상하니 붉은 치마 같았지 共賞秋林賽茜裙
만 리의 차가운 소리가 기러기를 불어 일으키고 萬里寒聲吹鴈起
집집마다 비추는 달빛이 등불과 함께 분명하니 千門月色與燈分
술동이 앞에서 취하지 않고 어디로 가려는가 樽前不醉鄉何去

68 이진순(李眞淳) : 1679~? 본관은 전주(全州), 자는 자후(子厚), 호는 하서(荷書)이다.

69 조관빈(趙觀彬) : 1691~1757. 본관은 양주(楊州), 자는 국보(國甫), 호는 회헌(悔軒)이다.

새벽 종소리를 나그네가 듣지 못하게 하라　莫遣晨鍾報客聞

위는 군경(君敬) 이일제(李日躋)[70]에 관한 시이다.

농암 문하에서 일찍 그대 알았으니[71]　農巖門下早知君
새 시 읽을 때마다 입에서 향기 났네　每讀新詩口齒芬
굳센 기상으로 문단에서 백전[72] 즐겼고　厲氣騷壇酣白戰
비단 자리에서 붉은 치마에 취함은 관심 없었네　無心綺席醉紅裙
삼청동의 이 밤에 멋진 모임 열었으니　三淸此夕還高會
궁궐 동산에 가을 정취 물씬 풍길 때였지　御苑秋容已十分
덧없는 인생 한 번 웃기 어려움을 진작 알았으니　久識浮生難一笑
새벽 닭 울 때 돌아간들 어떠리　不妨歸路曉鷄聞

위는 사관(士寬) 김담(金墰)[73]에 관한 시이다.

70 이일제(李日躋) : 1683~1757. 본관은 전주(全州), 자는 군경(君敬), 호는 화강(華岡)이다.

71 농암(農巖)……알았으니 : 농암은 김창협(金昌協, 1651~1708)으로, 본관은 안동(安東), 자는 중화(仲和), 호는 농암이다.《農巖集 卷36 附錄 墓誌銘 幷序》 이하곤은 농암의 문인인데, 여기서 이렇게 읊은 것으로 보아 김담도 농암의 문인이었음을 알 수 있다.

72 백전(白戰) : 맨손으로 하는 싸움이라는 뜻인데, 특정한 어휘를 사용하지 않고 시를 짓는 것을 의미한다. 송(宋)나라 구양수(歐陽脩)가 영주 태수(潁州太守) 시절에 빈객들과 모여 술을 마시다가 눈에 대한 시를 지으면서, 눈과 관련된 옥(玉), 월(月), 이(梨), 매(梅), 서(絮), 학(鶴), 아(鵝), 은(銀), 무(舞), 백(白) 등의 어휘를 사용하지 못하게 한 일이 있는데, 그 후에 소식(蘇軾)이 빈객들과 함께 이를 회상하며 지은 시에 "당시의 규칙을 그대들은 받아들이라. 백전에는 작은 무기도 허락하지 않네.〔當時號令君聽取, 白戰不許持寸鐵.〕"라고 하였다.《蘇東坡詩集 卷34 聚星堂雪》 여기서는 모임에서 시재(詩才)를 겨룬 것을 가리킨다.

도성 동쪽에 최군 사는 줄 일찍 알아	城東早識有崔君
난초 향기에 충분이 젖었는데도 향기 뿜네	十襲芳蘭亦播芬
도성 거리에서 아름다운 모습 보지 못했는데	紫陌未曾瞻玉貌
전거 타고 어찌 다시 붉은 치마에 숨으랴	氈車豈復隱緗裙
가을 깊어 가는 승경 속에서 함께 취해야 하니	秋深仙洞須同醉
달빛 가득한 멋진 자리에서 헤어지기 아쉬웠지	月滿華筵更惜分
그대가 본래 시 잘 짓는 줄 아노니	知爾元來詩敏捷
우통으로 이제부터 자주 전해 주게[74]	郵筒從此數相聞

위는 덕망(德望) 최치중(崔致重)[75]에 관한 시이다.

73 김담(金墰) : 1678~1743. 본관은 광산(光山), 자는 사관(士寬)이다.

74 우통(郵筒)으로……주게 : 최치중이 새로 시를 지으면 이하곤 자신에게 보내달라고 부탁한 것이다. 우통은 우역(郵驛)을 통해 문서를 전달하는 죽통(竹筒)을 말한다.

75 최치중(崔致重) : 1672~? 본관은 수원(水原), 자는 덕망(德望)이다. 1708년(숙종34)에 진사시에 합격하였다.

거듭 앞의 운자로 지어서 윤일지[76]에게 보여 주다

更疊前韻 示尹一之

늘그막에 마음으로 사귐을 그대에게 의탁하니	歲晩心期幸托君
매번 순령의 자리에서 나던 향기[77] 떠올리네	每懷荀令座生芬
연나라 돌로 형옥에 의지함 부끄럽지만	自羞燕石依荊玉
비단옷 입고 삼베 치마 입은 사람 꺼려 마시게[78]	莫以羅襦厭布裙
다만 찬 매화라도 있어 한 번 웃고	祗有寒梅堪一笑
부질없이 밝은 달빛을 함께 나누고자 하네	空將明月欲同分
늙은이가 시 갖고 들르는 날	老夫獨把詩過日
〈양춘곡〉 불러 병든 내게 들려주게[79]	須唱陽春病裏聞

76 윤일지(尹一之) : 윤최적(尹最績, 1674~?)으로, 본관은 칠원(漆原), 자는 일지이다.

77 순령(荀令)의……향기 : 순령은 순욱(荀彧)을 말한다. 그가 일찍이 특이한 향을 얻어 옷에 배게 하였으므로, 한 번 머물러 앉으면 그 자리에서 사흘 동안 향내가 없어지지 않았다는 고사가 전한다. 《藝文類聚 卷70 襄陽記》

78 연(燕)나라……마시게 : 윤최적에게 보잘것없는 이하곤 자신을 홀대하지 말라고 겸사로 부탁한 것이다. 연석(燕石)은 연산(燕山)에서 나오는 돌인데, 옛날 송(宋)나라의 어리석은 사람이 이 돌을 오대(梧臺)의 동쪽에서 얻고 큰 보물이라 여겨 비단으로 몇십 겹을 싸서 잘 보관하였으나, 결국 일반 돌과 다름이 없었다고 한다. 여기서는 이하곤 자신을 연석에 비유한 것이다. 《太平御覽 地部》 형옥(荊玉)은 형산에서 나는 옥이다. 초(楚)나라 사람 변화(卞和)가 형산의 박옥(璞玉)을 얻어서 우여곡절 끝에 초 문왕(楚文王)에게 올려 화씨벽(和氏璧)을 얻은 고사가 전한다. 여기서는 윤최적을 화씨벽에 비유한 것이다. 《韓非子 和氏》

79 늙은이가……들려주게 : 이하곤이 윤최적을 방문하면 자신의 시에 화운해 주기를

일(日) 자는 아마도 오자(誤字)인 듯하다.

그대와 함께 합격해 기쁘니	吾榜人中喜得君
우담발화 나란히 피어 기이한 향기 날리네[80]	曇花竝蕚擅奇芬
높은 문장 진실로 붉은 노을빛 비단 같고	高文眞似紅霞錦
아름다운 시는 금실로 지은 치마에 쓸 만하네	佳句合題金縷裙
상원의 가을 경치를 함께 감상했고	上苑秋光曾共賞
남산의 설경을 같이 나눌만 하여라	南山雪色可平分
성 동쪽에 새로 모임 결성한다면	城東倘結新詩社
이 못난 사람도 끼워주려는가	肯許疏慵亦與聞

바란다는 의미이다. 양춘(陽春)은 〈백설곡(白雪曲)〉과 함께 따라 부르기 어렵기로 유명한 옛날 초나라의 고아(高雅)한 가곡 이름이다. 춘추 시대에 초나라에서 어떤 나그네가 하리(下里)와 파인(巴人)의 노래를 부르니 수천 명이 따라 불렀고, 양아(陽阿)와 해로(薤露)의 노래를 부르니 몇 백 명이 따라 불렀는데, 양춘과 백설의 노래를 부르니 몇 십 명밖에는 따라 부르지 못했다는 고사가 전한다. 《文選 宋玉對楚王問》

80 우담발화(優曇鉢華)……날리네 : 담화(曇花)는 《법화경(法華經)》에서 이르는 우담발화의 약칭이다. 삼천 년 만에 한 번 핀다는 꽃으로 매우 드문 일을 의미하는데, 여기서는 윤최적이 그의 형 윤성적(尹盛績, 1664~?)과 함께 1708년(숙종34) 진사시에 합격한 것을 읊은 것으로 보인다.

이군경[81]의 전 자 운에 맞춰 짓다

次李君敬氈字韻

옥처럼 맑은 의표 바라보면 신선 같으니	玉立淸標望若仙
멋진 일을 그대가 독차지하는 줄 알겠구나	從知好事爾獨專
조손이 무자년에 과거 급제하고[82]	祖孫科甲還同歲
부자의 풍류를 다시 이 자리에서 펼치네	父子風流更此筵
젊어서 그대의 문장 화려한 줄 알았으니	知汝少年文似錦
다른 날 이름을 전필로 적었구나[83]	題名他年筆應氈
펼쳐 보이는 말을 새 시로 기록하니	鋪張合用新詩記
문단에 미담으로 전해지리	留作詞林美話傳

81 이군경(李君敬) : 이일제(李日躋, 1683~1757)로, 본관은 전주(全州), 자는 군경, 호는 화강(華岡)이다.

82 조손(祖孫)이……급제하고 : 이일제는 1708년(숙종34) 무자년 진사시에 합격하였고, 이일제의 조부(祖父) 이성린(李聖麟)은 1648년(인조26) 무자년 진사시에 합격하였다.

83 젊어서……적었구나 : 이일제가 훌륭한 문재(文才)를 지니고 있었는데, 과연 진사시에 합격했다는 말이다. 당(唐)나라에서 진사시에 합격한 사람들의 이름을 발표할 때, 황지(黃紙) 4장을 붙이고 전필(氈筆)과 옅은 먹물을 이용하여 전서(篆書)로 "예부공원(禮部貢院)" 4자를 기록하였다고 한다. 《文房四譜 卷4 紙譜》

매산 숙부님께서 올해 75세가 되셨으니, 우리 가문에 드문 경사이다. 종계에서 잔치를 마련하여 축하할 때, 종질 석록이 잔치 자리에서 축하하는 시를 올리기에 그 운자에 맞춰 짓다

梅山叔父今年七十五歲 吾家希有之慶也 自宗契設宴以壽 從姪錫祿席上獻賀詩 仍次其韻

선생은 스스로 신선의 풍모 지니셔서	先生自有神仙骨
십오 년 전에 회갑 맞으셨지	十五載前花甲迴
국화 피는 계절에 생신 맞으시니	黃菊政當初度月
반도로 축수의 술잔 올리네	蟠桃合薦萬年杯
종인들이 힘을 합해 연회 마련하자	宗人出力華筵辦
어른들 함께 기뻐하며 짬 내어 왔구나	耆耈同懽暇日來
이는 우리 가문에 참 보기 드문 일인데	此事吾家眞罕覩
성대한 모임 기리려니 시 짓기 어렵구나	鋪張盛會句難裁

호남에 군수로 나가는 사람을 전송하다

送人之郡湖南

구기자 자란 처마 앞에서 처음 만나	枸杞簷前初識面
종 울리는 산기슭 자리에서 다시 마음 논했는데	鍾崖席上更論心
그대는 지금 남쪽 고을로 매화 보러 가고	君今南郡看梅去
나는 홀로 차가운 집에서 백설을 마주하고 읊네	我獨寒齋對雪吟
중년에 이별하는 마음 본래 좋지 않은데	中歲離懷元作惡
깊은 밤 이지러진 달 주위에 이미 구름 생겼네	深宵缺月已生陰
훗날 혹 배꽃 아래 모임 기억하여	他時倘記梨花會
다시 봄에 소식 자주 부쳐 주려는가	能復春來數寄音

이 부인 만사

李夫人挽

아버지[84]를 대신하여 짓다.

만산 서 상서[85]는	晩山徐尙書
나의 종형으로	於我爲從昆
비록 성이 다른 친척이지만	雖云異姓親
정의는 평소 돈독했네	情誼素所敦
더구나 남산 아래	況此南山下
한 마을에서 같이 살았으니	同居一里門
나는 상서공과 함께	我與尙書公
서로 오가며 끼니도 잊었었지	來往忘朝昏
봄꽃이 비단처럼 곱기도 했고	春花或如錦
가을 달이 동이처럼 둥글기도 했으며	秋月或如盆
마주 앉아 바둑 구경도 하고	對坐或觀棊

84 아버지 : 이하곤의 부친은 이인엽(李寅燁, 1656~1710)으로, 본관은 경주(慶州), 자는 계장(季章), 호는 회와(晦窩)이다.

85 서 상서(徐尙書) : 서문유(徐文裕, 1651~1707)로, 본관은 달성(達城), 자는 계용(季容), 시호는 정간(貞簡)이다. 이덕수(李德壽)의 기록에 "《만산유고》 몇 권이 집에 보관되어 있다.〔有晩山遺稿若干卷, 藏于家.〕"라고 한 것으로 보아, 서문유의 호가 만산(晩山)임을 알 수 있다. 1706년(숙종32) 4월에 형조 판서, 7월에 예조 판서에 임명되었다. 어머니는 이하곤의 증조부인 이시발(李時發)의 딸이다. 《西堂私載 卷5 禮曹判書贈左贊成徐公墓碑銘》

나란히 누워 문장도 논했지　併臥或論文
상서는 현숙한 부인을 두어　尙書有賢婦
금세 술상 마련하였으며　咄嗟辦壺樽
엄숙히 겹 주렴을 고요히 드리워　肅肅重簾靜
규방의 말소리 들리지 않았지　不聞閫內言
맑은 덕과 고운 태도　淑德與婉儀
실로 종족에게 존중받았네　實爲宗黨尊
상서는 일찍 관직에 나아가　尙書早登朝
명성한 군주의 알아줌 만났으니　遭遇明聖君
내직에서는 임금의 중요한 신하였고　入爲王重臣
외직으로는 이름난 고을을 맡았네[86]　出則莅名藩
집안이 어찌 그리도 번성했는가　門闌何輝烁
자녀들이 눈앞에 많았네　兒女羅眼前
맏아들은 벌써 장가들었고　大男旣娶婦
작은아들은 머리카락이 어깨를 덮었으며　小男髮披肩
맏딸은 이미 아이를 낳았고　長女已抱兒
막내딸은 더욱 어여쁘네　季女尤娟娟
보는 이들마다 감탄하며　觀者相嘆嗟
어진 부인 덕이라 하네　曰由夫人賢
상서는 품계가 높아졌고　尙書位彌崇
부인은 복이 온전했으니　夫人福彌全

86 외직으로는……맡았네 : 서문유는 죽산 부사(竹山府使), 장연 부사(長淵府使), 경기 관찰사(京畿觀察使), 전라도 관찰사(全羅道觀察使) 등을 역임하였다.

집안이 날로 융성하여	家道日以隆
길이 이어지리라 여겼는데	庶可永百年
사람의 일이 갑자기 변하여	人事忽變遷
저 동쪽으로 흐르는 냇물처럼 되었네	如彼東逝川
상서가 작년 겨울에	尙書前年冬
질병이 끝내 낫지 않아	一疾竟未痊
우뚝한 만산 기슭에	峩峩晩山麓
이 평생의 혼을 묻었네	斂此平生魂
내가 공의 댁에 들를 때마다	我每過公門
눈물을 줄줄 흘렸으니	淚眼輒泫然
두다 만 바둑판 있고	有棊抛殘局
빈 마루에 쌓아 둔 책이 있으며	有書堆空軒
적막하게 뽀얀 먼지 쌓이고	寂寂素塵凝
무성하게 가을 풀 우거졌네	萋萋秋草繁
부인은 홀로 근심에 잠겨	夫人獨煢煢
스스로 미망인이라 칭하며	自稱未亡人
상서 따라 죽어	願與尙書死
저승에서 함께하길 바랐으니	相從於九原
사랑스러운 아들과 어여쁜 딸들이	愛子與嬌女
자상한 어머니의 은혜 받지 못했네	決絶慈母恩
아침에 곡하여 눈물이 샘솟듯 하더니	朝哭淚如泉
저녁에는 피눈물 자국이 생겼네	暮已成血痕
지극한 슬픔에 애태우다	至痛煎中腸
깊이[87] 병들고 말았네	沈沈病嬰身

오열하며 임종 때 남긴 말씀	嗚咽臨絶語
듣는 이마다 마음 아파했네	聽者亦酸辛
예전에는 사람들의 부러움 샀는데	昔爲人所羨
이제는 가련하게 여기네	今爲人所憐
상여가 집을 나서서	靈輀發中閨
새 무덤으로 향하는데	去去向新阡
명정과 삽선이 앞서 가니	旌翣戒先路
서리 이슬 내려 쌀쌀한 새벽이네	霜露凄蕭晨
흰 달은 참담하게도 광채 없고	素月慘無光
서글픈 바람만 나부끼네	悲風爲之翻
슬프게 효자가 곡하니	哀哀孝子哭
길 가는 사람인들 차마 들으랴	行路那忍聞
상서의 무덤	尙書衣冠藏
길지 정해 장차 옮기리니	卜吉將改遷
부디 합장하는 소원 이루어	庶遂同穴願
혼백이 서로 의지하기를	魂魄相依因
부인의 덕은 절개가 제일	婦德節爲先
이 의리 지금 없어졌는데	斯義今無存
부인이 이것을 힘썼으니	夫人能辦此
그 정렬에 귀신도 감동하네	貞烈動鬼神

87 깊이 : 저본(底本)에는 沈 자 하나가 빠져 있는데, 이덕수(李德壽)의 《서당사재(西堂私載)》 권10 〈증정경부인전주이씨묘지명(贈貞敬夫人全州李氏墓誌銘)〉에 이 글이 실려 있으므로, 그에 근거하여 보충하였다.

좌구명은 기량의 부인 칭송했고[88]	左氏稱杞婦
구양수는 이씨 부인 탄식했는데[89]	歐公嘆李媛
내가 부인의 행실 살펴보니	令我觀夫人
두 부인과 비견될 만하네	二婦可同倫
어찌하면 두 분의 글재주 얻어	焉得兩公筆
이 일 기록하여 후세에 알릴까	述此詔千春

88 좌구명(左丘明)은……칭송했고 : 좌씨(左氏)는 춘추 시대 노(魯)나라 사람 좌구명으로, 《춘추좌씨전(春秋左氏傳)》을 저술하였다. 기부(杞婦)는 춘추 시대 제(齊)나라 사람 기량(杞梁)의 부인이다. 제나라 장공(莊公)이 거(莒)를 칠 때 기량이 전사했는데, 그의 아내가 길에서 남편의 시신을 맞이하면서 슬프게 울었다는 고사가 전한다. 《春秋左氏傳 襄公23年》

89 구양수(歐陽脩)는……탄식했는데 : 구양수의 《문충집(文忠集)》 권37 〈우감문위장군부인이씨묘지명(右監門衛將軍夫人李氏墓誌銘)〉을 보면, 이씨 부인은 세견(世堅)의 아내인데, 세견에게 시집가서 몇 년 뒤에 남편이 죽자 개가하지 않고 7년 동안 혼자 살다가 23세의 나이로 운명한 내용이 수록되어 있다. 구양수의 명(銘)에 "부덕의 아름다움은 오직 유순함을 으뜸으로 삼는데, 그 대절에 이르러서는 빼앗을 수 없는 것이 있었네.〔婦德之休, 惟先順柔, 及其大節, 有不可奪.〕"라고 하였다.

재천[90]이 서른 살에 처음으로 아들을 낳았다. 기쁜 마음에 짓다

載天年三十 始得男 志喜有作

자네 형도 늦게야 자식 두었는데	汝兄抱子已爲遲
서른 살에 아들 낳다니 더욱 기이하네	三十添丁更一奇
그 골격 속세의 인물 아니니	骨格定知非俗物
집안에 다행히 이처럼 훌륭한 아이 얻었네	家庭幸得此佳兒
즐거운 마음이 온기 도와 매화꽃에 더해지고	懽心助暖添梅蘂
기쁜 기색이 봄빛 가져와 버들가지에 들어가네	喜氣將春入柳絲
너희들이 나의 늙음 재촉하니	漸覺爾曹催我老
아침에 두보의 시를 거듭 읊조리네	朝來重誦杜陵詩

90 재천(載天) : 이한곤(李漢坤)으로, 본관은 경주(慶州), 자는 재천이다. 이하곤의 둘째아우이다.

12월 30일에 분암에서 회포를 쓰다

臘月三十日 墳庵書懷

많은 눈이 오솔길에 수북이 쌓였는데	積雪深封逕
찬 눈이 마구 마을에 쏟아지네	寒雪亂入村
객지에서 세밑 만났으니	客中逢歲盡
나그네 심사를 누구와 논할까	羈思向誰論
책은 눈을 가릴 뿐이고[91]	書在從遮眼
한가한 승려와 문 닫아걸고 있네	僧閑與掩門
짧은 시를 읊고 나서	小詩吟正罷
동이에 가득한 막걸리 마시네	濁酒賴盈樽

91 책은……뿐이고 : 눈가림을 하느라 책을 보는 흉내나 낸다는 말이다. 당(唐)나라 선승(禪僧) 약산 유엄(藥山惟儼)이 불경을 보고 있을 때, 어떤 승려가 "약산 선사께서는 어찌하여 불경을 보십니까?〔藥山禪師爲什麽看經〕"라고 묻자, 선사가 "나는 그저 남의 눈을 가리려고 할 따름이다.〔我只圖遮眼〕"라고 대답했다는 고사가 전한다.《山堂肆考 卷147 藥山遮眼》

양산[92]에서 제석에 밤을 지새우며 감회가 있어서

陽山除夕 守歲有感

산골짜기 고요하니 누가 오랴만	澗靜誰能到
산 차가워도 문득 봄 돌아왔네	山寒忽復春
앉아 시름하노라니 밤은 깊어지고	坐愁更鼓盡
늙은 몸이라 밝아 오는 새해 안타깝네	老惜歲時新
세찬 눈보라가 우수수 소리 내는데	急雪蕭騷響
외로운 등불만 적막 속에 가까이하고 있노라	孤燈寂寞親
형제들 오늘 밤에 만났을 텐데	弟兄今夕會
나만 홀로 돌아가지 못했구나	獨作未歸人

92 양산(陽山) : 현재의 경기도 용인시와 안성시 사이에 있으며, 이하곤의 어머니와 아들 이봉석(李鳳錫)의 묘가 있는 곳이다.

판교의 여관에서 묵다 기축년(1709, 숙종35)

宿板橋店 己丑

여관이라야 고작 무릎 들여놓을 만한데	店舍纔容膝
이웃집 닭은 괴롭게도 새벽 알리지 않네	隣鷄苦不晨
얼음 서리는 봄이 와도 차가운데	氷霜春後冷
계절은 객지에서 새로 바뀌네	時序客中新
이불 덮고 있자니 찬 별 떨어지고	衾擁寒星落
화로 남은 불씨 가까이하네	爐存宿火親
가만히 나그네 이야기 들어 보니	靜聽行旅語
모두가 고향 그리는 사람들이네	盡是憶鄕人

한강으로 가는 길에

漢江途中

눈 덮인 언덕 차갑게 펼쳐지고	雪岸寒泱漭
구름과 백사장은 저물녘에 이어졌네	雲沙晩接連
봄바람 불어온 지 며칠이던가	春風來幾日
버들 빛이 새해에 들어왔네	柳色入新年
나그네 길에서 외로이 읊조리다가	客路時孤咏
돌아가는 말 위에서 졸기도 하네	歸鞍且倦眠
다만 아우들과 함께 어울려	只應同弟妹
오늘 밤은 오붓하게 지내겠지	今夕始團圓

판관 박세집[93] 만사

朴判官 世集 挽

아버지를 대신해서 짓다.

오로[94]에게 훌륭한 손자 있으니	梧老佳孫在
문장을 일찍 성취하였지	詞華已夙成
장도에 자취 막혔지만	長途仍滯迹
낮은 벼슬 지내며 명예 바라지 않았네	薄宦不要名
옛 집에 교목만 남았고	舊宅餘喬木
봄 강에서 붉은 명정 보내노라	春江送粉旌
가슴 아프다 이 세상 바라보니	傷心觀此世
좋은 벗들 날마다 떠나가네	朋好日新塋

93 박세집(朴世集) : 1651~1707. 본관은 반남(潘南), 자는 경시(景時)이다. 1706년(숙종32) 7월에 대구 판관(大丘判官)에 임명되었다.《黎湖集 卷28 大丘判官朴公墓誌銘》

94 오로(梧老) : 박세집의 조부 박동량(朴東亮, 1569~1635)으로, 본관은 반남, 자는 자룡(子龍), 호는 기재(寄齋)·오창(梧窓)·봉주(鳳洲)이다. 1604년(선조37) 호성 공신(扈聖功臣) 2등으로 금계군(錦溪君)에 책봉되었다. 시호는 충익(忠翼)이다.《淸陰集 卷24 錦溪君兼判義禁府事朴公神道碑銘 幷序》

계양으로 가서 고모부 홍만적[95]의 장례를 지켜보고 돌아오는 길에 일원 이병연[96] 등 여러 사람과 함께 잠두봉[97]에 오르니 감회가 있었다 2수

往桂陽 觀洪叔 萬迪 葬 歸路同李一源 秉淵 諸人 登蠶頭有感 二首

황화의 지주를 보고 돌아오는 길에	看罷皇華砥柱廻
옷깃 떨치고 휘파람 불며 높은 대에 올랐네	振衣長嘯復高臺
산은 한강 북쪽으로 내달려 세 봉우리 나왔고	山趨漢北三峰出
땅은 양천에서 갈라져 두 물줄기 돌아 흐르네	地坼陽川二水回
포구 시장의 외로운 연기에 새가 비껴 날고	浦市孤烟斜鳥度
바다 어귀의 가랑비에도 여기저기 돛배 다니네	海門微雨散帆來
취옹이 여기에서 멋진 시구 지었기에[98]	翠翁於此能佳句
정령을 불러내어 술 한 잔 올리고 싶네	欲喚精靈酹一杯

무수한 돛배들 다리 아래 맴돌고	無數雲帆脚下廻

95 홍만적(洪萬迪) : 본관은 풍산(豐山), 자는 사길(士吉), 호는 임호(臨湖)이다. 이하곤의 조부인 이경억(李慶億)의 막내사위이다. 《西溪集 卷12 左議政李公墓碑銘》

96 이병연(李秉淵) : 1671~1751. 본관은 한산(韓山), 자는 일원(一源), 호는 사천(槎川)이다.

97 잠두봉(蠶頭峯) : 서울 양화(楊花) 나루 동쪽에 있는 잠두봉을 가리킨다.

98 취옹(翠翁)이……지었기에 : 취옹은 박은(朴誾, 1479~1504)으로, 본관은 고령(高靈), 자는 중열(仲說), 호는 읍취헌(挹翠軒)이다. 1502년(연산군8) 7월 16일에 용재(容齋) 이행(李荇)과 함께 잠두봉을 유람하면서 시를 지었다.

누대 둘러싼 꽃나무를 평평히 바라보네	平看花木擁樓臺
봉우리는 한 기둥처럼 늘 외로이 서 있고	峰如一柱常孤立
조수는 굳센 활 같아 당길 수 없네	潮似强弓莫挽回
천지는 떠나간 취옹 슬퍼하는데	天地空悲翠翁去
강산은 우리가 오기를 기다렸네	江山猶待我曹來
가랑비에 옷 젖어도 아랑곳하지 않고 앉아	不妨細雨沾衣坐
봄바람 속에 술 없음을 한하노라	只恨春風欠酒杯

일원이 절구 세 수를 부쳐 보여 주었다.[99] 읊조리고 난 뒤에 서글픈 마음을 견딜 수 없어 그 운에 맞춰 짓다

一源寄示三絶 諷誦之餘 不勝愴然 仍次其韻

공을 이 바닷가에 묻을 줄 어찌 알았으랴　豈料埋公此海濱
가련하게도 시절 경물은 볼수록 새롭네　可憐時物轉頭新
지난날 안석에 기대 책 읽던 곳　向來隱几看書處
가랑비 내리는 빈 뜰에 풀은 절로 봄이구나　微雨空庭草自春

명정과 삽선 쓸쓸하고 가랑비 내리니　旌翣蕭條細雨飛
아아 만사가 이제 잘못되었구나　嗚呼萬事到今非
여기가 서주의 길 아니지만　此中不是西州路
꽃 만발한 봄 산에서 애통한 사내 돌아가네[100]　花滿春山痛夫歸

99 일원(一源)이……주었다 : 일원은 이병연(李秉淵, 1671~1751)으로, 본관은 한산(韓山), 자는 일원, 호는 사천(槎川)이다. 이병연이 보내 준 시는 《사천시초(槎川詩抄)》 권상(卷上)에 실린 〈회장계양감회서시이재대(會葬桂陽感懷書示李載大)〉이다.

100 여기가……돌아가네 : 이하곤이 고모부 홍만적(洪萬迪)을 애도하고 돌아왔다는 말이다. 동진(東晉)의 사안(謝安)이 신성(新城)을 지키다가 병이 들어 부득이하게 서주문(西州門)을 통해 돌아와 죽자, 사안의 생질 양담(羊曇)은 일부러 서주를 가지 않았다. 그러다가 하루는 술에 취해 자신도 모르는 사이에 서주의 성문에 이르렀는데, 옆에 있던 사람이 이곳이 서주의 성문이라고 알려주자, 양담은 위(魏)나라의 조식(曹植)이 지은 〈공후인(箜篌引)〉의 "화려한 집에 살다가, 쓸쓸히 산언덕에 묻혔네.〔生存華屋處, 零落歸山丘.〕"라는 구절을 읊으며 통곡하고 떠났다는 고사가 전한다. 《晉書 卷79 謝安列傳》

이 정혼을 야트막한 봉분에 묻으니 斂此精魂尺土封
만고토록 계양산과 의지하리 相依萬古桂陽峰
이제 풍류가 다했음을 아노니 祗今頓覺風流盡
시와 술 즐기는 곳에서 다시 누구를 따를까 詩酒場中更孰從

마루 위의 부인 두 줄기 눈물 흘리는데 堂上夫人雙眼血
동풍이 계강 물에 불어오네 東風添却桂江流
정령은 응당 소탐의 학이 되어[101] 精靈應化蘇耽鶴
밤에 숲 까마귀와 함께 쉼 없이 울리라 夜與林烏啼不休

101 정령(精靈)은……되어 : 홍만적의 정령이 신선의 학이 되었을 것이라는 말이다. 소탐(蘇耽)은 한(漢)나라 문제(文帝) 때 도를 닦아 신선이 된 소선공(蘇仙公)을 가리키며, 탐은 그의 이름이다.

도장,[102] 일원,[103] 김도이[104] 시좌, 김사수[105] 시민 등 여러 명과 함께 경복궁을 유람하고 두자미의 운[106]에 맞춰 각각 짓다

同道長一源金道以 時佐 金士修 時敏 諸人 遊景福宮 次杜子美韻各賦

경회루 다리 남쪽에 풀빛이 옷에 비치는데	慶會橋南草映衣
깊은 솔숲에서 종일 앉아 돌아가길 잊노라	深松終日坐忘歸
술잔에 봄바람 좋이 불어오고	杯觴好與春風得
속세에 우리처럼 한가한 이 드무네	塵世閑如我輩稀
못물에 한가롭게 해오라기 짝지어 가고	池水悠悠雙鷺去
누대에 아스라이 꽃잎 흩날리네	樓臺漠漠亂花飛
인생은 젊어서 즐겨야 하니	人生少壯須行樂
이 모임 해마다 어기지 마세나	此會年年更莫違

102 도장(道長) : 홍세태(洪世泰, 1653~1725)로, 본관은 남양(南陽), 자는 도장, 호는 창랑(滄浪)·유하(柳下)이다. 《浣巖集 卷4 滄浪洪公墓誌銘》

103 일원(一源) : 이병연(李秉淵, 1671~1751)으로, 본관은 한산(韓山), 자는 일원, 호는 사천(槎川)이다.

104 김도이(金道以) : 김시좌(金時佐, 1664~1727)로, 본관은 안동(安東), 자는 도이이다. 농암(農巖) 김창협(金昌協)의 족질(族姪)이면서, 이하곤과 마찬가지로 그의 제자이기도 하다. 《杞園集 卷23 翊衛金公墓誌銘 并序》

105 김사수(金士修) : 김시민(金時敏, 1681~1747)으로, 본관은 안동, 자는 사수, 호는 동포(東圃)·초창(蕉窓)이다. 김창협에게서 배웠다. 《南塘集 卷34 東圃金公行狀》

106 두자미(杜子美)의 운(韻) : 두자미는 당(唐)나라 시인 두보(杜甫)로, 자미는 그의 자이다. 이하곤이 차운한 두보의 시는 〈곡강(曲江)〉이다. 《杜詩詳註 卷6》

도장의 운[107]에 맞춰 짓다

次道長韻

문 닫고 봄 내내 앓다가	閉戶經春耐病憂
그대와 오늘에야 한가롭게 노니네	與君今日始閑遊
이끼 가득한 궁중 길에 꽃은 부질없이 지고	苔深輦路花空落
풀 무성한 궁궐 연못에 물이 어지러이 흐르네	草沒宮池水亂流
삼월의 풍광 눈앞에 가득 펼쳐지는데	三月風光紛滿眼
백 년 세상사 돌아보며 머리 한번 긁적이네	百年世事一搔頭
취하자 문득 솔숲 가로질러 가서	醉來便欲穿松去
지저귀는 새소리 들으며 잠시 머물고 싶네	更被啼禽爲少留

107 도장(道長)의 운(韻) : 도장은 홍세태(洪世泰, 1653~1725)로, 본관은 남양(南陽), 자는 도장, 호는 창랑(滄浪)·유하(柳下)이다. 이하곤이 차운한 시는 《유하집(柳下集)》 권12의 〈동제자구궁상춘(同諸子舊宮賞春)〉이다.

몽어정에서 두보의 율시를 차운하여 한씨 어른 세량 을 모시고 짓다[108]

夢漁亭 次杜律韻 陪韓丈 世良 同賦

안팎의 구절에 모두 운을 맞추었다.

사립문 나서면 곧바로 시냇물이라	步出柴門卽流水
때때로 지팡이 짚고 서면 갈매기들 날아오네	時時拄杖數鷗來
강물 더러워지지 않았으니 어찌 청소했으랴	江無塵染何曾掃
돛에 바람 불어와 활짝 펼쳐지네	帆爲風生好自開
하인은 맛난 물고기 낚아오고	僮僕釣來魚異味
이웃집에서 새로 담근 술 사오네	隣家沽得酒新醅
그대는 멋진 시 잘 짓고 나는 술 좋아하니	君能佳句吾能飮
이제부터 서로 들러 자주 술 마시세	從此相過數擧杯

108 몽어정(夢漁亭)에서……짓다 : 이하곤이 차운한 두보(杜甫)의 시는 〈객지(客至)〉이다. 《杜詩詳註 卷9》 저본(底本)에는 한장(韓丈)의 이름이 빠져 있으나, 이 시와 같은 운자로 지은 이하곤의 부친 이인엽(李寅燁)의 《회와시고(晦窩詩稿)》 〈동한상오차두율운(同韓相五次杜律韻)〉에 인명을 세량(世良)으로 밝히고 있으므로, 이에 근거하여 보충하였다.

태백산으로 사서를 고찰하러 가는 내한 신정보[109] 정하 를 전송하다 짧은 편지와 함께

送申內翰正甫 靖夏 考史太白 幷小牘

지난밤[110] 잠자리가 평안하였는가. 밤에 비바람이 쓸쓸히 내리고 벌레 소리가 벽에 가득하였으니, 영동(嶺東)으로 가는 정보(正甫)가 염려되어 한 마디 말도 없이 이별할 수 없었네. 허둥지둥 입으로 읊어 지어 부치니, 그대의 높은 안목으로 보기에 어떠할지 모르겠네. 도중에 도담(島潭)[111]에 도착하면 가을 경치가 정말로 아름다우리니, 이 늙은이를 떠올려 주겠는가. 시에서도 이러한 뜻을 언급했을 뿐이네. 하곤이 아룁니다.

황지[112]와 태백산	黃池與太白
그 아름다운 경치 일찍이 들었지	奇勝已曾聞
이곳에 사서를 보관하러 가서	是處去藏史

109 신정보(申正甫) : 신정하(申靖夏, 1680~1715)로, 본관은 평산(平山), 자는 정보, 호는 서암(恕菴)이다. 1709년(숙종35) 8월에 사서(史書)를 말리는 일로 태백산과 적상산에 다녀왔다. 《圃巖集 卷22 弘文館副校理恕庵申公行狀》

110 지난밤 : 저본(底本)에는 徑宿으로 되어 있으나, 의미를 고려할 때 전사 과정에서 오류가 있었던 것으로 판단하여 수정하였다.

111 도담(島潭) : 충청북도 단양군 단양읍 도담리에 있는 도담삼봉(島潭三峯)을 가리킨다.

112 황지(黃池) : 태백산에 있는 연못이다.

가득한 구름을 새 시로 쓰리니 新詩題滿雲
산골 사람은 옥같은 용모를 보겠고 峽人瞻玉貌
영동 선비는 훌륭한 문장을 외겠네 嶺士誦高文
가다가 도담의 달 보거든 行見島潭月
맑은 빛을 내게 나누어 주시게 清光爲我分

중추절 밤에 도장[113]이 마침 들렀기에 추 자를 얻어 함께 짓다

中秋夜 道長適過 得秋字同賦

이날 밤 달이 뜨지 않았다.

술잔 나누며 오늘 밤 그대와 머무는데	杯尊今夜得君留
괴롭게도 먹구름 걷히지 않는구나	却憎頑雲爛不收
누가 바람을 고운 달에 불어 줄까	誰遣天風吹好月
부질없이 벌레만 중추절에 우는구나	空將蟲語作中秋
백발이 그대에게 너그럽지 않으리니	定知白髮難饒汝
머리에 국화 꽂기를 저버리지 마시게	莫負黃花更揷頭
쓸쓸하여 잠 못 이룬 채	蕭瑟未能成夢寐
높은 누각에서 종과 북소리 누워서 듣노라	臥聽鍾鼓到高樓

113 도장(道長) : 홍세태(洪世泰,1653~1725)로, 본관은 남양(南陽), 자는 도장, 호는 창랑(滄浪)·유하(柳下)이다. 《浣巖集 卷4 滄浪洪公墓誌銘》

성을 나서며 홍여관[114]에게 보여 주다

出城示洪汝寬

이때 내가 분원(分院)[115]에 가서 지석(誌石)을 굽게 되었는데, 홍여관과 함께 갔다.

여윈 말과 지친 마부 그리고 그대와 함께	羸驂倦僕與君俱
저물녘 동쪽 성 나오니 외롭지 않구나	晩出東城興不孤
들국화가 한바탕 웃게 해 주고	細菊只堪供一笑
새 시가 먼 길 가는 이를 위로하려는 듯	新詩似欲慰長途
구름 지나는 산 빛은 짙었다 흐렸다 하고	雲過岳色能深淺
들판 넓어 민가의 연기 있는 듯 없는 듯	野闊人烟或有無
두미[116]의 가을 물결 맑아 볼만하니	斗尾秋波淸可鑑
훗날 이 강호에서 함께 늙어가세	他時同老此江湖

114 홍여관(洪汝寬) : 홍유도(洪裕度, 1671～?)로, 본관은 남양(南陽), 자는 여관이다.

115 분원(分院) : 사옹원(司饔院)의 제작소로, 관영(官營) 자기제조(磁器製造)를 담당한 곳이다. 경기도 광주(廣州)에 설치하였으며, 분주원(分廚院)으로 개칭하였다.

116 두미(斗尾) : 팔당댐에서 경기도 하남시를 거쳐 서울 쪽으로 흐르는 한강(漢江) 일부를 말한다. 남한강과 북한강이 만나는 지점으로, 예부터 물살이 세고 빨라서 도미(渡迷)・두미(斗迷)라고도 불렸다.

두미[117]로 가는 길에 2수

斗尾途中 二首

나귀 등에서 구름 보니 흥취 절로 기이하여　　驢背看雲興自奇
산꼭대기 오솔길에서도 위태함 잊노라　　峰巓細路亦忘危
용문산[118] 경치는 나그네 맞이하는 듯하고　　龍門山色如迎客
두미강 빛깔은 시에 담을 만하여라　　斗尾江光可入詩
가을 햇살 따뜻해 단풍잎 지지 않았고　　秋日尙暄楓未落
서리 내린 벼랑 트인 곳에 국화 드리웠구나　　霜崖欲坼菊還垂
수종사에 왕래한 지 십 년　　水鍾來往十年事
고개 돌려 동대 바라보니 슬픔 끝이 없네[119]　　回首東臺無限悲

험한 길에 구름 서려 갈수록 아득한데　　鳥道盤雲去渺然
절름대는 나귀 타고 다시 단풍 숲 지나노라　　蹇驢時復度楓巓

117 두미(斗尾) : 팔당댐에서 경기도 하남시를 거쳐 서울 쪽으로 흐르는 한강(漢江) 일부를 말한다. 95쪽 각주116 참조.

118 용문산(龍門山) : 경기도 양평군 용문면과 옥천면에 걸쳐 있는 산을 말한다.

119 수종사(水鍾寺)에……없네 : 이하곤이 십 년 전 수종사를 찾았던 일을 추억하며 농암(農巖) 김창협(金昌協)을 떠올린 것이다. 수종사는 경기도 남양주시 조안면(鳥安面) 운길산(雲吉山)에 있는 사찰로, 남한강과 북한강이 합쳐지는 두물머리를 한 눈에 볼 수 있다. 《두타초(頭陀草)》 책1에 〈수종사에서 삼가 농암 김 선생의 시를 차운하다〔水鍾寺奉次農岩金先生韻〕〉라는 작품이 있으므로, 이하곤이 수종사에 다녀간 사실을 알 수 있다.

강물 출렁여 천길 바위를 떨어뜨리려 하고	江翻欲落千尋石
골짜기 트였으나 겨우 몇 척의 하늘만 보이네	峽拆纔開數尺天
어두운 골짝에서 호랑이 막는 함정 자주 만나고	暗谷頻逢防虎阱
외로운 연기가 땔감 실은 배에서 간혹 피어나네	孤烟或起載樵船
휙휙 숲 바람이 사람에게 세차게 불더니	林風颯颯吹人急
후드득 산열매가 내 앞에 떨어지네	山果蕭蕭墮我前

분원[120]에서 비가 내리는 가운데 쓸쓸히 홀로 앉아 있다가

分院雨中 獨坐悄然

메밀꽃 피어 무너진 담 에우고	蕎麥花開遶廢垣
관사 적막하여 황폐한 마을 같아라	官居愁寂似荒村
함께 단풍 숲 구경 갈 사람도 없어	無人共賞楓林去
비바람 추적추적 내릴 제 문 닫고 앉았노라	風雨蕭蕭坐掩門

120 분원(分院) : 사옹원(司饔院)의 제작소로, 관영(官營) 자기제조(磁器製造)를 담당한 곳이다. 경기도 광주(廣州)에 설치하였으며, 분주원(分廚院)으로 개칭하였다.

새벽에 일어나

曉起

쓸쓸한 타향살이 찬 관사에서 지내니	旅食蕭條寄冷官
밤새 잠자리가 어찌 편안하랴	終宵寢席豈曾安
시냇물 소리 스산하여 가을비 오는 듯하고	溪聲颯颯如秋雨
서리 기운 서늘하여 새벽 공기 차갑구나	霜氣凄凄作曉寒
자주 타박 받는 주민들 견디겠나	可耐居人頻見罵
책 보며 잠시 마음 달래려 하네	欲將書卷蹔相寬
언제쯤 조각배로 강물 따라 내려가서	扁舟幾日下江去
동쪽 울타리 국화 떨기를 웃으며 볼까나	叢菊東籬一笑看

마을 사람이 국화 몇 가지를 가져왔으므로 병에 꽂고 백형[121] 박종양 과 마주 앉아 술잔 나누니, 객지의 풍미가 또한 나쁘지 않았다

得村人菊花數枝 揷甁中 與伯亨 朴宗陽 對酌一杯 客中風味 亦自不惡

비 내려 시냇물 유속 빨라지고 雨過溪還駛
산 차가워져 날도 쉬 어두워지네 山寒日易昏
그릇 굽는 관청 참으로 볼 품 없고 陶官眞少況
요호[122]는 마을 이루지 못했네 窯戶不成村
막걸리 함께 마시니 濁酒聊同酌
노란 국화가 술잔에 가득하네 黃花更滿樽
여기 오니 어진 주인 있어 此來有賢主
나그네 시름 말하지 못하겠네 未敢客愁論

121 백형(伯亨) : 박종양(朴宗陽, ?~1725)으로, 인적사항은 자세하지 않다. 《승정원일기》 숙종 34년 2월 27일 기사에 박종양을 사옹원 봉사(司饔院奉事)에 임명한 기록이 있고, 35년 7월 2일 기사에 "사옹원 봉사 박종양이 자기를 굽기 위해 광주로 갔다.〔司饔奉事朴宗陽, 磁器燔造事, 廣州地出去.〕"라는 기록이 있는 것으로 보아, 당시에 이하곤과 함께 광주의 분원에 있었던 것으로 추정된다.

122 요호(窯戶) : 기와나 그릇 굽는 일에 종사하는 사람, 혹은 그 집을 의미한다.

새벽에 일어나 회포를 쓰다

曉起書懷

늙어가며 흐리멍덩하게 출처를 결정 못해	老去茫茫迷出處
가을에도 답답한 마음으로 풍진 속에 지내네	秋來鬱鬱尙風塵
푸른 산 어딘들 나를 받아 주지 않으랴	靑山何地不容我
노란 국화가 지금 나에게 웃어 주리	黃菊如今應笑人
이내 신세 어찌 세상에 쓰이랴	骨體豈堪當世用
문장도 세속 선비의 비난거리 되었어라	文章多被俗儒嗔
근래 여러 사람이 호당에 뽑혔다 하니	近聞諸子湖堂選
맑은 조정에 일이 또 새로워졌음을 알겠네	獨見淸朝事又新

먼저 돌아가는 여관[123]을 전송하다

送汝寬先歸

올 적에 벼랑의 꽃이 아롱지지 않았는데	來日崖花尙未斑
강가 단풍 다 떨어진 때에 그대 먼저 돌아가네	江楓落盡爾先還
내일 아침 두미[124]로 조각배 타고 가면서	明朝斗尾扁舟去
서남쪽 양쪽 언덕을 유쾌하게 보겠지	快看西南兩岸山

2

달이 서쪽으로 질 때까지 마주 앉아	相看坐到月西斜
돌아가는 사람 보내려니 집 생각 간절하네	欲送歸人更憶家
고향의 여러 아우들에게 전해 주게	須向故園諸弟道
외로운 집에 홀로 앉아 꽃병 마주하고 있다고	孤齋獨坐對甁花

123 여관(汝寬) : 홍유도(洪裕度, 1671~?)로, 본관은 남양(南陽), 자는 여관이다.

124 두미(斗尾) : 팔당댐에서 경기도 하남시를 거쳐 서울 쪽으로 흐르는 한강(漢江) 일부를 말한다. 남한강과 북한강이 만나는 지점으로, 예부터 물살이 세고 빨라서 도미(渡迷)·두미(斗尾·斗迷)라고 불렸다.

적막한 가운데

岑寂

적막한 도관원에서	岑寂陶官院
사립문 닫고 열지 않네	荊扉掩不開
산골짝 하늘에 비 쏟아지려 하니	峽天長欲雨
산 나무마다 절로 애절함 많아라	山木自多哀
국화 시드니 점차 안타깝고	漸惜寒花盡
저물녘 돌아오는 기러기 자주 만나네	頻逢暮鴈廻
나그네 마음 쉬 서글퍼지니	客心易蕭瑟
내 어찌 술을 마다하랴	吾豈厭深杯

밤에 앉아 있다가 즉흥적으로 짓다
夜坐卽事

골짜기 산은 귀신같아 사람을 잡으려 하고 峽山如鬼欲挐人
서남쪽에 구름 갈라지더니 둥근 달 나오네 雲割西南漏月輪
나뭇잎 떨어져 바람에 소리 나고 木葉乍零風自語
시냇물 소리 급해져 밤에도 시끄럽네 溪聲忽駛夜猶嗔
찌르르 우는 가을벌레 무슨 일로 슬퍼하나 寒蟲喞喞悲何事
쓸쓸히 변방 기러기가 연이어 떠나가네 塞鴈蕭蕭去有因
국화가 나그네 위로한다 말하지 말라 莫道黃花能慰客
보이는 경물마다 마음 아프게 하네 眼中無物不傷神

비가 내리는 가운데 박백형[125] 종양 에게 보여 주다

雨中示朴伯亨 宗陽

내가 지금 무슨 일로	吾今亦何事
그대 따라 강 사이에 막혀 있는가	從汝滯江間
바람이 두미협[126]을 흔들고	風撼斗尾峽
비가 앵자산[127]에 자욱이 내리네	雨昏鸎子山
물고기는 추워 숨으려 하고	魚龍寒欲蟄
새들은 저물녘에 다투어 돌아오네	鳥雀暮爭還
국화가 눈앞에 가득하지만	滿眼黃花在
끝내 나그네 위로하지 못하네	終難慰旅顔

125 박백형(朴伯亨) : 박종양(朴宗陽, ?~1725)으로, 당시 사옹원 봉사(司饔院奉事)로 자기를 굽기 위해 광주의 분원에 왔었다. 100쪽 각주121 참조.

126 두미협(斗尾峽) : 한강 상류의 골짜기 이름이다. 94쪽 각주116 참조.

127 앵자산(鸎子山) : 경기도 광주시의 동부 퇴촌면 우산리(牛山里)에 위치한 산이다. 앵자봉(鸎子峰)이라고도 한다.

다시 앞의 운을 사용하여 장난 삼아 짓다

復用前韻 戲作

관사는 우거진 쑥대 속에 있고	官舍蓬蒿內
주민들은 범들 사이에서 사는구나	居人虎豹間
한 줄기 시냇물 요란하게 흐르고	長喧一溪水
만 겹 산을 마주하였네	相對萬重山
화전민은 소나무 나르기 힘들다 하소연하고	畬戶輸松訴
그릇 굽는 이는 흙을 지고 돌아오네	窯丁負土還
여기에 온 지 이미 오래라	此來知已久
마을 아이들 낯설지 않구나	村稚不生顔

분원[128]에서 20여일 지내다가 무료하여 두자미의 〈기주가〉[129] 형식을 따르고 속어를 섞어 장난 삼아 절구를 짓다 7수

住分院二十餘日 無聊中效杜子美夔州歌體 雜用俚語 戲成絶句 七首

앵자산[130] 북쪽 우천[131] 동쪽　　鸎子之北牛川東
남한산성이 눈앞에 보이네　　南漢山城在眼中
강 위의 구름은 밤새 비를 내리고　　江雲能作連宵雨
골짜기 나무에서 열흘 동안 바람 불었네　　峽樹長吹十日風

그릇 굽는 사람들 산모퉁이에 살며　　窯人居在此山隈
관문에서 오래 일하니 고달프구나　　長役官門亦苦哉
작년에 고개 넘어 가서　　自道前年踰嶺去
진주의 백토[132]를 배에 싣고 왔다 하네　　晉州白土載船來

128 분원(分院) : 사옹원(司饔院)의 제작소로, 관영(官營) 자기제조(磁器製造)를 담당한 곳이다. 경기도 광주(廣州)에 설치하였으며, 분주원(分廚院)으로 개칭하였다.

129 두자미(杜子美)의 기주가(夔州歌) : 두자미는 두보(杜甫)를 말하는데, 두보가 파촉(巴蜀)에서 논농사를 지으며 한가롭게 지낼 때 〈기주가십절구(夔州歌十絶句)〉를 지었다. 《杜少陵詩集 卷15》

130 앵자산(鸎子山) : 경기도 광주시의 동부 퇴촌면 우산리(牛山里)에 위치한 산이다. 앵자봉(鸎子峰)이라고도 한다.

131 우천(牛川) : 경기도 광주시의 경안천(京案川) 일대를 말한다. 소천(小川)이라고도 하는데, 동쪽 도미(渡迷)로 흘러간다.

132 진주(晉州)의 백토(白土) : 《오주연문장전산고(五洲衍文長箋散稿)》 인사편(人

선천의 흙 빛깔 눈처럼 희니 宣川土色白如雪
어기[133] 굽는 데는 이것이 제일이지 御器燔成此第一
감사가 백성 부역을 줄여달라 주청했건만 監司奏罷蠲民役
진상품은 해마다 퇴짜가 많구나 進上年年多退物

고운 수비토[134] 솜보다 부드럽고 水飛精土軟於綿
발로 물레 차니 절로 돌아가네 足撥輪機自斡旋
잠깐 사이에 천여 개를 빚어내니 須臾捏就千餘事
사발과 항아리 한결같이 둥글구나 盂椀瓶甖一樣圓

발(撥)은 답(蹋)으로도 쓴다.

임금께 바치는 그릇 삼십여 종이지만 御供器皿三十種

事篇) 기용류(器用類) 〈고금자요변증설(古今瓷窯辨證說)〉에 "우리 조정에 들어와 관요는 한 곳만 두었으니, 이것을 분원이라 하며 사옹원에서 주관한다. 경기도 광주부에 가마를 두었으니, 서울에서 70리 떨어진 곳이다.……사용하는 백토는 영남의 진주·곤양, 관동의 춘천·양구에서 가져오는데, 곤양의 백토가 가장 좋다.〔入我朝, 官窯只有一所, 號曰分院, 管於廚院, 開窯於京畿廣州府, 距王都七十里地.……其所用白土, 自嶺南晉州昆陽關東春川楊口輸納.〕"라고 하였으므로, 진주에서 백토를 가져다가 사용한 사실을 알 수 있다. 백토는 백선토(白善土)·백악(白堊)이라고도 하는데, 백색 도자기의 원료로서 백자용 점토 또는 고령토를 지칭한다.

133 어기(御器) : 임금이 사용하는 기물(器物)을 말한다.

134 수비토(水飛土) : 수비(水飛)는 분말(粉末)을 만드는 방법의 하나로, 물에 거른 고운 흙을 말한다. 보통 빻은 가루를 물에다 풀면, 곱게 빻아진 것은 물에 용해되고 덜 빻아진 것은 가라앉는데, 용해된 것만을 따로 모아 침전(沈澱)시키는 것을 말한다. 《和漢三才圖會》

본원에서 사백 바리를 요구하니	本院人情四百駄
품질과 색깔은 논할 것도 없이	精粗色樣不須論
돈 없으면 죄인 되네	直是無錢便罪過

회청[135]으로 한 자 쓰는데 은처럼 아끼니	回青一字惜如銀
가지가지 그려내어 착색 고르구나	種種描成着色均
작년에 임금의 술잔 궁궐에 바치자	前歲龍樽供大內
내사에서 면포로 장인에게 포상했지	內司綿布賞工人

칠순의 박씨 노인	七十老翁身姓朴
여기서 솜씨 좋기로 유명하지	就中稱爲善手匠
두꺼비 연적이 가장 뛰어난 작품이요	蟾蜍硯滴最奇品
팔각의 고급스러운 병도 참으로 멋지구나	八面唐壺眞好樣

135 회청(回青) : 도자기에 사용하는 푸른색을 내는 안료로, 회회청(回回青)을 말한다. 회회국(回回國)인 아라비아에서 수입한 것이라 이렇게 불렀다.

술병에 장난 삼아 쓰다

戱書酒壺

살아서는 잔에 담긴 술 마시고	生時但喫杯中物
죽어서는 마땅히 술집 되리라	死去應須作酒爐
취해 꽃 앞에 쓰러진들 어떠리	醉倒花前眞不惡
밝은 달이 빈 병 비추게 하지 말라	莫教明月照空壺

남한산성 잡시 8수

南漢雜詩 八首

대낮에도 모래바람에 철문 어둡고	白日風沙暗鐵關
외로운 성 사방이 황량한 산이구나	孤城四面卽荒山
이곳을 하늘이 어찌 무심코 만들었으랴	此中天豈無心設
어쩌다가 오랑캐가 의기양양하게 돌아갔나[136]	底事胡曾得氣還
전사한 귀신들 머리 찾느라 때때로 울고	戰鬼索頭時自哭
묻힌 창에 얼룩진 피 오랜 뒤에도 선명하네	沈戈漬血久猶殷
못난 선비 태평한 세상을 걱정하지만	腐儒但識憂平世
다행히 병자년에 태어나지 않았구나[137]	幸不身生丙子間

쓸쓸한 외로운 성 찾아오니 절로 서글픈데	蕭瑟孤城氣自哀
성 머리에서 바라보니 높은 누대구나	城頭縱目更危臺
한 무리 흰 기러기 비스듬히 날아가고	一群白鴈方斜度
무수한 푸른 산들 솟구치는 듯	無數青山似湧來
전장에 지금은 노목만 남았으니	戰伐于今餘老木
홍망은 예부터 뜬 먼지 같았지	興亡從古只浮埃

136 이곳을……돌아갔나 : 남한산성은 천혜(天惠)의 요새인데, 병자호란 당시 청나라 군사를 무찌르지 못하고 항복하게 된 일을 회상한 것이다.

137 못난……않았구나 : 이하곤 자신이 당대의 세태를 염려하기는 하지만, 병자호란을 겪지 않아 다행스럽다는 말이다.

가련하다 부질없이 남은 온조의 사당[138] 可憐溫祚空遺廟
국화 꺾어 술잔 올리고 싶네 欲折寒花薦酒杯

예부터 금성탕지로 남한산성 일컬었으니 從古金湯說漢城
구름이 닿을 듯 성가퀴 우뚝하네 連雲雉堞復崢嶸
오늘에도 산하에 치욕 남았는데 今來自有山河恥
늙어서도 중국 맑아졌단 말 듣지 못하네 老去難聞華夏清
창망한 세상사에 눈물 흘리니 世事蒼茫堪一涕
비루한 유자로 평생의 포부 저버렸네 儒冠齷齪負平生
주민이 동쪽 봉우리 가리키며 居人指點東峰上
가한이 당시에 주둔했던 곳이라 하네[139] 可汗當時此結營

결영(結營)은 "깃발 세우다.〔豎旌〕"로도 쓴다.

옥정사[140] 차가운 샘 찾아가지 않고 玉井冷泉不去尋
고목 우거진 서대에 올랐어라 西臺老木此登臨

138 온조(溫祚)의 사당 : 온조(?~28)는 백제의 시조로, 남한산성은 온조의 옛 도읍지이다. 《기언(記言)》 권35 〈지승(地乘)〉에 "인조 14년(1636)에 남한산성에 온조의 사당을 세웠다.〔仁祖十四年, 南漢立溫祚祠.〕"라는 기록이 있다.

139 가한(可汗)이……하네 : 가한은 왕을 뜻하는 몽고어(蒙古語)로, 선우(單于)를 말한다. 청 태종(淸太宗)은 병자호란 당시 남한산성 밑 탄천(炭川)에서 20만의 군사를 포진하고, 산성 동쪽의 망월봉(望月峰)에 올라 성안을 굽어보며 조선군의 동태를 살폈다고 한다.

140 옥정사(玉井寺) : 신라 때부터 있었던 고찰이라고 전해지지만, 일제에 의해 파괴되어 지금은 주춧돌만 남았다. 절 뒤에 큰 우물이 있어 큰 가뭄에도 마르지 않고 옥 같은 샘물이 솟아난다 하여 옥정사라 하였다고 한다.

구름에 살기 엉겨 산천이 엄숙하고	雲凝殺氣山川肅
귀신이 황량한 해자에서 울어 초목이 음산하네	鬼嘯荒壕草樹陰
다른 날 황하 맑아짐을 다시 볼 수 있을까	異日河淸能復覩
백 년 동안 하늘 취했으니 이 무슨 마음인가[141]	百年天醉是何心
서글피 노래하며 홀로 웅검을 바라보고	悲歌獨自看雄劍
찬바람 맞으며 저녁 산에서 눈물 흘리네	衰涕寒風灑夕岑

선왕께서 예전에 한양 떠나	先王昔有去邠行
다급한 상황에 사직을 이 성에 의탁하셨지[142]	社稷蒼黃寄此城
누가 동관의 험지를 끝내 잃게 했는가[143]	誰遣潼關終失險
정나라만 맹주를 찾아왔다고 하네[144]	還聞鄭國但尋盟

141 다른……마음인가 : 청(淸)나라가 망하고 중국이 다시 문명국이 되는 날을 보고 싶은데, 하늘이 그렇게 하지 않으니 이해할 수 없다는 말이다. 하청(河淸)은 황하가 맑아진다는 말로, 성인이 나와 태평성대를 이룸을 의미한다. 삼국 시대 위(魏)나라 이강(李康)의 〈운명론(運命論)〉에 "황하가 맑아지면 성인이 출현한다.〔夫黃河淸而聖人生〕"라고 하였는데, 그 주(註)에 "세상에 전하기를 황하는 천 년에 한 번 맑아지는데, 황하가 맑아지면 성인이 이때에 세상에 나온다고 한다.〔世傳黃河千年一淸, 淸則聖人生於此時也.〕" 하였다.

142 선왕께서……의탁하셨지 : 1636년 병자호란 당시 인조(仁祖)가 남한산성으로 피난한 사실을 말한 것이다. 거빈(去邠)은 빈 땅을 떠난다는 말로, 임금이 난을 피해 수도를 떠나는 것을 의미한다. 옛날 흉노 훈육(薰育)이 빈 땅에 쳐들어오자, 고공단보(古公亶父)가 이를 피해 기산(岐山) 아래로 도읍을 옮긴 사실에서 유래하였다.《史記 卷4 周本紀》《孟子 梁惠王下》

143 누가……했는가 : 병자호란 당시 관북지방에서 청나라 군사를 막아 내지 못한 것을 지적한 말이다. 동관(潼關)은 함경북도 종성(鍾城)의 북쪽에 있는 지명으로, 동관진(潼關鎭)이 있었다.《萬機要覽 軍政篇4 關防 咸鏡道》

바람과 구름은 아직도 천년의 한 띠었는데　　風雲尙帶千年恨
해와 달처럼 몇 사람의 이름 부질없이 걸렸네　　日月空懸數子名
한강 물 넘실넘실 바다로 흘러가니　　漢水滔滔朝海去
찬 하늘 향해 눈물 흘리며 숭정을 떠올리네[145]　　寒天流淚憶崇禎

높다란 서장대[146] 구름과 나란하고　　西將臺高雲與平
화산 마주하고 술 마시니 한강 비껴 흘러가네　　華山對酒漢江橫
부끄럽다 삼전의 비석[147] 차마 보랴　　深羞忍見三田石
옛 자취 부질없이 백제성에 남았구나　　古跡空餘百濟城
너른 들판에 외로운 안개 일어 저물녘 풍경인데　　野闊孤烟方暮色
맑은 하늘에 낙엽은 다시 차가운 소리 내네　　天淸落木更寒聲
쓸쓸히 가을 슬퍼하는 마음 있는데　　蕭條自有悲秋意

144 정(鄭)나라만……하네 : 인조가 남한산성으로 피난한 뒤에 청나라 군대에 포위되었는데, 당시 충청 감사(忠淸監司) 정세규(鄭世規, 1583~1661)만 근왕하러 왔던 사실을 말한 것이다. 정세규는 남한산성으로 진격하다가 용인의 험천(險川)에서 적에게 대패하였다.

145 한강……떠올리네 : 명(明)나라를 떠올린다는 말이다. 조해(朝海)는 《서경》〈우공(禹貢)〉의 "강수와 한수가 바다에 조종한다.〔江漢朝宗于海〕"라고 한 데서 유래한 말로, 임금에게 조회하는 것을 의미한다. 여기서는 조선이 명나라를 섬겼던 것을 비유하였다. 숭정(崇禎)은 명나라 의종(毅宗)의 연호이다.

146 서장대(西將臺) : 장대(將臺)는 지휘관이 올라가 군대를 지휘하도록 높은 곳에 쌓은 대(臺)를 말하며 수어장대(守禦將臺)라고도 한다. 1624년(인조2)에 남한산성을 쌓을 때 4개의 장대를 만들었는데, 서장대는 서쪽에 있는 장대를 말한다.

147 삼전(三田)의 비석 : 서울특별시 송파구 송파동에 있는 삼전도비(三田渡碑)를 가리킨다.

하물며 여기 올라 감개한 마음 견딜 수 있으랴 況耐登臨感慨情

구름 속 고목에 등 넝쿨 드리웠는데 參雲老木亂藤垂
천 년 전 온조의 사당[148] 있네 溫祚千年亦有祠
낙엽은 가을 내내 흙 자리에 수북이 쌓였고 落葉一秋深土座
음산한 바람 종일토록 깃발에 불어오네 陰風盡日颯靈旗
세시마다 주민들이 제사 올리지만 歲時尙致居民祭
흥망의 역사에 나그네 서글퍼지네 興廢空令過客悲
문 앞에서 말 내려 재배하니 下馬門前還再拜
황량한 숲의 석양이 이끼 낀 계단 비추네 荒林斜照入苔墀

별처럼 늘어선 여덟 사찰[149] 성 사이에 있는데 星羅八寺府城間
천주사를 가볼 만하다지 天柱曾聞可一攀
걸어가는 곳 민가의 연기가 하계에 이어졌고 行處人烟連下界
앉았노라니 낙엽이 찬 산에 가득하네 坐來秋葉滿寒山
방울 흔들며 취한 무당 참으로 우습고 搖鈴醉覡眞堪笑
삿갓 쓴 승려 모두 완고하구나 戴笠居僧盡是頑
다만 남쪽 누각에서 달을 감상할 만하여 獨有南樓宜翫月
머물러 술 마시고 밤중에 돌아오네 只須留飮夜中還

148 온조(溫祚)의 사당 : 남한산성에 온조의 사당이 있다. 112쪽 각주138 참조.

149 여덟 사찰 : 남한산성 안에는 장경사, 망월사, 개원사, 옥정사, 남단사, 한흥사, 천주사, 동림사 등 여러 사찰이 있었다.

남한산성에서 분원[150]으로 가는 길에 즉흥적으로 짓다

절구 2수

自南漢向分院途中 卽事 二絶

산골짝 가운데 갈라져 저절로 문을 이루고	峽山中坼自成門
굽이굽이 시냇물이 바위에 부딪히며 흘러가네	屈曲溪流觸石奔
온종일 푸른 기슭 사이로 말 타고 가노라니	盡日蒼崖驅馬去
족제비와 다람쥐가 단풍나무 밑으로 숨는다[151]	鼪鼯時竄老楓根

나그네 옷자락 펄럭펄럭 삭풍에 날리는데	征衫颯颯北風翻
찬 날씨 스산하고 무성한 숲에 어둠 내리네	寒日蕭蕭亂木昏
낙엽 가득한 산을 홀로 가다가	落葉滿山還獨去
승려 만나 태평성대[152] 이야기하네	逢僧多說在開元

150 분원(分院) : 사옹원(司饔院)의 제작소로, 관영(官營) 자기제조(磁器製造)를 담당한 곳이다. 경기도 광주(廣州)에 설치하였으며, 분주원(分廚院)으로 개칭하였다.

151 온종일……숨는다 : 저본(底本)에는 驅馬 이후의 글자가 빠져 있는데, 국립중앙도서관본을 참조하여 수정, 번역하였다.

152 태평성대(太平聖代) : 개원(開元, 713~741)은 당 현종(唐玄宗)의 연호이다. 현종이 후기 천보(天寶) 무렵에는 양귀비(楊貴妃)에게 빠져 안녹산(安祿山)의 난을 겪었지만, 초기에는 정치에 힘을 기울여서 치세(治世)를 이룩하여 개원지치(開元之治)라 일컬어졌다.

우천[153]으로 가다가 식암공[154]의 묘소에 들러 감회가 있었다 2수
往牛川 省息庵公墓 有感 二首

소나무 우거진 오솔길 저물녘에 검푸르구나	松杉一逕晩蒼蒼
식암공 이곳에 묻히셨지	息老衣冠此地藏
훈업은 이미 사직을 지켰건만	勳業已能存社稷
세상은 다시 창상을 겪었어라[155]	世途還復閱滄桑

153 우천(牛川) : 경기도 광주시 남종면 귀여리와 경기도 양평군 양서면 양수리에 동일한 냇물 이름이 있고, 《신증동국여지승람(新增東國輿地勝覽)》 충청도(忠淸道) 진천현(鎭川縣) 기사에 "유천은 고을 북쪽 4리에 있으니, 주천(注川)으로 들어간다."라고 하였으므로, 이하곤의 고향인 진천에도 같은 이름의 냇물이 있음을 알 수 있다. 앞의 시에서 이하곤은 분원(分院)으로 가는 길이라고 하였으므로, 그와 연관해서 본다면 분원은 광주에 있으므로 광주의 우천을 가리키고, 김석주의 무덤이 남양주시에 있으므로 이와 관련하여 보면 양주의 우천을 가리킨다.

154 식암공(息庵公) : 김석주(金錫胄, 1634~1684)로, 본관은 청풍(淸風), 자는 사백(斯百), 호는 식암이다. 송상기(宋相琦, 1657~1723)의 기록에 "공의 무덤은 모두 네 번 옮겼는데, 맨 마지막에 양근 우천의 병좌 등성이에 안장하였다.〔公葬凡四遷, 最後永窆于楊根牛川負丙之原.〕"라고 하였다. 《玉吾齋集 卷14 右議政淸城府院君文忠金公神道碑銘 幷序》

155 훈업(勳業)은……겪었어라 : 김석주는 허적(許積, 1610~1680)을 파면하는 등, 경신환국(庚申換局)을 통해 남인 축출에 공헌하여 보사 공신(保社功臣) 1등에 책록되고 청성부원군(淸城府院君)에 봉해졌다. 그러나 그의 사후인 1689년(숙종15)에 기사환국(己巳換局)으로 남인이 다시 집권하면서 공신호(功臣號)를 박탈당하고 가족들도 곤경을 겪었다. 1694년에 갑술환국(甲戌換局)으로 다시 서인이 집권한 뒤에 복권되었다. 《玉吾齋集 卷14 右議政淸城府院君文忠金公神道碑銘 幷序》

황폐한 수운정[156]에 가을 풀만 우거지고　水雲亭廢唯秋草
텅 빈 귀안천[157]에 석양만 비추네　歸鴈川空但夕陽
오늘 소손[158]은 무한한 아픔에　今日小孫無限慟
서풍 맞으며 눈물 흘리는데 큰 강은 길게 뻗었네　西風灑涕大江長

이능(已能)은 구지(久知)로도 쓴다.

2

작년 눈 내리던 날 지금도 생각나니　尙憶前年雪

156 수운정(水雲亭) : 동일한 이름을 가진 정자가 여러 곳이 있으나, 여기서는 김석주와 관련된 정자이므로 경기도 남양주시에 있는 수운정을 가리키는 것으로 보인다. 김석주의 《식암유고(息庵遺稿)》 권4 〈수운정. 써서 윤근 형제에게 보여 주다〔水雲亭書示尹生勤兄弟〕〉라는 작품에 "구름 사이로 보이는 수종사 오랫동안 바라보니, 물이 멀리 운길봉에서 갈라지네.〔雲間長對水鐘寺, 水勢遠分雲吉峯.〕"라고 하였다. 여기서 수종사는 경기도 남양주시 조안면 운길산 동쪽에 있는 절이다. 또 《식암유고》 권2 〈수운정〉에 "혹자가 수운정을 왜 수운정이라 명명했는지 묻기에, 수종과 운길 두 봉우리가 우리 집과 마주했기 때문이라 했네.〔人問水雲亭, 何以水雲名. 水鐘與雲吉, 二峯當吾楹.〕"라고 하였으므로, 수운정이라는 명칭의 유래, 그리고 수운정이 김석주의 집 주위에 있었음을 알 수 있다.

157 귀안천(歸鴈川) : 앞의 수운정과 짝을 이루므로 고유명사일 가능성이 높은데, 어디인지 고증할 수 없다. 내용으로 볼 때 김석주의 집 주위에 있었던 냇물로 추정된다.

158 소손(小孫) : 《서계집(西溪集)》 권11 〈병조판서김공신도비명(兵曹判書金公神道碑銘)〉에 "아들 석주는 우의정을 역임하고 청성부원군에 봉해졌으며 훈업이 왕실에 드러났다. 딸은 부사 조현기에게 출가하였다.〔男錫胄右議政淸城府院君, 勳勞著於王室, 女適府使趙顯期.〕"라고 하였고, 이어서 "부사는 6남 7녀를 두었는데……딸은 군수 김노득, 감역 이경, 감사 이인엽……등에게 출가하였다.〔府使六男七女,……女適郡守金魯得監役李䌹監司李寅燁……〕"라고 하였다. 이를 통해 볼 때 김석주의 부친 김좌명(金佐明)은 이하곤의 외증조부이고, 김석주는 이하곤의 어머니의 외숙이다.

부인을 이곳에 모셨지	夫人葬此間
이제 와보니 묵은 풀만 무성한데	今來唯宿草
한 번 통곡하니 빈 산 고요하네	一慟但空山
석양 바라보며 소나무에 기대섰다가	斜日依松立
찬바람 속에 눈물 흘리며 돌아오네	寒風灑涕還
구원에서 우리 어머니 만나셨다면	九原見吾母
마땅히 반가워하셨으리	應復作歡顔

길을 가다가 쌀과 땔감을 운송하는 관리를 보고 감회가 있었다

途中見輸米柴官者 有感

흉년 이어지다 올해 풍년 들었는데	連歲不登今歲稔
관가에서 공문으로 날마다 독촉하네	公家符檄日催忙
남쪽 밭에서 고생한 농부들 가련하다	可憐南畝辛勤意
반은 시장에 반은 부창에 들어가네[159]	半入柴場半府倉

159 반은……들어가네 : 농부들의 수확이 세금으로 징수되는 것을 말한 것이다. 시장(柴場)은 국가에서 각 관아에 땔나무를 하도록 지정한 장소를 말한다. 부창(府倉)은 곡식을 보관하는 창고이다.

스스로를 웃다

自笑

당시 남쪽 금계(金溪)[160]로 돌아가는 길이었다.

우습다 풍진세상에서 옷 떨치지 못하고	自笑風塵未拂衣
삼 년 만에야 고향으로 돌아가네	三年今始故園歸
말머리 앞쪽에 떠가는 외로운 구름 멀리 바라보니	長瞻馬首孤雲去
잠두봉의 한 그루 나무가 멀어짐을 알겠네[161]	漸覺蠶頭獨樹微
푸른 산 바라보니 나를 기다린 듯하고	着眼青山還似待
흰 새는 다가가도 날아가지 않는구나	近人白鳥亦忘飛
잠시 성곽 벗어나자 이와 같으니	暫時出郭能如此
늙을수록 산천을 의지하고 싶구나	暮歲林泉轉欲依

160 금계(金溪) : 이하곤의 고향에 있는 냇물이다. 61쪽 각주56 참조.

161 잠두봉(蠶頭峯)의……알겠네 : 서울과 멀어짐을 알겠다는 말이다. 잠두봉은 현재의 서울특별시 마포구 합정동 한강 가에 있는 봉우리 이름이다.

신원[162]으로 가는 길에

新院途中

초겨울 경물이 쓸쓸하지 않아	孟冬風物不蕭然
맑은 날씨 마치 이월 같구나	晴日還如二月天
모래 따뜻해 가랑눈 녹아 물이 되고	小雪沙暄融作水
들판 멀리 고즈넉한 마을에 연기 피어나네	孤村野遠曖生烟
새 시 지으려 자주 손을 깍지 끼고[163]	新詩欲就頻叉手
지친 말 느리게 가도 채찍질 않노라	倦馬遲行懶擧鞭
장보고 돌아오는 사람들 말하기를	場罷歸人相報說
경기도 쌀값 가장 싸다 하네	京圻米直最豐年

사람들이 시골 저자를 장(場)이라고 한다.

162 신원(新院) : 같은 이름의 역원(驛院)이 전국에 많은데, 이하곤은 경기도 광주에 있다가 진천으로 내려가는 중이고 아래에 판교촌(板橋村)이 등장하는 것으로 볼 때, 현재의 경기도 여주시 북쪽에 있던 역원을 가리키는 것으로 추정된다.

163 새 시……끼고 : 시 짓는 모습을 온정균(溫庭筠)의 고사를 인용하여 읊은 것이다. 당(唐)나라 시인 온정균이 시를 짓는 데 매우 민첩(敏捷)하여 보통 손을 여덟 번 깍지 끼는 사이에 팔운(八韻)의 시를 이루었으므로, 당시에 온정균을 온 팔차(溫八叉)라고 불렀다고 한다. 《북몽쇄언(北夢瑣言)》 권4에 "온정균은 시를 짓는 데 뛰어나, 매양 응시하여 시를 지을 때마다 손을 여덟 번 깍지 끼는 사이에 팔운시를 이루었다.〔溫庭筠工賦, 每入試作賦, 八叉手而八韻成.〕"라고 하였다.

판교촌에서

板橋村

이내 신세 괴롭게 떠돌며	我生苦飄蕩
고생고생 잠시도 편한 날 없어라	役役不暫安
올 가을은 분원에 가서[164]	今秋客分院
한 달이나 강가에서 머물다가	一月滯江干
유유히 다시 남쪽으로 가려니	悠悠復南征
초겨울 날씨 차갑기도 하구나	孟冬天氣寒
어스름 새벽에 판교촌 출발하니	晨發板橋村
가야 할 길 멀어라	前路亦云漫
닭 울어도 날은 밝지 않아	鷄鳴天未曙
조각달이 안장 비추네	缺月初窺鞍
무리들이 서로 잡아 주며	徒旅互扶援
맨발로 넓은 여울 건너니	跣足涉廣瀾
차디찬 물에 뼛속까지 저릴 터	氷寒骨欲折
가만히 바라보며 가슴 아파하노라	默視傷我肝
사람들 저마다 일 있으니	有生各有營

164 올……가서 :《두타초(頭陀草)》 책3 〈출성시홍여관(出城示洪汝寬)〉의 아래에 "이때 내가 분원(分院)에 가서 지석(誌石)을 굽게 되었다."라는 원주가 있다. 분원은 사옹원(司饔院)의 제작소로, 관영(官營) 자기제조(磁器製造)를 담당한 곳이다. 경기도 광주(廣州)에 있었다.

누군들 감히 힘든 길 마다하랴	孰敢辭道難
아스라이 고향 떠올리니	緬思故園內
솔과 바위 사이에 배회할 만하지	松石可盤桓
언제나 나의 굴레 벗고서	幾時稅我鞅
초가집을 볼 수 있을까	茅屋眼中看

지난날을 생각하다

憶昨

생각해 보니 문 나설 때	憶昨出門時
예쁜 딸아이가 옷자락 잡으며	嬌女牽我衣
여기 온 지 열흘도 지나지 않았는데	新歸未一旬
또 어디로 가느냐고 물었지	問我復何之
내가 옛날 금담[165] 가에	我昔金潭側
소나무 의지해 초가집 지었지	依松結茅茨
삼 년이나 속세에서 분주히 달렸지만	三載走風塵
덧없는 명성 뿐 어찌 기근을 해결하랴	浮名寧救飢
빈 산에 한 늙은 종	空山一老奴
혼자서 글방 지키고 있으니	獨自守書帷
구기자랑 국화는 이미 잡초에 묻히고	杞菊已蕪沒
산자락 밭뙈기는 묵혀 가꾸지 못했겠지	山田穢不治
세모에 삭풍이 차갑게 불어오니	歲暮北風寒
고향 생각 더욱 간절해라	故園尤所思
두려운 길 눈서리 무릅쓰면서도	畏途蒙雪霜
내가 이제 마다하지 않노라	我今亦不辭

165 금담(金潭) : 이하곤의 《두타초(頭陀草)》 책9 〈월야보죽림(月夜步竹林)〉에 "우리집이 금담 굽이에 있다.〔我家金潭曲〕"라는 구가 있는 것으로 보아, 이하곤의 고향에 있었던 연못으로 추정된다.

사람은 짐승이 아니니	人生非鹿豕
어찌 오래도록 무리지어 살까마는	焉用長聚爲
내년에는 너를 데리고 가서	明歲携汝去
두타산 모퉁이에서 늙으리라	終老陀山陲

험천[166]에서

險川

시냇물 소리 목메어 우는 듯	溪聲咽如哭
몇 리에 걸쳐 서글픈 바람 길게 불어오네	數里悲風長
황량한 숲에 도깨비불 푸르게 빛나고[167]	荒林鬼火青
산 위의 달은 어둑어둑 빛이 없네	山月昏無光
나그네 마음 애처롭고 기쁘지 않아	游子慘不歡
말에서 내려 이리저리 서성이네	下馬爲彷徨
새벽 서리가 들풀을 온통 덮고	晨霜塗野草
자던 솔개가 마른 버들에서 퍼덕이네	宿鴟翻枯楊
사방 어디에도 인가 하나 없이	四顧無人烟
모래 먼지만 아득히 흩날리는구나	塵沙浩茫茫
길에서 노인 만났더니	路逢故老人
여기는 옛날 전장이었다 하네	云是舊戰場
생각해보니 병자년 사이에	憶昔丙子間
되놈들 날뛰었지[168]	胡寇勢陸梁

166 험천(險川) : 경기도 광주에 속한 지명이다. 병자호란 당시 충청 감사(忠淸監司) 정세규(鄭世規, 1583~1661)가 도내의 군사를 징집하여 헌릉(憲陵)으로 가다가 청군에게 길이 막혔으므로, 이곳에 진을 치고 싸우다가 대패하였다.

167 황량한……빛나고 : 정세규의 군대가 험천에서 패하였으므로, 당시 전사한 군사들을 회상한 것이다. 귀화(鬼火)는 전쟁터에서 죽은 사람의 피가 응결하여 만들어진 인(燐), 즉 도깨비불이라는 설이 있다. 《論衡 論死》

사직이 위기일발에 처했으니　社稷危一髮
나랏일 진실로 다급했네　國事誠倉黃
임금 수레 남한산성으로 들어가고　翠華入南漢
각 도에서는 근왕병 오지 않았는데　諸道絶勤王
정공이 홀로 창의하여[169]　鄭公獨倡義
군사들과 맹세하니 얼마나 강개했던가　誓師何慨慷
갑옷에 아침 해가 빛나고　袍甲耀朝日
창끝이 가을 서리처럼 번쩍였지　戈戟明秋霜
새벽에 호서의 군영 출발하여　曉發湖西營
저녁에 이 산 근처에 도달했지만　夕止此山傍
되놈들 기병 바람처럼 내달리니　虜騎驟如風
우리 군사들 감당할 수 있었으랴　我軍忍相當
진실로 중과부적의 상황이었을 뿐　衆寡諒難敵
계획이 잘못된 것은 아니었네　人謀非不臧
오천의 군사들　戰士五千人
슬프다 같은 날 전사하니　哀哉同日亡
쌓인 시체 진창에 버려지고　積骨委泥沙
유혈이 산비탈 뒤덮었지　流血被山岡
원기가 구름처럼 맺혀　冤氣凝如雲

168 병자년(丙子年)……날뛰었지 : 1636년(인조14) 병자호란 당시 청나라 군대의 세력이 대단했음을 말한 것이다. 육량(陸梁)은 제멋대로 날뛴다는 의미로, 장형(張衡)의 〈서경부(西京賦)〉에 "온갖 짐승이 날뛴다.〔百獸陸梁〕"라고 하였다.

169 정공(鄭公)이 홀로 창의(倡義)하여 : 병자호란 당시 충청 감사(忠淸監司) 정세규가 군사를 이끌고 남한산성으로 향했던 일을 말한다. 114쪽 각주144 참조.

지금까지도 부질없이 검푸르구나　至今空青蒼
여진과 만만의 군사　女眞滿萬兵
예부터 막강했지　自昔難其强
중원도 무너졌는데　中原且腥塵
하물며 우리처럼 작은 나라이겠는가　況乃此偏邦
우서에서 활하를 경계했고[170]　虞書戒猾夏
주시에서 귀방을 정벌했지[171]　周詩伐鬼方
하늘이 오래도록 각성하지 못하니　皇天久不醒
분통한 마음에 가슴 찢어지네　悲憤裂中腸
머리 돌려 연운[172] 북쪽 바라보며　回首燕雲北
바람 앞에 노랫소리 격앙되네　臨風歌激昂

170 우서(虞書)에서 활하(猾夏)를 경계했고 : 《서경》 〈순전(舜典)〉에 "고요야, 만이가 중하를 어지럽히며, 약탈하고 죽이며 밖을 어지럽히고 안을 어지럽히므로, 너를 사로 삼는다.〔皐陶, 蠻夷猾夏, 寇賊姦宄, 汝作士.〕"라고 하였다.

171 주시(周詩)에서 귀방(鬼方)을 정벌했지 : 귀방은 은(殷)나라를 적대했던 변방의 부족 이름이다. 《시경》 〈유월(六月)〉은 주(周)나라 선왕(宣王) 때 험윤(玁狁)의 세력이 왕성해지자, 윤길보(尹吉甫)로 하여금 정벌하도록 한 내용을 담고 있다. 험윤은 서북쪽에 있던 적국(狄國)으로, 은나라 말, 주나라 초에는 귀방으로 일컬었고, 주나라 중엽 이후로 험윤으로 일컬었다.

172 연운(燕雲) : 중국의 유주(幽州)와 운주(雲州) 지방을 가리킨다.

직곡촌에서

直谷村

나그네 발길 직곡촌 들어서니	客投直谷村
아침 해가 높은 버들 위로 떠오른 때였네	初日在高柳
마을 노인 잠에서 막 깨어	村翁眠始起
아이 안고 항아리 들창 내다보다가	抱兒窺瓮牖
서리 흠뻑 맞은 나를 보더니	見我霜滿衣
서둘러 소매 자락 떨치며	且爲拂其袖
흙 자리에 멍석 깔고	土座設藁薦
질화로에 막걸리 데워	瓦爐煖濁酒
표주박 잔에 거듭 권하니	瓠杯擧相屬
그 마음 참 정성스러워라	厥意良亦厚
내게 묻기를[173] 이 추운 겨울에	問我此嚴冬
어쩌자고 먼 길 가시오	胡爲事遠走
올해는 추위가 일찍 찾아와	今年已早寒
첫눈이 주먹만 하게 내렸소	初雪落如手
파리한 말은 얼음에 미끄러지고	羸驂氷正橫
헤진 갖옷에 바람 숭숭 들어오니	弊裘風易透
멀리 가서 이익 도모하기 보다는	遠行博厚利
전답 지키느니만 못하다오	不如守田畝

173 내게 묻기를 : 여기부터 "살아보지 않겠소"까지는 촌옹(村翁)의 말이다.

나는 평생 문을 벗어나지 못한 채	我生不出門
이제는 늙은이 되었소만	今已成老叟
집 앞에 뽕과 삼 심고	屋前種桑麻
뒤에는 닭과 개 기른다오	屋後牧鷄狗
올 가을은 그런대로 풍년 들어	今秋稍登熟
집에 식량 제법 넉넉하고	家頗饒黍豆
세금도 모두 관가에 냈으니	租稅畢輸官
다시 무슨 걱정 있겠소	憂虞復何有
동이에 술 새로 걸러	瓮頭酒新芻
한 번 마실 때마다 몇 말씩 기울이오	一吸傾數斗
단잠 자며 다른 일은 알지 못하고	酣眠不知餘
때때로 술주정해도	時復作醉吼
관아에서 나를 책망하지 않고	官府不我責
마을 사람도 타박하지 않는다오	閭里不我咎
이렇게 여생 마치리니	持此庶終老
당신도 나처럼 살아보지 않겠소 하네	君能如我否
진솔한 그의 말 듣고서	聞渠語甚眞
나도 한참을 탄식했네	我亦嗟嘆久
사람마다 분수 있으니	人生有常分
애오라지 졸렬함을 지켜서	聊以拙自守
죽을 때까지 배불리 먹는다면	終年飽喫飯
이것 말고 또 무엇을 바라랴	此外復奚取
풍진세상 떠돌며	蹶躄風塵間
오래도록 명리에 유혹되었네	久爲利名誘

고향에 솔과 국화 있건만	故園有松菊
이것들을 저버릴 뻔 했구나	此物恐相負
말없이 문을 나서	默默出門去
세 번 탄식하며 고개 돌리노라	三歎回我首

백잔령에서

栢棧嶺

늘어선 산들이 말처럼 달려	連山騖如馬
세차게 뻗어 잠시도 멈추지 않다가	滾滾不少駐
양쪽 벼랑에 갑자기 가운데 트이니	雙崖忽中坼
태곳적부터 만들어졌네	開鑿自太古
그윽한 여울은 패옥 소리 내며 쏟아지고	幽湍瀉鳴佩
괴이한 바위는 성난 범이 웅크린 듯	怪石蹲怒虎
산의 나무로 사방이 어둑어둑하고	山木四冥冥
구름과 해가 서로 삼켰다 토했다 하네	雲日遞呑吐
씽씽 삭풍이 매섭게 불어와	颼颼朔吹緊
우수수 낙엽들이 한 데 모이네	摵摵零葉聚
날은 추운데 옷은 얇으니	天寒衣裳單
나그네 어찌 견딜까	行子那得度
마부는 자주 넘어지고	我僕已屢顚
나귀도 걸음 조심하네	我驢猶跼步
생각건대 저 깊숙한 데 사는 이들	念彼深居徒
어찌 이런 어려움 알겠는가	焉識此勞苦
평생 게으르고 졸렬한 마음으로	平生懶拙意
문 밖을 내다보지 않으려 했는데	幾欲不窺戶
세상사가 사람을 다그쳐	世故自驅人
늙어서도 하염없이 길 가는구나	冉冉老征路

길을 가다가 즉흥적으로 짓다
途中卽事

돌도 많고 살얼음 얼어 옛길 희미한데	亂石輕氷古道微
소나무 끝의 차가운 해마저 흐릿하네	松梢寒日淡無輝
주린 매는 쥐를 잡아 밭머리에 앉았고	飢鳶掠鼠田頭立
늙은 꿩은 사람보고 놀라 말 앞을 날아가네	老雉驚人馬首飛
먼 길 가며 시로 위안 삼고	長路詩篇聊自慰
타향이라 동복을 더욱 의지하네	異鄕僮僕轉相依
하늘에 뜬 한 줄기 두타산 빛깔	浮天一抹陀山色
내일 아침에는 나그네 옷에 스미겠지	應是明朝襯客衣

시(是)는 대(待)로도 쓴다.

승부원에서 눈을 만나다

乘負院逢雪

예전에는 역원(驛院)이 있었는데 지금은 없어졌다.

먼 물과 찬 벌판 저녁 하늘에 닿았고	遠水寒蕪接晩霄
삭풍 불어 나그네 옷자락 흩날리네	北風征袂自飄搖
고향의 솔과 국화는 잘 있을는지	故園松菊能無恙
병든 아우는 소식도 뜸하네	病弟音書漸覺遙
갖옷 낡아 눈보라 막지 못하고	裘弊不堪衝急雪
나귀 비틀대니 높은 다리 두렵네	驢顚空復怯危橋
지난 삶 따져 보니 무엇을 이루었나	平生默算成何事
남은 삶은 늙은 나무꾼으로 살아가리	已分殘年作老樵

죽산산성[174]에서

竹山山城

옛 성에 잡초 우거져 쓸쓸한데	古城莽蕭瑟
시월이라 날씨마저 스산하네	十月天氣哀
승려가 앞장서 나를 데리고	山僧前導我
동쪽 장대에 올라	步上東將臺
내려다보니 한결같이 검푸르고	俯視一蒼然
뭇 산들 술동이처럼 늘어섰네	群山列樽罍
회오리바람이 눈을 불어	回風吹飛雪
만 리까지 나부끼는데	萬里共徘徊
서글피 우는 외기러기	獨鴈鳴聲悲
애처롭게 북쪽에서 날아오네	慘憺從北來
나그네 길에서 이런 장관 만나니	客途得壯觀
답답하던 가슴 후련해지네	一洗胸崔嵬
축조한 때 언제인가	創築復幾時
성가퀴가 이미 무너지고	雉堞已摧頹
옛사람들 싸우던 곳	昔人戰伐地
아스라이 먼지만 휘날리네	坱塝空風埃
보잘것없는 선비 괜스레 감회 많아	腐儒自多感

174 죽산산성(竹山山城) : 경기도 안성시 죽산면 매산리 비봉산정에 있는 고려 시대 성곽이다.

서글픈 노래를 또 부르려는데 悲歌且欲開
승려도 내 마음 알아 沙彌亦解意
다시 술 한 잔 권하누나 爲復進一杯

봉덕사에서 잠시 쉬다가 윤이경[175] 영감이 떠올라 감회가 있었다

小憩鳳德寺 懷尹令 以經 有感

봉덕사는 죽산산성(竹山山城)에 있다.

승려와 윤공에 대해 말하니	獨與居僧說尹公
선방에서 나란히 묵었던 일 떠오르네	憶曾聯被宿禪宮
외로운 혼을 누가 다시 남해에서 불러올까	孤魂誰復招南海
슬픔의 눈물을 삭풍에 흘리노라	哀涕唯堪灑北風
우거진 나무와 연못에 먼 생각 남았는데	森木回塘長慮在
뜬 구름과 흐르는 물 예전 놀던 자리 비었네	浮雲逝水舊遊空
위태로운 때에 훌륭한 장수마저 없으니	時危更失干城將
멍하니 바라보며 저녁 눈 속에 구슬피 노래하네	悵望悲歌暮雪中

윤이경(尹以經) 영감이 성 안에 연못을 파고 나무를 심어 장마에 대비하였는데, 그 나무가 벌써 아름드리가 되었다.

175 윤이경(尹以經) : 인적사항은 미상이다. 《승정원일기》 숙종 29년 8월 6일 기사에 윤이경을 죽산 부사(竹山府使)에 임명한 기록이 있다.

주거령에서

駐車嶺

오 리에 걸쳐 회오리바람 불고	五里一回風
십 리에 계속 눈발 날려	十里一飛雪
나그네길 너무도 고된데	客行飽辛苦
게다가 험한 고개 넘어야 하다니	況乃凌險絶
주거령으로 말 몰아가며	驅馬駐車嶺
올려다보니 참 높기도 하구나	仰視頗巀嵲
깊은 골짝은 한낮에도 어둑어둑	深谷常晝昏
좁은 돌길은 구불구불 굽이졌네	細磴自百折
진창길 깊어 안장까지 빠지겠고	泥深幾沒鞍
돌부리 높아 수레바퀴 가로막네	石峻或拒轍
나그네 올라가기 힘들어	行子跋履艱
땀방울 훔으니 겨울에도 덥구나	揮汗冬爲熱
구름이 어느새 흩어져	雲陰倏解駁
햇살이 조금씩 나오니	日光稍漏洩
찬 비탈이 푸르게 빛나고	寒崖色青熒
시냇물 소리 그윽하게 울리네	風泉鳴幽咽
기쁘게 한 번 웃으며	欣然復一笑
배고픔도 목마름도 잊노라	庶用忘飢渴
험한 길 다 지나오니	危途歷已盡
호방한 노래 숲에 진동하네	浩歌激林樾

문득 시야에 들어온 두타산 陀山忽在眼
빼어난 풍광이 하늘 끝에 비꼈네 秀色橫天末

길에서 두타산을 바라보다

途上望陀山

이날은 눈이 내리고 개기를 반복했다.

높은 나무에 바람 거세 깃든 까마귀 요란하고	風高喬木亂栖鴉
돌무더기 성황당에 해 지려 하네	壘石叢祠日欲斜
먼 길 가다가 저녁 눈 만났는데	長路應須逢暮雪
고향 동산에는 벌써 국화 시들었으리	故園今已負寒花
꼿꼿한 몸으로 세상에 쓰이기는 어렵지만	難將傲骨供塵事
새 시로 흐르는 세월 안타까워하네	自有新詩感歲華
나귀 등에서 빼어난 두타산 바라보니	驢背陀山橫秀色
산 아래 우리집 있는 줄을 아노라	即知山下是吾家

장판에서

長板

나그네길 일정 정해져	客行旣有程
해가 져도 쉬지 못하네	日入猶未歇
장판이 구름처럼 뻗어 있고	長板亘如雲
누런 진창에 비와 눈 섞였네	黃泥雜雨雪
숲 바람이 우수수 한 번 일자	林風一颼飀
뭇 봉우리 모두 흐릿하네	衆嶺俱怳惚
산 깊어 나그네도 드물고	山深徒旅稀
날 추워 동복들 우누나	天寒僮僕泣
험한 길 조금 가늠되니	荒途稍欲辨
밝은 별들 문득 나왔어라	明星忽已出
다시 서남쪽 등성이 찾아	更尋西南岡
근심스레 한밤중에 넘노라	悄悄夜中越

새로 돌아오니 매우 기뻤다

新歸喜甚

이날 밤 청담정사(淸潭精舍)에서 묵었다.

말 멈추자 성긴 별빛이 벌써 문을 비추고	歇馬疏星已在門
시냇물 소리 울리는 울타리에 몇 등불 가물거리네	溪鳴籬落數燈昏
흰 국화 바라보니 속된 모습 아니고	相看白菊非塵態
푸른 산 반가워하니 예가 고향이로다	一笑靑山是故園
찬 물은 석 자나 줄었을 텐데	寒水定應三尺減
노승은 다시 몇이나 남았을까	老僧能復幾人存
예서 선방 깨끗하단 말 들었으니	此來聞說禪房潔
부들자리 빌려 하룻밤 편히 자려네	擬借蒲團一宿溫

승려들이 집을 다시 지어 방이 무척 깨끗하였다. 결구는 "이제 와보니 선방 깨끗하여, 밤새 울리는 솔바람 소리 누워 듣노라.〔今來更覺禪房潔, 臥聽松風永夜喧.〕"로도 쓴다.

권 부마의 묘소를 지나며

經權駙馬墓

청안(淸安)으로 가는 길에 있다.

길가의 외로운 무덤 얼마나 오래되었나	道上孤墳不記春
석양의 시든 풀 속에 기린 누웠어라	夕陽衰草臥麒麟
지금도 노인들 말을 전하니	至今故老猶傳說
선대 조정의 부마였다지	曾是先朝駙馬人

저물녘에 원통촌에 들르다

暮過圓通村

추운 날 나그네 길에 산도 깊어	天寒客路亂山深
때때로 보이는 민가 연기 참나무 숲에 가렸네	時見人烟隱槲林
말 멈추고 산 바라보니 절로 즐겁고	駐馬看山聊自悅
안장에 앉아 시 지어 길게 읊조리네	凭鞍覓句只長吟
삼 년 동안 속세에서 덧없는 명성에 얽매였는데	三年塵土浮名縛
시월 바람서리에 짧은 해 어두워지네	十月風霜短景陰
어수선한 나의 인생 우스운데	擾擾吾生堪一笑
한가한 구름과 지친 새 모두 돌아가고픈 마음이네	閒雲倦鳥各歸心

청주부에서[176]

清州府

마땅히 위에 있어야 한다.

동남쪽 최고의 요해처	形勝東南最
관방을 잘 설치했네[177]	關防制置良
사방의 산이 멀리 들을 에우고	四山圍野遠
한 줄기 물이 길게 성을 감쌌네	一水繞城長
지역 곳곳에 누대 늘어섰고	地爲樓臺窄
겨울에도 나무들 푸르구나	冬猶樹木蒼

176 청주부에서 : "이 제목 위에 〈저물녘에 청주로 가면서〔暮向淸州〕〉와 〈부용촌(芙蓉村)〉이라는 두 수의 시를 먼저 쓰고, 그 아래에 〈청주부에서〉를 써야 한다. 〈저물녘에 청주로 가면서〉와 〈부용촌〉은 권말(卷末)에서 찾을 수 있다."라는 문집 편집자의 지시 사항이 적혀 있다.

177 동남쪽……설치했네 : 청주부(淸州府)가 군사적 요충지로서 방어시설을 잘 갖추고 있다는 말이다. 송시열(宋時烈)의 글에 "청주는 삼남 지방의 큰 도회지이다. 유사시에는 그 지역의 형세가 반드시 쟁탈해야 하는 곳이 된다. 그러므로 만력 임진년에 왜구들 가운데 상주와 금산에서 온 자들은 모두 이곳에 모여 성을 점거하고 개미처럼 진을 쳐서, 서쪽으로 한양으로 향하고 내포 지역을 공격하려고 계획하였다. 다행히 문열공 조중봉이 의병을 이끌고 물리쳐 왜적들로 하여금 마음 놓고 한양으로 향하지 못하게 하였으니, 이 고을의 형승을 알 수 있다.〔淸州三南之一大都會也. 有事則其地方形勢, 爲必爭之處. 故當萬曆壬辰, 倭賊之自尙州錦山來者, 皆會於此, 據城蟻屯, 以爲西向京師旁軼內浦之計. 幸賴重峯趙文烈公, 以義旅鏖戰逐北之, 使賊不能專意於西. 此州形勝, 從可知矣.〕"라고 하였으므로, 청주부의 군사적 중요도를 짐작할 수 있다. 《宋子大全 卷145 淸州統軍樓記》

지방관에게 말하노니	寄言官守者
힘껏 노력하여 임금께 보답하오	努力報明王

길 가에 소나무 두 그루가 구불구불 서려 있어 그늘에 수십 명이 들어갈 만하였다

道傍有雙松 夭矯盤屈 可蔭數十人

마주한 두 그루 큰 소나무	對立雙松百尺長
구불구불한 그 가지 많은 세월 겪었구나	虯枝已自飽風霜
오늘 구름 속에 솟을 듯한 의기를 보시라	請看今日淩雲意
훗날을 기다려 동량이 되겠지	要待他時作棟樑

아침 일찍 길을 가면서

早行

흐리멍덩 안장에 앉아 조는데	忽忽憑鞍睡
싸늘하게 소매 가득 바람 부네	凄凄滿袖風
새벽 서리가 하얗게 숲 덮었고	晨霜被林白
아침 햇살이 벌겋게 하늘로 퍼지네	初日放天紅
여행 길 차가운 강 너머로 향하고	客路寒江外
민가의 연기 숲 속에 끼었네	人烟亂樹中
사립문에 한가로이 지팡이 짚고 있으니	柴門閑拄杖
이내 신세 그 시골 노인에게 부끄럽다	身世愧村翁

잠시 길 가의 솔숲에서 쉬는데, 시내 건너의 초가 정자가 매우 산뜻하였다. 바빠 끝내 올라보지 못하였으니, 마음이 심히 서글펐다

少憩路傍松林 隔溪見一艸亭極蕭灑 悤悤未果登眺 意甚悵然

산 아래 고즈넉한 초가 정자 누구 것인가	山下誰家孤艸亭
사립문 고요하게 낮에도 닫혔구나	荊扉寂寂晝還扃
마을 감싼 물굽이는 서린 용의 형세이고	抱村水曲盤龍勢
늘어진 소나무 둥글어 일산 모양이네	到地松團偃蓋形
해 질 녘 앞 시내에 해오라기 두 마리 서 있고	斜日前溪雙鷺立
먼 연기 어디인가 수많은 봉우리 푸르네	遠烟何處亂峰青
고요한 숲 그늘에 말 멈출 만하여	不妨歇馬林陰靜
골짜기에서 나오는 나무꾼 노래 앉아 듣노라	出谷樵歌坐自聽

진잠현[178]을 지나며

過鎭岑縣

관아는 시내를 끼고 있고	縣舍依流水
민가는 바위 아래에 모였네	人烟聚石根
푸른 산 우거진 이곳 외진데	靑山此地僻
고목은 몇 집에 남아 있네	老木幾家存
해 질 녘 까마귀는 성곽 위로 날고	斜日鴉翻郭
찬바람 불자 아전들 문에서 흩어지네	寒風吏散門
혹독하게 세금 걷는다 하더니	催租聞政急
밤에 마을의 방아소리 시끄럽네	入夜里舂喧

178 진잠현(鎭岑縣) : 현재의 대전광역시 유성구 진잠동과 서구 관저동 일대이다.

용태촌에서 이지인[179] 형제와 함께 묵는데, 등불 아래에서 계룡산의 승경을 장황하게 말하였다. 그 말을 기록하여 한 수의 시를 읊어 지어 보여 주다

龍駄村 與李生志仁兄弟對宿 燈下盛稱鷄岳之勝 仍記其語 吟成一詩以示

한밤까지 명산의 승경 얘기하며	細話名山到夜分
찬 등불 아래 그대들과 묵노라	寒燈對宿有諸君
상원암 경치 진실로 빼어나	上元庵子眞奇絶
외로운 봉우리가 백운 같다 하네	聞說孤峯似白雲

179 이지인(李志仁) : ?~1728. 본관은 광주(廣州)이다.

유천촌에서 밤에 빗소리를 듣고 감회가 있어서

柳川村 夜聞雨聲 有感

솔 울타리 너머 집에서 등불 새어 나오는데	松籬隔屋透燈光
외로운 마을 한 토방에서 잠을 자네	寄宿孤村一土床
겨울 따뜻하여 빗소리 부슬부슬 들리고	冬煖雨聲還淅瀝
새벽 더뎌서 닭 울음소리 아득하네	曉遲鷄唱但蒼茫
매번 잠 없어 고달피 시 읊조리는데	每緣無睡吟詩苦
단지 돌아갈 생각에 먼 길 헤아리기 때문이라	只爲思歸算路長
불 꺼진 재 뒤적이며 홀로 앉았노라니	撥盡寒灰成獨坐
고향의 거친 낚시터 부질없이 떠오르네	故園空憶釣臺荒

돌아가는 말 위에서

歸鞍

말 타고 가는 길 하루 사이 흐렸다 개었다 하더니	征鞍一日閱陰晴
가랑비가 순식간에 세찬 눈보라 되었네	細雨旋將急雪橫
어쩔 수 없구나 올겨울 날씨 이상하니	已矣今冬乖氣候
어쩌면 내년 농사가 해로우리	或於來歲害農耕
작은 풍년에도 부족한 세수 징수하니	小豐猶復徵逋欠
늙을 때까지 무슨 수로 태평세월 보겠나	垂老何由覩泰平
우습다 천제도 변덕 많아	可笑天公亦翻覆
앞산에 돌연 석양이 밝구나	前山忽見夕陽明

공북루 앞에서 눈을 만나다

拱北樓前逢雪

청주(淸州)에 있다.[180]

공북루 앞에 해 지려는데	拱北樓前日欲斜
고향 가는 길에 산들 아득하네	故園歸路亂山賒
외로운 성 먼 숲에 연기 가로로 걸렸고	城孤遠樹橫烟氣
넓은 들판 긴 하늘에 눈꽃이 춤추네	野闊長空舞雪花
떠도는 발걸음 시로 일과 삼을 뿐	浪迹只須詩作課
나그네 시름 꿈에도 집으로 돌아가네	羈愁猶自夢還家
서호와 동협을 두루 다녀보니	西湖東峽行將遍
덧없는 인생 끝없음을 믿게 되네	始信浮生未有涯

180 청주(淸州)에 있다 : 《신증동국여지승람(新增東國輿地勝覽)》〈충청도(忠淸道) 청주목(淸州牧)〉에 "공북루는 고을 북쪽 3리에 있다."라고 하였는데, 현재는 남아 있지 않다.

길을 가며 읊조리다

行吟

가늘고 구불구불한 들길 가면서 읊노니	行吟野逕細縈紆
누런 진창길 가는데 해 지려 하네	跋盡黃泥日欲晡
눈 갠 여러 산들 스산하게 비꼈고	雪晴亂山橫慘惔
찬 구름 낀 먼 숲은 가물가물하네	雲寒遙樹失模糊
백사장 갈매기는 짝 부르며 멀리 날아가고	沙鷗叫侶飛將迥
물가 학은 사람과 친해 외로이 서 있네	水鶴親人立正孤
속세에 사 년이나 골몰하였으니	塵土四年從汩沒
저 아이들 뭐라 하든 개의치 않노라[181]	任他兒輩馬牛呼

181 속세에……않노라 : 남들이 자신을 어떻게 대하든지 그것에 마음 두지 않는다는 말이다. 《장자(莊子)》 〈천도(天道)〉에 "나를 소라고 부르면 소라 하고, 나를 말이라고 부르면 말이라 한다.〔呼我牛也, 而謂之牛, 呼我馬也, 而謂之馬.〕"라고 하였다.

아버지께서 운정[182]에서 길을 떠나시던 날에 눈보라가 거세게 몰아쳤다. 걱정스러운 나머지 칠언으로 장구를 지어 척호의 감회[183]를 서술하다

大人自雲亭啓施之日 風雪大作 憂悶之餘 成七言長句 以抒陟岵之懷

어제도 오늘도 바람이 세차	昨日今日風號怒
집 동쪽 두 그루 소나무 뽑히고	拔我屋東雙松樹
앞마을은 하룻밤에 눈이 한 자나 내려	前村一夜雪盈尺
사립문 밖으로 반걸음도 나가지 못하는데	柴門不得通跬步
이러한 때 아버지께서 수레 타고	是時嚴親動車馬
구불구불한 길로 서울 향하시네	逶迤去向漢陽路
왕실에도 많은 일 있다 하니	聞道王室亦多事
중도에 어찌 잠시나마 지체하랴	中途那復蹔遲住
추운 날 한강에 산처럼 물결 높고	天寒漢水波如山
구름 걸린 산꼭대기에 해 저물겠지	懸雲嶺上日欲暮
마부는 추위에 떨고 말은 비틀댈 테니	僕夫呼寒馬應顚
험난한 먼 길을 어찌 가실까	長路險艱何以度
나는 지금 아랫목에서 화롯불 쬐면서	我今深屋擁紅爐

182 운정(雲亭) : 이하곤의 고향에 있던 열운정(悅雲亭)으로 추정된다. 47쪽 각주24 참조.

183 척호(陟岵)의 감회 : 〈척호〉는 《시경》 위풍(魏風)의 편명으로, 효자가 부역을 나가 어버이를 잊지 못하는 심정을 노래한 시이다.

가죽옷 입고 문밖은 쳐다보지도 않는데	着却貂裘不窺戶
모진 바람이 눈을 불어 때때로 창문 두드리니	嚴風吹雪時撲牕
오싹하여 머리카락이 쭈뼛 서는데	凜慄猶覺毛髮竪
하물며 먼 길을 말달려 가시니	況乃長路事馳驅
객지 길에 얼마나 힘드실까	客行焉能免辛苦
자식 된 나는 어찌 여기에 머물러	小子胡爲此滯留
밤낮으로 몸소 보살펴 드리지 못하는가	晨昏未得躬視護
흰 구름이 아득히 눈에 들어오니	白雲遙遙忽在望
홀로 서성이며 〈척호〉를 읊조리네[184]	獨自彷徨咏陟岵

184 흰 구름이……읊조리네 : 먼 길 떠나는 아버지를 염려하며 그리워한 것이다. 백운(白雲)은 어버이를 그리는 마음을 상징한다. 당(唐)나라 적인걸(狄仁傑)이 태항산(太行山)을 넘어가던 중, 흰 구름이 외로이 떠가는 남쪽 하늘을 바라보며 "저 구름 아래에 어버이가 계신다.〔吾親所居, 在此雲下.〕"라고 하고는 한참 동안 머물러 있다가 구름이 다른 곳으로 옮겨 간 뒤에 다시 길을 떠났다는 고사가 있다.《舊唐書 卷89 狄仁傑列傳》《시경》〈척호(陟岵)〉에도 "저 민둥산에 올라, 아버지를 바라보노라.〔陟彼岵兮, 瞻望父兮.〕"라고 하였다.

눈 내린 뒤에 달을 보며 옛 유람이 떠올랐다. 율시 한 수를 지어 최씨 형에게 부쳐 보여 주다[185]

雪後對月懷舊遊 賦詩一律 寄示崔兄

작년처럼 산속 누대에 밤눈 내리니	山樓夜雪似前年
문득 남한산성에서 형과 함께했던 일 떠오르네	忽憶阿兄南漢邊
바둑판과 등잔걸이 모두 있고	棊局燈檠俱自在
솔바람과 냇물 소리도 그대로인데	松風澗水却依然
소 타고 들러주는 멋진 손님 없어	已無好客騎牛過
그저 외로운 집에서 촛불 마주하고 잠드네	只自孤齋對燭眠
문서더미에 빠져 지낸다 하던데	聞說簿書甘汩沒
시내 동쪽 새 집은 푸른 연기에 잠겼겠지	溪東新屋鎖蒼烟

185 눈……주다 : 최형(崔兄)은 최창대(崔昌大, 1669~1720)를 가리키는 것으로 보인다. 그의 본관은 전주(全州), 자는 효백(孝伯), 호는 곤륜(昆侖)이다. 《두타초(頭陀草)》 책2에 〈계미년 1월 14일 밤에 많은 눈이 내렸는데 최효백 형이 용정에서 사담가로 나를 찾아왔다. 족형 군서, 재종제 여순, 조카 이군형이 함께 있었다.……〔癸未正月十四日夜大雪 崔兄孝伯自龍亭過余于潭上 族兄君瑞再從弟汝順李侄君馨皆在……〕〉라는 작품이 있으므로, 이하곤과 최창대가 눈이 내리는 날 함께 만났던 사실을 알 수 있다.

한가로이 지내면서 감회를 적다
閒居書懷

질화로와 나무책상에 가만히 의지하여	瓦爐木几靜相依
온종일 깊숙한 집에 문 닫고 있노라	終日深居獨掩扉
눈 쓸며 시 쓰니 이끼 낀 바위 윤기 나고	掃雪題詩苔石潤
솔 바라보다 두건 젖혀지니 폭포도 흩날리네	看松岸幘瀑泉飛
이웃 승려는 스스로 책 더미 정돈해 주고	隣僧自整堆書去
촌 늙은이는 때로 막걸리 가지고 오네	村老時供濁酒歸
한스럽게도 너무 늦게 산에 들어왔으니	自恨入山今已晚
삼십이 년 세월 잘못된 줄 알겠네[186]	方知三十二年非

186 삼십이 년……알겠네 : 자신의 삶에 회한이 든다는 말이다. 《회남자(淮南子)》〈원도훈(原道訓)〉에 "거백옥은 나이 50이 되어서 49년 동안의 잘못을 알았다.〔蘧伯玉行年五十, 而知四十九年之非.〕"라고 한 말을 원용한 것이다.

위헌[187]이 보여 준 시의 운에 맞춰 짓다

次韋軒見示韻

위헌은 재방(載方) 형의 호이다.

시냇물 어둑어둑 해 막 지고	溪黑日初落
산 차가우니 오는 손님 없어	山寒無客來
홀로 우뚝한 소나무 바라보며	獨看松偃蹇
오직 달과 함께 서성이네	唯與月徘徊
밤새 바람에 사립문 삐걱대고	永夜風扉語
먼 마을 숲은 설경 펼쳐졌네	遙村雪樹開
매화도 함께 활짝 웃으니	梅花同一笑
모두 세속에 물들지 않았구나	俱不染塵埃

187 위헌(韋軒) : 이형곤(李衡坤)으로, 본관은 경주(慶州), 자는 재방(載方), 호는 위헌이다. 이하곤의 백부(伯父) 이인소(李寅熽)의 둘째아들이다.

눈 내린 뒤에 달빛이 매우 아름다워 청령대[188]에 가서 율시 한 수를 지었다. 군형[189]과 성망[190] 등 여러 사람에게 보여주다

雪後月色甚佳 步至淸泠臺得一律 示君馨聖望諸人

빈 산에서 세밑에 호탕하게 노래하며	空山歲暮嘯歌豪
죽장 짚고 오건 쓰고 절벽 위에 섰노라	竹杖烏巾立斷皐
십 리 들판에 눈 쌓여 온통 하얗고	十里雪鋪平野白
삼경에 노송 위로 달이 높이 떠올랐네	三更月到老松高
그대들과 한바탕 웃으며 새 시 짓고	從君一笑還新句
내 여생 마치기는 게 다리 두 개면 되리[191]	了我殘年只兩螯
산천은 의구하여 저버리지 않으니	林泉依舊無相負
올해는 다시 편히 쉴 수 있으리라	能復今年臥得牢

188 청령대(淸泠臺) : 《두타초(頭陀草)》에 여러 번 등장하는 이름으로, 낚시터이다. 34쪽 각주6 참조.

189 군형(君馨) : 이하곤의 조카로, 인적 사항은 자세하지 않다. 《頭陀草 冊2 癸未正月十四日夜大雪……李侄君馨皆在……》

190 성망(聖望) : 이석로(李錫老)로, 본관은 경주(慶州), 자는 성망이다. 이하곤의 사촌인 이항곤(李恒坤)의 아들이다.

191 내……되리 : 게 다리를 안주 삼아 술을 즐기면서 여생을 보내겠다는 말이다. 진(晉)나라의 주호(酒豪)였던 필탁(畢卓)이 "술을 수백 곡의 배에 가득 싣고 사철 맛좋은 음식들을 배의 양쪽 머리에 쌓아 두고, 오른손으로는 술잔을 들고 왼손에는 게의 집게 다리를 들고서 술 실은 배에 둥둥 떠서 노닌다면, 일생을 마치기에 넉넉할 것이다."라고 말한 고사가 전한다. 《晉書 卷49 畢卓列傳》

아우를 그리워하는 노래

憶弟行

검은 곰이 낮에 짖고 부엉이 우는데	玄熊晝嘷鵂鶹哭
사방 산에 참담하게도 구름마저 검구나	四山慘慘雲正黑
날씨 추운 세모에 얼음과 눈 한창이라	天寒歲暮氷雪壯
달래 줄 이 없는 나는 빈 골짜기에 머무네	無人慰我滯空谷
나도 추위 두려워 돌아가지 못하는데	我亦畏寒不敢歸
씽씽 삭풍만 초가에 불어오네	蕭蕭北風吹茅屋
한강 동쪽의 병든 아우와 여린 누이	病弟弱妹江漢東
거리 멀고 한 달이나 소식 없었네	路遠一月音書隔
지금 서울도 추위가 심할 텐데	此時京中寒應甚
너희들 깊은 방에서 잘 지내고 있는지	汝能深居好調息
인생살이 늘 모여 살 수는 없으니	人生不得長聚首
시냇가에 홀로 서서 세 번 탄식하네	獨立三嘆溪水側

위헌, 군형, 성망[192] 종질 석로의 자 과 함께 밤에 모여 《국조시산》의 운[193]에 맞춰 짓다

同韋軒君馨聖望 從侄錫老字 夜會 次國朝詩刪韻

술자리 파한 산 누대에 다시 홀로 기대니	酒罷山樓更獨憑
사람 가까이 드리운 은하수가 맑구나	近人星漢覺凄澄
밤 눈 속에 외로운 배 돌린들 어떠리[194]	不妨夜雪回孤棹
추운 날 멋지게 매사냥 하던 일 떠오르네	忽憶寒天好放鷹
달빛 받아 시냇물은 반짝이고	得月溪光還閃閃
바람 스친 솔 그림자 층층이 높구나	過風松影自層層
동암[195]에 봄기운 꿈틀대리니	絶知東庵春將動

192 성망(聖望) : 이석로(李錫老)로, 본관은 경주(慶州), 자는 성망이다. 이하곤의 사촌인 이항곤(李恒坤)의 아들이다.

193 국조시산(國朝詩刪)의 운 : 《국조시산》은 허균(許筠, 1569~1618)이 정도전(鄭道傳)부터 권필(權韠)에 이르기까지 조선 시대의 문인 35명의 시 888수를 가려 뽑은 시선집(詩選集)이다. 이하곤이 차운한 시는 《국조시산》 권5에 실린 〈차이절도약동부진운(次李節度約東赴鎭韻)〉으로, 김종직(金宗直)의 작품이다.

194 밤……어떠리 : 진(晉)나라 때 산음(山陰)에 살던 왕휘지(王徽之)가 어느 날 밤에 눈이 막 개고 달빛이 청랑하자 갑자기 섬계(剡溪)에 사는 친구 대규(戴逵)가 생각나, 바로 작은 배를 타고 밤새도록 가서 대규의 집 문 앞에 당도했으나 들어가지 않고 다시 돌아왔다. 누가 그 까닭을 물으니 "내가 흥이 나서 갔다가 흥이 다하여 돌아온 것인데, 어찌 꼭 대규를 만날 필요가 있겠는가."라고 하였다. 《世說新語 任誕》

195 동암(東庵) : 저본(底本)에는 東崦으로 되어 있는데, 《두타초(頭陀草)》에 동암이 여러 차례 등장하고, 다음 구에 寺僧이 나오는 것으로 볼 때 의미상으로도 東庵이 옳은 듯하다. 오기(誤記)로 판단하여 수정, 번역하였다. 《두타초》 책1 〈동암과우장로

가서 매화 감상하며 승려 불러내야지	去賞梅花喚寺僧

오궤[196]를 옆에 두고 의지하는데	相隨烏几只堪憑
한껏 시내와 산에 저녁 기운 맑구나	滿意溪山夕氣澄
숲에서 깃 다듬는 학처럼 한가롭고	刷翮林中閑似鶴
가을 뒤에 끈 풀린 매처럼 쾌활하네	解絛秋後快如鷹
눈은 개울물에 떨어져 쌓이지 않았는데	雪添澗水無多在
달은 소나무 가지 몇 층에 걸렸는가	月掛松梢第幾層
요즘 맑고 고요함이 차츰 심해지니	漸覺邇來淸寂甚
불법 담론하러 승려 찾아가야겠네	談禪更欲着林僧

늙어 숲에서 지낼 줄 오래전부터 알았는데	久知林壑老須憑
너무도 맑은 산천 참으로 사랑스럽네	絶愛山川分外澄
촌 늙은이는 때때로 와서 술 권하고	村老有時來勸酒
이웃 벗과 약속하여 매사냥 구경 가네	隣朋同約去觀鷹
솔바람 난간에 들어오니 두 그루에서 시작되고	風松入檻自雙樹
구름 절벽 위의 누대 백 층이나 높구나	雲壁當樓危百層
일과래야 향불 피우는 일뿐이니	唯以焚香成日課
머리 길러도 승려보다 담박하네	縱然留髮淡於僧

〈東庵過雨長老)〉 아래에 "암자는 천후산에 있다.〔庵在天吼山〕"라는 원주(原註)가 있으나 어디인지 자세하지 않다.

196 오궤(烏几) : 검은 양가죽으로 싸서 장식한 작은 궤(几)로, 앉아서 몸을 기댈 때 사용한다. 오피궤(烏皮几)라고도 한다.

연못가[197]에서 회포를 쓰다

潭上書懷

이날은 보름이다.

달은 오늘 밤 다정하게 밝고	月從今夜多情白
산은 돌아온 사람 위해 한껏 푸르구나	山爲歸人盡意靑
지난날 속세에 이런 풍경 있었으랴	塵土向來那有此
온종일 사립문 닫고 있노라	柴荊盡日只須扃
예전에 버들 심어 깊은 골목 되었는데	已曾種柳成深巷
다시 소나무 곁에 작은 정자 짓고 싶구나	更欲依松結小亭
우연히 이웃 승려와 한바탕 웃으며	偶與隣僧同一笑
찬 기슭에서 지팡이 짚고 눈 녹은 물소리 듣노라	寒崖拄杖雪泉聽

197 연못가 : 《두타초(頭陀草)》에 담상(潭上)이 자주 등장하는데, 이것은 이하곤이 거주했던 진천의 사담(沙潭) 주위를 가리킨다.

운정[198]에서 밤에 술을 마시다

雲亭夜飮

군형(君馨)[199]에게 주다

큰 뜻 품고 지금껏 선비의 관 썼는데	雄心尙自着儒冠
풍진 세상에서 늙어 가며 급제하지 못했구나	潦倒風塵一第難
훌륭한 재주 이미 활쏘기와 말 타기 익숙한데	妙技已能弓馬熟
깊은 시름을 이따금 술로 달랜다지	牢愁時或酒杯寬
머리카락 다 세었으니 가난 때문인가	顚毛渾白緣貧得
반가운 눈빛으로 나를 바라보네[200]	眼孔猶靑向我看
그대의 호쾌한 이야기에 적막함 가시니	賴汝豪談消寂寞
눈 내려 차가운 누대에서 밤새 술 마시네	長宵留飮雪樓寒

198 운정(雲亭) : 미상이다. 다만 《두타초(頭陀草)》 책4 〈초평이십오영(草坪二十五詠)〉에 열운정(悅雲亭)이 있으므로, 이하곤의 고향에 있던 이 정자를 가리키는 것으로 보인다.

199 군형(君馨) : 이군형(李君馨)으로 이하곤의 족제(族弟)이다. 인적 사항은 자세하지 않다. 《頭陀草 冊2 癸未正月十四日夜大雪……李侄君馨皆在……》

200 반가운……바라보네 : 이군형이 이하곤을 반갑게 대한다는 말이다. 진(晉)나라 완적(阮籍)이 미운 사람을 만나면 백안(白眼)으로 보고, 반가운 사람을 만나면 청안(靑眼)으로 보았다는 고사가 전한다. 《晉書 卷49 阮籍列傳》

성망[201]이 한양으로 가므로 써서 주다 2수

聖望入漢師 書贈 二首

내가 시냇가 집으로 돌아온 날	吾還溪舍日
그대는 다시 한양 가네그려	汝復漢城行
눈길 조심해야 하고	雪路宜須愼
언 호수도 주의해야지	氷湖且莫輕
비록 달밤 만나더라도	縱令當月夜
누구와 솔바람 소리 들을까	誰與聽松聲
이별 앞두고 이런저런 생각에	臨別無窮意
매화에도 서글픈 마음이네	梅花亦悵情

남아의 사업 위대하니	男兒事業大
마땅히 성현에게서 구해야지	宜向聖賢求
모름지기 글공부에 힘쓰시게	着力須黃卷
덧없는 인생 쉬 늙는다네	浮生易白頭
사정 따름은 고아한 선비의 일 아니고	徇情非雅士
술 즐김도 어찌 좋은 계책이랴	耽酒豈良謀
돌아가 《공동자집》 읽어 보게	歸讀空同子
일찍이 형주를 경계했지[202]	曾已戒衡州

201 성망(聖望) : 이석로(李錫老)로, 본관은 경주(慶州), 자는 성망이다. 이하곤의 사촌인 이항곤(李恒坤)의 아들이다. 《頭陀草 冊3 同韋軒君馨聖望夜會次國朝詩刪韻》

202 돌아가……경계했지 : 공동자(空同子)는 이몽양(李夢陽)으로, 명(明)나라 효종(孝宗)·무종(武宗) 때 사람이다. 자는 헌길(獻吉), 호는 공동자이다.《明史 卷286 文苑列傳 李夢陽》 형주(衡州)를 경계했다는 말은 어떤 일을 가리키는지 미상이다.

임직부 백 등 여러 사람들과 함께 사냥 구경을 갔다가 영수암[203]에 들러 묵었는데, 눈으로 길이 막혀 돌아오지 못하였다. 술을 마시며 재미삼아 장구를 지어 함께 간 이들에게 보여 주다

同林直夫 栢 諸人觀獵 過宿靈水庵 阻雪不歸 酒中戲作長句 以示同游

임백(林栢)의 두 아우 ▨과 헌(櫶), 박승양(朴承陽), 박양(朴佯), 정구(鄭俱)가 함께 갔다.

이른 아침에 붉은 비단 토시 낀 팔에 매 앉히고	平朝臂鷹紅錦韝
건장한 노복 시켜 채찍질하며 자류마 타고 가네	健僕鳴鞭鞚紫騮
때는 동짓달인데 날씨 화창하여	是時仲冬風日和
영수암 앞에서 참으로 노닐 만하였네	靈水庵前眞可遊
임씨 형제 웃으며 어울리니	林家昆季笑相從
호건한 그 의기 필적할 이 없어라	意氣豪健非庸儔
나란히 말 타고 백암동 가는데	聯轡共向白巖洞
골짜기 들어서자 맑은 시냇물 얼어 흐르지 않네	入谷清溪凍不流
험한 계곡에 얼음 꽁꽁 얼었고	衆壑嬰贔氷正壯
우뚝한 산에 솔숲 깊이 우거졌네	連峰矗天松林幽
늙은 꿩이 울며 놀라 날아가니	老雉磔磔忽驚飛

203 영수암(靈水菴) : 이하곤의 《두타초(頭陀草)》 책4 〈초평이십오영(草坪二十五詠)〉에 등장하는 것으로 보아, 현재의 충청북도 진천군 초평면 용정리에 있었던 암자로 추정된다.

푸른 매 따라 나가 구름 속으로 함께 떠오르네　蒼鷹掣出雲共浮
쭉 뻗은 두 날개는 풍화가 일어나듯 날래고　劃然兩翼風火生
사냥하는 사람들 두 눈동자 굴리네　佃徒獵人回雙眸
깃털과 피 어지럽게 풀밭에 뿌리고는　紛紛毛血灑平蕪
축 처진 비단 날개 꿩을 말 앞에 던져놓네　錦翼離披馬前投
세상의 어떤 일이 이처럼 호쾌하랴　世間何事快如此
호탕한 흥취 넘쳐나 쉬 가시지 않는구나　豪興滔滔未易休
저물녘에 다시 사찰 찾아가는데　日暮更尋沙門路
숲 사이로 간간이 나는 듯한 누각 보이네　林間隱映見飛樓
노승 서너 명이 깨끗한 두건 쓰고　老僧三四巾帽淨
웃으며 우리를 마중하러 숲에서 나왔네　一笑迎我出林丘
문으로 들어가니 불전 우뚝 솟았고　入門佛殿高突兀
처마의 풍경 소리 마치 명구[204] 소리 같구나　風簷鈴鐸如鳴球
내가 삼 년 동안 여기 오지 못했지만　我今三年未到此
단풍과 잣나무 푸르게 우거질 줄 어찌 짐작했으랴　詎意蒼然楓栢稠
승려가 말하기를 가을 단풍 비단처럼 고왔는데　僧言霜葉爛如錦
그대가 가을에 오지 못해 안타깝다 하네　可惜君行不及秋
선방이 아주 깨끗하지는 않지만　禪房雖未十分潔
우리들 하룻밤 머물 만하네　猶能容我一宵留
정씨와 두 박씨도 뒤늦게 왔으니　鄭生兩朴更後至

204 명구(鳴球) : 옥으로 만든 악기로, 옥경(玉磬)이라고도 한다. 《서경》 〈익직(益稷)〉에 "명구를 치고 거문고와 비파를 타며 노래한다.〔戛擊鳴球, 搏拊琴瑟, 以詠.〕"라고 하였다.

멋진 모임 계획 없이 우연히 이루어졌네	勝會偶然非所謀
달고 부드러운 연포[205] 우유보다 맛나고	軟泡甘滑味勝酥
깊은 술잔과 큰 고기로 서로 권하네	深杯大胾相勸酬
한껏 취해 떠들며 밤 깊은 줄도 모르고	酒酣叫呼忘夜深
앉아 바라보니 조각달이 누대 위에 떠 있네	坐看缺月當樓頭
애절한 거문고와 호탕한 퉁소 연주 없지만	縱無哀絲與豪竹
웃으며 농담하니 맑은 노래 못지않네	笑謔亦可敵淸謳
흥취 넘치니 어찌 예의를 따지랴	興狂寧復顧禮數
취해 쓰러져 함께 이불 덮고 자도 좋아라	醉倒不妨同衾裯
누워 들으니 삭풍이 새벽에 세차게 불어	臥聽北風曉來顚
사방의 나무들 쏴쏴 소리 내며 우네	四邊山木鳴颼飀
일어나 창 열고 감탄사 연발하니	起拓前窓叫奇絶
이런 장관 평생에 처음이네	壯觀平生無與侔
천제께서 우리를 놀리려고	天公亦復戲我輩
일부러 승경 만들어 한가한 노닒 제공하셨네	故欲設奇供優游
요희를 내려 보내 옥가루 뿌리며	下遣瑤姬灑玉塵
구슬 깃발 앞세우고 흰 용 탔구나[206]	導以珠旗駕素虯
금세 멋들어지게 수정 세계 만드니	須臾幻作水晶界
수많은 보석들 반짝거려 그지없이 찬란하네	衆寶璀璨爛不收

205 연포(軟泡) : 얇게 썬 두부 꼬치를 기름에 지진 다음, 닭국에 넣어 끓인 음식을 말한다.

206 요희(瑤姬)를……탔구나 : 요희는 천제(天帝)의 딸인 무산(巫山)의 선녀인데, 전설에 의하면 요희의 정령(精靈)은 꽃이 되고, 열매는 영지(靈芝)가 된다고 한다. 여기서는 눈이 내리는 모습을 요희가 용을 타고 옥가루를 뿌리는 것에 비유하였다.

이런 풍광 마주하고 어찌 돌아가자 하겠는가　對此豈可遽言歸
잠시 길 막혀도 그대들 걱정 마시게　蹔時淹留君莫憂
안주 없으면 내 마땅히 까투리 굽고　無肴我當炙雌雉
술 떨어지면 내 마땅히 초구 맡기고 사오리라　無酒我當典貂裘
백 년 인생 얼마나 되겠는가　人生百年亦幾許
홀연히 왔다가 홀연히 가니 하루살이나 마찬가지　倏生倏死同蜉蝣
눈앞의 그림 같은 풍경에 한 번 신나게 웃을 뿐　眼前且圖一歡笑
이 밖에 아득히 무엇을 구하랴　此外悠悠復何求
그대 보지 못했나 청안 길가 부마의 묘[207]　君不見淸安途上駙馬墓
지금 석양의 시든 풀이 사람을 시름겹게 하네　至今斜陽衰草令人愁

207 청안(淸安)……묘 : 《두타초(頭陀草)》 책3 〈권 부마의 묘소를 지나며(經權駙馬墓)〉에 "선대 조정의 부마였다지.〔曾是先朝駙馬人〕"라는 내용이 있으나, 정확히 누구의 묘를 가리키는지 알 수 없다. 청안은 충청북도 괴산군 청안면 지역이다.

감회가 있어서

有感

젊어서 문장 익힌 일 후회스러우니	少時悔作雕蟲技
늙어서 슬프게도 길 잃은 사람 되었네	老去悲爲失路人
밤중에 한 기운을 보존해야	卽向夜中存一氣
아침에 작은 티끌 없앨 수 있지[208]	方能朝隙息纖塵
의리를 터럭까지 자세히 궁구하고자 하니	欲窮義理毫毛細
시서의 의미가 참됨을 알겠구나	漸覺詩書意味眞
비록 판향 있어도 쓸 곳 없으니	縱有瓣香無處用
석산의 묘목 이태나 지났네[209]	石山宰木兩生春

양(兩)은 재(再)로도 쓴다.

208 밤중에……있지 : 《맹자》 〈고자 상(告子上)〉에 "야기가 보존될 수 없으면 금수와 거리가 멀지 않게 된다.〔夜氣不足以存, 則其違禽獸不遠矣.〕"라고 하였는데, 야기란 한밤에 사물에 대한 잡념이 없어지고 사람의 본연이 살아나는 것이다. 여기서는 야기를 보존해야 낮 동안에도 양심(良心)을 지킬 수 있다고 한 것이다.

209 비록……지났네 : 김창협(金昌協, 1651~1708)이 운명한 지 2년이 지났다는 뜻으로 보인다. 판향(瓣香)은 꽃 이파리 모양의 향이다. 본래는 선승(禪僧)들이 사람을 축복해 줄 때 사용하였는데, 후대에는 어떤 이를 흠앙(欽仰)하여 사숙(私淑)하는 뜻으로 사용하였다. 재목(宰木)은 무덤가에 심은 나무이다.

동지에 회포를 쓰다

冬至書懷

땅 밑에 숨은 양 돌아오려 하는가	地底潛陽已欲迴
깊은 방에서 갈대 재가 날리는 것을 보네[210]	卽看深室動葭灰
남들 따라 팥죽 먹는 것 가련한데	空憐豆粥隨人喫
한껏 핀 매화 사랑스럽구나	只愛梅花盡意開
시름겨워도 다행히 시가 있지만	愁來賴有詩篇在
늙어 가며 도리어 빠른 절서 서글프네	老去還悲節序催
아우들 이때에 멀리 한강에 있으니	諸弟此時江漢隔
그리운 마음에 술 마시기도 귀찮으리	相思應復懶含杯

동지에 양이 생겨 또 봄 돌아오는데[211]	冬至陽生又一春
명절에 홀로 앉았노라니 배나 아버지 그립구나	佳辰獨坐倍思親
시간 맞춰 차가운 눈보라 뚫고 가셔서	應知趁漏衝寒雪

210 땅……보네 : 동짓달이 되었다는 말이다. 10월은 순음(純陰)인 곤괘(坤卦 ䷁)에 해당하고, 11월은 양이 하나 생겨서 복괘(復卦 ䷗)에 해당한다. 한편 옛날 절기를 관찰하던 법에, 옥(玉)으로 만든 12개의 율관(律管) 끝 부분에 갈대를 태운 재〔葭灰〕를 넣어 밀실(密室) 안 목안(木案) 위에 안치해 놓으면, 해당 절기가 이를 때마다 해당 율관의 재가 날리게 되는데, 동짓달이 되면 황종(黃鐘)을 표기한 율관에 넣었던 재가 날린다고 한다.

211 동지(冬至)에……돌아오는데 : 11월에 입춘(立春)이 있었기에 이렇게 읊은 것이다. 양생(陽生)은 11월이 복괘(復卦 ䷗)에 해당하기 때문에 한 말이다. 175쪽 각주 210 참조.

말방울 울리며 임금 배알하시겠지[212]	正想鳴珂謁紫宸
나라 걱정에 백발 되셨지만	白髮摠緣憂國事
청산은 끝내 우리를 저버리지 않으리	青山終不負吾人
내 심정은 얼른 돌아오시기를 바랄 뿐이니	兒心只祝歸來早
길이 고당에서 색동옷으로 춤추리라[213]	長向高堂舞綵新

212 시간……배알하시겠지 : 《두타초(頭陀草)》 책3 에 〈아버지께서 운정에서 길을 떠나시던 날에……〔大人自雲亭啓旆之日……〕〉라는 작품이 있는 것으로 보아, 이하곤의 부친 이인엽(李寅燁)이 당시 서울로 올라가 조정에 있었으므로 아버지의 모습을 떠올린 것이다.

213 길이……춤추리라 : 아버지를 기쁘게 해드리며 모시고 싶다는 말이다. 춘추 시대 초(楚)나라의 은사(隱士) 노래자(老萊子)가 나이 70에도 어버이를 기쁘게 해 드리기 위해 색동옷을 입고 춤을 추었다는 고사가 전한다. 《初學記 卷17 孝子傳》

동지 다음 날 밤에 시냇가 누대에 앉았는데 서글피 집 생각이 났다

冬至後一日 夜坐溪樓 悄然有思家之意

시내 동쪽 비껴 뜬 북두성 자루 문득 보니	忽見溪東斗柄斜
오늘 아침 다시 서울 집 생각나네	今朝始復憶京華
사람 엿보는 듯 조각달 희미하게 생기고	窺人缺月微生影
나그네 비추는 찬 등불은 꽃이 되려 하네[214]	照客寒燈欲作花
병든 아우는 열흘 넘게 소식 없고	病弟經旬無寄札
철없는 아이는 날짜 꼽으며 집에 올 날 기다리겠지	癡兒計日待還家
우두커니 홀로 앉아 돌아갈 길 생각하니	茫然獨坐思歸路
눈 덮인 종남산 꿈에서도 아득하구나	雪裏終南夢亦賒

214 찬……하네 : 등잔불 심지 끝이 타서 맺히는 불똥을 꽃에 비유하여 등화(燈花)라고 하는데, 불이 꺼지려고 할 즈음에 이런 현상이 발생한다.

서재에서 밤에

齋夜

관직에 얽매일 일 없으니	未有縉紳堪縛我
물고기랑 새와 어울리며 함께 형체 잊으리라[215]	欲隨魚鳥共忘形
바람결에 샘물 소리 밤새 베개 가에 울리고	風泉永夜鳴欹枕
눈 내린 산에서 오랫동안 경서 읽노라	雪嶽長時對讀經
소나무에 걸린 달은 취하자 어른거리고	松月醉來還錯落
매화는 시 짓고 나서도 유독 어여쁘다	梅花詩罷獨娉婷
글자 물으러 오는 사람도 없어	更無問字人相過
찬 구름 짝하여 초가 정자에 묵노라	只伴寒雲宿草亭

215 물고기랑……잊으리라 : 자연 속에서 한가롭게 살겠다는 말이다. 망형(忘形)은 《장자(莊子)》 〈양왕(讓王)〉의 "뜻을 기르는 자는 형체를 잊는다.〔養志者忘形〕"라는 말에서 유래한 것으로, 겉모습을 잊고 마음을 주고받는다는 의미이다.

24일 날씨가 자못 따뜻하여 작은 서재에 홀로 앉았노라니 마음이 매우 기뻤다. 지 자를 얻어 짓다

二十四日 日氣頗暄和 獨坐小齋 意甚欣然 得遲字

작은 창에 맑은 향 피우고 하염없이 앉았노라니 小牕淸炷坐多時
겨울 해 따뜻하고 더디구나 冬日暄和也覺遲
눈 쌓인 봉우리 고운 풍광 안석에 기대 감상하고 峰雪嬋娟供隱几
솔솔 부는 솔바람이 읊조리는 시에 들어오네 松風蕭颯入哦詩
어여쁜 새 소리는 봄기운 머금었고 鳥能嬌語含春意
버들눈 조금 피어 섣달 모습 띠었네 柳欲微舒帶臘姿
이곳의 그윽한 풍치 아는 사람 없으니 此中幽致無人會
다만 매화와 더불어 홀로 아노라 只與梅花獨自知

밤에 앉아 있다가 감회가 있어서

夜坐感懷

머리털이 산의 눈과 흰 빛깔 다투려 하는데	鬢髮欲爭山雪白
어찌 속인에게 반가운 눈빛 보내겠는가[216]	眼睛寧爲俗人靑
가련하다 밝은 달만 나와 다정하고	空憐明月與我好
우습다 찬 매화 부질없이 향기롭네	一笑寒梅空自馨
몸뚱이 잊은 채 취해서 마칠 테고	撥棄形骸從醉死
창자까지 아로새겨 시령을 빌리네	雕鎪肝肺借詩靈
깊은 밤 시냇가 누대에서 긴 휘파람 부니	夜深溪閣發長嘯
소나무 꼭대기에 묵는 학이 홀로 듣는구나	獨有松梢宿鶴聽

216 어찌……보내겠는가 : 속세의 사람과 어울리지 않겠다는 말이다. 진(晉)나라 완적(阮籍)이 미운 사람을 만나면 백안(白眼)으로 보고, 반가운 사람을 만나면 청안(靑眼)으로 보았다는 고사가 전한다. 《晉書 卷49 阮籍列傳》

위헌[217]의 시에 차운하다

次韋軒

꿈에서도 다시 속세에 나간 적 없으니	夢魂無復到塵中
온종일 시냇가 누대에서 대바람 소리 듣노라	盡日溪樓聽竹風
눈 살짝 녹아 시냇물에 더해지고	雪色微融添澗水
봄빛 새어나와 매화 떨기에 붙었네	春光乍洩着梅叢
몸이 세상과 멀어지니 기심도 온전히 사라지고	身能遠世機全息
외물에 마음 동요하지 않으니 도가 절로 통하네	物不攖心道自通
우습다 산 사서 은거하려 한 지공이여[218]	堪笑支公買山隱
이제부터 축계옹을 배우리라[219]	從今欲學祝鷄翁

217 위헌(韋軒) : 이형곤(李衡坤)으로, 본관은 경주(慶州), 자는 재방(載方), 호는 위헌이다. 이하곤의 백부(伯父) 이인소(李寅熽)의 둘째 아들이다. 《西溪集 卷12 左議政李公墓碑銘》

218 산……지공(支公)이여 : 《세설신어(世說新語)》〈배조(排調)〉에 "지도림이 사람을 심공에게 보내 인산을 사려 하자, 심공이 대답하여 말하기를 '소보와 허유가 산을 사서 은거했다는 말은 들어 보지 못했다.' 하였다.〔支道林因人就深公買印山, 深公答曰, 未聞巢由買山而隱.〕"라는 내용이 보인다.

219 이제부터 축계옹(祝鷄翁)을 배우리라 : 세상을 피해 홀로 유유자적한 삶을 살겠다는 말이다. 축계옹은 시향(尸鄕) 북쪽 산 아래 토굴에 살면서 백여 년 동안 1천 마리의 닭을 길렀는데, 닭마다 모두 이름을 붙여 준 뒤 그 닭의 이름을 부르면 닭들이 알아듣고 앞으로 나왔다고 한다. 《列仙傳 卷上 祝鷄翁》

담수[220]

澹叟

내 나이 올해 서른 셋	澹叟今年三十三
이내 몸 금담[221]에서 늙어 가려 하네	將身只欲老金潭
때때로 비틀거리며 가파른 산에 들어가 절하고	有時顚態危峰拜
말없이 선기로 묵은 숲에 들어가네[222]	無語禪機老樹參
내 모습은 참으로 토목과 같고	形相眞能同土木
마음은 이미 구름과 아지랑이 되었네	肺肝俱已化雲嵐
시내 남쪽에 근래 책 보관할 곳 얻어	溪南近得藏書地
이웃 승려와 암자 짓기로 약속했네	約與隣僧結草菴

근래 이웃 승려와 동자암(童子菴) 옛 터에 작은 암자를 지어 책을 보관할 곳으로 삼기로 약속하였다.

득(得)은 복(卜)으로도 쓴다.

220 담수(澹叟) : 이하곤 자신을 지칭한 말이다. 그의 호가 담헌(澹軒)이다. 담옹(澹翁)·소금산초(小金山樵)·무우자(無憂子)라고도 하였다.

221 금담(金潭) : 이하곤의 《두타초(頭陀草)》 책9 〈월야보죽림(月夜步竹林)〉에 "우리집이 금담 굽이에 있다.〔我家金潭曲〕"라는 구가 있는 것으로 보아, 이하곤의 고향에 있었던 연못으로 추정된다.

222 때때로……들어가네 : 이하곤 자신의 일상을 서술한 것으로, 깊은 절벽에 자리한 사찰에 가서 절하고 깊은 숲을 찾아다니는 것을 말한다.

금계[223]를 떠나며

發金溪

평생 산수를 좋아하였는데	平生嗜山水
늙어 가며 마음 더욱 간절하네	將老意轉切
이 금계를 돌아보니	瞻言此金溪
산수가 어찌 마음에 들지 않으랴만	林泉豈不悅
사는 곳이 오히려 깊지 못하여	所處尙嫌淺
세상과 단절할 수 없구나	未能與世絶
아스라한 소금산[224]	迢迢小金山
아득하여 시끄러운 세상과 멀구나	邈爾遠塵聒
구름 낀 봉우리 이미 깊숙하고	雲峰旣阻邃
바위와 못도 희고 깨끗하지	石潭且皎潔
벼랑 구멍에 벌꿀 많고	崖竇多蜂蜜
산밭에 영지와 창출 넉넉하네	山田饒芝朮
평소 그윽한 정취에 맞아	素與幽情愜
매번 서실을 짓고 싶었는데	每欲置書室

223 금계(金溪) : 이하곤의 고향에 있는 냇물이다. 61쪽 각주56 참조.

224 소금산(小金山) : 《두타초(頭陀草)》 책1 〈홍군여관……(洪君汝寬……)〉에 "사담의 눈 속 봉우리 떠오른다.〔遙憶沙潭雪裡峯〕"라는 구가 있는데, 그 아래에 "사담은 소금산 아래에 있다. 이곳에 우리의 별업이 있다.〔沙潭在小金山下, 是吾家別業.〕"라는 소주(小註)가 있다. 이하곤이 자신의 호를 소금산초(小金山樵)라고도 하였는데, 집 주위에 소금산이 있었기 때문으로 추정된다.

괴롭게도 세상사에 얽매여	苦爲世故縛
삼 년이나 산을 떠났었네	三載與山別
오늘 아침 비로소 문 나서니	今朝始出門
내 마음 들떠 주체할 수 없네	我意浩難遏
앞산도 마음에 드니	前山亦可人
아침 햇살 눈 덮인 소나무에 밝구나	朝日明松雪
베버선 신고 대지팡이 짚고서	布襪兼竹杖
시권도 함께 가져가네	詩卷復同挈
기쁜 마음에 길 험한 줄 모르는데	欣然忘險道
주리고 목마름을 어찌 근심하랴	寧復憂飢渴
터벅터벅 앞 등성이 넘노라니	靡靡踰前岡
나무꾼 노래 소리 깊은 숲에서 들려오네	樵歌隱林樾
안장에 엎드려 두보 시 읊나니	伏鞍諷杜詩
그윽한 흥취 끝이 없구나	幽興無時畢

율치에서

栗峙

위험한 길이야 신경 쓸 겨를도 없으니 畏道不暇顧
진실로 좋은 풍경 때문이지 良爲勝境踐
기다란 골짝은 깊숙이 들어가고 長谷入窈窕
맴도는 시내는 구불구불 걸쳤네 回溪揭百轉
율치는 더욱 험준하여 栗峙更險絶
그 명성 피반대령[225] 버금가지 名亞皮盤峴
넓디넓어 몇 고을을 감싸고 磅礴藏數郡
겹겹이 둘러 여러 봉우리 안았어라 回複抱諸巘
봉우리 우뚝 솟아 높은 바위 이었고 峰危戴石峻
좁은 돌길은 가늘게 구름 얽혔네 磴細縈雲緬
비탈 타고 가려니 걸음 자주 멈추고 憑崖脚屢歇
덩굴 잡고 오르려니 숨이 차구나 攀蘿胸更喘
가다 쉬다 반복해도 정상에 이르지 못해 登頓未及頂
절뚝절뚝 애써 올라가네 踸踔猶强勉
북쪽 바라보니 두타산 조그맣고 北臨頭陀小

225 피반대령(皮盤大嶺) : 피반현(皮盤峴)은 회인현(懷仁縣)에 있던 피반대령으로, 《신증동국여지승람(新增東國輿地勝覽)》〈충청도(忠淸道) 회인현〉 기사에 "고을 북쪽 15리에 있다. 고갯길이 아홉 번 꺾여 가장 높고 위험한 곳이다.〔在縣北十五里. 嶺路九折, 最爲高險.〕"라고 하였다.

남쪽 쳐다보니 옥계산 얕구나	南眺玉溪淺
계룡산과 팔봉산	鷄龍與八峰
지척이라 또렷하게 보이네	咫尺了可辨
옷 떨치며 바람 맞고	振衣天風御
손 흔들어 석양 보내네	揮手西日餞
뭇 골짝에 갑자기 어둠 내리는데	衆壑倏已暝
별들은 아직 나타나지 않네	列星尙未顯
깊은 숲에서 범들이 날뛰고	深林虎豹驕

교(驕)는 횡(横)으로도 쓴다.

외진 산골이라 마을도 드물구나	窮峽村居鮮
험한 곳은 비록 지나왔지만	險艱雖已歷
두려운 마음 어찌 가시랴	悸懼那得免
근심스레 앞으로 가며	悄悄尋前路
애오라지 시로 달래노라	聊以詩自遣

"율치는 더욱 험준하여 그 명성 피반대령에 버금가지.〔栗峙更險絶, 名亞皮盤峴.〕"는 "앞길의 율치, 험준한 이 고개 있네.〔前行得栗峙, 險峻有玆峴.〕"로도 쓴다. 피반은 회인(懷仁)에 있는데, 호서의 높은 고개이다. 두타(頭陀)와 계룡(鷄龍)과 옥계(玉溪)와 팔봉(八峰)은 모두 산 이름이다.

구로촌[226]에서

九老村

저녁에 율치령 넘고　　暮踰栗峙嶺
밤에 구로촌 도착하여　　夜抵九老村
나그네 비로소 수레 멈추니　　客子始休駕
차가운 별빛이 막 문을 비추네　　寒星初在門
주인이 나를 맞아 앉히더니　　主人延我坐
등불 밝히고 안부 묻네　　張燈敍寒暄
서리 맞은 감으로 갈증 풀어 주고　　霜柹潤渴肺
아이 불러 밥상 차리게 하네　　呼兒具盤飧
예전에 내가 여기 들렀는데　　我昔來過此
옛 집이 시내 서쪽에 남았네　　舊屋溪西存
이주한 지 다시 얼마던가　　移住復幾時
드문드문 집들이 마을 이루었네　　籬落頗成村
그대의 행동 바라보니　　看君擧措際
요령 있어 일처리 쉽게 하네　　領要事不煩
돌아보건대 나도 사담[227] 가에　　顧我沙潭側

226 구로촌(九老村) : 《두타초(頭陀草)》 책6 〈곡김수명(哭金壽鳴)〉에 " 좌구산 아래 구로촌〔坐龜山下九老村〕"이라는 구가 있는데, 《신증동국여지승람(新增東國輿地勝覽)》〈충청도(忠淸道) 청안현(淸安縣)〉 기사에 "좌구산은 고을 남쪽 10리에 있다."라는 말이 있는 것으로 보아, 현재의 충청북도 증평군 증평읍 부근의 마을로 추정된다.

227 사담(沙潭) : 현재의 충청북도 괴산군 청천면 사담리 일대로, 신월천(新月川)이

좋은 전원 있지만　亦有好田園
초가집조차 아직 짓지 못했으니　茅齋尙未就
사는 형편을 어찌 다시 말하겠나　栖息寧復論
이 내 삶 이처럼 졸렬하니　我生拙如此
지금 그대가 부럽기만 하네　今來徒羨君
겨울 날씨 봄처럼 따뜻해　冬日煖如春
새벽 창가에 빗소리 울리니　晨牕雨聲翻
날더러 더 있다 가라며　勸客且遲留
다시 술동이 여는구나　爲復開酒樽
높은 정의 벗들에게 돈독한데　高誼篤友朋
늙은 나를 더욱 도탑게 대하여　尤於老夫敦
내가 올 때마다 돌아온 듯이 반기니　吾至每如歸
재워 주고 먹여 준 그대 은혜 고맙네　感君館穀恩
이웃은 정해도 집은 정하지 못한다고　卜隣不卜宅
옛사람도 말했으니[228]　古人亦有言
가족 모두 데리고 돌아와　更欲盡室歸
이 산자락에서 함께 늙어 갔으면　同老此山根

흐른다.

228 이웃은……말했으니 : 춘추 시대 제(齊)나라 경공(景公)이 안영(晏嬰)의 집을 새로 장만해 주었는데, 안영이 사양하며 속담을 들어서 "집을 정하는 것이 아니라, 오직 이웃을 정하는 것입니다.〔非宅是卜, 惟隣是卜.〕"라고 말한 고사가 전한다. 《春秋臣傳 卷18 齊晏嬰》

후영리[229]에서

後潁里

산들이 천 겹으로 둘러싸 깊고	山以千重深
시내는 여러 근원에서 흘러나와 모이는데	水自百源會
깊은 골짝 쩍 벌어져	長谷開呀然
민가가 그 안에 모였구나	人烟聚其內
조부[230]께서 일찍이 집터 잡아	吾祖曾卜宅
멋진 집을 언덕 위에 지으셨지	華構架厓背
진기한 장서 갖추시고	縹帙秘珍奇
고운 화초 가득 심으셨지	佳卉植晻藹
서쪽의 능파대	西有凌波臺
정면으로 동봉과 마주했네	直與東峰對
가파른 절벽이 구름 위로 솟고	危壁竦高雲
맴도는 연못 깊고 검푸르네	迴潭蓄深黛
신령한 땅은 사람을 통해 드러나니[231]	靈境因人顯

229 후영리(後潁里) : 현재의 충청북도 괴산군 청천면에 있는 마을이다.

230 조부(祖父) : 이하곤의 조부는 이경억(李慶億, 1620~1673)으로, 본관은 경주(慶州), 자는 석이(錫爾), 호는 화곡(華谷)이다. 그가 후영리에 거주했다는 사실은 고증할 수 없다. 《西溪集 卷12 左議政李公墓碑銘》

231 신령한……드러나니 : 아무리 아름다운 경치를 지닌 산수(山水)라도 그것을 알아주는 사람이 있어야 세상에 알려진다는 말이다. 조진미(趙進美)의 글에 "경지는 반드시 사람을 기다린 뒤에 드러나고, 사람의 문사는 공교롭지 아니하면 전해지지 못한다.

멋진 일이 당시에 으뜸이었지 勝事當時最
세대는 멀어지고 인사도 변해 世遠人事變
정자는 무너지고 터만 남았는데 亭頹遺址在
손수 심으신 두 그루 푸른 소나무 手種雙青松
홀로 서서 흥폐를 지켜보았네 獨立閱興廢
종형이 은둔을 즐겨 從兄好栖遁
여기 왕래하신 지 어느덧 십 년 來往已十載
서성이며 옛 터 살피더니 徘徊覽古墟
서글픈 마음에 깊은 탄식 일으키고 怵惕發深慨
선대의 자취 이을 생각에 興懷繼先躅
방도를 우리에게 물으셨지 詢謀及我輩
오늘 다시 함께 오니 同來復今日
경물이 옛 모습 그대로네 雲物猶舊態
정자 완성되면 장차 다시 들르리니 亭成且再過
산신령께서 내 말을 기억하시리 山靈記吾話

〔夫境地必待人而顯, 而人之文辭非工弗傳.〕"라고 하였다. 《顏山雜記 地理類序》 또 육견(陸堅)의 글에 "산천의 영험함은 사람을 통해 드러난다.〔山川之靈, 因人而顯.〕"라고 하였다. 《粵西詩載 卷39 橫州慈感廟碑》

운곡암에서

雲谷菴

비탈길 오르고 험한 오솔길 지나오니	躡磴通危逕
벼랑 깎아 정사 지었구나	鑿厓開精舍
지난번 왔을 때 들보 올리더니	昔至始抛樑
이번에 오니 벌써 기와 덮었네	今來已覆瓦
노승이 깊은 솔숲에서 나와	老僧出深松
한바탕 웃으며 먼 길 온 사람 맞아 주네	一笑遠相迓
양지바른 비탈에는 눈이 벌써 녹았고	陽厓雪已融
자그마한 통에 그윽한 샘물 쏟아지네	小槽幽泉瀉
구름 걸린 절벽이 삼엄하게 홀로 서 있으니	雲壁儼獨立
내가 그 아래 절하려 하네	吾欲拜其下
솔바람 소리도 저물녘에 잦아들어	松聲晩更寂
담박하게 속세의 생각 사라지네	澹然塵慮謝
등불을 깊은 집에 밝히고	燈火耿深屋
청담 나누며 한가로운 밤에 앉았노라	淸談坐閒夜
장서는 또 무엇이 있는가	藏書復何如
살펴보려 해도 겨를 없어라	欲閱還未暇
숲 아래에서 독서하며	林下讀書意
매번 겨울과 여름 보내려 했는데	每欲了冬夏
이제 끝내 어긋났으니	至今竟謬悠
세상 인연 괴롭게도 끊지 못했기 때문이지	世緣苦未捨

다시 승려와 약속하여 更與居僧約

내년에 결사 만들기로 했네 來歲當結社

사담[232]에서

沙潭

양쪽 벼랑 대문처럼 열리고	雙厓坼如門
그윽한 여울이 구불구불 흘러	幽湍瀉夭矯
연못 빛깔 신비롭고	潭光蘊靈異
절벽 형세 빼어나다	壁勢擢娟妙
주변에 단풍과 전나무 그윽하게 자랐고	旁生楓栝幽
가운데 솟은 봉우리 깎아지른 듯 높네	中峙崀崿峭
언덕 높아 정자 세우면 좋겠고	阜逈宜抗榭
바위 평평해 낚시 드리우기 제격일세	磯平合垂釣
동쪽 봉우리에 먼 뜻 있으니	東峰有遠意
붉은 기운 아스라이 걸쳤어라	絳氣橫縹緲
빼어난 경치 이 지역의 으뜸인데	選勝域中最
짝을 부르려니 그 사람 세상에 적구나	徵儷宇內少
자주 본다고 어찌 아름답지 않을까	數見豈不鮮
매번 올 때마다 웃음 짓네	每至輒成笑
바위에 앉았노라니 이미 푸른 빛 번득이고	坐石旣青熒
시냇물 희롱하니 더욱 깨끗하다	弄水轉澄縹
봄날 곱게 피었던 비탈의 꽃 떠오르고	厓花想春姸

232 사담(沙潭) : 현재의 충청북도 괴산군 청천면 사담리 일대로, 신월천(新月川)이 흐른다.

가을날 희게 빛나던 연못의 달 생각나네　潭月憶秋皎
먼 생각을 구름과 솔에 부치고　遐思寄雲松
고요한 마음으로 물고기와 새들 완상하노라　靜意翫魚鳥
본래 초가집 지을 생각이었으니　素懷葺茅廬
여기에서 긴 읊조림에 의탁하노라　玆焉托長嘯
나무 갈라 봇물 통하게 하고　刳木洑流通
울타리 가에 밭두둑 두르려 했는데　接籬畦塍繞
속세에 오래도록 얽매였으니　塵韁久相縶
산신령이 나를 꾸짖으시리　山靈應我誚
하찮은 뜻이라도 진실로 어길 수 없으니　微尙固難違
여생을 장차 여기서 마치리라　餘生將欲了
그윽한 대숲은 저녁 바람에 울리고　幽篠韻夕飆
먼 고개는 석양 머금었네　遙嶺含西照
장차 돌아가려니 마음 서글퍼　將歸意惆悵
한참 쉬노라니 시름겨운 마음일세　久憩神愴悄
숲 헤치고 거친 오솔길 더듬어　披薄尋荒蹊
돌아가는 걸음 덩굴 밖으로 나왔더니　廻策出蘿表
남암[233]이 어디쯤 있는가　南庵在何許
저녁 종소리 은은하게 울리네　夕鍾更嫋嫋

233 남암(南庵) : 《두타초(頭陀草)》 책6에 〈삼폭천에서 다벽동을 지나 사담으로 오면서 본 것을 기록하여 5언 절구로 짓다〔自三瀑泉 歷探多碧洞至沙潭 記所見 成五絶句〕〉라는 작품이 있는데, 그 작품의 마지막 수에 "남암은 울창한 숲 깊은 곳에 있어〔南庵雲木深〕"라는 구가 있고, 그 아래에 "위의 시는 사담에서 달을 기다린 것이다.〔右沙潭待月〕"라고 하였으므로, 남암은 사담 근처에 있던 암자로 추정된다.

소금산[234]

小金山

소금산은 사담[235]에게	金山於沙潭
마치 사람의 눈썹과도 같으니	便如人有眉
비록 사체에 들지는 않지만	縱不關四體
얼굴에 어찌 눈썹 없으랴	形豈去眉爲
연못물에 비추면 거울에 비추는 것 같아	照潭如照鏡
그때마다 아름다운 자태 나타나네	種種生媚姿
조화옹이 신령한 솜씨 발휘하여	造化費靈巧
기운차게 여기에 모았어라	磅礴鍾於斯
산 전체에 살갗 없이	全身不假膚
온통 뼈뿐이니 절로 기이하네[236]	純骨已自奇
둥그러니 큰 종을 엎어 놓은 듯한데	穹然覆巨鏞
얼기설기 단풍나무와 잣나무 드리웠네	糾纆楓栢垂
내가 속세에 얽매인 뒤로	自我罹塵網
삼 년이나 너를 보지 못했지만	三年未汝窺
장과 폐가 산으로 변해	腸肺化崟岑

234 소금산(小金山) : 사담(沙潭) 근처에 있는 산이다. 183쪽 각주224 참조.

235 사담 : 현재의 충청북도 괴산군 청천면 사담리 일대로, 신월천(新月川)이 흐른다.

236 산……기이하네 : 소금산이 온통 바위로 이루어졌음을 말한 것이다. 여기서 부(膚)는 살갗으로 흙을 의미하고, 골(骨)은 뼈로 바위를 의미한다.

너와 떨어지지 않았으니 與汝曾不離
산신령께서 혹 이런 마음 아신다면 山靈儻解此
나를 비웃지나 않으시려는지 庶或不我嗤
지금 와서 다시 한바탕 웃으며 今來復一笑
서로 바라보매 싫지 않으니 相看無厭時
비유하자면 멀리 떠난 나그네가 譬如遠行客
오래 헤어졌던 친지들 만난 격이네 久別逢親知
정자가 곧 완성되리니 亭成且不日
이제부터 그리워하지 않아도 되리 從此免相思

공림사[237]에서

空林寺

우뚝 솟은 낙영산　　亭亭落影山
나를 보고 부르는 듯　　見我如相招
흥겹게 거꾸러지며 나귀 타고　　欣然倒騎驢
나도 모르게 멀리 나왔어라　　不覺出門遙
시냇물 깊어 건널 수 없기에　　溪深不用厲
눈 밟으며 찬 다리 건너노라　　躡雪度寒橋
문득 구름 덮인 숲 사이 바라보니　　忽見雲木間
사찰 건물이 우뚝 솟았구나　　殿閣出岧嶢
긴 회랑 낮에도 고요하고　　長廊晝亦靜
풍경이 때때로 살랑살랑 흔들리네　　鈴鐸時微搖
승려들 절반은 낯선 이들인데　　居僧半生面
해진 장삼 입고 추위에 파리하네　　弊衲寒蕭條
불상마다 이끼 덮였고　　諸佛盡莓苔
도량의 면모 거의 사라졌네　　道場幾沈銷
지은 지 아주 오래되어　　創始歷曠古
여러 차례 화재 만났지　　屢遭刦火燒
법륜[238]도 없어졌으니　　法輪亦云末

237 공림사(空林寺) : 충청북도 괴산군 청천면 사담리 낙영산(落影山)에 있는 사찰이다. 《신증동국여지승람(新增東國輿地勝覽)》에서는 속리산에 있다고 소개하였다.

무너진 것 하루아침의 일 아니네　廢壞非一朝
벽화 어루만져 보니　摩挲壁間畫
훌륭한 솜씨로 그려냈네　筆力工寫描
승려가 말하기를 서광이 나타나　僧言瑞光現
때때로 높은 하늘까지 비친다 하네　有時燭絳霄
영 대사[239]는 수염과 눈썹 세었는데　瑛師鬚眉皓
그래도 와서 나의 쓸쓸함 달래 주네　能來慰寂寥
화로 끼고 앉아 가랑눈 소리 들으며　擁爐聽微雪
잔잔한 담소 한밤까지 이어지네　細話到深宵
기봉이 늙을수록 깊어져　機鋒老轉深
폭넓은 이야기 마치 파도가 출렁이듯[240]　廣舌如翻潮
나로 하여금 깨닫게 하니　令我頓開悟
아 순식간에 신리를 뛰어넘네　咄嗟神理超
부끄럽다 우둔하고 졸렬한 사람　顧慚鈍劣根

238 법륜(法輪) : 본래는 수레바퀴가 부딪치는 것을 갈아서 부수듯이 불법이 모든 번뇌(煩惱)를 굴려서 부순다는 뜻으로 부처의 설법을 의미하는데, 여기서는 공림사에 있는 건물의 명칭으로 추정된다.

239 영 대사(瑛大師) : 영사(瑛師)는《두타초(頭陀草)》에 여러 차례 보인다. 법명(法名)에 영(瑛) 자가 들어간 승려로 추정되지만 고증할 수 없다.

240 기봉(機鋒)이……출렁이듯 : 영 대사의 심오하고 유창한 말을 형용한 것이다. 기봉은 불교 용어로, 언어나 문답의 민첩함과 예리함을 비유하는 말로 쓰인다. 기(機)는 수행에 따라 얻은 심기(心機), 봉(鋒)은 심기의 활용이 날카로운 모양이다. 광설(廣舌)은 장광설(長廣舌)과 같은 말로, 부처의 32가지 대인상(大人相) 가운데 하나인데, 얼굴을 다 덮고 머리까지 올라간다는 긴 혀를 말한다. 설법을 뛰어나게 잘하는 것을 의미한다.

출처의 이치 스스로 알지 못해　出處不自料
속세 사이에서 부침하며　浮沈塵土間
아직도 떠돌고 있는데　至今尙蓬飄
대사가 대의왕처럼　師如大醫王
금비로 뽑아내 주시니[241]　金篦幸撥挑
알겠다 사자후가　始知獅子吼
미친 코끼리도 길들이는 줄을[242]　能令狂象調
빛을 돌려 안으로 스스로를 비춰　回光內自照
시끄러운 무리들 떠나고 싶네　庶欲離群囂
연사를 언제 결성할까　幾時結蓮社
혹 늙은 나를 받아 주려는지[243]　儻復許老樵

241 대사(大師)가……주시니 : 영 대사(瑛大師)가 이하곤 자신의 문제점을 치료해 준다는 말이다. 대의왕(大醫王)은 의사가 사람의 육체에 있는 병을 치료해 주듯이 부처가 중생의 마음에 있는 병을 치료해 준다는 데서 온 말이다. 금비(金篦)는 고대 인도(印度)의 의사가 맹인(盲人)의 안막(眼膜)을 제거해 줄 때 사용하던 의료 도구였는데, 불가(佛家)에서는 중생들의 눈을 가리고 있는 무지(無智)의 막(膜)을 제거한다는 의미에서 설법을 상징하는 말로도 사용하였다.

242 알겠다……줄을 : 영 대사의 말을 듣고 이하곤이 깨달음이 있다는 말이다. 사자후(獅子吼)는 석가모니(釋迦牟尼)의 설교 소리를 비유하는 말인데, 《유마경(維摩經)》에 "거침없이 불법을 설명하는 것은 마치 사자후와 같았고, 그 강설하는 것은 천둥소리와 같았다.〔演法無畏, 猶如獅子吼, 其所講說, 乃如雷震.〕"라고 하였다.

243 연사(蓮社)를……주려는지 : 영 대사가 결사(結社)를 만들면 이하곤 자신을 참여시켜 줄지 물은 것이다. 연사는 동진(東晉)의 고승 혜원(惠遠)이 여산(廬山)의 동림사(東林寺)에서 유유민(劉遺民)・뇌차종(雷次宗) 등 명유(名儒)를 비롯하여 승속(僧俗)의 18현(賢)과 함께 맺은 염불 결사(念佛結社)이다. 그 사찰의 연못에 백련(白蓮)이 있기 때문에 백련사(白蓮社)라고 일컬었다. 《蓮社高賢傳 慧遠法師》

사담[244]에서 장차 한양으로 돌아가려고 군형[245]과 성망[246] 등 여러 사람들과 밤에 술을 마시다가 《국조시산》의 운을 사용하여 함께 시를 지어 심회를 서술하다

自潭上將歸漢京 君馨聖望諸人夜飮 用國朝詩刪韻 同賦述懷

붉은 종이에 이름 쓰고픈 마음 없으니[247]	紅紙題名意已微
남은 삶 그럭저럭 사립문 지키며 살리라	殘年聊欲守荊扉
승려의 게송 듣노라니 찬 등불 꺼져 가고	留僧聽偈寒燈落
손님과 시 읊노라니 저녁 눈발 날리누나	對客哦詩暮雪飛
소나무 곁에서 때로 지팡이에 이는 구름 보고	松際時看雲起杖
매화 끝에 걸린 달이 휘장에 비추네	梅梢或得月生幃
이 가운데 참 즐거움 오래 지키리니	此中眞樂須長保
어찌 검은 먼지로 흰 옷 물들일까[248]	豈受緇塵染素衣

244 사담(沙潭) : 담상(潭上)은 사담을 가리킨다. 현재의 충청북도 괴산군 청천면 사담리 일대이다.

245 군형(君馨) : 이하곤의 조카인데, 인적사항은 미상이다.《頭陀草 冊2 癸未正月十四日夜大雪……李侄君馨皆在……》

246 성망(聖望) : 이하곤의 종질(從侄) 이석로(李錫老)의 자인데, 인적사항은 미상이다.《頭陀草 冊3 同韋軒君馨聖望夜會次國朝詩刪韻》

247 붉은……없으니 : 과거(科擧)에 합격하여 관직에 나가고 싶은 마음이 없다는 말이다. 홍지(紅紙)는 붉은 종이인데, 대과(大科) 급제자에게는 속칭 홍당지(紅唐紙)라고 하는 붉은 종이의 합격증서, 즉 홍패(紅牌)를 주었다.

248 어찌……물들일까 : 원주(原註)에 있는 바와 같이, 서울에 오래 머물면서 속세에 물들지 않겠다는 말이다. 남제(南齊)의 사조(謝朓)가 지은 시에 "봄풀은 가을 되어

내가 북쪽으로 갔다가 곧바로 산으로 돌아오려고 했으므로, 마지막 구에서 언급하였다.

다시금 푸른데, 공자는 아직 돌아오지 않는구나. 누가 경사에 오래 있으랴, 검은 먼지가 흰옷 물들이거늘.〔春草秋更綠, 公子未西歸. 誰能久京洛, 緇塵染素衣.〕"이라고 한 구절을 인용하여 읊은 것이다.《謝宣城集 卷3 酬王晉安》

이대래 태제 가 정보[249]와 도장[250] 등 여러 사람을 맞이하여 매화를 구경하였는데, 내가 마침 어지럼증이 있어 가지 못하였다. 그 모임 자리의 운자에 맞춰 지어 여러 사람에게 부쳐 보여 주다 경인년(1710, 숙종36)

李大來 泰躋 邀正甫道長諸人作觀梅 余適患眩不能赴 次席上韻 寄示諸君 庚寅

오래도록 집안에 누워서도	長向齋中臥
문 밖 동산을 바라볼 수 있지만	能窺戶外園
말 타고 갈 수 없어	未成騎馬去
끝내 마주하고 담소하지 못하게 되었네	終失對床言
눈발이 시구를 재촉하고	雪欲催詩句
매화가 술동이에 떨어질 텐데	梅應落酒樽
이러한 때에 시름겹게 홀로 앉아	此時愁獨坐
부질없이 쑥대 사립문 닫아 두노라	空掩小蓬門

249 정보(正甫) : 신정하(申靖夏, 1680~1715)로, 본관은 평산(平山), 자는 정보, 호는 서암(恕菴)이다. 《圃巖集 卷22 弘文館副校理恕庵申公行狀》

250 도장(道長) : 홍세태(洪世泰, 1653~1725)로, 본관은 남양(南陽), 자는 도장, 호는 창랑(滄浪)·유하(柳下)이다. 《浣巖集 卷4 滄浪洪公墓誌銘》

양씨 노인을 애도하다
哀梁老

지난 삼십 년 동안	蓄眼三十年
역말과 같이 많은 사람 겪었는데	閱人如傳舍
어지러운 과비자[251]들	紛紛夸毗子
이익 좋아함 감자보다 더하네	嗜利甘於蔗
하물며 저잣거리에	況乃闤闠中
당신 같은 분 보지 못했네	未見似君者
평생 강직한 마음 지녔으니	平生骯髒意
진실로 숭산과 화산도 꺾을 만했지	眞可摧嵩華
가슴 속에 고금의 일 잘 알아	胸中了今古
거침없이 왕도와 패도에 대해 말했지	瀾翻談王伯
강직한 마음으로 불의를 미워했으니	剛腸讐非義
안색을 어찌 바꾸어 꾸밀 수 있으랴	顔色詎相借
용천검이 옛 옥에 묻혀	龍泉沈古獄
원기가 두우성을 쏘고[252]	寃氣斗牛射

251 과비자(夸毗子) : 남에게 잘난 체하거나 아첨하는 무리를 일컫는다. 《시경》 〈판(板)〉에 "하늘이 노하고 계시니 큰 체하거나 빌붙어서, 위의를 모두 어지럽히며 선인이 시동처럼 아무 일도 못하게 하지 말라.〔天之方懠, 無爲夸毗, 威儀卒迷, 善人載尸.〕"라고 하였다.

252 용천검(龍泉劍)이……쏘고 : 양씨 노인이 뛰어난 재능을 지닌 인물이었음을 비유적으로 읊은 것이다. 용천(龍泉)은 용천검으로, 태아검(太阿劍)과 함께 명검으로

좋은 말이 소금 수레 끌다가	良驥服鹽車
구유 아래 서성이는 격이었네[253]	跼蹴皁櫪下
졸렬한 사내가 재물을 싸들고 가버려	庸夫褁金珠
짧은 갈옷으로 허리도 가리지 못했고[254]	短褐不掩髂
세월도 사람을 속여	歲月亦欺人
늙어 가며 더욱 비탄에 젖었네	垂老轉悲吒
어이할까 칠 척의 몸	奈何七尺身
문득 이렇게 긴 밤에 묻혔어라[255]	忽此閟長夜

일컬어진다. 47쪽 각주23 참조.

253 좋은……격이었네 : 양씨 노인이 뛰어난 재능을 지니고도 그 재능을 다 발휘하지 못했다는 말이다. 《전국책(戰國策)》 〈초책(楚策)〉에 "천리마가 소금 수레를 끌면서 태항산을 오르는데……백락이 이를 보고 수레를 붙잡고 곡하며, 모시 저고리를 벗어 덮어 주었다.〔驥服鹽車而上太行,……伯樂遭之, 下車攀而哭之, 解紵衣而幕之.〕"라는 내용이 보인다. 가의(賈誼)의 〈조굴원부(吊屈原賦)〉에도 "천리마가 두 귀를 늘어뜨리고 소금수레를 끌도다.〔驥垂兩耳兮服鹽車〕"라고 하였다.

254 졸렬한……못했고 : 시의 내용으로 볼 때, 양씨 노인의 재물을 누군가 훔쳐가서 그의 생계가 매우 어려웠다는 말로 보인다.

255 긴 밤에 묻혔어라 : 고인이 되어 땅 속에 묻혔다는 말이다. 장야(長夜)는 영원히 깜깜한 무덤을 의미한다.

저물녘에 청주로 가는 길에

暮向淸州途中

이 시와 아래의 〈부용촌(芙蓉村)〉 시는 마땅히 〈신귀(新歸)〉의 아래에 있어야 한다.[256]

풍상 내리는 시월에 다시 남쪽으로 가니	風霜十月復南征
이정표 세운 언덕[257] 앞에서의 이별 익숙하네	雙堠坡前慣送迎
먼 숲 보이려 하니 들판 넓은 줄 알겠고	遠樹欲浮知野闊
고즈넉한 노을 번쩍이니 시내 밝은 줄 알겠네	孤霞忽閃見川明
산은 벗처럼 미소 짓는 듯	山如舊識聊成笑
학도 높이 날지 않아 다정하구나	鶴不高飛似有情
나태하여 이미 세상에 대한 생각 없으니	懶散已無當世念
고기 잡고 나무하며 여생 보내리라	漁樵只可托餘生

256 이 시와……한다 : 〈신귀(新歸)〉는 《두타초(頭陀草)》 책3의 〈신귀희심(新歸喜甚)〉을 가리킨다.

257 이정표 세운 언덕 : 쌍후(雙堠)는 10리마다 세운 이정표이다. 후(堠)는 흙을 쌓아 돈대를 만들어 이수(里數)를 표기한 것인데, 10리마다 쌍후를 두고 5리마다 척후(隻堠)를 두었다고 한다.

나그네 길에서 시골집이 시냇가에 있는 것을 보니 고즈넉하여 좋았다. 심회를 서술하여 입으로 부르다

客途見村居臨溪 蕭然可喜 述懷口占

책이나 읽겠다던 옛 계획 삼 년이나 저버리고	觀書宿計負三秋
세밑에 호서로 다시 이 유람 떠나는구나	歲暮湖西復此遊
흐르는 물과 세월은 모두 끊임없이 지나가고	逝水年光俱滾滾
뜬 구름과 세상일은 둘 다 아득하기만 하여라	浮雲世事兩悠悠
마을 사람들 저마다 풍년의 즐거움 말하는데	鄕閭共說豐年樂
동이 술로도 나그네 시름 달래기 어려워라	樽酒難寬遠客愁
시냇가의 고요한 시골집 문득 보고서	忽見村扉臨水靜
잠시 말 멈추고 시냇물 소리 듣노라	蹔時駐馬聽溪流

부용촌에서

芙蓉村

점심 때 닭들이 뽕나무 숲에서 울고	午日鷄鳴桑樹林
강 건너 연기가 몇 마을에 짙구나	隔江烟火數村深
뉘 집 절구 소리인가 풍년을 즐기고	誰家砧杵樂豐歲
이곳 구름과 산 보니 은거하고 싶은 마음 생기네	是處雲山生隱心
외로운 배 아득히 풍광을 거슬러 가고	孤帆渺渺泝風色
한 마리 학은 한가롭게 물가를 나는구나	獨鶴悠悠翻水陰
한스럽게도 서둘러 가느라 실컷 보지 못하니	自恨悤悤看未厭
복사꽃 필 때 다시 오리라	桃花時節更來尋

두타초

제4책

詩시

눈이 내린 뒤에 처사 최행창의 산속 집에 들러 짓다 2수○임진년(1712, 숙종38)

雪後過崔處士 行昌 山居有作 二首○壬辰

적은 눈 내린 뒤에 내가 나왔는데	小雪吾能出
그윽한 집 그대도 깊은 곳에 사는구나	幽栖子亦深
바람 부는 숲에서 무릎 맞대고 앉으니	風林當促膝
산 경치가 마음 논하는 것을 돕네	山色佐論心
남들이 이름 알아줌 어찌 구하랴	名豈求人識
새들과 짝해 시구만 읊노라	詩唯伴鳥吟
한가로운 초가집의 정취 좋은데	蕭然茅屋趣
자주 오지 못해 한스럽다	恨不數追尋

2

말 타고 외진 사립문 찾아왔더니	鞍馬柴門僻
시서 즐기는 눈 내린 집 깊기도 해라	詩書雪屋深
사방 이웃에 아는 이 드물어	四隣稀識面
한 방에서 조용히 마음을 구하네	一室靜求心
늙어서도 항상 꼿꼿이 앉고	老去常危坐
한가하면 홀로 시구만 읊네	閑來只獨吟
그대와 지극한 이치 담론하니	從君談至理
흥취 일 때마다 찾아오리	有興輒相尋

영수암[1]에 가면서 말 위에서 불러 짓다 6언○계사년(1713, 숙종39)

往靈庵 馬上口號 六言○癸巳

나무마다 꽃이 피고	花開萬樹千樹
산마다 구름이 이네	雲起前峰後峰
모르겠다 절은 어디쯤 있는가	不知寺在何處
저물녘에 밥 때 알리는 종소리 멀리서 들려오네	日暮遙聞飯鍾

1 영수암(靈水庵) : 《두타초(頭陀草)》 책4 〈초평이십오영(草坪二十五詠)〉에 등장하는 것으로 보아, 현재의 충청북도 진천군 초평면 용정리에 있었던 암자로 추정된다.

영수암[2]에서 아이들의 운에 맞춰 짓다 계사년(1713, 숙종39)

靈庵 次兒輩韻 癸巳

산속 누대에 밤공기 시원하고 맑은데	山樓几席夜凄清
어제 내린 비에 앞산은 개지 않았네	宿雨前峰未放晴
등불 마주하고 잘 만한데	燈火只堪相對睡
시냇물 불평하여 우는 듯	溪流似亦不平鳴
동암에 꽃구경 가려는데	東庵我欲看花去
내일 누가 나란히 말 타고 가려나	明日誰能竝馬行
시의 생각 사라진 지 오래건만	自覺詩情灰已久
아이들이 지금 다시 시정에 젖게 하네	兒曹今復惱詩情

금(今)은 홀(忽)로도 쓴다.

2 영수암(靈水庵) : 현재의 충청북도 진천군 초평면 용정리에 있었던 암자로 추정된다. 170쪽 각주203 참조.

단비. 또 아이들의 운에 맞춰 짓다

喜雨 又次兒輩韻

가뭄 귀신이 열흘 넘도록 기승부려	妖魃驕橫已浹旬
밭두둑 갈라져 먼지 날리려 하더니	連畦兆坼欲生塵
하늘이 스스로 백성의 바람 따라	皇天亦自從民願
단비 내려 만물 적시네	好雨還能潤物新
우레가 기세를 더하진 않았지만	未有雷公添氣勢
용백이 마음 쓴 줄을 알겠네	卽看龍伯費精神
대풍 들어 역사에 기록될 터	從將大有書諸史
요구에서 〈격양가〉 부른 사람 부러우랴[3]	肯羨堯衢擊壤人

3 대풍(大豐)……부러우랴 : 단비가 내려 풍년이 들게 될 것이므로, 요(堯) 임금이 나라를 다스리던 때의 백성이 부럽지 않다는 말이다. 요구(堯衢)는 요 임금이 다스리던 시대에 사통팔달로 뚫린 큰 거리를 가리킨다. 당시 여든 살의 노인이 길가에서 땅을 두드리며 노래하였는데, 어떤 사람이 이를 보고서 "위대하도다, 임금님의 덕이여.〔大哉, 帝之德也.〕"라고 찬탄하였다. 그러자 그 노인이 "해 뜨면 일어나고 해 지면 쉬면서, 우물 파서 물 마시고 밭 갈아서 밥 먹는데, 임금님의 힘이 나에게 도대체 무슨 상관인가.〔日出而作, 日入而息, 鑿井而飮, 耕田而食, 帝力於我何有哉.〕"라고 대답했다는 고사가 진(晉)나라 황보밀(皇甫謐)의 《제왕세기(帝王世紀)》에 전한다. 이 노래를 〈격양가(擊壤歌)〉라고 하는데, 보통 태평성대를 비유한다.

사담[4] 가에서 영수암[5]으로 향하면서 한 자를 얻었다

自潭上向靈庵 得寒字

골짜기 들어서자 갠 구름 피어나고 入谷晴雲起
덩굴 헤치고 가노라니 석양이 차갑구나 穿蘿夕景寒
흐르는 물 따라 혼자 가는데 水流堪獨往
핀 꽃을 누구와 함께 볼까 花發共誰看
봄 내내 시 짓지 않았지만 詩已三春廢
한가로움 하루도 얻기 어렵네 閑猶一日難
절[6]은 얼마나 높이 있는가 招提高幾許
승려의 풍경 소리 숲 자락에서 들려오네 僧磬出林端

4 사담(沙潭) : 현재의 충청북도 괴산군 청천면 사담리 일대로, 신월천(新月川)이 흐른다. 이하곤의 선대(先代) 별업(別業)이 있던 곳이며, 이하곤이 거주했던 곳이다.

5 영수암(靈水庵) : 현재의 충청북도 진천군 초평면 용정리에 있었던 암자로 추정된다. 212쪽 각주1 참조.

6 절 : 초제(招提)는 범어(梵語) caturdeśa의 음역(音譯)으로 사원(寺院)을 가리킨다. 여기서는 영수암을 가리키는 말로 사용되었다.

비가 내린 뒤에 사담[7] 가로 돌아왔다. 도중에 짓다

雨後還潭上 途中有作

옷 적시는 산의 푸른 빛 윤기 나고	霑衣山翠潤
얼굴에 불어오는 폭포수 차갑구나	吹面瀑流寒
구름 따라 푸른 숲길 가다가	雲度蒼蒼去
꽃 만나면 쓸쓸히 보노라	花逢悄悄看
이미 속세에서 멀리 왔으니	已能遠塵俗
또 마음껏 즐길 만하여라	且得盡盤桓
잠깐 시냇가에 섰노라니	少向溪邊立
솔바람에 갈관 떨어지네	松風墮葛冠

7 사담(沙潭) : 현재의 충청북도 괴산군 청천면 사담리 일대이다. 215쪽 각주4 참조.

여름날에 이 사군[8] 제상, 박백형[9] 종양, 민향숙 경수 과 함께 침우담[10]에 놀러 갔는데, 재창[11]과 택경[12]과 암아[13]도 따라왔다. 그 자리에서 입으로 불러 여러 사람에게 보여 주고 화답을 요구했다

夏日 同李使君 齊尙 朴伯亨 宗陽 閔向叔 景洙 往遊沈牛潭 載昌澤卿巖兒亦從 席上口占 示諸君求和

수레 타고 강가로 왕림하여	能來皁蓋枉江干
종일 어울려 즐기니 예우 너그럽네[14]	盡日追歡禮數寬
들에서 마시는 막걸리 마다하지 않고	濁酒不須辭野酌

8 이 사군(李使君) : 이제상(李齊尙, 1671~?)으로, 본관은 전주(全州), 자는 위수(渭叟)이다. 1711년(숙종37) 8월 1일 진천 현감(鎭川縣監)에 임명되었다.

9 박백형(朴伯亨) : 박종양(朴宗陽)으로, 본관은 함양(咸陽)이다.

10 침우담(沈牛潭) : 현재 충북 진천군 초평면 연담리에 있는 우담(牛潭)을 말한다. 이곳은 옛 지명이 우담리(牛潭里)로, 소두머니라고 하였다. 침우담에 얽힌 전설은《두타초(頭陀草)》 책1 〈침우담은 진천현 남쪽 10여 리 쯤에 있다.……〔沈牛潭在鎭川縣南十餘里……〕〉에 보인다.

11 재창(載昌) : 이명곤(李明坤, 1685~?)으로, 본관은 경주(慶州), 자는 재창이다. 이하곤의 막내아우이다.

12 택경(澤卿) : 이하곤의 재종형(再從兄)이다.《頭陀草 冊12 遊普門庵記》

13 암아(巖兒) : 이하곤의 조카인 이석암(李錫巖)이다.

14 수레……너그럽네 : 이제상이 이하곤 등 여러 사람과 함께 어울리면서 격식을 심하게 따지지 않는다는 말이다. 조개(皁蓋)는 관원들이 쓰는 검은 색의 일산(日傘)인데, 흔히 수령의 행차를 뜻하는 말로 쓰인다.

물고기가 또 입맛을 돋우네	鮮魚亦足媚盤餐
바위틈의 나무 빛 막 개어 윤나고	排巖樹色新晴潤
자리에 아른대는 못물 빛은 오월에도 차갑네	激席潭光五月寒
꾀꼬리 소리에 나그네 머무르기 좋으니	自有鸎聲留客好
맑은 달빛 타고 앞 여울에 배 띄우고 싶네	欲乘清月泛前灘

또 간 자를 거듭 써서 삼가 동각에 부쳐 화답을 요구하다 3수

又疊干字 奉寄東閣求和 三首

정사 한가로워 간섭할 일 없고 政閑無復事相干
경치 좋아 흥취도 넉넉하네 地勝要須興自寬
강물의 맑은 빛에 누가 차마 침 뱉으랴 江送澄光誰忍唾
산에 빼어난 경치 많아 탐스럽다 山饒秀色若堪餐
꾀꼬리 소리 봄꽃과 어여쁨 다투는 듯 鸎聲爭似春花好
솔바람이 여름날을 시원하게 하네 松籟能令夏日寒
취한 뒤에 흥겨워 정신없다가 醉後淸狂渾不省
밤 깊어 돌아가려니 달이 여울에 떠오르네 夜深歸去月生灘

2

경사진 벼랑에 누대 지으려 하니 崖傾卽欲置闌干
강줄기 멀리 뻗어 조망 넉넉하리 江逈還知面勢寬
가뭄 귀신 사납지 않아 비 바라면 내려 주는데 魃不肆威求雨應
용은 허기져서 소를 잡아먹었네[15] 龍猶饞口攫牛餐

15 가뭄귀신……잡아먹었네 : 침우담(沈牛潭)에 얽힌 전설과 함께 그곳에서 기우제를 지내면 곧바로 효험이 있다고 읊은 것이다. 《두타초(頭陀草)》 책1에 〈침우담은 진천현 남쪽 10여 리 쯤에 있다.……옛날에 어떤 마을 사람이 못 위에 소를 풀어 놓았는데, 어떤 사물이 꿈틀대며 못에서 나와 소를 잡아 갔으니 아마 용이었을 것이라고 하기에 이름을 침우담이라고 하였다.……〔沈牛潭在鎭川縣南十餘里……昔有村民放牛于潭上

못물 엿보니 대낮에도 깊어 검푸르고 潭窺白晝沈深黑
바위 기대니 더운 날에도 오싹오싹 시원하네 臺倚炎天懍慄寒
땅도 사람 통해 승경 알려지니 地亦因人方擅勝
이제부터 이공의 여울이라 불리겠네[16] 從今號作李公灘

3

양쪽 산의 나무들 구름 위로 솟았고 兩邊山木盡雲干
백 이랑 못물 드넓게 펼쳐졌네 百頃風潭占界寬
반계라 불리는 곳 깊숙하여 은거할 만하고 地號磻溪深可隱
병혈의 물고기처럼 맛 좋아 먹을 만하네[17] 魚如丙穴美堪餐
자라는 햇빛 받으며 맑은 날에 장난치고 黿鼉抱日晴相戲
구름은 강에 이어져 저녁에 쌀쌀해지네 雲氣連江晚欲寒
동각에 한가한 날 많을 테니 東閣還應多暇日

有物蜿蜒自潭出 掣牛而去 蓋龍云 仍名曰 沈牛潭……]〉라는 시가 있다.

16 땅도……불리겠네 : 이제상(李齊尙)을 통해 침우당의 승경이 세상에 알려질 것이라는 말이다. 조진미(趙進美)의 글에 "경지는 반드시 사람을 기다린 뒤에 드러나고, 사람의 문사는 공교롭지 아니하면 전해지지 못한다."라고 하였다. 《顔山雜記 地理類》 또 육견(陸堅)의 글에 "산천의 영험함은 사람을 통해 드러난다."라고 하였다. 《粵西詩載 卷39 橫州慈感廟碑》

17 병혈(丙穴)의……만하네 : 침우담에서 나는 물고기 맛이 좋다는 말이다. 병혈은 중국 한중(漢中) 면양현(沔陽縣) 북쪽에 있는데, 좋은 고기가 나는 동혈(洞穴)로 유명하다. 동혈의 입구가 병향(丙向)인 까닭으로 병혈이라 하였다. 좌사(左思)의 〈촉도부(蜀都賦)〉에 "좋은 물고기는 병혈에서 나오고, 좋은 나무는 부곡(褒谷)에 많다."라고 하였다. 《文選 卷4》

술 들고 가서 여울 소리 듣기를 다시 기약하네[18]　　重期把酒聽鳴灘

18 동각(東閣)에……기약하네 : 이제상과 함께 침우담에서 다시 만나 즐기기를 바란다는 말이다.

감회를 쓰다. 또 간 자 운을 거듭 써서 백형[19]에게 보여 주다
書懷 又疊干字 示伯亨

권세가 찾아다니기 부끄러운데　　恥向朱門事謁干
산림에서 다행히 여유롭게 사노라　　山林幸得着身寬
꽃밭에 물 주기가 아침 일과이고　　巡澆花圃成朝課
배추 뿌리 삶아서 저녁 먹노라　　挑煮菘根作晚餐
장마철[20] 지나서 책이 눅눅해지고　　梅雨節過書帙潤
보릿가을 다가와 겹옷이 시원해지네　　麥秋天近裌衣寒
오늘 밤에 맑은 달 뜰 테니　　今宵應有新晴月
거룻배 타고 돌 여울 내려가야지　　料理輕舠下石灘

19 백형(伯亨) : 박종양(朴宗陽)으로, 본관은 함양(咸陽)이다.

20 장마철 : 매우(梅雨)는 매실이 누렇게 익을 무렵에 내리는 비라는 뜻으로, 초여름부터 시작되는 장맛비를 가리킨다. 이 기간 동안에는 공기가 음습하여 곰팡이가 쉽게 슬기 때문에 매우(霉雨)라고도 한다.

앞의 운자를 거듭 써서 향숙[21]에게 부치다

疊前韻 寄向叔

찾아오는 세속 선비 거절하고	已揮俗士叩門干
때때로 그대 만나 회포 푸네	時得吾君懷抱寬
갈사에서 꾀꼬리 소리 듣기로 약속했었고	葛寺聞鸎曾有約
호수에서 잉어 잡아 밥 잘 먹었네	平湖斫鯉爲加餐
바람에 작약 꽃잎 섬돌에 구르고	風翻紅藥當堦轉
오랜 비에 폭포 소리 시원하게 들어오네	雨長飛泉入座寒
집 옮겨 여기에서 함께 은거하면서	更欲移家同隱此
조각배 타고 눈 내린 여울을 오갔으면	扁舟來往雪中灘

21 향숙(向叔) : 민경수(閔景洙)의 자인데, 인적사항은 미상이다.

취적대에서. 또 앞의 운자를 거듭 사용하다

吹篴臺 又疊前韻

취적대는 침우담(沈牛潭) 가에 있다. 전해지는 말로는 옛날에 신선이 그 위에서 피리를 불었기 때문에 붙여진 이름이라고 한다. 내가 그 아래에 집을 짓고 싶었다.

누가 벼슬길을 고달프게 구했던가	誰將簪組苦相干
자연에서 느긋하게 살기로 했다네	已分林泉得自寬
신선이 피리 불며 지나간 일 떠올리며	每憶仙人橫笛過
여기에서 노을을 먹고 싶어라[22]	欲從此地覓霞餐
원숭이랑 새와 약속하여 구름 나누어 머물고	將盟猿鳥分雲住
소나무랑 삼나무 심어 달빛 담아 보려네	擬植松杉貯月寒
산신령에게 말하노니 꼭 기억해 두시오	寄語山靈須記取
초가 지어 숨지 않으면 저 여울 어찌하나	誅茅不隱有如灘

22 여기에서……싶어라 : 제목 아래의 원주(原註)를 고려할 때 취적대 아래에 집을 짓고 살고 싶은 희망을 읊은 것이다. 《한서(漢書)》 권57 〈사마상여전(司馬相如傳)〉에 "밤이슬을 마시고 아침노을을 먹는다.〔呼吸沆瀣兮餐朝霞〕"라고 하였는데, 아침노을을 먹는다는 것은 도가(道家)의 수련 방법 가운데 하나로, 아침 해가 막 떠오를 때의 붉은 운기(雲氣)를 마시는 것을 말한다.

감회가 있어서. 또 앞의 운자를 거듭 사용하다
有感 又疊前韻

먹거리를 어찌 남에게 구하겠는가	寧將口腹向人干
깊은 시름을 술로 달랠 뿐	但有牢愁用酒寬
즐거운 일 노여운 일 글로 지어 때때로 웃고	嬉怒成章時自笑
닭고기나 돼지고지 얻으면 곧장 요리해 먹노라	鷄猪到手卽須餐
노년에 학문의 힘 생소함과 익숙함 알겠고	暮年學力知生熟
말세의 인정 따뜻한지 차가운지 겪었네	末俗人情閱煖寒
양 가죽옷 마련해 눈 속에서도 낚시할 수 있으니	已辦羊裘堪釣雪
금계가 엄광의 여울 못지않네[23]	金溪終不讓嚴灘

23 금계(金溪)가……못지않네 : 이하곤이 사는 금계가 엄광(嚴光)이 낚시하며 은거한 곳보다 못하지 않다는 말이다. 금계는 《두타초(頭陀草)》 책1에 〈침우담은 진천현 남쪽 10여 리 쯤에 있다.……금계와 석탄의 물이 대 아래에서 합쳐져 큰 못을 이루는데,……〔沈牛潭在鎭川縣南十餘里……金溪石灘之水 合流滙于臺下 成巨潭……〕〉라고 하였으므로, 이하곤의 고향에 있는 물 이름임을 알 수 있다. 엄탄(嚴灘)은 후한(後漢)의 엄광이 은거하며 낚시를 즐기던 물가이다. 엄광은 소싯적에 광무제(光武帝)와 동문수학하였는데, 광무제가 즉위 후에 그를 맞이하여 간의대부(諫議大夫)로 삼고자 하였다. 그러나 엄광은 응하지 않고 부춘산(富春山)에서 밭 갈고 낚시로 소일하며 여생을 마쳤다. 그의 자(字)가 자릉(子陵)이므로 엄릉뢰(嚴陵瀨)라고도 한다. 《後漢書 卷113 逸民列傳 嚴光》

군형을 생각하니 서글픈 마음을 견딜 수 없었다. 또 앞의 운자를 거듭 사용하다

懷君馨 不勝愴然 叉疊前韻

의기는 긴 무지개에 닿을 만하고	意氣長虹自可干
가슴은 큰 골짝처럼 넉넉했지	胸懷巨壑與同寬
백 수의 시 지었어도 평범한 말 없고	詩成百首無凡語
천 잔의 술도 한자리에서 비웠지	酒得千鍾罄一餐
남쪽 마을에서 계서 먹자던 옛 약속 부질없고[24]	鷄黍南村空舊約
동쪽 골짜기의 오동나무는 오래도록 차갑구나[25]	梧楸東谷只長寒
그대 그리워 금계[26]에 눈물 떨구니	思君淚落金溪水
도암으로 흘러가며 여울물 오열하는 듯하네	流向圖巖咽作灘

24 남쪽……부질없고 : 남쪽 마을에서 군형과 함께 술과 음식을 먹기로 약속했으나 군형의 죽음으로 인해 이룰 수 없다는 말이다. 후한(後漢) 범식(范式)이 장소(張劭)와 헤어지면서 2년 뒤에 시골집으로 찾아가겠다고 약속을 하였는데, 그날 장소가 닭을 잡고 기장밥을 지어 놓고 기다리자 과연 범식이 찾아왔다. 또 장소가 임종(臨終)할 무렵에 "죽음까지도 함께할 수 있는 벗을 보지 못하는 것이 한스럽다."라고 탄식하면서 숨을 거두었는데, 영구(靈柩)가 꼼짝하지 않다가 범식이 찾아와서 위로하자 비로소 움직였다는 고사가 있다. 《後漢書 卷81 獨行列傳 范式》

25 동쪽……차갑구나 : 군형이 죽어 묻힌 동쪽 골짜기가 쓸쓸하다는 말이다. 오추(梧楸)는 군형의 죽음을 가리키는 말로, 송옥(宋玉)의 〈구변(九辯)〉에 "흰 이슬 이미 온갖 초목에 내림이여, 홀연히 떨어지는 오동과 가래로다.〔白露旣下降百草兮, 奄離披此梧楸.〕"라고 하였다.

26 금계(金溪) : 이하곤이 거주하던 주변에 있던 시내이다. 225쪽 각주23 참조.

한산[27]의 시를 읽다가 감회가 있어서 또 앞의 운을 사용하다
讀寒山詩 有感 又用前韻

입이 싸다고 풍간을 나무랄 필요 없으니	不須饒舌罵豐干
세상을 본래 바위틈으로 넉넉히 옮겨 갔네[28]	世界元輸石縫寬
선방의 엉긴 먼지를 무엇 하러 쓸어내랴	丈室凝塵何用掃
죽통의 남은 채소 먹을 만하구나	竹筒殘菜只堪餐
흰 구름과 그윽한 바위는 부질없이 그대로 있고	白雲幽石空復在
가을 달과 푸른 연못 오래도록 차갑네	秋月碧潭長自寒
남은 글 잡고 때때로 한 번씩 읽노라니	手把遺編時一讀
꿈속 혼이 도리어 악계 여울에 맴도네	夢魂還繞惡溪灘

백운유석(白雲幽石)은 한산(寒山)의 시이고, 추월벽담(秋月碧潭)은 자찬(自讚)한 말이다.[29]

27 한산(寒山) : 당(唐)나라 때의 고승이자 시인으로, 천태산(天台山)에 거처하였다.

28 입이……갔네 : 풍간(豐干)은 당나라 때 천태산 국청사(國淸寺)에 살던 승려이다. 여구윤(閭丘胤)이 단양(丹陽)에 수령으로 부임할 때, 풍간이 그에게 "부임하거든 반드시 문수(文殊)와 보현(普賢)을 찾아가 배알하십시오. 천태산 국청사에서 불을 때고 그릇을 씻는 한산과 습득(拾得)이 바로 그들입니다."라고 하였다. 여구윤이 찾아가 절을 하자, 한산이 손을 잡고 크게 웃으며 "풍간이 쓸데없이 혀를 놀렸구나.〔豐干饒舌〕"라고 하고 나가 한암(寒巖)으로 갔다. 여구윤이 다시 찾아가자 큰 소리로 꾸짖더니 바위틈으로 들어가 버렸는데, 곧바로 그 바위틈이 닫혔다고 한다. 《寒山詩集 原序》

29 백운유석은……말이다 : 《한산시집(寒山詩集)》에 "뜰 가에 무엇이 있는가, 흰 구름이 그윽한 바위를 감싸고 있네.〔庭際何所有, 白雲抱幽石.〕"라고 하였고, 또 "나의 마음은 가을 달과 같고 푸른 못처럼 맑고 깨끗하네.〔吾心似秋月, 碧潭淸皎潔.〕"라고 하였다.

산속 집에서 즉흥적으로 짓다

山居卽事

우거진 느릅나무와 버들 사이로 오솔길 비껴 있고 榆柳陰陰草徑斜
지지배배 제비 소리 이웃집에서 들려오는데 呢喃燕語隔隣家
초가집에서 자다 깨어 할 일 없어 茅簷睡起無餘事
울타리 동쪽 작약꽃 세어 보네 來數籬東芍藥花

이 사군[30]이 또 시를 부쳐 오므로 그 운에 맞춰 지어 보내고 훗날의 모임을 약속하다

李使君又寄詩來 次其韻奉呈 以訂後會

하인 보내 안부하니 정이 듬뿍 느껴져　　伻訊情多感
봉해진 편지 직접 뜯어보았네　　書封手自開
맑은 시 진정 속되지 않고　　淸詩眞不俗
멋진 모임 서둘러 정해야지　　佳會更須催
유수[31]는 원래 낚시할 만하고　　柳水元堪釣
매산[32]에는 오래된 바위 있으니　　梅山故有臺
훗날 덩굴진 오솔길에 달 떠오르면　　他時蘿徑月
바위 쓸고 그대 기다리리　　掃石待君來

30 이 사군(李使君) : 이제상(李齊尙, 1671～?)으로, 본관은 전주(全州), 자는 위수(渭叟)이다. 1711년(숙종37) 8월 1일에 진천 현감(鎭川縣監)에 임명되었다.

31 유수(柳水) : 유호(柳湖)를 가리키는 것으로 보인다. 《두타초(頭陀草)》 책4 〈초평이십오영(草坪二十五詠)〉에 보이는데, 현재의 충청북도 진천군 초평면 용정리에 있었던 연못으로 추정된다.

32 매산(梅山) : 《두타초(頭陀草)》에 여러 차례 보이지만, 어디인지 미상이다.

비가 내리는 가운데 서재에서

雨中齋居

파초 잎은 고작 세 치쯤 자랐는데	芭蕉葉展纔三寸
작약꽃은 벌써 활짝 피었어라	芍藥花開已十分
경물 바라보며 남곽의 안석에 기대고[33]	觀物聊憑南郭几
관직 사양해 〈북산이문〉 새기는 일 면했네[34]	辭官免勒北山文
서늘한 저녁에 어린 자식과 함께 그림 바라보고	晩涼看畫同癡子
가랑비 내리는데 아내[35]와 마주해 향 피우네	微雨燒香對細君

33 경물……기대고 : 물아(物我)의 경계를 잊고 한가롭게 지내는 모습을 남곽자기(南郭子綦)의 고사를 이끌어 읊은 것이다. 남곽자기가 궤안에 기댄 채 앉아 하늘을 우러러 한숨을 내쉬며 멍하게 물아를 잊은 듯한 모습을 하고 있는데, 안성자유(顔成子游)가 그 앞에 시립(侍立)해 있다가 "무엇을 하고 계십니까? 형체는 진실로 마른나무와 같이 할 수 있고, 마음은 진실로 식은 재와 같이 할 수 있는 것입니까? 지금 안석에 기대앉은 분은 전에 안석에 기대앉은 그분이 아니십니다.〔何居乎. 形固可使如槁木, 而心固可使如死灰乎. 今之隱几者, 非昔之隱几者也.〕"라고 하자, 남곽자기가 "언아, 또한 좋지 않은가, 그대의 물음이여. 지금 나는 내 자신의 존재를 잊었는데, 그대가 그것을 알았는가.〔偃, 不亦善乎, 而問之也. 今者吾喪我, 汝知之乎.〕"라고 대답했다 한다.《莊子 齊物論》

34 관직……면했네 : 관직에 나가지 않고 은거하는 마음을 지켜서 비방을 면했다는 말이다. 북산문(北山文)은 〈북산이문(北山移文)〉을 의미한다. 남조(南朝)의 주옹(周顒)이 일찍이 북산(北山)에 은거하다가 뒤에 조정의 부름을 받고 변절하여 해염 현령(海鹽縣令)이 되었다. 그 후 임기를 마치고 조정으로 돌아가는 길에 다시 그 종산에 들르려고 하자, 이때 종산에 은거하고 있던 공치규(孔稚珪, 447~501)가 주옹의 변절을 매우 못마땅하게 여긴 나머지, 종산 신령의 이름을 가탁하여 〈북산이문〉이라는 글을 지어 그를 성토한 일이 있다.

묻노니 누가 나처럼 한가로운가 借問誰能閒似我
무심히 뜬 산마루의 구름뿐이네 無心獨有嶺頭雲

35 아내 : 세군(細君)은 자기의 아내를 이르는 말로, 동방삭(東方朔)이 자기의 아내를 농담 삼아 부른 데서 유래하였다.

또 개 자를 거듭 사용해 지어서 이 사군[36]에게 부치다 2수

又疊開字 寄李使君 二首

부들 채찍 이미 버렸다 하니[37]	蒲鞭聞已廢
동이 술을 응당 열었으리	樽酒定應開
흥취 일어 호수와 산을 두루 찾고	興入湖山遍
다급한 문서 없어 한가하리	閒無簿領催
소는 빠졌어도 이무기 굴 남았고[38]	牛沈餘蜃窟
피리 소리 끊긴 채 신선 바위만 있구나[39]	笛斷只仙臺
단풍 숲 고와지기를 기다려	稍待楓林好
거듭 여기에 오기를 기약하네	重期此地來

36 이 사군(李使君) : 이제상(李齊尙, 1671~?)으로, 본관은 전주(全州), 자는 위수(渭叟)이다. 1711년(숙종37) 8월 1일에 진천 현감(鎭川縣監)에 임명되었다.

37 부들……하니 : 이제상이 현감으로 재직하며 복잡한 정사가 없다는 소식을 들었다는 말이다. 포편(蒲鞭)은 아프지는 않으면서도 부끄러움을 느껴 경각심을 갖게 하려고 치는 채찍을 말한다. 후한(後漢)의 유관(劉寬)이 남양 태수(南陽太守)로 있을 때, 관리가 잘못을 저지르면 부들 채찍을 가지고 때려서 부끄러움을 느끼게 하고 고통은 가하지 않았다고 한다.《後漢書 卷25 劉寬列傳》여기서는 부들 채찍조차 쓸 일이 없을 만큼 고을이 잘 다스려지고 있다는 의미로 사용되었다.

38 소는……남았고 : 침우담(沈牛潭)에 대해 읊은 것이다. 219쪽 각주15 참조.

39 피리소리……있구나 : 취적대(吹篴臺)를 읊은 것이다. 취적대는 침우담 가에 있는 바위이다. 앞에 〈취적대에서. 또 앞의 운자를 거듭 사용하다〔吹篴臺又疊前韻〕〉라는 작품에, 옛날에 신선이 그 위에서 피리를 불었다는 원주(原註)가 있다.

2

송사하는 뜰에 새소리 들릴 테고[40] 訟庭聽鳥下
동헌에 심은 꽃들 피었겠지 東閣種花開
마을에 어찌 개 짖는 소리 들리랴 村里寧聞吠
부역과 과세를 재촉하지 않네 差科不用催
촉주에선 강론하는 방을 수리했고[41] 蜀州修講室
선보에는 금대가 있었지[42] 單父有琴臺
훌훌 털고 〈귀거래사〉 지었던 莫效陶彭澤
도 팽택을 본받지 마시라[43] 飄然賦去來

40 송사(訟事)하는……테고 : 이제상이 현감의 직무를 잘 수행하여 관아에 송사가 없을 것이라는 말이다. 이백(李白)의 시에 "송사 없어 새가 섬돌에 내려앉으니, 편안히 누워 도서를 펼쳐 읽노라.〔訟息鳥下階, 高臥披道帙.〕"라고 하였다. 《李太白集 卷8 贈淸漳明府姪聿》

41 촉주(蜀州)에선……수리했고 : 이제상이 선비를 사랑하고 풍속을 교화하는 데 노력하는 인물이라는 말이다. 한 경제(漢景帝) 때 문옹(文翁)이 촉군(蜀郡)을 다스리면서 저잣거리에 학교를 세우고 부역을 면제시키는가 하면, 성적이 우수한 자를 관리로 임용하는 등 획기적인 문교 정책을 실시하여 문풍(文風)을 크게 진작시켰다. 이를 계기로 무제(武帝) 때에 와서 전국에 학교를 설립하게 되었다. 《漢書 卷89 循吏傳 文翁》

42 선보(單父)에는 금대(琴臺)가 있었지 : 이제상이 어진 정사를 베풀었다는 말이다. 공자의 제자 복자천(宓子賤)이 선보 고을의 수령으로 있을 때, 마루 아래로 내려오는 일이 없이 거문고만 연주했는데도 잘 다스려지며 교화가 이루어졌다는 고사가 전한다. 《呂氏春秋 察賢》 금대는 선정(善政)을 베푸는 수령이 있는 곳을 뜻한다.

43 훌훌……마시라 : 이제상에게 도잠(陶潛)처럼 관직을 버리고 고향으로 돌아가지 말라고 당부한 말이다. 도 팽택(陶彭澤)은 동진(東晉)의 도잠을 가리킨다. 팽택의 현령으로 있을 때 군(郡)에서 독우(督郵)를 보냈는데, 현리(縣吏)가 도잠에게 의관을 갖추고 맞이해야 한다고 하였다. 그러자 "오두미(五斗米) 때문에 향리의 애송이에게 허리를 굽힐 수 없다."라고 하고는, 즉시 벼슬을 버리고 〈귀거래사(歸去來辭)〉를 노래하며 고

차(差)는 조(組)로도 쓴다.

사군(使君)이 관직을 그만두고 돌아갈 마음을 품고 있었으므로, 마지막 구절에서 언급하였다.

향으로 돌아갔다고 한다.《晉書 卷94 隱逸列傳 陶潛》

사군[44]이 또 율시 한 수를 부쳐 주고 아울러 제호[45]를 보내왔기에 그 운에 맞춰 지어 사례하다

使君又寄一律 兼餽醍醐 次其韻以謝之

종일토록 쓸쓸히 대숲에 누운 채	永日翛然臥竹林
낚시터 가까워도 가지 않노라	釣臺咫尺不相臨
비단처럼 붉은 철쭉 유심히 바라보고	耽看躑躅紅如錦
녹음 드리운 파초 차츰 어여뻐지네	漸愛芭蕉綠展陰
산 경치는 살아 있는 그림처럼 펼쳐지고	山色還能開活畫
솔바람 소리가 거문고 연주 대신하네	松聲却自替鳴琴
앞 시내는 물고기 구경하기 참 좋으니	前溪正好觀魚去
내일 아침 술 싣고 오려는가	可能明朝載酒尋

2

비 그친 고즈넉한 집에 꽃이 숲 가득 피었는데	雨後孤齋花滿林
사립문에서 작은 수레 오기만 바라노라	柴門只望小車臨
맛난 술을 문득 보내 주니	醍醐忽被白衣送
작약이 노란 국화 그늘과 같구나[46]	芍藥還同黃菊陰

44 사군(使君) : 이제상(李齊尙, 1671~?)으로, 본관은 전주(全州), 자는 위수(渭叟)이다. 1711년(숙종37) 8월 1일에 진천 현감(鎭川縣監)에 임명되었다.

45 제호(醍醐) : 우락(牛酪) 위에 엉긴 기름덩이 모양의 맛이 좋은 액체를 말하는데, 일반적으로 좋은 술을 의미한다.

구름 무심해도 짝할 만하고	雲自無心堪作侶
새들 곱게 지저귀니 거문고 필요 없어라	鳥能嬌語不須琴
훗날 산 나눌 계획 성사된다면	他年倘遂分山計
닭 잡고 기장밥 짓는 남촌을 날마다 찾아가리[47]	鷄黍南村逐日尋

분산(分山)은 사군(使君)의 시에 담긴 뜻을 사용한 것이다.

46 맛난……같구나 : 도잠(陶潛)이 중양절에 술이 떨어져 울타리에서 국화 한 움큼을 따고 그 옆에 앉아 있었는데, 그때 마침 강주 자사(江州刺史) 왕홍(王弘)이 흰옷 입은 사환(使喚)을 시켜 술을 보내왔다는 고사가 전한다. 《宋書 卷93 隱逸列傳 陶潛》 여기서는 이 고사를 인용하여 작약이 만발한 시절에 이제상이 좋은 술을 보내 주었음을 읊은 것이다.

47 훗날……찾아가리 : 이제상과 이웃해서 살게 된다면 날마다 찾아가겠다는 말이다. 분산(分山)은 산을 나눈다는 말로, 같은 산에서 은거함을 의미한다. 송(宋)나라 사람 장영(張詠)의 자는 복지(復之), 호는 괴애(乖崖), 시호는 충정(忠定)이다. 《시화총구(詩話總龜)》 권31 〈시참문(詩讖門)〉에 "장충정이 젊었을 때 화산을 유람하다가 진도남을 만나고, 드디어 화산에 은거하고자 하여 도남에게 말하기를 '선생의 산 절반을 나누어서 살고자 하는데 그럴 수 있겠습니까?' 하자, 도남이 말하기를 '다른 사람은 그럴 수 없지만, 공이라면 내가 마땅히 산 절반을 나누어서 드리겠소.' 하였다.〔張忠定少年遊華山, 謁陳圖南, 遂欲隱華山, 謂圖南曰, 欲就分先生山半住可否. 圖南曰, 他人卽不可, 如公者, 吾當分半山相奉.〕"라는 내용이 전한다. 계서(鷄黍)는 손님을 정성스럽게 대접하는 것을 말한다. 《논어》 〈미자(微子)〉에 하조장인(荷蓧丈人)이 공자의 제자 자로(子路)를 만류하여 묵게 하면서 "닭을 잡고 기장밥을 지어 대접하였다.〔殺鷄爲黍而食之〕"라는 내용이 있다. 또 후한(後漢) 범식(范式)이 장소(張劭)와 헤어질 때, 2년 뒤 9월 15일에 시골집에 찾아가겠다고 약속을 하였으므로, 그날 장소가 닭을 잡고 기장밥을 지어 놓고 기다리자 과연 범식이 찾아왔다는 고사가 전한다. 《後漢書 卷81 獨行列傳 范式》

우담[48]에서의 유람을 적다. 또 개 자를 거듭 사용해 지어서 사군[49]에게 부치다

述牛潭之遊 又疊開字 寄使君

사군이 손님에게 잔치 베푸는 곳	使君宴客地
비단 자리를 강가에 펼쳤네	錦席向江開
술기운에 물고기와 이무기도 취하고	酒氣魚龍醉
시정을 황새와 오리가 재촉하네	詩情鸛鶩催
요리하는 연기가 먼 언덕까지 퍼지고	廚烟還遠岸
노랫소리 높은 바위에서 들려오네	歌嘯自危臺
이 모임 하늘이 아끼셨다가	此會天公惜
오늘 아침에야 보내 주었구나	今朝始遣來

48 우담(牛潭) : 침우담(沈牛潭)으로, 현재의 충북 진천군 문백면 은탄리에 있는 여울이다. 219쪽 각주15 참조.

49 사군(使君) : 이제상(李齊尙, 1671~?)으로, 본관은 전주(全州), 자는 위수(渭叟)이다. 1711년(숙종37) 8월 1일에 진천 현감(鎭川縣監)에 임명되었다.

앞의 운을 사용해 지어서 향숙[50]에게 부치다

用前韻 寄向叔

평평한 백사장에 말 멈췄더니	平沙初卸馬
물가에 초당 지었구나	臨水草堂開
벼랑의 형세 하늘이 좁은 듯하고	壁勢天疑窄
샘물 소리는 비가 세차게 내리는 듯	泉聲雨似催
낚시 구경하는 바위에 이끼 무성하고	苔深觀釣石
경서 강론하는 대에 꽃 피었네	花發講書臺
높은 산을 우러르는 마음 일어나니	仰止高山意
우암께서 예전에 여기 오셨었지[51]	尤翁此昔來

50 향숙(向叔) : 민경수(閔景洙)의 자인데, 인적사항은 미상이다.

51 높은……오셨었지 : 우암(尤菴) 송시열(宋時烈)을 흠모한다는 뜻이다. 앙지고산(仰止高山)은 "높은 산을 우러러보며 큰 길을 행하도다.〔高山仰止, 景行行止.〕"라고 한 데서 유래한 말로, 후대에는 고인의 큰 덕행(德行)을 흠모하는 의미로 사용된다. 《詩經 車舝》

백형[52]에게 부치다. 또 앞의 운에 맞춰 짓다

寄伯亨 又次前韻

우정 나누는 이 지금 누가 있는가	交誼今誰在
속내를 오직 그대와 나누노라	襟懷獨汝開
종천의 아픔 함께 안았고[53]	終天俱抱痛
늙은 모습 점점 재촉함을 보네	老態漸看催
마땅히 꽃 앞에서 술 마셔야 하고	宜把花前酒
달 아래의 대에 올라야지	堪登月下臺
발자국 소리를 내 감히 바라랴만	跫音吾敢望
한스럽게도 시조차 부쳐 주지 않는구나	恨不寄詩來

나와 백형(伯亨)이 막 상복(喪服)을 벗었으므로 세 번째 구에서 언급하였다. 백형이 간(干)자 운(韻)에 맞춰 시를 지은 지 이미 오래되었는데도 써서 보내 주지 않았으므로,[54] 말구에서 또 이러한 뜻을 언급하였다.

52 백형(伯亨) : 박종양(朴宗陽, ?~1725)으로, 본관은 함양(咸陽)이다.

53 종천(終天)의……안았고 : 원주(原註)의 내용으로 볼 때, 이하곤과 박종양이 모두 아버지 상을 당했던 것으로 보인다. 종천의 아픔은 몸을 마칠 때까지의 슬픔이라는 말로, 부모를 잃은 슬픔을 의미한다.

54 간(干)자……않았으므로 : 《두타초(頭陀草)》 책4에 〈감회를 쓰다. 또 간 자 운을 거듭 써서 백형에게 보여주다〔書懷 又疊干字 示伯亨〕〉라는 작품이 있는 것으로 보아, 이하곤이 이 시를 박종양에게 보냈는데 박종양이 화답시를 보내 주지 않았던 것으로 보인다.

또 앞의 운을 사용하여 취적대[55]를 읊다 2수

又用前韻 賦吹篴臺 二首

맑고 투명한 거울 속에　　清瑩明鏡裏
겹겹이 비단 병풍 펼쳐져[56]　　重疊錦屛開
잠시 앉아 있자 세상사 잊히니　　少坐便忘世
갈 길 재촉 말라　　前行且莫催
때때로 들리는 달 아래 피리 소리　　時聞月下笛
구름 위로 솟은 바위에서 흘러나오네　　起自雲表臺
삼신산[57] 아니라면　　除却三山外
신선들 마땅히 여기로 오겠지　　仙應向此來

2

도원[58]이 바로 이곳이니　　桃源此地是
아름다운 골짝에 연하가 펼쳐졌네　　玉洞烟霞開

55 취적대(吹篴臺) : 현재의 충북 진천군 문백면 은탄리에 위치한 침우담(沈牛潭) 가에 있는 바위이다.《頭陀草 冊4 吹篴臺又疊前韻 原註》

56 맑고……펼쳐져 : 취적대 아래 침우담의 맑은 물에 주변 산들이 비친 모습을 읊은 것이다.

57 삼신산(三神山) : 삼산(三山)은 신선이 산다는 봉래(蓬萊), 영주(瀛洲), 방장(方丈)을 의미한다.

58 도원(桃源) : 도잠(陶潛)의 〈도화원기(桃花源記)〉에 나오는 무릉도원(武陵桃源)을 가리키는 말로, 취적대 주변의 승경을 무릉도원에 견준 것이다.

천상에도 이런 곳 드물 텐데	天上亦應少
신선들 유람 어찌 그리 서둘러 돌아갔나[59]	仙游何太催
피리 부는 노인 볼 수 없는데	不見吹笛老
부질없이 난가대[60]에 기대네	空倚爛柯臺
산 중턱에서 솔바람 소리 듣노라니	半嶺聞松籟
신선의 학이 날아오는 듯하네	怳疑笙鶴來

59 천상에도……돌아갔나 : 취적대에서 신선이 피리를 불었다는 전설이 있기에 한 말이다.《頭陀草 冊4 吹篴臺又疊前韻 原註》

60 난가대(爛柯臺) : 도끼 자루가 썩는 대(臺)라는 말로, 여기서는 신선들이 놀았다는 취적대를 달리 표현한 말이다. 진(晉)나라 때 왕질(王質)이라는 나무꾼이 산에서 나무를 하다가 두 동자(童子)가 바둑을 두며 노래하는 것을 구경하였는데, 얼마 뒤에 왜 안 가느냐는 동자의 말을 듣고 일어서려 하니 도끼자루가 모두 썩어 있었고, 마을로 돌아와 보니 아는 사람들이 모두 죽었더라는 고사가 전한다.《述異記 卷上》

앞의 운을 거듭 사용하여 또 짓다 2수

疊前韻 又賦 二首

이미 봄 구경 못했으니 已違及春賞
꽃이 사람 기다려 피겠는가 花不待人開
이처럼 호수 맑은데 有此湖光淨
어찌 더위를 근심하랴 寧愁暑氣催
누가 연꽃 심으려나 誰能種菡萏
내가 누대를 짓고 싶네 吾欲起樓臺
머물러 마심을 사양 말라 莫惜留連飮
어여쁜 달 뜰 테니 還應好月來

2

강은 신안처럼 아름답고 江似新安好
산은 구곡처럼 펼쳐졌네[61] 山疑九曲開
낚시 구경하려 자리 고쳐 앉고 席仍觀釣改
꾀꼬리 소리에 술 더 마시노라 酒爲聽鶯催
구름은 병풍 속 숲을 흘러가고 雲度屛中樹

61 강은……펼쳐졌네 : 취적대(吹篴臺) 주위의 경치를 주희(朱熹)가 살던 무이산(武夷山)의 구곡(九曲)에 견주어 말한 것이다. 주희의 관향은 원래 무원(婺源)으로 지금의 안휘성의 한 현인데, 남북조 시대에는 신안군에 속했었다. 뒤에 주희가 자신의 여러 글에서 신안 주희(新安朱熹)라고 쓰자, 이후 신안(新安)으로 널리 알려지게 되었다. 구곡은 주희가 은거했던 무이구곡(武夷九曲)을 말한다.

물고기는 거울 속 바위에서 헤엄치네[62] 魚游鏡裏臺
아이들도 그윽한 흥취 있어 兒曹亦幽興
걸어서 함께 왔구나 步屧自同來

62 구름은……헤엄치네 : 아름다운 산의 모습을 병풍의 그림으로 비유하고, 바위가 비친 맑은 강물을 거울로 표현한 것이다.

16일 밤에 달빛이 매우 아름다워 택경[63]과 함께 유호[64]에 갔는데, 재창[65]도 양촌에서 왔다. 바닥에 앉아 있다가 밤이 깊어서야 돌아왔다

十六日夜 月色佳甚 偕澤卿步至柳湖 載昌亦自陽村來 席地而坐 至夜深乃還

우연히 산 위의 달을 따라와	偶隨山月來
바람과 이슬 차든 말든	不嫌風露冷
시냇가 바위에 홀로 앉아	獨坐澗邊石
가만히 물속의 그림자 보노라	靜看水中影

2

시내 맑아 나무 그림자 아른대고	溪明樹搖影
달 나오자 산이 푸르스름하네	月出山蒼然
여기저기 온통 꽃그늘 드리웠으리니	花陰應滿地
도리어 초당 앞 떠오르네	還憶草堂前

63 택경(澤卿) : 이하곤의 재종형(再從兄)이다.《頭陀草 冊12 遊普門庵記》

64 유호(柳湖) :《두타초(頭陀草)》 책4 〈초평이십오영(草坪二十五詠)〉에 보이는 것으로 보아, 현재의 충청북도 진천군 초평면 용정리에 있었던 연못으로 추정된다.

65 재창(載昌) : 이명곤(李明坤)으로, 본관은 경주(慶州), 자는 재창이다. 이하곤에게는 이한곤(李漢坤)과 이명곤 두 아우가 있었다.

물속의 달빛과 나무 그림자를 바라보니 서로 아른거려 경치가 매우 아름다웠다

見水中月光樹影 互相蕩漾 景色甚奇

호수 빛과 달그림자 아른아른	湖光月影兩翩翩
거꾸로 누운 수양버들 가에 있구나	着在垂楊倒臥邊
갑자기 산들바람이 나무 끝에 불어오니	忽有微風來樹杪
금빛 물결 출렁거려 둥글지 못하네	金波蕩漾不成圓

앞의 시에서 아름다운 모습을 다 표현하지 못하여 다시 절구 두 수를 지었으나 끝내 만분의 일도 그려 내지 못했으니, 이태백과 소자첨을 데려다가 진면모를 그려 내게 하지 못함이 한스러웠다

前詩不足以形容其奇處 又賦二絶 終不能摸寫萬一 恨不携來太白子瞻輩 使之傳神也

호수 빛이 봉우리에 뜬 달을 거꾸로 비추고	湖光倒寫峰頭月
산 그림자는 물속 하늘에 가로질렀네	山影橫侵水底天
상하가 비고 맑아 티끌 한 점 없으니	上下空明無點翳
다만 옥호의 신선인가 하노라[66]	直疑身世玉壺仙

2

둥글고 밝은 달과 겹겹 산들	一輪明月數重山
그 그림자가 맑은 호수 만 이랑에 드리웠네	影寫澄湖萬頃間
삼경까지 바라봐도 싫지 않으니	看到三更還不厭
돌아올 때도 그대로 쇠한 얼굴 비추네	臨歸兀自照衰顔

66 옥호(玉壺)의 신선인가 하노라 : 달밤의 멋진 풍경 속에 있는 자신이 신선이 된 것 같다는 느낌을 말한 것이다. 옛날 호공(壺公)이라는 신선이 저잣거리에서 약을 팔고 있었는데, 모두가 그저 평범한 사람인 줄로만 알고 있었다. 하루는 비장방(費長房)이라는 사람이 호공이 천정에 걸어둔 병 속으로 들어가는 것을 보고 비범한 인물임을 알아 매일같이 정성껏 그를 시봉하였다. 하루는 호공이 그를 데리고 호로 속으로 들어갔는데, 호로 속은 완전히 별천지로 해와 달이 있고 선궁(仙宮)이 있었다고 한다.《後漢書 卷82下 方術列傳下 費長房》《神仙傳 壺公》

택경[67]의 운에 맞춰 짓다

次澤卿韻

달빛 속에 홀로 있노라니 마음도 맑아지고	月中孤立意清泠
맑은 호수에 별빛 드리웠네	自向明湖數倒星
묻노니 동암[68]은 얼마나 깊은 곳에 있는가	借問東庵深幾許
자규 우는 곳에 숲이 어둑어둑하네	子規啼處樹冥冥

67 택경(澤卿) : 이하곤의 재종형(再從兄)이다. 《頭陀草 冊12 遊普門庵記》

68 동암(東庵) : 《두타초(頭陀草)》 책1 〈동암과우장로(東庵過雨長老)〉 아래에 "암자는 천후산에 있다.〔庵在天吼山〕"라는 원주(原註)가 있으나, 어디인지 자세하지 않다.

집으로 돌아왔을 때 밤이 이미 깊었지만, 달빛이 더욱 아름다워 차마 잠들지 못하였다. 누대 위에서 서성이다가 다시 절구 한 수를 짓다

歸家 夜已深矣 月色尤佳 不忍入睡 徘徊樓上 又成一絶

달이랑 함께 갔다가	來時月同行
달이랑 함께 왔는데	歸時月同去
자려다가 맑은 빛 사랑스러워	臨睡愛清光
다시 높은 누대에 앉았노라	更坐樓高處

재창[69]의 운에 맞춰 짓다

次載昌韻

다리 위의 달빛 받으며 잠시 걷노라니	蹔步橋頭月
마치 거울 속을 거니는 듯	如行鏡裏天
산 풍경은 그림처럼 펼쳐지고	山光橫似畫
숲 그림자 아득히 안개인가 하노라	樹影遠疑烟
멀리 보이는 백사장 눈처럼 깨끗하고	沙逈雪同淨
물고기 헤엄치는 곳에 별이 함께 걸렸네	魚游星共懸
가뿐하게 바람을 탄 듯한 기분	泠然風御意
이미 십주 주위를 어루만지는 듯[70]	已撫十洲邊

69 재창(載昌) : 이하곤의 막내아우 이명곤(李明坤, 1685～?)이다.

70 가뿐하게……듯 : 신선 세계에 노니는 듯한 느낌을 읊은 것이다. 《장자(莊子)》〈소요유(逍遙遊)〉에 "저 열자는 바람을 타고 다니니 가뿐하고 좋다. 15일이 지나서여 비로소 돌아온다.〔夫列子, 御風而行, 泠然善也, 旬有五日而後反.〕"라는 말이 나온다. 십주(十洲)는 신선이 거주한다는 대해(大海) 가운데의 열 군데 선경(仙境)을 말한다.

다음 날 밤 달빛이 더욱 아름다워 어제 노닐었던 일이 떠올랐다

後夜 月色又佳 有懷昨遊

어젯밤 시내 위에 떴던 달	昨夜溪頭月
오늘 밤에는 벗 같구나	今宵似故人
구름과 어우러져 모습 변하고	得雲還變態
물에 비쳐도 진면모 그대로네	着水自精神
이슬 내려 덥지 않고	露氣元無暑
호수의 빛은 티끌 하나 없으니	湖光不受塵
청령한 달빛 속에 고즈넉함 좋아	淸泠悅幽獨
꼿꼿이 앉아 새벽까지 있노라	危坐及鷄晨

또 임 자를 거듭 사용해 지어서 사군[71]에게 부치다 2수
又疊林字 寄使君 二首

벼슬살이 한가로워 산림에 있는 것 같다 하니	官居閑說似山林
관아에 오는 백성 없어 나서지도 않겠지[72]	鈴閣無民自不臨
버드나무 드리운 곳에서 술동이 열고	可但開樽侵柳色
오동나무 그늘에 평상 옮겨 누워 있으리	定應移榻臥桐陰
해 마치도록 봉급 쪼개어 학 키우고	終年分俸唯供鶴
온종일 향 피우며 거문고 연주하겠지	永日焚香只鼓琴
피서는 하삭의 예 따라야 하니[73]	逃暑須遵河朔例
이제부터 흥취 있으면 자주 찾아가리	從今有興數追尋

유색(柳色)과 동음(桐陰)은 모두 사군(使君)의 시에 있는 말이다.

71 사군(使君) : 이제상(李齊尙, 1671～?)으로, 본관은 전주(全州), 자는 위수(渭叟)이다. 1711년(숙종37) 8월 1일에 진천 현감(鎭川縣監)에 임명되었다.

72 관아에……않겠지 : 이제상이 고을을 잘 다스려 송사가 없다는 말이다. 영각(鈴閣)은 장수나 지방 장관이 집무를 보는 관아이다.

73 피서는……하니 : 더위를 피하려면 밤낮으로 술자리를 벌여야 한다는 뜻이다. 하삭(河朔)은 후한(後漢) 말 유송(劉松)의 고사에서 나온 말로 하삭음(河朔飮)이라고도 하는데, 무더운 여름철에 피서(避暑)한다는 명분으로 마련한 술자리를 뜻한다. 유송이 원소(袁紹)의 자제와 하삭에서 삼복(三伏) 무렵에 술자리를 벌이고 밤낮으로 정신없이 마셔댄 고사에서 유래하였다. 《初學記 歲時部上 夏避暑飮》

2

관아 부엌에서 솜씨 발휘해 운림에 부쳐 주시니	官廚鍊出寄雲林
문 앞에 온 심부름꾼 반가웠네	驚喜柴門使者臨
옥 술잔에 따르니 이슬 기운 엉기고	瀉去玉杯凝露氣
맛난 술 마시며 꽃그늘에 앉았노라	吸來瓊液坐花陰
게다가 새 시까지 보내 주시니	新詩況復投荊壁
맑은 운 마치 복금 소리 듣는 듯[74]	淸韻還如聽宓琴
구루에서 단약 빚는 날 기다려	會待丹成句漏日
용을 타고 함께 갈공을 찾아가세[75]	乘龍同去葛公尋

74 맑은……듯 : 이제상이 보내 준 시가 매우 훌륭하다는 말이다. 복금(宓琴)은 공자의 제자 복자천(宓子賤)이 연주한 거문고를 말한다. 복자천이 선보(單父) 고을의 수령으로 있을 때, 마루 아래로 내려오는 일이 없이 거문고만 연주했는데도 고을이 잘 다스려지며 교화가 이루어졌다는 고사가 전한다. 《呂氏春秋 察賢》

75 구루(句漏)에서……찾아가세 : 이제상과 함께 자연에 은거하는 삶을 살고 싶다는 말이다. 구루는 도서(道書)에서 말하는 22번째의 동천(洞天)이다. 진(晉)나라 갈홍(葛洪)이 연단(鍊丹)을 해서 수명을 늘려 볼 목적으로, 교지(交阯)에서 단사(丹砂)가 나온다는 소문을 듣고는 자원하여 구루의 현령이 되었다고 한다. 《晉書 卷72 葛洪列傳》

스스로 웃다

自笑

우습다 담옹[76]이여 늙을수록 광기 심해지니	自笑澹翁老更狂
끝내 세상만사를 어찌 헤아리랴	到頭萬事豈商量
현감이 술 보내 주어 석 잔 기울이고	縣官送酒傾三爵
이웃 벗이 시 보내 주어 한 편 화운하네	隣友投詩和一章
대자리 시원하여 모공까지 상쾌하고	簟竹清涼毛孔爽
나물국 달고도 부드러워 혀에서 향기나네	羹葵甘滑舌根香
공명과 부귀를 어찌 물으랴	功名富貴何須問
이제는 생사조차 완전히 잊었노라	生死于今了已忘

76 담옹(澹翁) : 이하곤의 호가 담헌(澹軒)이므로 스스로를 지칭한 말이다. 이외에 소금산초(小金山樵), 무우자(無憂子)라고도 하였다.

집에서

齋居

한 시렁에 동 화로와 책상 뿐	一架銅爐數尺床
산속 집 조용하여 선방 같구나	山齋蕭寂似禪房
한가하면 차 달이는 법 기록하고	閑時自錄烹茶法
긴긴 날 오직 나무 심는 법 본다네	長日惟看種樹方
비 오면 이웃 승려 어린 국화 옮겨 주고	雨倩隣僧移稚菊
날 개면 동복더러 모를 내게 하네	晴敎僮僕揷新秧
알겠다 할 일 없어도 일 많으니	終知無事還多事
몸과 마음 모두 잊는 것만 못하구나	莫若身心得兩忘

우담[77]에 모였던 여러 사람과 함께 내일 유호[78]에서 물고기를 구경하기로 약속하였는데, 빗소리가 밤새 그치지 않았다. 흥취가 깨질까 걱정스러워 서글픈 마음에 짓다

與牛潭會諸人 約以明日觀漁于柳湖 雨聲終夜 恐將敗意 悵然有賦

봄 내내 비 내려 지겨웠으니	已苦三春雨
맑은 날 열흘도 안 되었지	元無十日晴
하늘도 참 심술궂다	天公眞戱劇
오늘 밤 또 비를 뿌리네	今夕復縱橫
물고기 구경 가자는 약속 어긋나게 생겼으니	觀漁乖宿約
의자 내놓아도 누구를 맞이하랴[79]	解榻爲誰迎
한스럽다 괜스레 파초 나무 심어	恨種芭蕉樹
잎에 떨어지는 빗소리 시름겨워라	愁聽葉上聲

77 우담(牛潭) : 현재의 충북 진천군 문백면 은탄리에 있는 침우담(沈牛潭)을 말한다. 219쪽 각주15 참조.

78 유호(柳湖) : 《두타초(頭陀草)》 책4 〈초평이십오영(草坪二十五詠)〉에 보이는 것으로 보아, 현재의 충청북도 진천군 초평면 용정리에 있었던 연못으로 추정된다.

79 의자……맞이하랴 : 비가 와서 찾아올 사람도 없을 것이라는 말이다. 후한(後漢)의 진번(陳蕃)이 예장 태수(豫章太守)로 있을 때 특별히 탑상 하나를 마련하였는데, 남주(南州)의 고사(高士) 서치(徐穉)가 찾아올 때만 반갑게 맞으면서 내려놓았다가 그가 돌아가면 다시 올려놓고 아무에게도 내주지 않았던 고사가 전한다. 《後漢書 卷83 徐穉列傳》

다음 날 아침 날이 개려고 하므로, 또 앞의 운자를 사용하여 기쁜 마음을 기록하다[80]

翌朝 頗有開霽之意 又用前韻 志喜

하늘이 내 마음 따르는지	天意從吾意
엷은 구름 걷히려 하누나	微雲已欲晴
먼 산은 푸르러 씻은 듯	遠山青更洗
아침 해는 담담하게 퍼지려 하네	初日淡將橫
꽃들이 웃으니 즐거움 한층 더하고	花笑添人喜
꾀꼬리 노래하며 나그네 맞이하니	鸎歌解客迎
시냇가에서 그윽한 바위 쓸고서	臨溪掃幽石
마주 앉아 솔바람 소리 들어야지	對坐聽松聲

80 다음 날……기록하다 : 이 시의 제목에 "침우담(沈牛潭)에 모였던 여러 사람들과 다음 날 유호(柳湖)에서 물고기를 구경하기로 약속하였는데, 밤새 빗소리가 그치지 않아 흥취가 깨질까 염려되었다. 그런데 다음 날 아침 날이 개려고 하므로 기뻐서 짓는다."라는 문집 편집자의 보충 설명이 붙어 있다.

유호[81]의 모임 자리에서 율시를 입으로 불러 왕림해 준 사군[82]의 성의에 사례하다

柳湖席上 口占長律 以謝使君枉臨之意

반계의 멋진 모임 또 여기서 만나니	勝會磻溪又此筵
우리들 진실로 신선 못지않네	吾儕眞不讓神仙
변변찮은 음식으로 귀빈 대접하기 부끄럽지만	羞將薄具供尊客
날 개니 하늘에 감사하는 마음 기쁘구나	喜爲新晴賀上天
주렴 밖에 햇살 따뜻하고 바람도 살랑살랑	日暖風輕簾幕外
술동이 앞에 시내 평평하고 들판도 드넓어라	川平野闊酒樽前
저물녘에 맑은 호수 빛깔 사랑스레 보며	晩來愛看澄湖色
검푸르게 연기 깔린 길을 걷노라	踏破蒼蒼一道烟

81 유호(柳湖) : 충청북도 진천군 초평면 용정리에 있었던 연못으로 보인다.

82 사군(使君) : 진천 현감(鎭川縣監) 이제상(李齊尙, 1671~?)으로, 본관은 전주(全州), 자는 위수(渭叟)이다. 1711년(숙종37) 8월 1일 진천 현감에 임명되었다.

아담한 집

小築

유호[83] 가에 아담한 집 지었더니　　小築曾開柳水傍
창가에 온종일 호수 빛 일렁인다　　軒窓終日蕩湖光
이끼 향기롭고 풀 윤기 나니 갠 날 아름답고　　苔香草潤新晴好
제비가 새끼 치고 꾀꼬리 우는 낮 시간 길구나　　燕乳鶯啼晝景長
한가한 생활 생각도 못했는데　　已不思量閑事業
오래된 광기 없애기 어렵구나　　猝難除去舊顚狂
어부와 농부가 진실로 내 벗이니　　漁翁田父眞吾友
말이라 부르고 소라 부른들 어떠하랴[84]　　呼馬呼牛亦豈妨

83 유호(柳湖) : 충청북도 진천군 초평면 용정리에 있었던 연못으로 보인다. 229쪽 각주31 참조.

84 말이라……어떠하랴 : 다른 사람의 시선이나 평가에 신경 쓰지 않는다는 말이다. 《장자(莊子)》 〈천도(天道)〉에 "나를 소라고 부르면 소라고 하고, 나를 말이라고 부르면 말이라고 한다.〔呼我牛也, 而謂之牛, 呼我馬也, 而謂之馬.〕"라고 하였다.

감회를 적다

書懷

혜공처럼 일곱 가지 감당 못함이 있어서[85]	自有嵇公七不堪
남은 삶 초가에 누워 지내려고 하네	殘年聊欲臥茅庵
한가로운 일은 천 그루 꽃나무에 있고	閒來事業花千樹
노년의 생활은 한 방의 책에 의지하네	老去生涯書一龕
어지러운 세상사 개미굴의 싸움 같은데	世道紛如穴蟻鬪
가난한 삶의 맛 벌꿀처럼 달구나	貧居味似蜜蜂甘
이 가운데 참 뜻을 누가 알랴	此中眞意誰能識
분분한 속인들에게 말하기 어렵구나	難向紛紛俗士談

85 혜공(嵇公)처럼……있어서 : 혜공은 진(晉)나라 때 죽림칠현(竹林七賢) 가운데 한 사람이었던 혜강(嵇康)을 가리킨다. 산도(山濤)가 일찍이 자기의 관직을 대신하도록 혜강을 천거하자, 혜강이 이를 거절하고 절교(絶交)하는 편지를 보낸 바 있다. 그 글에서 혜강은 "반드시 감당하지 못하는 것 일곱 가지와 매우 불가한 것 두 가지가 있다.〔有必不堪者七, 甚不可者二.〕"라고 하여 자신이 관직에 나가지 못하는 점을 열거하였다. 일곱 가지 감당하지 못하는 이유를 요약하면, 첫째 게으름 피우기를 좋아하는데 사람들이 그냥 두지 않고, 둘째 음악과 시를 즐기고 사냥과 낚시를 좋아하는데 마음대로 할 수 없고, 셋째 이가 많아서 끊임없이 긁어대는데 관복을 입고 상관에게 절을 해야 하고, 넷째 작문을 좋아하지 않는데 공무를 맡아 처리할 일이 많고, 다섯째 조문 다니는 것을 좋아하지 않는데 사람들은 이를 중요하게 생각하고, 여섯째 속된 사람들을 좋아하지 않는데 그들과 함께 일하면서 많은 손님들을 상대해야 하고, 일곱째 번거로운 것을 참지 못하는데 공무가 많아 마음을 얽어매고 생각을 복잡하게 만든다는 것이다. 《嵇中散集 卷2 與山巨源絶交書》

감회가 있어서

有感

마땅히 위에 있어야 한다.

만사를 본래 내 마음대로 하는데	萬事元來得自由
출처를 하물며 남들과 의논하랴	行藏況可待人謀
시끄러운 한양의 여러 형제들	紛紛洛下群兄弟
당시의 마소유만 못하구나[86]	不及當時馬少游

86 시끄러운……못하구나 : 서울을 떠나 고향으로 돌아와 안주하지 못하는 형제들의 모습을 안타깝게 여긴 것이다. 마소유(馬少游)는 후한(後漢)의 복파장군(伏波將軍) 마원(馬援)의 사촌 동생이다. 마소유는 마원이 웅지(雄志)를 품고 세상에 나가 크게 활동하는 것이 못마땅하여 "선비가 한 세상을 살아가는 데는 배불리 먹고 따뜻하게 입고 달구지에 올라앉아 느릿느릿 걷는 말을 몰며, 고을의 작은 관리가 되어 선조의 무덤을 지키는 정도면 충분합니다. 그것을 벗어나 더 큰 명리(名利)를 추구하는 것은 스스로 괴로움을 찾는 것일 뿐입니다."라고 하였다.《後漢書 卷24 馬援列傳》

눈에 보이는 것을 동파의 운자[87]에 맞춰 짓다

觸目 次東坡韻

비자나무 우뚝하여 소나무에 버금가고	榧子昂藏亞松碧
해당화 떨어져 이끼에 아롱지네	海棠零落點苔斑
나도 진실로 동파와 비슷하니	此身眞似東坡老
시내 남쪽 비 갠 산을 누운 채 보노라[88]	臥看溪南雨後山

87 동파(東坡)의 운자(韻字) : 이하곤이 이 작품에서 사용하고 있는 운자는 소식(蘇軾)의 《동파전집(東坡全集)》 권24 〈삼월이십구일(三月二十九日)〉 가운데 두 번째 작품의 운자와 동일하다.

88 나도……보노라 : 소식의 시에 "문 밖에 귤나무 꽃이 화사한데, 담장 머리 여자는 어느덧 아롱졌네. 숲 어둡고 풀 깊어 인적 조용한 곳에, 주렴 올리고 베개에 기대 누워 산을 보노라.〔門外橘花猶的皪, 墻頭荔子已斕斑. 樹暗草深人靜處, 卷簾欹枕臥看山.〕" 라고 하였으므로, 산을 바라보는 이하곤 자신의 모습이 소식과 흡사하다고 읊은 것이다. 《東坡全集 卷2 三月二十九日》

흰머리를 뽑으며 감회가 있어서

鑷白髮 有感

아내가 아침 창가에서	室人向朝窓
내 흰머리 뽑아	鑷我鬢間白
손에 들고 보여 주니	擧手以相示
깜짝 놀라고 말았네	令我心錯愕
내 나이 서른일곱	我生三十七
아직 사십도 안 되었는데	四十尙未足
흰머리가 웬 말인가	此物亦何爲
하루아침에 괴로움 밀려오네	一朝苦相迫
다만 생각해 보니 몇 년 사이에	但念數年來
괴로운 일 참 많았어라	腸肺飽慘毒
이미 〈육아〉의 고통 겪었고[89]	旣抱蓼莪痛
또 영원의 슬픔도 만났으니[90]	又遭鴒原戚

89 이미……겪었고 : 이하곤이 부모님을 여의는 슬픔을 겪었다는 말이다. 《시경》〈육아(蓼莪)〉에 "슬프고 슬프다 부모여, 나를 낳으시느라 몹시 수고하셨도다.〔哀哀父母, 生我劬勞.〕"라고 하였다.

90 또……만났으니 : 이하곤이 형제를 사별하는 슬픔을 겪었다는 말이다. 영원(鴒原)은 우애 있는 형제를 뜻한다. 《시경》〈상체(常棣)〉에 "할미새가 언덕에 있으니, 형제가 급난을 구원하도다. 매양 좋은 벗이 있으나, 길게 탄식할 뿐이니라.〔脊令在原, 兄弟急難, 每有良朋, 況也永歎.〕"라고 하였다. 다만 여기서는 형제들 가운데 누가 죽었다는 말인지 정확하지 않다. 이하곤의 형제로는 이한곤(李漢坤)과 이명곤(李明坤)이 있으나, 두 사람의 졸년(卒年)은 미상이다.

사람이 목석 아닌 이상	人生非木石
기혈이 절로 손상될 밖에	氣血自秏鑠
검던 머리 하얗게 세니	蒼蒼化爲素
센 머리 다시 검어지지 않지	素者不復黑
비유하자면 뿌리 있는 풀 같아	譬如有根草
쓸어버려도 곧바로 이어 나지	掃盡旋更續
생각해 보니 젊었을 때	憶昔少年日
홍안의 꽃다운 살결로	紅顔花映肉
연로한 이들의 수염과 눈썹이	常怪年老人
학처럼 흰 것을 이상하게 여겼는데	鬚眉皓如鶴
어찌 알았으랴 잠깐 사이에	豈意俄頃間
이 일을 직접 보게 될 줄을	此事親自覿
아이들이 내 곁에 앉아	癡兒坐我側
길게 탄식하는 나를 괴이하게 여기네	怪我長嘆息
아이들이 알게 하지 말아야지	勿令兒輩知
즐거움 줄어들까 두렵구나	但恐損歡樂

비가 내리는 가운데 동쪽 마루에 앉아서

雨中坐東軒

늙은이 잠에서 막 깨어	老夫睡初起
창 열고 동쪽 마루에 앉았더니	開窓坐東軒
바람이 남쪽에서 불어와	有風自南來
산꼭대기 구름을 불어 일으키네	吹起山上雲
앞산에 나무 푸르고	前山樹葱蒨
뒷산에 비가 내려서	後山雨繽紛
전후 지척 사이에	前後咫尺間
짙고 옅은 풍광 제각각이네	濃淡各不均
조화옹도 우연히 만든 것일 뿐	天公亦偶爾
본래 사람을 즐겁게 하려는 것은 아닌데	本不爲娛人
사람은 그 즐거움 즐기니	人自娛其娛
풍광이 눈에 새롭구나	光景觸眼新
사람들은 구름 걷혀	人愛雲捲山
드러난 산의 참모습 좋아하지만	露出面目眞
나는 산에서 구름 피어 나와	我愛山出雲
운치 더한 산이 좋다네	添得山精神

이 사군[91]이 또 연 자를 거듭 사용해 시를 지어 부쳐 왔기에 차운하여 삼가 올리다 2수

李使君 又疊筵字寄示 次韻奉呈 二首

풀 깔고 앉으면 그뿐 비단 자리 필요 없고	藉草不須鋪錦筵
술잔 잡았으니 어찌 신선 부러우랴	把杯何用羨登仙
노란 꾀꼬리는 시냇가 나무에서 울고	黃鸝啼在幾溪樹
흰 해오라기[92]는 비 내린 하늘을 날아가네	白鷺翻飛新雨天
솔 그림자 아래서 검은 두건 쓰고 취해 노래하고	烏帢醉歌松影下
버들 그늘 앞에서 은도[93]를 그물로 건져냈네	銀刀網出柳陰前
차 끓여 손님 대접함도 맑은 운치 있으니	烹茶供客亦清致
앉아서 건너편 숲에 피어나는 연기 보았지	坐看隔林生細烟

차를 끓여 손님을 대접한 것은 그날 실제 있었던 일이다.

2

어찌 음악으로 멋진 자리 시끄럽게 하랴	何須絲竹鬧華筵
솔 그늘에 나란히 앉으니 신선 같았지	列坐松陰便似仙
오늘 새벽 해 나올 줄 생각 못했으니	不意今晨能出日

91 이 사군(李使君) : 이제상(李齊尙, 1671~?)으로, 본관은 전주(全州), 자는 위수(渭叟)이다. 1711년(숙종37) 8월 1일 진천 현감(鎭川縣監)에 임명되었다.

92 흰 해오라기 : 저본에는 白露로 되어 있으나 의미를 고려하여 수정하였다.

93 은도(銀刀) : 빛은 희고 모양은 칼처럼 생긴 작은 물고기를 말한다.

한 번 웃는 것도 하늘에 달렸구나	從知一笑亦關天
부귀가 모두 분수 밖의 일인 줄 아노니	卽看富貴皆身外
술잔 들어 눈앞에서 위로하네	且把杯樽慰眼前
숲 사이에 갠 달 오르기를 기다려	少待林間晴月上
그대와 함께 안개 낀 낚시터에서 다시 취하리라	同君更醉釣臺烟

사군[94]이 조대의 승경을 읊어 또 율시 한 수를 보여 주므로 삼가 화운하다 2수

使君賦釣臺之勝 又示一律 奉和 二首

여기서 늙으리라 마음먹었으니　　已欲將身老此間
청령대[95] 아래 맑은 물굽이라네　　淸泠臺下卽澄灣
마음처럼 맑은 물이 없으랴　　可無活水同心淨
나처럼 한가한 물고기도 있구나　　自有游魚似我閒
술잔 들고 때로 밝은 달 맞아 오고　　把酒時招明月問
문(問)은 달리 출(出)로도 쓰고, 음(飮)으로도 쓴다.
지팡이 짚고 저녁 구름 홀로 바라보네　　支筇獨看暮雲還
동강의 낚시질에 내 어찌 비기랴만[96]　　桐江垂釣吾何敢

94 사군(使君) : 이제상(李齊尙, 1671~?)으로, 본관은 전주(全州), 자는 위수(渭叟)이다. 1711년(숙종37) 8월 1일 진천 현감(鎭川縣監)에 임명되었다.

95 청령대(淸泠臺) : 이하곤의 《두타초(頭陀草)》에 여러 번 등장하는 이름이다. 특히 《두타초》 책4 〈초평이십오영(草坪二十五詠)〉에 청령대가 포함된 것으로 보아, 청령대는 현재의 충청북도 진천군 초평면 용정리에 있는 낚시터를 말한다.

96 동강(桐江)의……비기랴만 : 이하곤 자신의 삶을 후한(後漢) 엄광(嚴光)의 은거에는 견줄 수 없다는 말이다. 엄광은 광무제(光武帝)와 함께 유학(遊學)했던 친구이다. 광무제가 제업(帝業)을 달성하고 그를 맞이하여 간의대부(諫議大夫)를 삼고자 하였으나, 그는 벼슬을 사양하고 부춘산(富春山)에 은거하며 동강에서 낚시로 소일하였다. 그러나 "동강의 낚싯줄 하나가 한나라의 구정을 붙들어 매었다.〔桐江一絲繫漢九鼎〕"라고 할 만큼, 그의 청아한 지조가 선비들을 진작시키는 데 영향을 주었다고 한다. 《後漢書 卷83 逸民列傳 嚴光》

사람이 와서 북산 새기는 것은 면했네[97]　　免得人來勒北山

청령(淸泠)은 곧 낚시터의 이름이다. 사군이 보내온 시에 "천 년 부춘산과 무엇인가 같도다.〔爭如千載富春山〕"[98]라는 말이 있었으므로, 마지막 구에서 언급하였다.

2

십 리 산수풍경 그림처럼 펼쳐지고　　湖山十里畫圖間
버들 그늘 가운데 굽이굽이 물굽이네　　榆柳陰中曲曲灣
내가 삶 마칠 때까지 살아가려 하니　　我欲終身長偃息
하늘이 죽을 때까지 한가롭게 해 주겠지　　天敎抵死只安閒
시내 구름은 신의 있어 항상 함께 머물고　　溪雲有信常同宿
들판 새도 기심 잊어 돌아가지 않네　　野鳥忘機自不還
인끈 던지고 그대도 와서 은거하려는가　　投紱君能來隱否
온다면 내 어찌 산 나누어 주지 않을까[99]　　來時吾豈惜分山

97 사람이……면했네 : 이하곤 자신이 지조(志操)를 굽힌 사람으로 치부되는 신세는 면했다는 말이다. 북산(北山)은 〈북산이문(北山移文)〉을 가리킨다. 230쪽 각주34 참조.

98 천 년……같도다 : 초야에 은거하는 이하곤을 후한(後漢)의 엄광(嚴光)에 견줄 수 있다고 말한 것이다. 부춘산(富春山)은 엄광이 은거했던 산의 이름이다. 267쪽 각주 96 참조.

99 인끈……않을까 : 이제상(李齊尙)이 관직을 그만두고 은거하고자 한다면 흔쾌히 함께하겠다는 말이다. 분산(分山)은 산을 나눈다는 말로, 같은 산에서 은거함을 의미한다. 236쪽 각주47 참조.

사군[100]이 율시 한 수를 부쳐오므로 삼가 화답하다
使君寄示一律奉和

황벽나무 맛보아 청렴하다 들었는데[101]	已聞嘗蘗律身淸
흐르는 물처럼 판결도 명쾌하다지	更道如流剖決明
아전들 돈 밝히지 않으니 남다른 치적 세우겠고	吏不索錢知異績
백성이 수레 앞에 누우니 진심을 보겠네[102]	民來臥轍見眞情
강락처럼 유산의 흥취 있다 자랑하지만[103]	自多康樂游山興
문옹처럼 선비 아끼는 명성도 있구나[104]	實有文翁愛士名

100 사군(使君) : 이제상(李齊尙, 1671~?)으로, 본관은 전주(全州), 자는 위수(渭叟)이다. 1711년(숙종37) 8월 1일 진천 현감(鎭川縣監)에 임명되었다.

101 황벽나무……들었는데 : 이제상이 청렴결백(淸廉潔白)한 인물이라는 말을 들었다는 의미이다. 상벽(嘗蘗)은 황벽나무를 맛본다는 의미로, 청고(淸苦)한 생활을 하며 절조를 지키는 것을 뜻한다. 빙벽(氷蘗)이라고도 한다.

102 백성이……보겠네 : 이제상을 존경하는 지역 백성들의 진심을 알 수 있다는 말이다. 와철(臥轍)은 반원와철(攀轅臥轍)의 준말로, 어진 수령이 떠날 때 백성들이 만류하거나 간절히 그리워하는 것을 의미한다. 후한(後漢) 회양왕(淮陽王) 원년에 조정에서 사신을 보내 회양 태수(淮陽太守) 후패(侯霸)를 불러들이자, 백성들이 서로 사신의 수레를 붙잡고 곡을 하며 사신의 수레를 막거나 길에 드러누워 1년 더 유임시켜 주기를 청하였던 고사가 전한다.《後漢書 卷56 侯霸列傳》

103 강락(康樂)처럼……자랑하지만 : 이제상이 산수 유람을 즐긴다고 스스로 이야기했다는 말이다. 강락은 남조 송(南朝宋)의 시인 사영운(謝靈運)의 자이다. 그는 심산유곡(深山幽谷)을 샅샅이 탐색하는 것을 좋아하였는데, 그럴 때면 꼭 나막신을 준비하여 신고 다녔다는 고사가 전한다.《宋書 卷67 謝靈運列傳》

104 문옹(文翁)처럼……있구나 : 이제상이 선비를 사랑하고 풍속을 교화하는 데 노

아마도 관재에 비가 흠뻑 내려	想得官齋新雨足
가화가 마당 가득 자랐으리[105]	嘉禾應復滿庭生

2

삼 년 간 방에 누워서도 맑게 다스려지니[106]	臥閤三年政化清
그대야말로 신명에게 부끄럽지 않네	如君方不愧神明
꽃 가꾸고 버들 심음은 진실로 한가한 일이며	栽花種柳眞閑事
학 길들이고 거문고 타니 어찌 속된 마음 있을까	調鶴鳴琴豈俗情
여가 많은 데다 은거의 정취도 있는 줄 알겠고	多暇從知兼隱趣
화려함 없고 재명 알려짐을 매우 부끄러워하네	無華深恥博能名
언제나 술 가지고 나를 찾아와	幾時載酒來問我
앞 시내에 떠오르는 초승달 함께 볼까	共看前溪微月生

력하는 인물이라는 말이다. 문옹은 한(漢)나라 경제(景帝) 때 사람으로, 촉군 태수(蜀郡太守)가 되어 학교를 세우는 등 문교 정책을 실시하여 문풍(文風)을 크게 진작시킨 인물이다. 233쪽 각주41 참조.

105 아마도……자랐으리 : 이제상이 고을을 잘 다스렸으므로, 내린 비에 상서로운 조짐이 나타났을 것이라는 말이다. 가화(嘉禾)는 양쪽 두둑에서 각기 난 벼의 이삭이 하나로 합쳐진 것을 말한 것으로, 이는 천하가 동화(同和)하는 상(象)이라 하는데, 성왕(成王)의 아우 당숙(唐叔)이 자기 봉지(封地)에서 이 벼를 얻어 성왕에게 바치자, 성왕은 이것이 곧 주공(周公)의 덕에 감응한 상서라 하여 이를 주공에게 보냈다는 고사가 전한다.《史記 卷4 周本紀》

106 삼 년……다스려지니 : 이제상이 진천 현감으로 부임해 와서 고을을 잘 다스렸다는 말이다. 와합(臥閤)은 방 안에 눕는다는 말인데, 한(漢)나라 급암(汲黯)이 동해 태수(東海太守)로 나갔는데 "병이 많아 합문 안에 누워 있을 뿐 밖에 나가지 않았는데도, 1년여 만에 동해가 잘 다스려졌다.〔多病臥閤內不出, 歲餘東海大治.〕"라고 했다는 고사가 전한다. 여기서 유래하여 와합은 지방관으로 부임하여 백성을 다스리는 것을 의미한다.《漢書 卷50 汲黯傳》

또 절구의 운자에 맞춰 짓다

又次絶句韻

종일 꾀꼬리 우는 고요함 속에	永日鸎啼靜默中
송화주 익어 나와 함께 마셨지	松花酒熟與我同
사립문 낮에도 닫은 채 오는 수레 없어	柴門晝掩無來轍
시원한 대숲 바람 맞으며 누웠노라	只自乘涼臥竹風

사군[107]이 와분 두 개를 부치면서 시도 보냈으므로 차운하여 사례하다

使君寄瓦盆二枚有詩 次韻以謝之

어찌 꽃을 얻으랴만 없는 것보다 나으니	安得花枝亦勝無
사군은 내 졸렬한 규모 비웃지 마시길	使君莫笑拙規模
가을에 마땅히 서리 견디는 꽃 있으리니	秋來應有凌霜蘂
산에 사는 사람의 탁주 병에 띄우려네	擬泛山人濁酒壺

2

산속 우리집에 좋은 물건 없는 줄 알아	知我山齋長物無
화분 두 개 보내 주니 멋지구나	雙盆寄贈好形模
새로 자란 국화를 정성스레 옮겨 심었으니	殷懃手自移新菊
꽃 앞에서 술에 취함을 저버리지 마시길	莫負花前倒一壺

107 사군(使君) : 이제상(李齊尙, 1671~?)으로, 본관은 전주(全州), 자는 위수(渭叟)이다. 1711년(숙종37) 8월 1일 진천 현감(鎭川縣監)에 임명되었다.

성을 나서며 감회가 있어서
出城有感

가을날 풍경 참 쓸쓸한데	高秋風物正蕭然
오랜 나그네 돌아가니 신선 같아라	久客言歸便若仙
성패는 본래 정해진 운수 있으니	得失元應關定數
출처는 천명 따르는 것이 맞다네	行藏只合聽皇天
주살 피하는 기러기 짝할 만하고	鴻猶避弋眞堪侶
서리 견디는 국화도 어여쁘다	菊自凌霜亦可憐
산속 집에 짧은 등잔대 있으리니	遙想山齋短檠在
《주역》 읽으며 여생 보내리라[108]	要須讀易送殘年

108 산속……보내리라 : 초야에서 독서하며 여생을 보내겠다는 말이다. 단경(短檠)은 짧은 등잔대라는 뜻인데, 한유(韓愈)의 시에 "여덟 자 긴 등잔대는 공연히 길기만 할 뿐이요, 두 자의 짧은 등잔대가 밝고도 편리하다.〔長檠八尺空自長, 短檠二尺便且光.〕"라고 하였고, 또 "하루아침에 부귀를 얻으면 도리어 방자해져서, 긴 등잔대 높이 걸어 미인의 머리를 비추게 하네. 아 세상일이 그렇지 않은 것이 없나니, 담장 모퉁이에 버려진 짧은 등잔대를 그대여 보았는가.〔一朝富貴還自恣, 長檠高張照珠翠, 吁嗟世事無不然, 牆角君看短檠棄.〕"라는 말이 나온다. 《昌黎集 卷5 短燈檠歌》

우습다

可笑

우습다 덧없는 세상의 일	可笑浮世事
도리어 산택에 사는 신세 되었어라	還爲林澤身
석양에 한 마리 파리한 말 타고	斜陽一羸馬
가을 풍광 속에 홀로 돌아가는 사람이네	秋色獨歸人
계절은 국화 피어난 만추인데	節序黃花晩
공명도 없이 백발만 새롭구나	功名白髮新
상자 안에 용검이 있어	匣中有龍劍
오히려 그 기운이 하늘을 쏘네[109]	猶自氣衝旻

부세(浮世)는 풍진(風塵)으로도 쓴다.

109 상자……쏘네 : 펼치지 못한 포부와 이상이 있다는 말이다. 용검(龍劍)은 태아검(太阿劍)과 함께 명검으로 일컬어지는 용천검(龍泉劍)을 가리킨다. 오(吳)나라 때 북두성과 견우성 사이에 늘 보랏빛 기운이 감돌기에 장화(張華)가 예장(豫章)의 점성가(占星家) 뇌환(雷煥)에게 물었더니 보검의 빛이라 하였다. 이에 풍성(豐城)의 감옥 터의 땅속에서 춘추 시대에 만들어진 전설적인 보검인 용천검과 태아검을 발굴했다는 고사가 전한다. 《晉書 卷36 張華列傳》

가을 들어 한 수의 시도 짓지 않았기에 자조하다

秋來無一詩 因以自嘲

붉은 단풍 떨어져 서글프고	丹楓搖落已堪悲
노란 국화도 쓸쓸히 두어 가지만 남았는데	黃菊蕭條只數枝
우습다 선생이여 게으름 심해	自笑先生慵更甚
가을 내내 한 수의 시도 읊지 않았구려	秋來不肯吟一詩

홍하서[110] 귀조 군이 문득 두 수의 시를 부쳐 왔기에, 그 운자에 맞춰 지어 보여 주다

洪君夏瑞 龜祚 忽寄二詩 輒次其韻以示

문장은 나머지 일이었고	文章是餘事
담소 속에 풍류 있었지	談笑自風流
짧은 글에 정의 담아	小札多情款
궁벽한 산에 머무는 사람 위로하네	窮山慰滯留
저녁 구름을 괜스레 서글피 바라보는데	暮雲空悵望
가는 기러기에도 이별의 근심 일어나네	征鴈亦離憂
겨우 국화만 함께하니	獨與黃花在
쓸쓸하여 가을 견디지 못하노라	蕭條不耐秋

2

그대의 시가 나를 일으켜	因汝詩起我
그윽한 생각 문득 속세 벗어나네	幽思忽俗離

유(幽)는 하(遐)로도 쓴다.

덧없는 인생 아득함 이러하여	浮生莽如許
좋은 일을 기약하기 어렵구나	勝事難自期
세밑이라 물고기와 이무기도 숨고	歲暮魚龍蟄

110 홍하서(洪夏瑞) : 홍귀조(洪龜祚, 1684~1716)로, 본관은 남양(南陽), 자는 하서이다. 홍숙(洪璛)의 아들로, 1713년(숙종39) 진사시에 합격하였다.

날 추워 새들 굶주리네　　天寒鳥雀飢
궁달의 이치 내 이미 아노니　　窮通吾已了
다시 길게 탄식할 필요 없지　　不必更長嘻

눈 내린 뒤에 한가로운 삶

雪後閒居

눈길을 어찌 쓸랴	雪逕何須掃
사립문도 열지 않노라	柴扉且莫開
산 추워도 소나무 절로 푸르고	山寒松自翠
외진 곳이라 새만 날아오네	境僻鳥唯來
늙어서 이미 시 멀리하는데	老已疏詩律
가난해도 술 생각나네	貧猶戀酒杯
곤궁한 삶이라 좋은 일 없어	窮居無好事
웃을 일이래야 화분의 매화 뿐	一笑有盆梅

적탄으로 가는 길에
赤灘途中

연암령 북쪽에 눈발 날리고	硯巖嶺北雪初飜
낙수성 서쪽에 해 지려 하네	落水城西日欲昏
가파른 벼랑 구름에 꽂혀 큰 칼처럼 솟았고	危壁揷雲雄劍立
빠른 여울 바위에 부딪히며 우레처럼 내달리네	急灘鬪石疾雷奔
차가운 산 겹겹이라 길이 없는 듯한데	寒山重疊疑無路
고목 우거진 사이에 문득 마을 있구나	老樹依微忽有村
복사꽃이 봄에 흐드러지게 핀다 하니	聞說桃花春爛熳
훗날 다시 참 근원 물으려네[111]	他時更擬問眞源

111 복사꽃이……물으려네 : 복숭아꽃이 필 때 다시 찾아오겠다는 말이다. 도잠(陶潛)의 〈도화원기(桃花源記)〉에, 진(晉)나라 때 무릉(武陵)의 어부가 복사꽃이 흘러 내려오는 물길을 따라 거슬러 올라갔다가 진(秦)나라의 난리를 피해 들어온 사람들을 만났는데, 그곳이 선경(仙境)이라서 바깥세상의 변천과 세월의 흐름도 잊고 살더라는 내용이 보이므로 이를 원용하여 읊은 것이다.

산목

山木

3장이고 각 장마다 5구이다.

산 나무 쓸쓸하고 눈 내리려 하는구나	山木慘慘天欲雪
무리 부르는 기러기 소리 서두르고	鴻鴈叫群鳴聲急
이러한 때 홀로 앉아 괜스레 시름겹네	此時獨坐空愁絶
인생살이 젊은 날 얼마나 되는가	人生少壯能幾時
만사 덧없고 이제 백발 되었네	萬事蕭蕭今白髮

2

준마를 세상이 경시하는구나	驊騮騏驥世看輕
슬픔 머금고 마구간에 누워 마음 불평스러운데	含悲伏櫪心怦怦
노둔한 말들 날뛰며 길게 울어대네	駑駘騰躍競長鳴
세상에 백락 없으니 어이할까[112]	世無伯樂可奈何
혀 차며 부질없이 상심하지 말아야지	且莫咄嗟空傷情

112 세상에……어이할까 : 백락(伯樂)은 춘추 시대 진 목공(秦穆公) 때 준마를 잘 감별하기로 유명했던 손양(孫陽)의 별명이다. 전국 시대 종횡가(縱橫家)인 소대(蘇代)가 순우곤(淳于髡)에게 "준마를 팔기 위해 사흘간 시장에 내놓았지만 아무도 거들떠보지 않더니, 백락이 한 번 돌아보자 하루아침에 값이 열 배나 뛰어올랐다."라고 말한 내용이 전한다. 《戰國策 燕策》 여기서는 백락이 준마를 알아보듯 인재를 알아보는 안목을 지닌 사람이 없으니 어찌할 수 없다는 의미로 읊은 것이다.

3

승려도 도사도 미치광이도 아니라네	非僧非道又非狂
삼 년 동안 두타산 남쪽에 편히 누웠으니	三年高臥陀山陽
세상이 날 알아주지 않아도 어찌 상심하랴	世不我知亦何傷
술 있으면 취하고 취하면 노래하노니	有酒卽醉醉卽歌
이 밖의 모든 일 아득하기만 하네	此外萬事徒茫茫

눈 내린 뒤에 한가로운 삶

雪後閒居

한가한 집에서 국화만 의지하다가	閒齋獨與菊相依
사립문에 눈 쌓여 나가는 일도 드무네	深雪荊扉出每稀
속세 멀어 먼 봉우리만 늘 마주하고	俗遠遙峰常作對
외진 곳이라 새도 날기를 잊었네	地偏幽鳥亦忘飛
시는 도 배우는 데 방해되니 그만둘 수 있지만	詩妨學道還堪廢
술은 근심 없애주니 혹 스스로 마시노라	酒可消憂或自揮
혹(或)은 지(只) 또는 차(且)로도 쓴다.	
산속 생활 너무 적적하다 말하지 마라	莫道山居窮寂甚
오지 않는다는 매화와 학의 원망 면하게 되었네	免教梅鶴怨無歸

17일 밤에 눈이 많이 내리다가 금세 개어 조각달을 볼 수 있었다

十七日夜 雨雪大作 俄而晴霽 得微月

냇가 누대에 누웠노라니 온갖 생각 드는데	獨臥溪樓百感生
스산한 비바람이 차가운 소리 보내오네	蕭蕭風雨送寒聲
삼베 이불로도 남은 해 보낼 만하고	布衾只可終殘歲
매화에 멋진 맹세 의탁할 만하네	梅蘂唯堪托好盟
조각달 구름에 가려 어두컴컴한데	缺月窺雲猶黯黮
먼 봉우리에 눈 쌓여 환하게 보이네	遙峰戴雪忽分明
산림이 이제부터 소탈함 허락하리니	山林自是容疏放
감히 세상의 영화 누리지 못한다 말하랴	敢道吾人薄世榮

유(猶)는 초(初)로도 쓰고, 홀(忽)은 갱(更)으로도 쓴다.

충주로 가는 길에

忠州途中

한가한 삶 익숙해져 멀리 가기 싫은데	久慣閑居厭遠遊
파리한 말로 다시 험한 길 가니 시름겹네	羸驂還復畏途愁
세월은 속절없이 흘러 한겨울 되었고	天時滾滾當玄沍
세상사 관심 없어도 절로 머리 세었네	世事悠悠自白頭
한 무리 기러기 울음 한강에 이어지고	一陣鴈聲連漢水
천 봉우리 눈빛 충주를 둘렀네	千峰雪色繞忠州
오늘 밤 추위가 대단할 텐데	遙知今夜寒應甚
뉘 집에서 황토방 빌려 묵을까	更借誰家土塌留

기쁜 마음을 기록하여 군서[113]에게 보여 주다

志喜 示君敍

대궐에서 현량한 선비 직접 시험하시니　彤墀親策賢良士

젊은 나이에 홍지에 이름 적었네[114]　紅紙題名英妙時

오늘 집안에 기쁨 넘칠 텐데　今日門闌須喜氣

고로 여생 다시 매우 슬프리라[115]　餘生孤露更深悲

바지 걷고 풍파를 건너지 마라　褰裳莫涉風波地

분골쇄신해도 우로같은 은혜 보답하기 어렵다네　粉骨難酬雨露私

두타산에 멋진 구름과 달 있건만　自有頭陀雲月好

자유(自有)는 불핍(不乏)으로도 쓴다.

산 나누려는 계획 어긋날까 걱정이네[116]　分山一計恐差池

113 군서(君敍) : 최수범(崔守範, 1690～?)으로, 본관은 전주(全州), 자는 군서이다. 이하곤의 누이의 남편이다.《嘉梧藁略 冊16 戶曹判書李公墓碣銘》

114 대궐에서……적었네 : 최수범이 과거에 합격한 것을 말한다. 최수범은 1713년(숙종39) 증광시(增廣試)에서 병과(丙科)로 합격하였다.

115 오늘……슬프리라 : 최수범이 과거에 합격하여 기쁘지만 부모님이 돌아가신 뒤라서 슬픔 또한 클 것이라는 말이다. 고로(孤露)는 부모님이 세상을 떠난 뒤에 의지할 곳 없는 신세를 말한다. 다만 최수범의 생애를 고증할 수 없으므로, 정확한 사실 관계는 확인할 수 없다.

116 두타산(頭陀山)에……걱정이네 : 최수범과 두타산에서 함께 지내고 싶지만, 그가 과거에 급제하여 관직에 나가게 되었으므로 그렇게 하지 못할까 염려스럽다는 말이다. 분산(分山)은 산을 나눈다는 말로, 같은 산에서 은거함을 의미한다. 236쪽 각주47 참조.

백잔령 가는 길에
栢棧途中

우스워라 유건으로 흰머리 싸매고	自笑儒巾裹白顚
남북으로 오가며 세월 보냈네	南征北走閱流年
한밤에 닭 울음 듣고 춤출 마음은 없고[117]	中宵無意聞鷄舞
먼 길에 말 세우고 잘 생각뿐이네	長路唯思歇馬眠
광활한 하늘 먼 산에 온통 눈 덮였고	天闊遠山都是雪
넓은 땅 먼 숲에 모두 안개 낀 듯하네	地平遙樹盡疑烟
철부지 아이는 손꼽아 나를 기다릴 텐데	癡兒屈指應候我
언제쯤 매각 옆에서 취해 비틀거릴까	幾日醉橫梅閣邊

횡(橫)은 음(吟)으로도 쓴다.

117 한밤에……없고 : 공훈을 세우기 위해 노력하고 싶은 마음이 없다는 말이다. 동진(東晉)의 조적(祖逖)이 유곤(劉琨)과 함께 한 이불을 덮고 잤는데, 한밤중에 때 아닌 닭 울음소리가 들렸다. 이에 조적이 유곤을 차면서 "이것은 불길한 소리가 아니다.〔此非惡聲也〕"라고 하고, 일어나 춤을 추고는 분발하여 중원의 회복을 도모하였다.《晉書 卷62 祖逖列傳》

동지가 지났는데 매화가 피려 하지 않기에 시로 재촉하다
冬至已過 梅花尙無開意 詩以催之

동지에 양이 생기고[118] 봄 되었건만	冬至陽生春已來
매화는 피려 하지 않는구나	梅花無意向人開
내가 하늘의 마음 돌릴 힘 가졌으니	吾儂自有回天力
새 시에 의지해 날마다 재촉하네	憑仗新詩日日催

118 동지(冬至)에 양(陽)이 생기고 : 동지에 양기(陽氣)가 처음으로 발동하기 때문에 동지를 일양(一陽)이라고도 한다. 《주역》 〈복괘(復卦)〉의 공영달(孔穎達) 소(疏)에 "동지에 양 하나가 생기니, 이는 양은 움직여서 용사하고 음은 고요함으로 돌아가는 것이다.〔冬至一陽生, 是陽動用而陰復於靜也.〕"라고 하였다.

회포를 적다

書懷

이내 신세 본래 승려 같아	是身元與頭陀似
산림 어디든 머물러 산다네	隨處山林卽着家
달빛에 답할 좋은 시 있는데	已有好詩酬月色
매화 마주하고 마실 막걸리 없으랴	能無濁酒對梅花
여생동안 배불리 먹기를 바라노니	殘年飽飯眞吾願
눈 속에서 양이 자람은 세월에 맡겨 두네	積雪生陽任歲華
예전에 선담 즐겼으나 이제 그렇지 않으니	舊喜談禪今不喜
해마다 더 게을러짐을 알겠네	自知懶習逐年加

며칠 푹하다가 눈이 내린 뒤에 추위가 더욱 심해졌기에 단율을 읊어 짓다

數日稍煖 雪後寒意又嚴 吟成短律

겨울 날씨 며칠 푹하더니	冬煖眞俄頃
추위가 갑자기 심해졌네	寒威陡覺增
어둑한 산에 구름 자욱이 끼고	山昏雲靉靆
노송에 눈이 수북이 쌓였네	松老雪鬅鬙
섣달 가까우니 매화 피지 못할까 싫은데	近臘嫌梅澁
봄에 앞서 보리 풍년들 줄 아노라[119]	先春驗麥登
문득 생각해 보니 유월에는	翻思六月日
무더위 물리칠 방법 없었지	無計退炎蒸

119 봄에……아노라 : 눈이 내리는 것을 풍년의 조짐으로 본 것이다. 동지(冬至) 이후 세 번째 돌아오는 술일(戌日)을 납일(臘日)이라고 하는데, 납일 전에 세 번 눈이 내리는 것을 삼백(三白)이라고 한다. 《본초(本草)》 〈납설(臘雪)〉에 "동지 지난 뒤 세 번째 술일이 납일인데, 납일 이전에 세 차례 눈이 오면 보리농사에 아주 좋다."라고 하였다.

입춘에[120] 절구 5수

立春 五絶句

단계와 황금을 문액에 써 붙이며 丹桂黃金遍門額
집집마다 입춘 기원에 여념이 없는데[121] 家家春祝意無餘
늙은이는 남달리 소박한 바람 있으니 老夫別有區區願
길이 청산 마주하고 앉아 독서나 했으면 長對青山坐讀書

2

티끌 한 점 없이 한적한 방에 閒房無復着纖塵
매화만 나를 향해 웃는구나 唯有梅花笑向人
가지 끝에 이미 봄소식 전해 주니 枝頭已報春消息
오늘 아침에야 봄인 줄 안 건 아니라네 不是今朝始識春

3

여뀌 싹과 콩나물을 봄 쟁반에 담아내니 蓼芽豆卷簇春盤
마을의 인정을 여기에서 보노라[122] 村里人情卽此看

120 입춘(立春)에 : 여기서 모두 5수임을 밝혔는데, 저본에는 다섯 번째 수에 또 立春이라는 동일한 제목이 있으므로, 이를 삭제하고 이 제목 아래에 다섯 수를 배열하였다.

121 단계(丹桂)와……없는데 : 입춘을 맞아 사람들이 입춘축(立春祝)을 문에 걸어서 출세와 부귀를 기원하는 모습을 읊은 것이다. 단계는 붉은 계수나무 가지라는 말로 과거에 합격하는 것을 의미하고, 황금(黃金)은 부(富)를 상징하는 말로 사용되었다.

122 여뀌……보노라 : 요아(蓼芽)는 가장 이른 봄에 나오는 채소인데, 옛날 입춘이

선생이 고기 끊었다고 괴이하다 마라	莫怪先生曾斷肉
새 나물 만나면서 밥 더 먹노라	自逢新菜更加餐

4

쉼 없이 흐르는 세월에	滾滾光陰自密移
귀밑머리 날로 버들가지처럼 헝클어지네	鬢絲日與柳絲垂
버들가지는 동풍에 다시 푸르러지는데	柳向東風還更綠
센 머리야 다시 검어질 수 있겠는가	霜毛能有再玄時

5

입춘의 보리가 세 뿌리나 뻗었으니	立春之麥着三根
내년에 풍년 들 줄을 아노라[123]	來歲豐登此卜云
늙은 농부가 대단히 기뻐한다 하니	聞說老農多喜氣
낫 갈아 황금들녘 베겠지	擬磨鎌鍬割黃雲

되면 봄을 맞는 의미에서 다섯 가지 매운 맛이 나는 훈채(葷菜), 즉 파·마늘·부추·여뀌·겨자를 나물로 만들어 먹고, 또 이 나물을 쟁반에 담아서 이웃에 나누어 주던 풍속이 있었다. 참고로 소식(蘇軾)의 시에 "봄 쟁반의 여뀌 싹 보니 기쁘구나.〔喜見春盤得蓼芽〕"라고 하였다.《東坡全集 卷22 次韻曾仲錫元日見寄》

123 입춘의……아노라 : 보리 뿌리를 보고 점치는 맥근점(麥根占)을 통해 내년에 풍년이 들 것을 알겠다는 말이다. 맥근점은 보통 입춘에 행해졌다. 보리를 뽑아 그 뿌리의 수로 그 해 농사의 풍흉을 짐작했는데, 뿌리가 하나이면 흉작, 두 개면 평년작, 셋이면 풍작이라고 생각했다.

밤에 앉아 있다가 감회가 있어서

夜坐有感

마주한 차가운 등불 그저 반짝거리는데	寒燈相對只熒然
책상에서 책 넘기며 잠들지 못하네	一榻攤書自不眠
사람은 매화와 함께 빈 골짝에 누웠고	人與梅花臥空谷
하늘은 눈보라로 남은 해를 보내네	天將風雪送殘年
가의는 통곡하며 시대를 절실히 아파했고[124]	賈生痛哭傷時切
두보는 떠돌면서 임금을 너무도 그리워했지	杜子飄零戀主偏

표령(飄零)은 시편(詩篇)으로도 쓴다.

궁궐에서 도적을 걱정하게 하지 마라	莫使九重憂盜賊
내탕고의 황금을 양호 연안에 두루 주셨네	黃金內出遍湖壖

호남(湖南)에서 도적에 대한 경보가 매우 심각하였다. 임금께서 내탕고(內帑庫)의 은(銀)을 내어 기근이 든 양호(兩湖)의 연해지방 고을에 하사하셨다.

124 가의(賈誼)는……아파했고 : 가생(賈生)은 한(漢)나라 때의 가의를 말한다. 젊은 나이에 등용되어 문제(文帝)에게 당시 정치 제도를 신랄하게 비판하고, 국가 정책을 근본적으로 개혁해야 한다는 소장을 올렸다. 권신(權臣)들의 미움을 사서 장사왕 태부(長沙王太傅)로 좌천되자, 마음이 울적하고 지세(地勢)도 낮고 습하여 건강마저 나빠져 33세의 나이에 죽었다. 《漢書 卷48 賈誼傳》

다시 앞의 운자로 짓다
復用前韻

세밑에 빈 산에서 마음 심란한데	歲暮空山意惘然
세찬 바람과 거센 눈보라에 잠들지 못하네	驚風急雪不成眠
가련하다 백발이 부질없이 천 길이나 길어졌고[125]	自憐白髮空千丈
우스워라 청운의 꿈 젊은 시절에 다했네	好笑青雲盡少年
대나무는 섣달 지나도 그 빛깔 아름답고	竹色還能經臘秀
버드나무는 봄빛이 먼저 찾아왔네	柳色先已占春偏
곤궁한 살림에 칼 두드리는 신세 어찌 면하랴만	窮居彈鋏吾何免
구름 낀 숲에서 바닷가로 옮기겠는가[126]	肯以雲林易海壖

운림(雲林)은 임천(林泉)으로도 쓴다.

125 백발이……길어졌고 : 당(唐)나라 이백(李白)의 시에 "나의 백발 삼천 장, 시름 속에 이처럼 자라났다오.〔白髮三千丈, 緣愁似箇長.〕"라고 하였다. 《李太白集 卷6 秋浦歌》

126 칼……옮기겠는가 : 곤궁한 신세를 면하지 못하지만, 바닷가로 옮기지 않고 산림에서 살아갈 것이라는 말이다. 탄협(彈鋏)은 원래 신세를 한탄하며 보다 나은 생활을 위해 떠나겠다는 뜻을 피력하는 내용으로 쓰이는데, 여기서는 곤궁한 신세라는 의미로 사용되었다. 전국 시대 제(齊)나라 사람 풍환(馮諼)이 맹상군(孟嘗君)의 식객(食客)으로 있을 때, 칼 등을 두드리며 "장검이여 돌아가자, 밥상에 물고기가 없구나.〔長鋏歸來乎, 食無魚.〕"라고 하며, 불편한 심정을 노래했던 고사가 전한다. 《史記 卷75 孟嘗君列傳》

김삼용이 불쑥 찾아와서 시로 감회를 기록하기에 차운하여 주다

金三容忽然見過 有詩志感 次韻贈之

늙어가며 병든 내 신세 가련한데	垂老憐吾病
곤궁한 길에서 그대의 정성 보네	窮途見爾誠
매화 바라보며 함께 웃고	梅花同一笑
등불 앞에서 평소의 일 이야기하네	燈火話平生
영수암[127]에서 이불 함께 덮고 자고	靈寺聯衾宿
마니산에 나란히 말 타고 다녀왔지[128]	摩尼并馬行
슬프고 기뻤던 십 년의 일들	悲歡十年事
돌이켜보니 부질없이 마음 아프네	回首空傷情

127 영수암(靈水菴) : 현재의 충청북도 진천군 초평면 용정리에 있었던 암자로 추정된다. 212쪽 각주1 참조. 김삼용과 관련된 시가 이전에 2수 있었지만 영수암에 갔었던 일을 기록한 작품은 없다.

128 마니산(摩尼山)에……다녀왔지 : 이하곤의 부친 이인엽(李寅燁)이 강화도 유수(江華島留守)로 있을 당시에 이하곤이 김삼용과 함께 강화도(江華島)에 다녀온 것으로 보인다. 이인엽은 1704년 2월 3일에 강화도 유수에 임명되었다.

선달 그믐날 밤에 갑오년(1714, 숙종40)

除夜 甲午

봄 돌아온 지 겨우 열흘	春還纔十日
오늘 밤에 한 해도 끝나네	歲盡復今宵
세찬 빗소리 쓸쓸히 울리고	急雨鳴蕭瑟
찬 등불만 적막함을 지키네	寒燈守寂寥
이웃집 닭이야 본래 시끄럽지만	隣鷄他自鬧
마구간의 말은 어이하여 우는가	櫪馬更何謠
덧없는 사십 년 인생사	四十須臾事
해진 흑초구만 공연히 안타깝네[129]	空憐弊黑貂

129 덧없는……안타깝네 : 아무것도 이루지 못한 삶이 안타깝다는 말이다. 이하곤은 1677년에 태어났으므로, 이 시를 지은 1714년에는 38세이다. 흑초(黑貂)는 검은담비의 가죽으로 만든 옷이다. 전국 시대의 유세가(遊說家)인 소진(蘇秦)이 진왕(秦王)에게 열 차례나 글을 올렸으나, 설득하지 못한 채 흑초구(黑貂裘)가 해지고 백 근의 황금이 다 떨어져서 집으로 되돌아온 고사가 전한다.《戰國策 秦策》

선달 그믐날 밤에 비바람이 쓸쓸하게 내리는데, 홀로 앉아 있으려니 무료하여 또 율시 한 수를 지었다 갑오년(1714, 숙종 40)

除夜 風雨凄然 獨坐無聊 又成一律 甲午

비바람 쓸쓸히 내리고 새벽 다가오는데　風雨凄凄夜向晨
앉아서 서쪽 이웃에서 나는 닭 울음소리 듣네　坐聽鷄唱撼西隣
저포놀이 즐기는 마음은 이미 줄고　歡心已減樗蒲戲
눈물 맺힌 눈에 봄 돌아온 무덤 가 나무 아른대네　淚眼空迷宰樹春
슬프다 남은 해를 손님 보내듯 보내며　惆悵殘年如送客
희미한 외로운 촛불만 갈수록 가까이하네　依微孤燭轉親人
술잔의 백엽주[130] 가득 따라 마셔야지　樽中栢葉須深酌
거울 속의 흰머리 갑절이나 새로 돋았어라　鏡裏霜毛倍覺新

전(轉)은 사(似)로도 쓴다.

130 백엽주(栢葉酒) : 측백나무 잎을 담가서 빚은 술로, 설날 아침에 온 가족이 함께 마시며 사기(邪氣)를 물리치고 장수(長壽)를 축원하였다고 한다.

시냇가 저물녘 풍경

溪上晩望

남쪽 산자락 민가에 고요히 저녁연기 깔리고	南崦人家靜夕烟
시냇가 성긴 울타리에 잔설 남았네	疎籬殘雪一溪前
긴 가지 모두 황금빛으로 변했으니	長條變盡黃金色
누가 봄바람을 버드나무에 먼저 보냈나	誰送春風入柳先

선(先)은 변(邊)으로도 쓴다.

설날 아침에 장난 삼아 조해체로 짓다 7수

元朝 戲作誂諧體 七首

토속에서 사람들은 설날 중시하여　　土俗人情重歲旦
부산하게 세배하느라 줄을 이루네　　紛紛拜謁自成行
새해에 축원을 함께 말하니　　共道新年聊獻祝
올봄에 장원급제 할 것이라네　　今春應作壯元郎

2

몸에 맞지도 않는 의관 빌려 입고　　借着冠衫不稱身
비틀비틀 취한 몸으로 세 이웃집에 달려가네　　踉蹌扶醉走三隣
두서없이 미친 듯 아무렇게나 말하고　　狂談胡說無倫次
가는 곳마다 사람 만나면 술 내와라 소리치네　　到處逢人索酒嗔

3

한적하던 문 앞에 마부와 말이 가득하여[131]　　羅雀門前僕馬闐

131 한적하던……가득하여 : 설날을 맞아 찾아오는 사람이 많다는 말이다. 나작문(羅雀門)은 찾아오는 사람이 없어 문 앞에 참새 그물을 칠 정도로 적막한 것을 말한다. 한(漢)나라 때 적공(翟公)이 처음 정위(廷尉)가 되었을 때는 빈객들이 서로 앞을 다투어 찾아왔는데, 그가 파면되자 빈객이 한 사람도 찾아오지 않아서 문밖에 새그물을 칠 정도로 적적했다. 뒤에 그가 다시 정위에 임명되자 빈객들이 예전처럼 서로 앞을 다투어 찾아오므로, 그가 인정의 반복무상함에 분개하여 자기 집 문에 "한번 죽고 사는 데서 사귀는 정을 알 수 있다. 한번 가난하고 부한 데서 사귀는 태도를 알 수 있다.

그럭저럭 간소한 음식으로 새해에 대접하니　聊將薄具餉新年
임 파총은 막걸리 싫다 않는데　不厭濁酒林把揔
김 생원은 떡국을 특별히 달다 하네　絶甘湯餠金生員

4

우습다 동쪽 집의 이 선배　好笑東家李先輩
취한 채 소 타고 가다가 앞 시내에서 떨어졌는데　醉騎黃犢落前溪
의관이 다 젖은 줄도 모르고　不省衣冠沾濕盡
돌아와 주정하며 아내를 다그치네　歸來使酒毆厥妻

5

봉수동의 최 첨지　烽燧洞內崔僉知
목홍색 광대[132] 둘렀으니 참 우스꽝스럽네　木紅廣帶眞大癡
새해 축하하는 말을 지어서　自作新年賀辭道
막비처럼 역마 내달리네　横馳驛馬幕裨爲

"새해 축하하는 말을 지어서〔自作新年賀辭道〕"는 "축하하는 말을 지어 스스로 자랑하며〔自作賀辭仍自詑〕"로도 쓴다.

한번 귀하고 천한 데서 사귀는 정이 바로 드러난다.〔一死一生, 乃知交情. 一貧一富, 乃知交態. 一貴一賤, 交情乃見.〕"라고 크게 써 붙인 데서 온 말이다.《史記 卷120 汲鄭列傳 太史公贊》

132 목홍색(木紅色) 광대(廣帶) : 목홍은 다목을 끓여서 우려낸 붉은 물이고, 광대는 조선 시대에 무신(武臣)이 구군복(具軍服)을 입고 전복(戰服) 위의 가슴에 두르던 띠를 말한다. 여기서는 목홍으로 우려낸 물에 염색한 붉은 띠를 가리키는 것으로 보인다.

6

아침 내내 비바람 몰아치니　　終朝風雨太狂顚
마치 유월의 날씨 같네　　眞似時行六月天
칠십 노인도 처음 본다 하니　　七十老翁猶創覩
올해도 흉년들까 걱정이네　　今年恐未免凶年

7

남쪽 백성들 마른 웅덩이의 고기 같다던데[133]　　聞道南民似涸鱗
몇 집이나 새해에 떡국 끓였을까　　幾家湯餠作年新
알겠다 술과 고기 즐기는 권세가들　　從知酒肉朱門裏
누가 가난한 마을의 굶주린 사람들 염려할까　　誰念窮閻菜色人

133 남쪽……같다던데 : 당시 남쪽 지방에 흉년이 들어 백성들이 위급한 상황에 놓였다는 소식을 들었다는 말이다. 학린(涸鱗)은 학철부어(涸轍鮒魚)와 같은 말이다. 붕어가 수레바퀴 자국의 고인 물에 있으면서 길 가는 장주(莊周)에게 한 말이나 한 되쯤 되는 물을 가져다가 자기를 살려줄 수 있겠느냐고 하자, 장주가 장차 오월(吳越) 지방으로 가서 서강(西江)의 물을 끌어다 대주겠다고 하였다. 그러자 붕어가 화를 내며 "나는 지금 당장 한 말이나 한 되쯤의 물만 얻으면 살 수 있는데, 당신이 이렇게 엉뚱한 말을 하니, 일찌감치 나를 건어물 가게에서 찾는 것이 낫겠다.〔吾得斗升之水然活耳, 君乃言此, 曾不如早索我於枯魚之肆.〕"라고 했다는 고사가 전한다.《莊子 外物》

한가롭게 지내며 감회를 적다

閒居書懷

평소 시름겨운 안색 없이	平生不解作愁顔
새끼줄 두르고 노래하니 절로 한가롭네	帶索行歌亦自閑
백발을 어찌할 수 있으랴	無可奈何唯白髮
청산만 마주하고 있노라	誰其與者只靑山
안개가 연푸르게 외로운 마을 밖까지 끼었고	烟掩淡碧孤村外
봄빛이 늙은 버드나무에 연노랗게 물들었네	春着輕黃老柳間
사립문 나가지 않는 버릇 있는데	懶出柴門元一癖
앞 시내에서 때때로 승려 전송하고 돌아오네	前溪時復送僧還

감회가 있어서

有感

머리 벗겨지고 이 빠져 늙은이 되었으니　頭童齒豁已成翁
초야에서 슬프게 휘파람 불고 미친 듯 노래하네　悲嘯狂歌草澤中
매화 지려는데 달은 곱고　梅欲盡時還好月
버들 생기나는데 광풍 불어오네　柳微舒處忽顚風
일마다 여의치 않으니 마귀의 장난이고　事無如意常魔戲
하늘이 사람 뜻 따르지 않으니 어찌할 방도 없네　天不從人奈道窮

내(奈)는 즉(卽)으로도 쓴다.

다행히 노년 보낼 술 있으니　幸有一樽堪送老
안위의 일은 제공들에게 맡기노라　安危且可付諸公

봄이 오다

春來

봄 되었으니 어찌 술을 마시지 않으랴	春來樽酒那能廢
늙어가며 시는 잠시 위로될 뿐이지	老去詩篇只蹔寬
몸은 이미 송아지처럼 건장하기 어렵지만[134]	身已難如黃犢健
백구와의 약속은 변치 않았네[135]	盟猶不與白鷗寒
풍진 세상에 마음 쓸 일 없으니	獨無塵世經心事
매화만 반갑게 바라보노라	自向梅花刮眼看
남은 삶 배불리 먹을 생각 뿐	直是殘生謀一飽
세상길 온갖 어려움은 개의치 않노라	任他行路有千艱

134 몸은……어렵지만 : 늙어서 몸이 건강하지 못하다는 말이다. 두보(杜甫)의 시에 "내 나이 십오 세 때도 마음은 아직 어려서, 송아지처럼 건장해 달리며 왔다 갔다 했었네.〔憶年十五心尙孩, 健如黃犢走復來.〕"라고 하였다. 《杜少陵集 卷10 百憂集行》

135 백구(白鷗)와의……않았네 : 초야에서 은거해 살면서 흰 갈매기와 벗하며 살았다는 말이다. 황정견(黃庭堅)의 시에 "만 리 돌아가는 배에서 젓대 부니, 이 마음 흰 갈매기와 맹세하였네.〔萬里歸船弄長笛, 此心吾與白鷗盟.〕"라고 하였다. 《山谷集 外集 卷7 登快閣》

병석에서 일어나다

病起

추위가 차츰차츰 물러가고	寒威已覺旋旋退
봄기운 조금씩 더해짐도 무방하네	春氣何妨稍稍增
버들은 엷은 연기 엉켜 운치 있고	柳着輕烟還有韻
산은 잔설 남아 멋지구나	山因殘雪却生稜
늙을수록 숲에 깃든 새처럼 게을러지고	老來倦比投林鳥
병석에서 일어나자 절 나온 승려처럼 한가롭네	病起閒如退院僧
밤 짧아져 잠 편히 자니	夜短漸知眠睡穩
서재의 종더러 글 읽는 등불 줄이라 해야겠네	欲敎齋僕減書燈

낮에 앉아

午坐

창문 비추는 따뜻한 햇살 차츰 지루해지니	暄日烘牕漸覺遲
향 사르고 홀로 앉는 지 한참 지났네	焚香獨坐已多時
살짝 삶은 계란으로 요기할 만하고	微烹鷄子飢堪療
편안한 부들자리 잠자기 좋구나	穩着蒲團睡正宜
늙어가며 광기는 술 마시면 나타나고	老去顚狂因酒見
한가한 회포는 매화가 알아주네	閒來懷抱與梅知
지금의 세태 종잡을 수 없는데	如今世態隨炎冷
청산만은 나를 속이지 않는구나	惟有青山不我欺

계란은 살짝 삶아야 맛있다.

이른 봄의 여러 가지 흥취
早春 雜興

겨우내 손님 없어 오래 한가했는데
매화 다 지도록 문 닫았네
산 모습 보며 눈 녹은 줄을 알고
새소리 들으며 돌아온 봄 기뻐하네
끓인 차의 맑은 향기에 흥취 깊어지고
연무 깔린 버들 풍경을 시로 읊조리네
대나무와 낚싯줄을 손질해야지
날마다 짙푸른 빛이 앞 물굽이에 불어나네

經冬無客也長閑
落盡寒梅獨掩關
山意已能知雪淺
禽聲亦自喜春還
興濃茶熟香淸後
詩在烟光柳色間
竿竹釣絲須料理
日看深綠漲前灣

새벽에 일어나 감회가 있어서

曉起有感

책 더미 속에 책상 하나 놓였는데	群書堆裏一床横
꼬끼오 이웃집 닭 울음에 잠 깼네	睡罷隣鷄腷膊聲
새벽 공기에 점차 솜이불 차가운데	曉氣漸令綿被冷
달빛은 종이창을 밝게 비추네	月痕偏助紙牕明
부모님 얼굴 꿈에서 희미하게 떠오르고	親顔尙記依俙夢
세상일은 부질없이 감개한 마음 많구나	世故空多感慨情
청렴결백한 유풍 실추시키기 않으리니	淸白遺風期不墜
풀옷 입고 열매 먹으며 여생 마치리라	草衣木食了餘生

봄날의 흥취

春興

시내에 눈은 녹고 푸르름 불어나니	雪盡前溪綠漲時
이른 봄 풍경 새 시에 어울리네	早春風物合新詩
창에 들어오는 아스라한 산은 그림 같고	當牕縹緲山如畫
물 건너 들쭉날쭉 버들은 실처럼 드날리네	隔水差池柳颺絲
시렁의 많은 책을 볼 뿐	架有萬籤聊着眼
마음에 눈살 찌푸릴 일 하나 없구나	心無一事可攢眉
요즘 숲에서 한가하게 산 지 오래라	近緣林下居閒久
세상의 참 바보 같은 사람 되었네	成就人間徹底癡

찬(攢)은 빈(顰)으로도 쓰고, 양(颺)은 타(嚲)로도 쓴다.

등불 아래에서 방옹의 매화시[136]를 읽노라니 고상하고 아름다워 좋았다. 그 시어로 기두를 삼아서 채워 짓다

燈下讀放翁梅詩 愛其高妙 因用其語爲起 足成之

어찌하면 이 몸이 천억 개로 변해서	何方可化身千億
매화나무 그루마다 방옹이 마주할 수 있을까	一樹梅前一放翁
오묘한 뜻과 착상 나보다 먼저 얻었으니	妙意妙思先獲我
담옹[137]의 시어 더 뛰어나기 어렵네	澹翁詩語更難工

136 방옹(放翁)의 매화시(梅花詩) : 방옹은 송(宋)나라의 시인 육유(陸游)의 호이다. 이 시에서 이하곤이 사용하고 있는 첫 번째 구와 두 번째 구는 육유의 〈매화절구(梅花絶句)〉 가운데 세 번째 구와 네 번째 구이다. 《放翁詩選 前集 卷9》

137 담옹(澹翁) : 이하곤의 호가 담헌(澹軒)이므로 담옹은 자신을 지칭하는 말이다. 달리 소금산초(小金山樵)·무우자(無憂子)라고도 하였다.

산속 집에서 즉흥적으로 짓다

山齋卽事

깁 병풍과 종이 휘장으로 서늘함 막았으니	綃屛紙帳護輕寒
선생이 여기 누워 지내기 제격이네	只合先生臥此間
연북에는 세 그루 대나무 쓸쓸하고	硯北蕭森三本竹
안두에는 한 주먹 산이 푸르구나[138]	案頭蒼翠一拳山
병이 덜하니 근심도 줄어들어	從知病減愁仍減
몸도 마음도 한가롭네	不獨心閒體亦閒
이웃 벗과 근처 절에 다녀오자 했으니	已約隣朋尋近寺
푸른 쑥차와 흰밥으로 봄 즐기고 돌아오리	靑蒿白飯荅春還

근래 백형(伯亨)[139] · 직부(直夫)[140]와 쑥차를 달이기로 약속하였으므로 말구에서 언급하였다.

138 연북(硯北)에는……푸르구나 : 집의 앞뒤 풍경을 묘사한 것이다. 연북은 벼루의 북쪽이라는 말로, 책상과 벼루를 남쪽에 놓고 앉기 때문에 본래는 자신의 자리를 가리키는 말로 사용되는데, 여기서는 집의 뒤쪽을 의미한다. 같은 이치로 안두(案頭)는 책상의 머리를 말하므로, 집의 앞쪽을 가리킨다.

139 백형(伯亨) : 박종양(朴宗陽, ?~1725)으로, 본관은 함양(咸陽)이다.

140 직부(直夫) : 임백(林栢)으로, 《두타초(頭陀草)》 책3 〈동임직부백제인관렵(同林直夫栢諸人觀獵……)〉에 보이는데, 인적사항은 자세하지 않다.

손님이 와서

客來

손님 와서 말없이 마주하고 있노라니 客來相對兩忘言
솔바람이 마루 가득 불어오네 自有松風滿一軒
앉아서 불어난 앞 시내 바라보니 坐看前溪新漲色
봄 물결 이미 작년 자국에 닿았네 春波已及去年痕

오늘 아침 석탄[141]에 가고 싶었지만 추워서 가지 못했다. 서글픈 마음에 시를 써서 석탄주인에게 부쳐 보여 주다

今朝欲過石灘 怕寒未果 悵然有述 寄示石灘主人

오늘 아침 석탄촌에 가서	今朝擬過石灘村
그대 집 백엽주[142] 다 마시려 했는데	倒盡君家栢葉樽
늙은 몸 게을러서가 아니라	非是老夫腰脚懶
꽃샘추위가 문 나서지 못하게 해서라네	春寒不許出柴門

설날 아침이 막 지났으므로 백엽(栢葉)이라는 말을 사용하였다.

141 석탄 (石灘) : 현재 충북 진천군 덕산면 중석리의 옛 지명이 석탄리(石灘里)이다.

142 백엽주(栢葉酒) : 설날에 어른에게 세배를 드리며 사기(邪氣)를 쫓기 위해 가족들이 함께 마시던 술을 말한다.

시냇가 새 버들을 보니 곱고 고와 사랑스러웠다. 마침내 오언 장구를 짓다

見溪邊新柳 娟娟可愛 遂賦五言長句

버들이 맑은 날 하늘거려 楊柳弄新霽
쌀쌀한 날씨 속이는구나 意已欺輕寒
긴 가지 더욱 다정하여 長條復多情
나를 불러 난간으로 나오게 하네 招我出欄干
봄바람은 언제 오려는가 東風來幾日
산에 쌓인 눈 다 마르지 않았고 山雪未盡乾
풀싹도 돋을 기미 없는데 草芽尙無意
매화는 벌써 시들었네 梅片今已殘
자두꽃 살구꽃 곱다지만 李杏雖云妍
늦게 피어 한탄스러우니 亦有後時嘆
누가 저 버들과 같으랴 誰能似得渠
봄을 넉넉히 독차지했네 獨自占春寬
먼저 동황[143]의 명령 알리니 首播東皇令
그 공훈 으뜸이네 策勳當作冠
짙푸른 모습보다는 深青未足愛
연노랑일 때 가장 볼만하니 嫩黃最可觀

143 동황(東皇) : 봄을 맡은 신의 이름으로, 동제(東帝)·청황(青皇)·청제(青帝)라고도 한다. 여기서는 봄소식을 의미하는 말로 사용되었다.

안개 끼고 달빛 받으면	着烟更着月
고운 모습 진정 만끽할 만하지	媚態眞堪餐
바람 스치면 더욱 빼어나니	風來尤自奇
하늘하늘 마치 춤추는 소매인 듯	翩若舞袖曼
내게 새로 거른 술 있고	我有新篘酒
비름나물도 소반에 가득하니	苜蓿亦滿盤
마땅히 그 아래에서 마시며	且當飮其下
밤새 실컷 보리라	終夕飽眼看

석탄주인이 지난번 시[144]에 차운하여 보여 주기에 또 두 수를 화답하여 부쳐 주다

石灘主人 次昨韻相示 又和二首寄似

나와 그대 한 마을에 사니 吾巷君家自一村
날마다 함께 술 마셔야 하는데 要須日日對傾樽
근래 병도 많고 외출도 귀찮아 近緣多病還慵出
봄바람 맞으며 문 닫고 있다네 只與春風獨掩門

2

멋진 손님이 어찌 먼 마을 찾아 주랴 好客那能過遠村
늘 청산 마주하고 막걸리 마시네 青山長對濁醪樽
새 버들이 울타리에 드리운 걸 보니 忽看新柳侵籬角
오직 봄빛만 내 집[145]에 왔구나 惟有春光到席門

144 지난번 시 : 이 시보다 두 수 앞에 있는 〈금조욕과석탄……(今朝欲過石灘……)〉을 가리킨다.

145 내 집 : 석문(席門)은 거적을 걸친 문이라는 말로, 이하곤의 집을 의미한다. 한(漢)나라 진평(陳平)이 소싯적에 가난해서 빈민가에 살았는데, 그때 해진 거적으로 문을 쳤는데도 문 밖에 장자(長者)의 수레바퀴 자국이 많이 나 있었다는 석문궁항(席門窮巷)의 고사가 전한다. 《史記 卷56 陳丞相世家》

매화가 피자마자 떨어지니 마음이 매우 서글퍼 시로 전별하다

梅花纔開旋落 意甚悵然 以詩餞之

마땅히 〈입춘(立春)〉 시의 앞에 있어야 한다.

가지 끝 몇 송이 홀연 날아가니	枝頭數瓣忽看飛
막 피었는데 벌써 드문드문	纔得開來已欲稀
슬프다 이 마음 무엇과 같을까	惆悵儂心何所似
봄 강에서 돌아가는 미인 보낸 격이네	春江送了美人歸

2

옥과 얼음 같은 자태 티끌로 변하니	玉骨氷肌化作塵
삼성 비끼고 달 질 때 남몰래 상심하네[146]	參橫月落闇傷神
복사꽃 자두꽃 피면 물들까 꺼려서	似嫌桃李來相浼
맑은 향 거두고 봄 기다리지 않는구나	收拾淸香不待春

146 옥과……상심하네 : 달이 지고 삼성(參星) 비끼는 새벽녘에 감상할 매화가 없어졌음을 아파한다는 말이다. 수(隋)나라 개황(開皇) 연간에 조사웅(趙師雄)이 나부산의 매화촌에 갔다가, 향기가 감도는 어여쁜 미인을 만나 즐겁게 환담하고 술을 마시며 하룻밤을 보냈는데, 깨어 보니 큰 매화나무 밑에 누워 있었다. 이미 달은 지고 삼성은 기울었으며, 위에서는 비취(翡翠)가 지저귈 뿐이었다고 한다. 《古今事文類聚 後集 卷28 花卉部 梅花》

또 문 자 운으로 지어 성재에게 주다

又用門字韻 效誠齋

사람은 외진 마을에 봄과 같이 오지 않아	人不如春到僻村
봄기운에 맞춰 혼자 술동이 여노라	爲酬春意獨開樽
봄은 속세 싫어하는 내 마음 알아	春能知我嫌塵俗
일부러 버들 드리워 문 가렸구나	故遣垂楊掩却門

산속 생활

山居

시 읊는 일 그만두고 싶으니	欲廢吟詩事
시 많이 지으면 한가롭지 못하지	詩多亦未閑
다만 찾아오는 속객 없어	只緣無俗客
길이 봄 산 마주하노라	長得對春山
연무 너머로 들 풍경 펼쳐지고	野色輕烟外
멀리 버들 사이로 시냇물 빛나네	溪光遠柳間
아이가 땔감 주우러 갔다가	小童拾樵去
약초 캐서 왔구나	故採藥苗還

습초(拾樵)는 운외(雲外)로도 쓰고, 고(故)는 능(能)으로도 쓴다.

재미 삼아 시고에 쓰다

戱題詩稿

두릉 노인[147] 내 스승인데	杜陵老子是吾師
정신은 배우지 못하고 껍데기만 배웠고	未學精神只學皮
송인의 시는 한 구도 본받지 않았건만	不效宋人詩一句
짓는 족족 송인의 시 같구나	詩成全似宋人詩

일구(一句)는 체격(體格)으로도 쓴다.

147 두릉(杜陵) 노인 : 두릉에 거하며 두릉포의(杜陵布衣)라고 자호(自號)했던 당(唐)나라 시인 두보(杜甫)를 가리킨다.

아침에 일어나 일을 쓰다

朝起書事

이부자리에 누웠다가 흰 죽 향기 나기에	臥蓐纔聞白粥香
일어나니 창에 아침 햇살 가득하네	起來牕紙已朝光
이웃 벗이 닭 보내 주니 씨닭 삼고	隣友送鷄留作種
어린 종은 약초 캐다가 탕약 달이네	童奴斸藥煮成湯
시렁의 어지러운 책은 대부분 좀먹었고	架堆亂帙多生蠹
화분의 여러 꽃은 일찍 볕을 받네	盆養諸花早占陽
게으름 차츰 심해져 세수와 빗질도 잊었으니	懶習漸加忘盥櫛
머리털 다 빠진들 어떠리	顚毛禿盡更何妨

허균 요 이 성 자 운[148]에 맞춰 지어 부쳐 주므로 또 화운하다[149] 4수

許君 姚 次誠字韻寄示 又和 四首

뼈에 사무치게 가난 심해도　　到骨貧猶甚
마음 다잡고 성실히 공부하네　　刳心學則誠
새 시 받아 보니 얼굴 마주한 듯　　新詩顏面得
상쾌한 기운이 입 안에 생겨나네　　爽氣頰牙生
항상 그대 집에 갔던 일 떠오르니　　常憶高軒過
함께 말 타고 가던 일 잊히랴　　能忘幷策行
가까운 친척 무겁게 여겨　　由來重親懿
곡진히 대해 주니 깊은 정에 부끄럽네　　款曲愧深情

헌(軒)은 문(門)으로도 쓴다.

허군(許君)은 나의 외족(外族)이므로 말구(末句)에서 언급하였다.

2

도원에서 은거하고 싶지만　　欲就桃源隱
오히려 기국의 정성 품었네[150]　　猶懷杞國誠

148 성(誠) 자 운(韻) : 《두타초(頭陀草)》 책4의 〈김삼용홀연견과……(金三容忽然見過……)〉를 가리킨다.

149 허균이……화운하다 : 제목 아래 4수라고 하였는데, 다음 작품에 이 시와 동일한 제목이 있다. 따라서 두 번째 제목을 삭제하여 이 제목 아래에 4수의 시가 배열되도록 처리하였다.

세상은 준걸을 비방하고 世方誹俊傑
하늘도 서생을 괴롭게 하네 天亦困書生
물가에 때때로 외로이 앉고 臨水時孤坐
구름 보며 홀로 걷노라 看雲自獨行
이곳에 세속의 일 없어 此中無俗事
보이는 것마다 시흥 일어나네 滿眼卽詩情

3

전사에 머물던 날 田舍淹留日
선영에 성묘 갔었지 松楸瞻近誠
찬 매화에는 섣달의 기운 남았는데 寒梅猶臘意
남은 눈에는 봄기운 꿈틀대네 殘雪已春生
고요히 갈매기와 함께 잠들고 靜與鷗同睡
한가롭게 학을 따라 나란히 가니 閒隨鶴幷行
마음을 씻은 사람[151] 아니라면 自非洗心者

150 도원(桃源)에서……품었네 : 바깥세상과 단절된 도원에 가서 은거하고 싶지만 여전히 환란이 발생할 것 같은 나라에 대한 걱정이 있다는 말이다. 도원은 도잠(陶潛)의 〈도화원기(桃花源記)〉에 나오는 선경(仙境)을 말한다. 진(晉)나라 때 무릉(武陵)의 어부가 복사꽃이 흘러 내려오는 물길을 따라 거슬러 올라갔다가 진(秦)나라의 난리를 피해 들어온 사람들을 만났는데, 그곳이 워낙 선경이어서 바깥세상의 변천과 세월의 흐름도 잊고 살았다고 하였다. 기국(杞國)의 정성이란, 옛날 기(杞)나라의 어떤 사람이 하늘이 무너지고 땅이 꺼지면 자기 몸을 붙일 곳이 없게 된다 하여 침식(寢食)을 폐하고 걱정했다는 고사를 인용한 것이다.《列子 天瑞》 보통은 쓸데없는 걱정을 의미하지만, 여기서는 국가에 뜻하지 않은 큰 환란이 발생하는 것을 비유하는 말로 쓰였다.

151 마음을 씻은 사람 : 속세의 기심(機心)을 잊고 자연과 조화롭게 살아가는 사람을

누가 이 외로운 마음 알까　　誰識此孤情

4

명예 구함은 나의 일 아니니　　噉名非我事

못난 이[152] 따르는 그대 정성에 부끄럽네　　逐臭愧君誠

청산에 은거함은 좋지만　　好占青山隱

백발 자라니 가련하네　　遙憐白髮生

이미 적막함을 달게 여기니　　已應甘寂寞

다만 천리를 따르리라　　只可聽流行

어느 날에나 나란히 앉아 이야기하며　　何日聯床話

함께 출처의 마음을 평할까　　同評出處情

평(評)은 상(商)으로도 쓴다.

의미한다. 이백(李白)의 〈고풍(古風)〉에 "나도 마음을 깨끗이 씻었거니, 기심 잊고 너를 따라 노닐리라.〔吾亦洗心者, 忘機從爾遊.〕"라고 하였다. 《李太白集 卷1》

152 못난 이 : 축취(逐臭)는 냄새를 따른다는 말로, 기호(嗜好)가 아주 괴벽(怪僻)하거나 별 수 없는 사람을 스승으로 여김을 비유하는데, 여기서는 이하곤 스스로를 가리킨다. 《여씨춘추(呂氏春秋)》 권14 〈우합(遇合)〉에 "몹시 냄새가 나는 사람이 있었는데, 그 친척이나 형제, 처첩, 친구들이 아무도 같이 살 수가 없자, 스스로 괴로워하다가 바닷가에서 홀로 살았다. 그런데 바닷가 사람 중에 그 냄새를 좋아하는 자가 있어, 밤낮으로 그를 따라다니며 떠나지 못하였다.〔人有大臭者, 其親戚兄弟妻妾知識無能與居者, 自苦而居海上. 海上人有說其臭者, 晝夜隨之而弗能去.〕"라는 내용이 보인다.

백형[153]의 시골집을 방문하다

訪伯亨村居

그대를 오래 그리다가 비로소 찾아와	思君多日始來尋
사립문에 말 매니 봄비 음산하네	繫馬柴門春雨陰
묵은 볏단 쌓였으니 살림 넉넉하겠고	宿穧堆來知屋潤
수양버들 길게 늘어져 마을 깊구나	垂楊長得使村深
아이들 익히 본 터라 날 맞이해 웃고	兒童慣看迎人笑
빈주가 서로 잊은 채 마주하고 술 마시네[154]	賓主相忘對酒斟
들판이 멀리까지 바라보이니 도리어 상쾌하여	極望平郊還似快
그윽한 숲 없어도 섭섭하지 않구나	眼中未害乏幽森

153 백형(伯亨) : 박종양(朴宗陽, ?~1725)으로, 본관은 함양(咸陽)이다. 사옹원 봉사(司饔院奉事)를 지냈으며, 이하곤이 광주 분원(分院)에 갔을 때, 함께 지내면서 시를 주고받은 일이 있다.

154 빈주(賓主)가……마시네 : 이하곤과 박종양이 서로를 의식하지 않고 격의 없이 술을 마신다는 말이다.

정월 보름날 밤 12수
元夕 十二首

속절없는 세월 흐르는 물결 같아　騰騰歲月若波翻
어느덧 바뀌고 옮겨 대보름 되었건만　忽已推遷到上元
늙은이는 아무런 생각 없어　只是老夫無意緒
봄 구름 속에 홀로 사립문 닫았노라　春陰獨掩小蓬門

2

분주한 농부들 달 뜨기 기다리니　奔走農人候月生
한 해의 풍흉 오늘 밤에 점친다네　一年今夜卜西成
작년 봄보다 조금 나을 듯하니　較却前春差勝似
곧장 봉수령 나무 위로 밝게 나왔구나　直從烽燧嶺樹明

지역 주민들이 "정월 보름날 밤에 달이 봉수령에서 나오면 반드시 풍년이 든다."라고 말하였다.

3

시골살이 여러 일을 이웃에게 배우니　居鄉凡事學鄉家
베 짜고 밭 가는 노비들 밤에 왁자지껄　織婢耕奴入夜譁
배나무 가지 끝에 묶은 짚단 올리고　梨樹梢頭安束藁
차가운 잿더미 위에 면화 꽂아 두네[155]　寒灰堆上揷綿花

155 배나무……두네 : 정월 보름 전날에 짚을 독기(纛旗) 모양으로 장대 위에 묶고,

학(學)은 방(倣)으로도 쓴다.

시골 풍속에, 장대에 볏단을 묶어 벼를 노적(露積)한 모습을 만들었는데, 우리집에 장대가 없어 노비들이 볏단을 배나무에 묶었으니 우스웠다.

4

여기저기 굿하느라 북소리 울리니	處處賽神巫鼓騰
농가의 즐거움 풍년에 달렸어라	田家樂事係年登
아이들도 풍년 기원하느라	叉頭亦解祈豐歲
밤에 일어나 부엌에 제사하는 등불에 기름 붓네	夜起添油祭竈燈

5

곶감은 달콤하고 밤은 주먹만 하며	柿霜如蜜栗如拳
붉은 대추는 겨울 지나서도 빛깔 고와라	紅棗經冬色尙鮮
늙은 아내 조리법대로 약밥 찌니	老婦依方蒸藥飯
까마귀에게 밥 주는 옛 풍속 지금도 전하네[156]	飯烏舊俗至今傳

그 안에 벼, 기장, 피, 조의 이삭을 넣어 싼 다음, 목화를 장대 끝에 매달아 벼가 잘 익은 형상을 만들어 풍년을 기원하는 풍속이 있었다고 한다. 또 가지가 많은 나무를 외양간 뒤에 세우고 곡식 이삭과 목화를 걸어서 풍년을 기원하는 산골 마을도 있었다고 한다. 《東國歲時記》

156 약밥……전하네 : 정월 보름에 까마귀에게 밥을 주는 풍속이 있었기에 한 말이다. 신라 소지왕(炤智王)이 488년 1월 15일에 천천정(天泉亭)에 거둥할 때 까마귀와 쥐가 와서 울더니, 쥐가 사람의 말로 "이 까마귀 가는 곳을 쫓아가 보라."라고 하므로, 임금이 기사(騎士)에게 명하여 까마귀를 따라가 보게 하였다. 뒤에 한 노인이 나와 글을 올렸는데 "열어 보면 두 사람이 죽고, 열어 보지 않으면 한 사람이 죽는다.〔開見二人死, 不開一人死.〕"라고 쓰여 있었으므로, 기사가 이상히 여겨 왕에게 바쳤다. 왕은 한 사람이 죽는

6

복 빌고 재앙 없애는 일 초봄에 중요하니 祈福消災重首春
여기저기 거리마다 의건 내던지네 紛紛衢路棄衣巾
우습다 아이들도 다투어 풍속 따라 好笑兒童爭效俗
더위 팔려고 만나는 사람마다 불러대네[157] 逢人賣熱輒呼人

7

이십 년 전에는 소년이었는데 二十年前卽少年
지난 일 돌아보니 아련하구나 回頭往事却茫然
이웃 아이들과 어울려 남쪽 성 위에서 依俙記得南城上
종이 연 날리던 일 어렴풋이 생각나네[158] 去伴隣兒放紙鳶

게 낫다고 여겨 열어 보지 않으려 했으나, 일관(日官)이 "두 사람은 보통 사람이고 한 사람은 임금을 가리킵니다.〔二人者庶民也, 一人者王也.〕"라고 아뢰므로, 마침내 열어 보니 "거문고의 갑을 쏘아라.〔射琴匣〕"라고 되어 있었다. 이에 왕이 즉시 궁에 들어가 거문고 갑을 쏘고 보니, 바로 내전(內殿)에서 공불(供佛)하던 중이 왕비와 간통하고 마침내 왕을 살해하려고 숨어 있었으므로, 왕이 그들을 함께 처형하여 화를 면하게 되었다. 이 일로 인하여 정월 상해일(上亥日), 상자일(上子日), 상오일(上午日)에는 모든 일을 조심하였고, 특히 "정월 대보름을 오기일이라 하여 찰밥으로 까마귀에게 공양하는 풍속이 생겼으며, 지금도 유행한다.〔以十五日爲烏忌之日, 以糯飯祭之, 至今行之.〕"라고 하였다. 《三國遺事 卷1 射琴匣》

157 아이들도……불러대네 : 정월 보름에 했던 더위팔기 풍속을 읊은 것이다. 《동국세시기(東國歲時記)》에 "일찍 일어나 사람을 만날 경우, 갑자기 불러서 대답하는 사람이 있으면 문득 '내 더위 사라.' 하니, 이것을 더위팔기라고 하였다. 더위를 팔면 더위를 먹지 않는다고 여겼기 때문에, 온갖 꾀로 불러도 일부러 대답하지 않아서 재밌는 놀이로 삼았다.〔早起見人, 猝然呼之, 有應者, 輒曰買吾暑, 謂之賣暑. 賣之則謂無暑病, 百計呼之, 故不應以爲謔.〕"라고 하였다.

8

예전에 아검과 대보름 밤에	曾同阿儉作元宵
벗들과 약속해서 다리 밟으러 갔었지[159]	約束朋知去踏橋
시원스레 뚫린 곳에서 보는 달빛 어여뻐	月色好於通處望
봄추위를 오로지 술로 달랬지	春寒偏向酒邊銷

아검(阿儉)은 죽은 아우의 어릴 때 이름이다.

9

성안의 다리를 다 밟고 다녀도	城內諸橋踏遍回
삼군영의 순라군도 의심하지 않았지	三營巡邏不相猜
장통방[160] 안을 한사라 부르니	長通坊裏呼韓四
다시 종루를 향해 한길 걸어갔지	更向鍾樓大道來

갱(更)은 전(轉)으로도 쓴다.

158 이웃……생각나네 : 정월 보름에 연을 만들어 성명(姓名)과 생년(生年), 그리고 "몸에 있는 액운이 사라진다.〔身厄消滅〕"라는 글귀를 쓴 다음, 해질 무렵에 연이 날아가도록 연줄을 끊어, 연과 함께 액운을 멀리 보내는 풍속이 있었다. 《東國歲時記》

159 다리 밟으러 갔었지 : 정월 보름날 밤에 다리 질환을 물리치기 위하여 성안의 젊은 남녀들이 다리 위를 밟고 거니는 풍속이 있었다. 서울 장안의 주민들은 신분이나 남녀의 구분 없이 종각에서 종소리를 들은 뒤 여러 곳의 다리를 찾아다녔는데, 밤새 행렬이 끊어지지 않았다고 한다. 《東國歲時記》

160 장통방(長通坊) : 한양의 중부(中部)에 속했던 행정구역으로, 현재의 장교동과 관철동 일대였다.

10

양산의 묵은 풀 다섯 번째 봄 맞았는데[161] 陽山草宿五生春
대보름 밤마다 수건 가득 눈물 흘리네 每值元宵涕滿巾
수표교에 오늘 밤도 달 떴는데 水標橋頭今夜月
누구와 함께 즐길지 모르겠다 不知行樂屬誰邊

11

깊은 밤 차가운 창에 촛불 하나 푸르고 深夜寒窓一炷青
가슴 아픈 백발 늙은이 홀로 외롭구나 傷心白首獨伶仃
한양의 즐겁던 일 모두 꿈만 같은데 京都樂事眞如夢
아이들에게 말해 주니 귀 기울여 듣는다 說與兒曹仔細聽

12

중주는 대단히 번화하여 中州聞說盛繁華
오산 내걸어 호사를 다툰다지[162] 搭着鰲山競鬪奢

161 양산(陽山)의……맞았는데 : 양산은 《두타초(頭陀草)》 책12 〈망아봉석광명(亡兒鳳錫壙銘)〉에 "같은 달 어느 날에 양지 신창리에 있는 어머니 묘소 곁에 묻어서 너의 혼백으로 하여금 의지할 바가 있게 한다.〔以同月某日, 瘞于陽智新倉里先夫人墓傍, 使汝魂魄, 有所依歸也.〕"라고 하였으므로, 이하곤의 어머니 묘소가 양지 신창리에 있었음을 알 수 있다. 양지는 현재의 경기도 용인시의 옛 이름이고, 신창리는 경기도 안성시 고삼면에 있으므로 용인과 안성 사이임을 알 수 있다. 여기서는 이하곤의 아우 가운데 5년 전에 죽은 아우를 떠올린 것이다. 여덟 번째 시와 아홉 번째 시를 감안할 때, 아검(阿儉)이라 불렸던 아우가 5년 전에 죽은 것으로 보이는데, 누구인지 자세하지 않다.

162 중주(中州)는……다툰다지 : 연경(燕京)의 정월 보름 풍속을 말한 것이다. 오산(鰲山)은 소오산(小鰲山)으로, 등불을 가리킨다. 옛날 중국에서는 정월 13일부터 17일

무지개다리에 올라갈 수 없으니　　　　無緣架得虹橋去
우물 속에 앉아 있는 개구리 같구나　　　　恰似區區坐井蛙

이날 밤 아이들과 대보름날 밤에 한양에서 벌어지는 여러 가지 일을 이야기하다가, 연경(燕京)의 관등(觀燈) 놀이까지 언급하게 되어 이 말로 끝맺었다.

까지 민간에서 등불을 내걸고 즐겼는데, 이 기간을 등절(燈節)이라 하였다. 이 기간 동안 아름다운 등불을 겹쳐서 작은 산 모양을 만들었으니, 이것을 소오산이라 하였다.

새벽에 눈이 많이 내려 몇 치나 쌓였는데, 아침에 보니 이미 다 녹아 흔적도 없었다

曉來風雪大作 深幾數寸 朝看已消盡無痕矣

새벽에 세차게 눈 내리는 소리 들었는데	曉聽急雪正蕭蕭
아침도 되기 전에 동풍에 다 말랐건만	乾盡東風不待朝
가련하다 늙은이 머리에 앉은 눈은	獨憐老子頭邊雪
봄 햇살에도 녹지 않는구나	縱得春光也未消

16일 밤에

十六日夜

오늘 밤 문득 기분 좋으니	今宵忽得好懷開
맑은 경치에 늘어가는 백발도 잊노라	淸景能忘白髮催
하늘은 산꼭대기를 안으려는 것 같고	天向山頭疑抱着
달은 구름 가에서 밀려나오는 듯하네	月從雲際似推來
설경을 거두어 시의 재료 보태고	收將雪色添詩料
봄추위 몰아내어 술잔에 담네	驅去春寒入酒杯
한 조각 시냇물 빛이 맑게 뼛속까지 스미니	一片溪光澄徹骨
깊은 밤 홀로 높은 대에 의지했노라	夜深獨自倚危臺

허군[163]이 부쳐 온 운자에 맞춰 짓다
次許君寄示韻

보내 준 시에 옛정 넘쳐나니 詩來還見故情多
꽃 피면 가서 꽃구경하려네 擬待花開去看花
그대 집에 오기 쉽다 말하지 마라 莫道君家容易到
백운 깊은 곳이 그대의 집인 것을 白雲深處是君家

2
그리운 그대 오랫동안 보지 못했네 思君不見歲年多
예전에 그대 집에서 채소 꽃 감상했었지 曾到君家賞菜花
듣자니 복숭아나무를 두루두루 심었다 하니 聞說種桃今已遍
그대 집에 찾아갈 길도 없어지지나 않았는지 只疑無路訪君家

채(菜)는 맥(麥)으로도 쓴다.

내가 일찍이 한여름에 허군(許君)의 집에 들러 뜰 앞의 채소밭에 메밀꽃이 한창인 것을 보았으므로 언급하였다.

163 허군(許君) : 허요(許姚)인데, 이하곤의 외족(外族)이라는 사실 이외에는 인적 사항을 알 수 없다.

이 진사[164] 세완 에게 부쳐서 여러 차례 들러 준 성의에 사례하다

寄贈李進士 世完 以謝累過之意

세 번이나 들러 주어 정의 친근하니	柴門三過見情親
경개의 마음 백발의 나이에 더욱 새롭네[165]	傾蓋還能白髮新
시내와 산이 낯설지 않은 줄 알지만	已識溪山成熟面
소나무와 바위로 좋은 손님 기다리네	故將松石待佳賓
가져온 관아의 술은 이슬 엉긴 듯했고	携來官酒凝如露
그물로 잡은 빙어 회는 은빛보다 희었지	網得氷魚鱠勝銀
묻노니 그대 언제 돌아오는가	借問君歸定何日
꽃 핀 유호[166]의 봄날을 다시 감상하세	花開重賞柳湖春

관아의 술〔官酒〕과 빙어(氷魚)는 모두 당일 실제로 있었던 일이다.

164 이 진사(李進士) : 이세완(李世完, 1674~?)으로, 본관은 전주(全州), 자는 여승(汝承)이다. 1705년(숙종31) 진사시에 합격하였다.

165 경개(傾蓋)의……새롭네 : 이세완을 늦게 알았지만 오래 사귄 사람처럼 느껴진다는 말이다. 경개는 길가에서 서로 만나 수레를 세우고 잠깐 이야기한다는 말로, 한 번 보고 바로 지기(知己)로 받아들이는 것을 뜻한다. 《사기(史記)》 권83 〈추양열전(鄒陽列傳)〉에 "속어에 '백발이 되도록 오래 사귀어도 처음 사귄 듯하고, 수레를 멈추고 잠깐 만났어도 오래 사귄 듯하다.' 하였으니, 그 까닭은 무엇인가? 서로를 아느냐 모르느냐에 달려 있다.〔諺曰, 白頭如新, 傾蓋如故, 何則. 知與不知也.〕"라고 하였다.

166 유호(柳湖) : 현재의 충청북도 진천군 초평면 용정리에 있었던 연못으로 추정된다. 229쪽 각주31 참조.

한가롭게 지내며 즉흥적으로 짓다

閒居卽事

늘어지게 소나무에 기대 자다가	倦去依松睡
한가롭게 지팡이 끌고 가노라니	閑來曳杖行
석양에 산은 운치 더하고	夕陽山有韻
봄 물가에 버들 정겨워라	春水柳多情
마음 고요하니 늙음도 잊고	心靜還忘老
살림 가난해도 마음 맑구나	家貧更覺淸
사립문에 말없이 서서	柴門無語立
멀리서 피어나는 구름 홀로 보노라	獨看遠雲生

이 구는 "피어나는 구름 홀로 보노라.〔獨自看雲生〕"로도 쓴다.

21일 밤에 바람이 매우 세차게 불었다

二十一日夜 風威甚猛

거센 바람이 창을 뚫고 들어오더니	狂風吹鑠透窓紗
밤 되자 덜컹덜컹 그 위세 더하네[167]	入夜調刁勢轉加
만약 동군의 위세 날래지 않다면	若使東君威不猛
어찌 봄꽃을 빨리 볼 수 있으랴[168]	如何催得一春花

167 밤……더하네 : 밤이 되어 바람이 더욱 세차게 불어 문이 흔들리는 모습을 읊은 것이다. 조조(調刁)는 바람에 사물이 움직이는 모양을 형용하는 말이다. 《장자(莊子)》〈제물론(齊物論)〉에 남곽자기(南郭子綦)가 안성자유(顔成子游)에게 "너는 인뢰는 들었어도 지뢰는 듣지 못했고, 지뢰는 들었어도 천뢰는 듣지 못했을 것이다.〔女聞人籟而未聞地籟, 女聞地籟而未聞天籟夫.〕"라고 하고, "거센 바람이 그치면 모든 구멍들도 비게 된다. 너는 홀로 크게 흔들리기도 하고 가볍게 흔들리기도 하는 걸 보지 못하는가.〔厲風濟則衆竅爲虛, 而獨不見之調調之刁刁乎.〕"라고 하였다.

168 만약……있으랴 : 봄을 관장하는 신(神)의 힘이 강하지 않다면, 모진 바람을 이기지 못해 꽃이 피지 못할 것이라는 말이다. 동군(東君)은 봄을 관장하는 신으로, 동제(東帝)·동황(東皇)·청황(靑皇)·청제(靑帝)라고도 한다.

다시 앞의 운자로 지어서 또 이여승[169] 세완 에게 부치다

復用前韻 又寄李汝承 世完

우정은 친소만을 물을 뿐 交情但可問疏親
언제 알았는지 어찌 따지랴 識面何須辨舊新
종일 한 잔 술에 시 한 수씩 읊었으니 終日一觴還一咏
누가 주인이고 누가 손님이었던가 不知誰主復誰賓
시내와 산에서 늘 술만 있다면 溪山如此長携酒
머리칼이 은빛으로 센들 무슨 상관이랴 鬢髮無妨便似銀
그대가 꽃 필 때까지 기다리기 싫거든 君意若嫌花事晚
먼저 버들가지의 봄을 즐기시게 先須料理柳條春

보내온 시에 "다음 만남 어찌 언덕 가득 꽃 필 때랴, 밤새 시냇가 비에 버들이 먼저 봄 되었으리.〔後會何須花映岸, 夜來溪雨柳先春.〕"라는 말이 있었으므로, 마지막 구에서 언급하였다.

2

게으른 내가 다행히도 그대와 친해졌는데 疏慵何幸得君親
게다가 맑은 시에 담긴 뜻도 새롭구나 況復淸詩用意新
초목은 이미 윤기를 더할 줄 알고 草木已知添潤色
산과 시내도 훌륭한 손님에게 사례하네 溪山亦自謝高賓

169 이여승(李汝承) : 이세완(李世完, 1674~?)으로, 본관은 전주(全州), 자는 여승이다. 1705년(숙종31) 진사시에 합격하였다.

펼치자 구름이 흰 종이에서 피어나려 하니	開來雲欲生牋粉
시 쓰는 곳에 꽃이 붓을 에웠으리	題處花應繞管銀
때때로 경거 보내 줌을 주저하지 마시게[170]	莫惜瓊琚時一報
내 장차 읊으며 봄을 보내리라	吾將吟諷了三春

3

종일 구름 바라보노라니 절로 친근해져	終日看雲意自親
풍경이 고요한 가운데 새로움을 아노라	還知物態靜中新
기심 잊자 흰 새가 다정한 벗 같고[171]	忘機白鳥如情友
자리에 들어오는 푸른 산 멋진 손님이네	入座青山作好賓
입에는 나물 반찬 익숙해 고기 끊었고	口慣喫蔬曾去肉
허리에 흰 띠 편안하니 은띠 필요 없네	腰安帶素不須銀
꽃과 버들 독차지함은 한가한 사람의 일이니	主張花柳閒人事
누가 우리집에서 봄 풍경 다툴까	誰向儂家競得春

170 때때로……마시게 : 시를 지으면 보내달라고 이세완에게 부탁한 것이다. 경거(瓊琚)는 아름다운 옥인데, 흔히 상대방의 아름다운 시를 뜻하는 말로 사용된다. 《시경》 〈모과(木瓜)〉에 "내게 모과를 던져 주면, 경거로 보답한다.〔投我以木瓜, 報之以瓊琚.〕"라고 하였다.

171 기심(機心)……같고 : 망기(忘機)는 기심, 즉 교사(巧詐)한 마음을 잊는다는 말이다. 옛날 바닷가에 살던 한 사람이 매일 바닷가로 나가 갈매기와 놀다 보니, 갈매기도 사람을 피하지 않았다. 하루는 그의 아버지가 "내가 들으매 갈매기들이 모두 너를 따라 노닌다 하니, 네가 갈매기를 갖고 오너라. 내가 갈매기를 완상하고 싶다." 하므로, 이튿날 바닷가로 나가 보니, 갈매기들이 사람의 교사한 마음을 알아채고 공중에서 빙빙 돌기만 하고 내려오지 않았다. 이것은 갈매기를 잡겠다는 기심이 있었기 때문이다. 전일에는 기심을 잊었기 때문에 해오라기와 친할 수 있었던 것이라는 이야기가 전한다. 《列子 黃帝》 여기서는 기심을 잊자 새들도 이하곤을 피하지 않는다는 말이다.

여승[172]이 평삽[173]과 우담[174] 등 여러 곳을 유람하고 절구 한 수를 부쳐오므로 차운하여 답하다[175]

汝承游平霅牛潭諸處 寄示一絶 次韻答之

짚신 신고 날마다 맑은 유람 다니니	靑鞋日日辦淸遊
그 호기 이제 우두머리로 양보하노라	豪氣如今讓一頭
문 닫고 눈보라 치는 쓸쓸한 밤에	閉門風雪蕭蕭夜
누워 듣는 솔바람 소리도 그윽하다	臥聽松聲也亦幽

역(亦)은 자(自)로도 쓴다.

2

평삽과 우담도 유람할 만하지만	平霅牛潭儘合遊
취적대[176]가 진실로 으뜸이지	笛臺端可作魁頭

172 여승(汝承) : 이세완(李世完, 1674~?)으로, 본관은 전주(全州), 자는 여승이다. 1705년(숙종31) 진사시에 합격하였다.

173 평삽(平霅) : 미상이다. 이하곤의 《두타초(頭陀草)》 책6 〈차방옹동림사운(次放翁東林寺韻)〉의 아래에 "평삽은 곧 향숙이 사는 곳이다.〔平霅, 卽向叔所居.〕"라는 소주(小註)가 있는데, 향숙은 민경수(閔景洙)의 자(字)라는 사실만 확인 가능하다.

174 우담(牛潭) : 침우담(沈牛潭)으로, 현재의 충북 진천군 문백면 은탄리에 있는 못 이름이다. 《頭陀草 冊1 沈牛潭在鎭川縣南十餘里……》

175 여승이……답하다 : 저본에는 이 작품 아래에 동일한 제목이 있고, 그 아래에 其二, 其四라고 하여 총 3수의 시를 수록하였다. 그러나 동일한 제목이 중복되고, 其三이 빠졌으므로, 이 번역서에서는 본 제목 아래에 나머지 3수의 시를 묶어서 배열하였다.

176 취적대(吹笛臺) : 침우담(沈牛潭) 가에 있는 바위 이름으로, 신선이 이곳에서

금계[177]에 취적대 없다면　金溪較却笛臺去
끝내 금계의 그윽함 없으리　終是金溪欠箇幽

3

눈 쌓인 달밤과 비 갠 날도 유람할 만하지만　雪月雨晴俱可遊
누치 나올 때가 제일 좋지　訥魚時節最爲頭
맑은 물과 깨끗한 모래 항상 있고　水淸沙白長自在
꽃 지고 새 울어 바야흐로 그윽하지　花落鳥啼方是幽

우담(牛潭)에서 나는 누치는 품질과 맛이 모두 빼어나다. 곡우(穀雨) 때 무리를 지어 아가미끼리 부딪칠 정도인데, 이때가 유상(遊賞)하기에 가장 적합하다.

4

생각해 보니 바위에 앉아 물고기 세고　憶曾跂石數魚遊
벼랑의 꽃 꺾어 머리에 가득 꽂았었지　折取崖花揷滿頭
취해 실려 돌아올 때 산 달 나오니　馱醉歸來山月出
이때의 맑은 흥취 더없이 그윽했지　此時淸興十分幽

내가 전후로 우담(牛潭)에 노닌 적이 매우 많은데, 을유년(1705, 숙종31) 봄에 백형(伯亨)[178]과 가장 질탕하게 놀았다. 이러한 뜻을 마지막 시에 언급하였다.

피리를 불었다는 전설이 전한다.《頭陀草 冊4 吹篴臺又疊前韻》

177 금계(金溪) : 취적대 아래를 흐르는 물 이름이다.《頭陀草 冊1 沈牛潭在鎭川縣南十餘里……》

178 백형(伯亨) : 박종양(朴宗陽, ?~1725)으로, 본관은 함양(咸陽)이다.

감회[179] 10수

感懷 十首

세상살이 온갖 어려움 있지만	行路自有千般難
전원으로 돌아오니 편하구나	歸田一着差可寬
푸른 산 여기에서 삶 마칠 만한데	青山是處堪終老
지금 세상 누가 관직을 싫어할까	今世何人不愛官
복사꽃 살구꽃 예쁘다 자랑 마라	桃杏休誇花葉好
소나무 잣나무를 눈서리 내린 뒤에 보리라	栢松須待雪霜看
〈아양곡〉 알아주는 이 없으면 어떠리[180]	峨洋豈管人無會
먼지 앉은 거문고 가져다 홀로 타노라	且取塵琴獨自彈

179 감회(感懷) : 이 작품에는 九首라는 소주(小註)가 있지만 其二가 중복되어 모두 10수이다. 따라서 두 번째 나오는 其二를 세 번째 작품으로 보고 나머지는 순서에 따라 수정, 번역하였다.

180 아양곡(峨洋曲)……어떠리 : 자신의 마음을 알아주는 사람이 없어도 상관없다는 말이다. 아양(峨洋)은 〈아양곡〉으로, 춘추 시대 백아(伯牙)가 연주하고 그의 벗 종자기(鍾子期)가 들었다는 거문고 곡조이다. 달리 〈유수곡(流水曲)〉이라고도 한다. 백아는 거문고를 잘 타고, 종자기는 그의 연주를 잘 알아들었다. 그리하여 백아가 마음속에 높은 산을 두고 거문고를 타면 종자기는 이를 알아듣고 "아, 훌륭하다. 험준한 것이 태산과 같다.〔善哉, 峨峨兮若泰山.〕"라고 하였으며, 백아가 마음속에 흐르는 물을 두고 거문고를 타면 종자기는 이를 알아듣고 "아, 훌륭하다. 넘실대는 것이 강하와 같다.〔善哉, 洋洋兮若江河.〕"라고 하였다 한다. 《列子 湯問》

2

젊어서 능연각에 초상 걸리라 생각했는데[181]	少年妄意畫凌烟
노쇠한 지금 흰머리만 가득하네	潦倒于今雪滿顚
생사도 본래 큰 일 아닌데	生死元非關大事
궁달을 어찌 하늘에 물으랴	窮通寧可問皇天
매화를 항상 본다면 어찌 늙음을 걱정하랴	梅如常看何愁老
술동이 비지 않으니 신선 부럽지 않노라	樽得無空不用仙
우습다 새 집에 이사 온 양 집극	好笑新家揚執戟
늘그막에 투각한 일도 《태현경》 때문이네[182]	晩來投閣亦因玄

3

누가 명나라 조정을 전장으로 만들었나	誰把明廷作戰場
백 년 동안 빼앗느라 피가 현황했네[183]	百年傾奪血玄黃

181 젊어서……생각했는데 : 젊은 시절 공명(功名)을 세우고자 했다는 말이다. 능연(凌烟)은 당 태종(唐太宗)이 공신(功臣) 24명의 초상을 걸었던 능연각(凌煙閣)을 말한다.

182 우습다……때문이네 : 이하곤 자신의 적막한 생활을 양웅(揚雄)의 고사를 인용하여 읊은 것이다. 양 집극(揚執戟)은 《태현경(太玄經)》을 저술한 한(漢)나라 양웅이 오래도록 황문시랑(黃門侍郞)으로서 집극(執戟)하는 보잘것없는 관직에 머물러 있었던 데서 유래하여 양웅을 가리키는 말로 사용되는데, 여기서는 이하곤 자신을 그에 견주어 말한 것이다. 투각(投閣)은 누각에서 투신한다는 뜻이다. 양웅의 제자 유분(劉棻)이 왕망(王莽)에게 체포되어 치죄(治罪)를 받음에 따라 양웅도 여기에 연루되어 옥리(獄吏)가 체포하러 갔는데, 양웅이 마침 천록각(天祿閣)에서 교서(校書)를 하고 있다가 결국 죽음을 면치 못할까 염려한 나머지, 거기서 그대로 뛰어내려 거의 죽게 되었던 고사가 전한다. 《漢書 卷87 揚雄傳》

서남은 어쩔 수 없이 본래 서로 나뉘었지만　西南已矣元分戶
노소는 어쩌자고 담장 안에서 다투는가[184]　老少胡爲又鬩墻
급주[185]가 한나라 도왔다 말하지 마라　莫道及廚能佐漢
우이[186]가 끝내 당나라 망쳤다지　從聞牛李竟亡唐

183 누가……현황(玄黃)했네 : 명(明)나라의 멸망을 읊은 것이다. 현황은《주역》〈곤괘(坤卦) 상륙(上六)〉에 "용이 들에서 싸우니, 그 피가 검고 누르도다.〔龍戰于野, 其血玄黃.〕"라고 한 데서 나왔는데, 현(玄)은 하늘이며 양(陽)이고 황(黃)은 땅이며 음이니, 음양이 화합하지 못하고 싸운다는 말이다.

184 서남(西南)은……다투는가 : 당쟁(黨爭)의 심화를 말한 것이다. 서남은 서인(西人)과 남인(南人)을, 노소(老少)는 노론(老論)과 소론(少論)을 의미한다. 혈장(鬩墻)은《시경》〈상체(常棣)〉의 "형제가 담 안에서는 싸우나, 밖으로는 남의 업신여김을 막느니라.〔兄弟鬩于牆, 外禦其侮.〕"라고 한 데서 유래한 말로, 여기서는 같은 서인이면서 노론과 소론으로 갈라져 싸우는 것을 지적한 것이다.

185 급주(及廚) : 후한(後漢) 영제(靈帝) 때 천하의 명사(名士)들을 분류하여 붙인 호칭으로, 그 가운데 으뜸은 삼군(三君)으로 온 세상이 우러르는 자인데, 두무(竇武), 유숙(劉淑), 진번(陳蕃)이다. 그 다음은 팔준(八俊)으로 사람들 중에서 빼어난 자를 가리키는데, 이응(李膺), 순익(荀翌), 두밀(杜密), 왕창(王暢), 유우(劉祐), 위낭(魏朗), 조전(趙典), 주우(朱宇)이다. 그 다음은 팔고(八顧)인데 덕행으로 사람들을 인도하는 자를 가리키는 바, 곽림종(郭林宗), 종자(宗慈), 파숙(巴肅), 하복(夏馥), 범방(范滂), 윤훈(尹勳), 채연(蔡衍), 양척(羊陟)이다. 그 다음은 팔급(八及)으로 사람들의 추앙을 받는 자를 가리키는데, 장검(張儉), 잠질(岑晊), 유표(劉表), 진상(陳翔), 공욱(孔昱), 원강(苑康), 단부(檀敷), 적초(翟超)이다. 그 다음은 팔주(八廚)인데 재물로 사람들을 구제하는 자를 가리키는데, 도상(度尙), 장막(張邈), 왕고(王考), 유유(劉儒), 호모반(胡母班), 진주(秦周), 번향(蕃嚮), 왕장(王章)이다.《後漢書 卷67 黨錮列傳》

186 우이(牛李) : 당(唐)나라 문종(文宗) 때의 권신(權臣)인 우승유(牛僧孺)와 이종민(李宗閔)을 가리킨다. 붕당을 결성하여 이길보(李吉甫), 이덕유(李德裕) 부자(父子)와 대립하였다.《資治通鑑 卷245 唐紀61 文宗元聖昭獻孝皇帝中》

거센 물결에 지주 같은 이를 권면해야 하니　　狂瀾砥柱猶當勉
황극과 기주에서 더욱 자세히 살펴야 하네[187]　　皇極箕疇更合詳

4

천시와 인사가 날마다 꼬이니　　天時人事日相乘
쯧쯧 혀 차며 분통만 늘어가네　　咄咄嗟嗟感憤增
산이 절로 날아오니 날개를 붙인 듯하고　　山自飛來如傅翼
바다는 단단하게 이미 얼음 되었네[188]　　海能堅沍卽成氷
《춘추》의 한 경서가 왜 있었던가　　春秋一部書何有
당시보다 낫다고 말할 것 없네　　勝向當時道未曾
솔잎 먹는 송충이는 진실로 작은 일이니　　食葉松蝗眞細故
한남이 민둥산 된 것은 말할 것도 없네　　漢南休說禿如僧

사람들 말에 벌레가 한남(漢南)의 소나무를 다 먹어치우니, 시사(時事)를 알 수 있다고 하였다.

187 거센……하네 : 시세에 휩쓸리지 않고 지조를 지키는 사람을 중용하여 당쟁을 없애야 한다는 말이다. 지주(砥柱)는 하남(河南) 삼문협(三門峽) 동북쪽 황하 중심에 있는 산 이름이다. 황하의 물결이 아무리 거세게 흘러도 이 산을 무너뜨리지 못하고 이 지점에 와서 갈라져 두 갈래로 산을 싸고 흐른다. 흔히 난세에 지조를 지키는 선비의 비유로 쓰인다. 기주(箕疇)는 기자(箕子)가 천하를 다스리는 아홉 가지 대법(大法)을 설명한 홍범구주(洪範九疇)를 가리키고, 황극(皇極)은《서경》〈홍범(洪範)〉에서 "다섯째, 황극은 임금이 극을 세움이다.〔五皇極, 皇建其有極.〕"라고 한 데서 나온 말이다. 그 글 가운데 "편벽됨이 없고 편당함이 없으면 왕의 도가 크고 넓으며, 편당함이 없고 편벽됨이 없으면 왕의 도가 공평하며, 위배됨이 없고 기울어짐이 없으면 왕의 도가 정직할 것이니, 그 극에 모여 그 극에 돌아올 것이다.〔無偏無黨, 王道蕩蕩, 無黨無偏, 王道平平, 無反無側, 王道正直, 會其有極, 歸其有極.〕"라고 하였다.

188 산이……되었네 : 거짓이 난무하는 상황을 비유적으로 말한 것이다.

5

광릉은 애초 군량을 확충하려 했지만	光陵初意爲軍儲
유민들이 안주하지 못할 줄 어찌 아셨으랴[189]	豈料遺民不奠居
젖먹이도 군적에 오름을 면치 못하고	襁褓那能免搜括
개와 닭은 일찌감치 침탈당했네	狗鷄早已入侵漁
친척과 이웃의 고초 끓는 물속의 고기 같고[190]	親隣困似湯魚沸
간사한 관리 없애기는 잡초 제거처럼 어렵네	奸吏難如蔓草除
구중궁궐은 호표가 지키는 깊숙한 곳에 있어[191]	只是九重深虎豹
백도가 날마다 폐허로 변한다지[192]	傳聞百堵日丘墟

요(料)는 도(道)로도 쓴다.

189 광릉(光陵)은……아셨으랴 : 광릉은 세조(世祖)를 가리킨다. 세조가 군비 강화를 위해 호적제도와 호패제도를 정비하였지만, 그 폐단으로 민생이 황폐해진 현실을 지적한 것으로 보인다.

190 친척과……같고 : 세금을 내지 못하는 사람이 있으면 친척과 이웃이 대납(代納)해야 했기에 그 고충을 말한 것이다.

191 구중궁궐(九重宮闕)은……있어 : 임금이 백성들의 실상을 살피지 못하는 점을 지적한 것이다. 호표(虎豹)는 궁궐을 지키는 무장(武將)을 의미한다. 전국 시대 초(楚)나라 송옥(宋玉)의 〈초혼(招魂)〉에 "호랑이와 표범이 아홉 겹의 하늘 문을 지키면서, 아래 세상 사람들이 들어오지 못하게 잡아먹네.〔虎豹九關, 啄害下人些.〕"라고 하였다.

192 백도(百堵)가……변한다지 : 백성들의 집이 폐허로 변한다는 소문을 들었다는 말이다. 백도는 높은 담장인데, 여기서는 민가(民家)를 의미한다. 《시경》 〈홍안(鴻雁)〉에 "우리들이 담을 쌓으니, 백도를 모두 일으키도다. 비록 몹시 수고로우나, 끝내 편안한 집을 얻으리로다.〔之子于垣, 百堵皆作, 雖則劬勞, 其究安宅.〕"라고 하였다. 도(堵)는 높이를 나타내는 단위로, 1장(丈)을 판(板)이라 하고, 5판(板)을 도라고 한다.

6

팔꿈치가 옷 밖으로 삐져나와도 싫어 마라	莫嫌雙肘露前襟
저절로 상가의 금석 소리 있구나[193]	自有商歌金石音
반평생 계고의 힘 받지 못해	半世未蒙稽古力
삼 년간 구름에 누우려는 마음 이루었네[194]	三年聊遂臥雲心
느릅나무에 사는 메추리가 어찌 먼 곳을 알랴[195]	槍榆斥鷃那知遠
바다에 숨는 용은 깊은 곳을 싫어 않지	蟄海神龍不厭深
무너진 벽으로 찬바람 들어와 잠 못 드는데	破壁寒風無夢寐

193 팔꿈치가……있구나 : 가난한 생활에도 지조를 지킨다는 말이다. 증자(曾子)가 위(衛)나라에 있을 때, 사흘이나 불을 때지 못하고 십 년 동안 새 옷을 해 입지 못하는 극빈(極貧)의 생활 속에서도 "신발을 끌며 상송을 노래하니, 그 소리가 천지에 가득 차서 마치 금석에서 나는 것만 같았다.〔曳縱而歌商頌, 聲滿天地, 若出金石.〕"라고 했다는 고사가 전한다.《莊子 讓王》

194 반평생……이루었네 : 세상에 쓰이지 못해 초야에 묻혀 살게 되었다는 말이다. 계고(稽古)는 옛일을 상고한다는 말로 고사를 많이 고찰하여 박식해지는 것을 이르는데, 여기서는 그런 박식함을 인정받지 못했다는 말이다. 후한(後漢) 때 환영(桓榮)이 태자소부(太子少傅)에 제수되어 치거(輜車)와 승마(乘馬)를 하사받았는데, 제생(諸生)들을 모아 놓고 "오늘 내가 이런 은혜를 입은 것은 고사를 많이 고찰한 힘으로 말미암은 것이니, 힘쓰지 않아서 되겠는가.〔今日所蒙, 稽古之力也, 可不勉乎.〕"라고 한 데서 유래하였다.《後漢書 卷37 桓榮列傳》

195 느릅나무에……알랴 :《장자(莊子)》〈소요유(逍遙遊)〉에 "붕새가 남쪽 바다로 날아갈 때는 파도를 일으키기를 3천 리, 회오리바람을 타고 오르기를 9만 리,……매미와 비둘기가 그를 비웃으며 말한다. '우리는 있는 힘껏 날아올라야 느릅나무나 다목나무에 머무르지만, 때로 거기에도 이르지 못하여 땅바닥에 동댕이쳐진다. 어찌하여 9만 리나 올라가 남쪽으로 가려고 하는가.' 한다.〔鵬之徙於南冥也, 水擊三千里, 摶扶搖而上者九萬里,……蜩與學鳩笑之曰, 我決起而飛, 搶榆枋, 時則不至, 而控於地而已矣, 奚以之九萬里而南爲.〕"라는 말이 나온다.

사방 산의 솔바람이 슬픈 읊조림에 화답하네 四山松籟答悲吟

7

이미 희황의 시대에 눈 두었는데 已能着眼羲皇際
어찌 속사의 앞에서 고개 숙일까[196] 安肯低眉俗士前
다만 오래도록 한가하게 지내며 질병 없다면 但使長閒無疾病
문득 평지에서 신선 된다네 便於平地作神仙
세상에는 절로 제후에 봉하는 인장 있지만 人間自有封侯印
천상에 어찌 귀신 부리는 돈이 필요하랴[197] 天上寧須使鬼錢
어지러운 세상사 이와 같으니 世事紛紛有如此
문 밖에 나가 한번 웃자 산 푸르구나 出門一笑山蒼然

8

운장[198]을 세 번 반복해 새봄 축하하는데 雲章三疊祝新春

196 이미……숙일까 : 속세에 나가지 않고 은거하기로 마음을 먹었다는 말이다. 도잠(陶潛)의 〈여자엄등소(與子儼等疏)〉에 "오뉴월 중에 북창 아래에 누워 있으면 서늘한 바람이 잠시 스쳐 지나가는데, 그럴 때면 내가 태곳적 희황 시대의 사람인가 하는 생각이 든다.〔五六月中, 北窗下臥, 遇涼風暫至, 自謂是羲皇上人.〕"라는 말이 나온다.

197 세상에는……필요하랴 : 뇌물을 주고받는 세태를 비판한 말로 보인다. 진(晉)나라 노포(魯褒)의 《전신론(錢神論)》에 옛 속담을 인용하여 말하기를 "돈이 있으면 귀신도 부릴 수 있는데, 더구나 사람에 있어서랴.〔有錢可使鬼, 而況于人乎.〕"라고 하여 돈의 위력을 말하였다. 《西晉文紀 卷20》 반면 송(宋)나라 황정견(黃庭堅)은 〈차운호언명동년……(次韻胡彦明同年……)〉에서 "마상에서 봉후될 골상이 원래 없었거니, 인간 세상에 귀신 부릴 돈은 어디에 쓰리오.〔原無馬上封侯骨, 安用人間使鬼錢.〕"라고 하였다. 《山谷集 外集 卷7》

재배하고 길게 읊조리니 눈물이 수건에 가득하네	再拜長吟涕滿巾
오늘 신주가 좌임에 빠졌으니	今日神州淪左衽
언제 참된 군주가 먼지와 비린내 쓸어낼까[199]	何時眞主掃腥塵
알겠다 임금께서 옷 구하던 밤에	懸知北極求衣夜
남쪽 변방 곤경에 처한 백성 염려하시겠지[200]	應念南荒涸轍民
시 가운데 가장 슬프고 간절한 뜻은	最是詩中悲懇意
다시 인협[201]으로 신하들을 경계한 말씀이네	更將寅協敕臣隣

198 운장(雲章) : 《시경》 〈역복(棫樸)〉에 "큰 저 은하수여, 하늘에 문장이 되었도다.〔倬彼雲漢, 爲章于天.〕"라고 한 데서 유래한 말로, 제왕의 문장을 비유하는 말이다. 그러나 여기서는 구체적으로 어떤 글을 가리키는지 자세하지 않다.

199 오늘……쓸어낼까 : 중국을 차지한 청(淸)나라가 망하고, 다시 문명(文明)의 세상이 되기를 바란 것이다. 좌임(左衽)은 오랑캐를 상징한다. 공자(孔子)께서 관중(管仲)을 평가하시면서 "관중이 없었다면 우리는 머리를 풀고 옷깃을 왼편으로 하는 오랑캐가 되었을 것이다.〔微管仲, 吾其被髮左衽矣.〕"라고 하였다. 《論語 憲問》

200 알겠다……염려하시겠지 : 임금이 정사(政事)에 힘쓰며 곤경에 처한 백성들을 염려할 것이라는 말이다. 구의(求衣)는 한 문제(漢文帝)가 처음 즉위해서 날이 밝기도 전에 일어나 옷을 걸치고 정사에 임했다는 고사에서 유래한 말로, 임금이 정사에 부지런히 힘쓰는 것을 비유한다. 《漢書 卷51 鄒陽傳》 학철(涸轍)은 학철부어(涸轍鮒魚)와 같은 말인데, 수레바퀴 자국에 고인 얕은 물속에서 말라 헐떡이는 붕어라는 뜻으로, 곤경에 처해 다급한 사람을 비유한다. 300쪽 각주133 참조.

201 인협(寅協) : 동인협공(同寅協恭)과 같은 말로, 《서경》 〈고요모(皐陶謨)〉에 보인다. 본래 고요가 순(舜)임금 앞에서 우(禹)에게 말한 것인데, 뒤에는 동료 관원들이 공경히 임금을 섬기면서 다 함께 훌륭한 정사를 이루기 위해 협력한다는 뜻으로 쓰이게 되었다.

9

조령의 튼튼한 관문 급하게 서두르더니 　鳥嶺重關不日成
분분한 여러 의견이 또 성을 비우게 했네 　紛紛群議又空城
용렬한 사람 본래 좋은 꾀 없었지만 　庸兒自是無長慮
후세에 오직 참된 정성 알리라 　異世唯應見血誠
이 일은 청야법 완전히 어긋났으니 　此着全乖淸野法
너희들 배수진 펼친 군사를 웃지 마라[202] 　爾曹莫笑背江兵
북한산성이 구름에 닿을 듯 높다 하니 　近聞北漢干雲峻
울타리 다 거둔들 어찌 놀라랴 　撤盡藩籬豈足驚

10

농암 문하에서 일찍이 옷자락 당겼는데[203] 　農巖門下早摳衣
학문에 뜻 두었던 초심 갈수록 어긋났지 　志學初心轉覺違
굳센 힘으로 우리의 도덕을 짊어지지 못했으니 　硬脊不擔吾道去
평생 소인의 신세 면하기 어렵네 　終身難免小人歸
《논어》와 《대학》을 정밀하게 익히지 못했고 　魯論曾傳硏精未

202 조령(鳥嶺)의……마라 : 임진왜란(壬辰倭亂) 당시 신립(申砬, 1546~1592) 장군이 조령에서 내려와 탄금대(彈琴臺) 부근에서 배수진(背水陣)을 쳤다가 패배한 사실을 읊은 것이다. 청야법(淸野法)은 적이 이용하지 못하도록 농작물이나 건물 등 지상의 모든 것들을 말끔하게 없애는 전법을 말한다.

203 농암(農巖)……당겼는데 : 이하곤이 농암 김창협(金昌協, 1651~1708)의 문하에서 수학(修學)했다는 말이다. 구의(摳衣)는 심의(深衣)의 앞자락을 걷어잡는다는 뜻으로, 후대에는 스승 앞에 나아가 강론을 들음을 의미하게 되었다. 《예기》 〈곡례 상(曲禮上)〉에 "옷자락을 걷어잡고 구석으로 빨리 가고, 대답과 응락을 반드시 조심해야 한다.〔摳衣趨隅, 必愼唯諾.〕"라고 하였다.

〈태극도설〉과 〈서명〉[204]도 자주 읽지 못했네　　太極西銘着眼稀
훗날 구원에서 서로 알아볼 수 있다면　　他日九原如有識
우리 선생님 뵐 면목 없을까 두렵구나　　恐無顔面拜吾師

농암(農巖)께서 일찍이 〈태극도설(太極圖說)〉과 〈서명(西銘)〉을 읽으라고 권하셨는데, 지금까지도 실천하지 못하였다.

204 태극도설(太極圖說)과 서명(西銘) : 〈태극도설〉은 송(宋)나라 주돈이(周敦頤)의 글이고, 〈서명〉은 장재(張載)의 글이다.

선전관 류원화 만사

挽柳宣傳 元華

헤아려 보니 칠십 평생에	算了生年七十年
직함은 겨우 선전관 하나였네	官銜纔得一宣傳
사람들은 비할 데 없이 순근하다 하는데	人言醇謹元無比
하늘은 너무도 곤궁하게 하셨네	天與貧窮似亦偏
상복 입은 뒤로 몇 번이나 찾아 주셨던가	幾度相存持服後
관 뚜껑 덮기 전에 다시 만나지 못하게 되었네	未能更覿蓋棺前
후의 잊기 어려운 곳 알고자 하는데	欲知厚意難忘處
가래나무 자란 모산이 이미 어둑하구나	楸栢茅山已蒼然

꽃을 옮겨 심다
移花

늙은이 사정에 어두워	老夫作事迂
볼거리만 도모하고 먹거리는 관심없네	爲眼不爲口
울타리 동쪽 몇 이랑 땅에	籬東數畝地
겨자와 부추 심지 않고	了不種芥韭
종에게 꽃 옮기게 하였더니	移花課僮僕
새벽밥 먹고 부지런히 일하네	蓐食事奔走
푸른 자두와 붉은 복숭아	青李及緋桃
매화떨기와 수양버들 심지만	叢梅復垂柳
왜홍이 가장 아름다우니	倭紅最奇絶
요황[205]과 벗할 만하네	堪與姚黃友
아마도 늦봄 되면	擬待晩春後
울긋불긋 여기저기 피겠지	紅綠紛左右
적절히 물을 주고	溉灌旣無愆
손수 북돋아 주었네	培壅親吾手
땅이 기름져 우유처럼 윤기 나니	土膏潤如酥

205 요황(姚黃) : 요씨(姚氏) 집의 황색 모란이라는 뜻으로, 매우 희소해서 소중하게 여기는 모란꽃의 품종이다. 송(宋)나라 구양수(歐陽脩)의 《낙양모란기(洛陽牡丹記)》 〈화석명(花釋名)〉에 "요황은 일천 개의 잎이 달린 노란 꽃으로 요씨네 집에서 나오는데, 이 꽃이 세상에 나온 지는 지금 10년이 채 안 된다.〔姚黃者, 千葉黃花, 出於民姚氏家, 此花之出, 於今未十年.〕"라고 하였다.

마른 가지에 생기 도네　生意回枯朽
흐드러지게 핀 모습 진실로 좋겠지만　爛熳固可喜
꽃망울도 볼만하네　蓓蕾亦所取
이것도 경제이니　卽此是經濟
백성들 편하게 하는 것만 경제는 아니라네　不獨安黔首
진실로 사물을 이롭게 한다면　苟能利於物
피차에 차등 있을 수 없네　彼此無薄厚
가슴에 품은 재주 시험하지 못한 채　未試胸中術
답답하게 오랜 세월 보냈구나　鬱鬱歲月久
정원에 물 주는 일 분수에 알맞으니　灌園分所甘
감히 수레 뒤에 타기를 바라랴[206]　敢望載車後
동풍이 저녁에 세차게 불고　東風晩來急
가랑비가 빈 창 비치는데　細雨映虛牖
많은 꽃들 언제쯤 활짝 피려나　繁英幾時好
그런대로 봄 술을 빚어야지　聊且陶春酒

재거후(載車後)는 “황옥(璜玉) 낚는 늙은이[207]〔釣璜叟〕”로도 쓴다.

206 정원에……바라랴 : 이하곤이 높은 관직에 오르는 일을 바라지 않는다는 말이다. 주(周)나라 문왕(文王)이 사냥을 나가기 전에 점을 쳐 재상을 얻을 점괘를 얻었는데, 위수(渭水)를 지나다가 여상(呂尙, 강태공(姜太公))을 만나 수레에 태워 돌아온 일이 있다. 《史記 卷32 齊太公世家》

207 황옥(璜玉) 낚는 늙은이 : 주(周)나라 여상이 반계(磻溪)에서 낚시질을 하다가 황옥을 건져 올렸는데, 그 황옥에 “희씨가 천명을 받고 여씨가 보좌하리라.〔姬受命, 呂佐之.〕”라는 글귀가 새겨져 있었다고 한다. 《麗則遺音 卷3 太公璜》

한식에 눈을 바라보며

寒食對雪

해마다 한식에 먼 나그네 신세라	寒食年年長作客
올해 한식에는 갑절이나 집 그리워라	今年寒食倍思家
오락가락 내리는 눈발 근심스러울 뿐	只愁密密疎疎雪
붉고 흰 꽃들 볼 수 없네	不見紅紅白白花
쓸쓸한 이웃 마을에 연기 싸늘하고	隣巷蕭條烟火冷
세찬 봄바람에 버들가지 휘날리네	春風顚倒柳絲斜
마을 노인들 풍년 조짐이라 하니	村翁道是豐登兆
한유의 시를 외워 스스로 자랑하네	誦得韓詩獨自誇

이날 좌중(座中)에서 퇴지(退之)의 시 〈춘설(春雪)〉[208]과 비슷하다고 거론하며 풍년 조짐이라고 말하는 사람이 있었기에, 결구(結句)에서 언급하였다.

208 퇴지(退之)의 시 춘설(春雪) : 퇴지는 당(唐)나라 한유(韓愈)의 자이다. 〈춘설〉은 한유의 문집에는 보이지 않고 《문원영화(文苑英華)》 권154에 보인다. 그 시의 마지막에 "풍년 조짐이라며 모두들 축하하니, 어찌 농가에 권면하지 않으랴.〔呈豐盡相賀, 寧止力耕家.〕"라고 하였다.

비로소 살구꽃을 보다

始見杏花

춘삼월에도 날씨 추워 살구꽃 피지 않다가　春寒三月杏花遲
문득 보니 집 동쪽 한 가지에 피었네　忽見屋東開一枝
이제부터 미치도록 꽃이 사랑스러울 터　自是愛花狂欲死
우선 붉고 고운 자태를 새 시에 담노라　先將紅艶入新詩

재거잡영 전편

齋居雜詠 前

조용한 삶 담박하게 일 없으니 幽居澹無營
마침내 세상사 끊어졌네 遂與塵事絶
외로운 집 봄비 내린 뒤에 孤齋春雨餘
고즈넉이 꽃들이 피었네 寂寂花自發
선생이 편안히 앉았노라니 先生方宴坐
산새들 쉼 없이 지저귀네 山鳥啼不歇

2

동쪽 언덕에 지팡이 꽂아 두고 植杖東皐上
남쪽 시냇가 굽이에서 휘파람 부네[209] 舒嘯南澗曲
누가 한 줄기 깊고 맑은 물을 誰將一泓清
여기 쏟아 천 겹이나 푸르게 만들었나 寫此千重綠
갓끈도 감히 빨지 못하는데 濯纓吾不敢
하물며 발을 씻으랴[210] 況可濯吾足

209 동쪽……부네 : 진(晉)나라 도잠(陶潛)이 팽택 영(彭澤令)을 그만두고 돌아올 때에 지은 〈귀거래사(歸去來辭)〉에 "동쪽 언덕에 올라 휘파람을 분다.〔登東皐以舒嘯〕"라고 한 말을 원용한 것이다.

210 갓끈도……씻으랴 : 물이 너무도 맑다는 말이다. 《맹자》 〈이루 상(離婁上)〉에 "창랑의 물이 맑으면 내 갓끈을 빨고, 창랑의 물이 흐리면 내 발을 씻겠다.〔滄浪之水淸兮, 可以濯我纓. 滄浪之水濁兮, 可以濯我足.〕"라고 한 것을 원용하였다.

3

시냇물 넘실넘실 흐르니 溪水流洋洋
내 배고픔을 달래 줄 만하네[211] 足以樂我飢
헤엄치는 물고기 더욱 여유로워 游魚復從容
내 시를 구하려는 듯 似欲求我詩
나도 낚싯대 잊은 채 我亦忘竿竹
홀로 이와 같아야 함 감탄하네[212] 獨自歎如斯

4

누가 내 집을 외지지 않다 하는가 孰謂吾廬淺
꽃 우거진 곳에 있는 것을 乃在花深處
낮 길어도 적막하게 오는 사람 없고 日長寂無人
잠에서 깨니 그윽한 새 지저귀네 睡罷幽禽語
일어나 앞산 바라보니 起來望前山
흰 구름은 어디에서 피어났나 白雲生何許

5

창문이 티끌 없이 깨끗하여 軒牕淨無塵

211 시냇물……만하네 : 《시경》 〈형문(衡門)〉의 "형문의 아래여, 쉬고 놀 수 있도다. 샘물이 졸졸 흐름이여, 굶주림을 즐길 수 있도다.〔衡門之下, 可以棲遲, 泌之洋洋, 可以樂飢.〕"라는 말을 원용하였다.

212 나도……감탄하네 : 흐르는 시냇물을 보면서 도(道)의 본연(本然)을 느낀다는 말이다. 《논어》 〈자한(子罕)〉에 공자께서 시냇가에 계시면서 "가는 것이 이와 같구나. 밤낮을 그치지 않도다.〔逝者如斯夫, 不舍晝夜.〕"라고 말씀하신 내용이 보인다.

온종일 꽃잎이 책에 비치네 永日花映書
책 가져다 때때로 한 번씩 외노니 取書時一諷
마음이 태곳적으로 돌아가네 意還太古初
나의 삶 진실로 족하니 吾生良已足
이외에 더 바라지 않노라 此外不願餘

6

꽃 꺾어 병에 꽂나니 折花揷瓶中
복사꽃 살구꽃 가리지 않노라 桃杏無不可
침수향처럼 향기 짙고 馥郁沈水香
붉은 비단으로 감싼 듯하네 如以紅錦裹
내가 꽃이 되었으니 我爲花傳神
꽃이 내가 아닌 줄을 어찌 알랴 焉知花非我

7

꽃 보며 어느새 꽃 잊고 看花已忘花
물 마시며 어느새 물 잊나니 飮水已忘水
잊은 것은 빛깔과 맛일 뿐 所忘者色味
오묘한 경지는 여기에 있지 않다네 妙處不在是
내가 이 뜻을 들어서 吾欲擧斯義
자소자[213]에게 질정해 보고 싶네 質之子邵子

213 자소자(子邵子) : 송대(宋代)의 학자 소옹(邵雍)을 높여 부르는 말이다. 그의 자는 요부(堯夫), 시호는 강절(康節)이다.

8

아침에도 두타산 바라보고　　朝見頭陀山
저녁에도 두타산 바라보네　　暮見頭陀山
웃지도 않고 말도 없지만　　不笑亦不語
짙을 때나 엷을 때나 정을 나누네　　交情濃淡間
결국 함께 돌아가 같은 것은　　畢竟同歸者
나도 한가롭고 너도 한가롭구나　　吾閑爾亦閑

교정(交情)은 의재(意在)로도 쓴다.

9

사람들이 무릉도원[214]을　　人將武陵源
금담[215]의 내 집에 견주는데　　比我金潭居
무릉을 내 보지 못했으니　　武陵吾不見
모르겠다 과연 어떠할까　　未知果何如
비록 무릉이 멋지더라도　　縱使武陵好
나는야 내 집이 좋아라　　吾自愛吾廬

10

산꽃이 연이어 피니　　山花陸續開

214 무릉도원(武陵桃源) : 무릉원(武陵源)은 진(晉)나라 도잠(陶潛)의 〈도화원기(桃花源記)〉에 나오는 신선세계를 말한다.

215 금담(金潭) : 이하곤의 《두타초(頭陀草)》 책9 〈월야보죽림(月夜步竹林)〉에 "우리집이 금담 굽이에 있다.〔我家金潭曲〕"라는 구가 있는 것으로 보아, 이하곤의 고향에 있었던 연못으로 추정된다.

마치 사람이 밀고 당기는 듯하네　　如有人推挽
이걸로 봄을 본다면　　以此觀春事
이르지도 늦지도 않네　　不早亦不晩
동암[216]은 진정 머물 만한 곳이니　　東菴定應住
지팡이 짚고 한 번 다녀와야지　　杖藜一往返

11

자나 깨나 그리던 개골산　　寤寐皆骨山
어느덧 삼십 년이 지났네　　倏忽三十年
신선들은 나를 비웃으며　　群仙應笑我
초파리처럼 여길 테지[217]　　以我醯鷄然
자색 연기 밟게 된다면　　行當躡紫烟
비로봉 꼭대기에서 옷깃 떨치리라　　振衣毘盧顚

216 동암(東菴) : 《두타초(頭陀草)》 책1 〈동암과우장로(東庵過雨長老)〉 아래에 "암자는 천후산에 있다.〔庵在天吼山〕"라는 원주(原註)가 있으나, 어디인지 자세하지 않다.

217 신선들은……테지 : 신선들이 자신들처럼 마음껏 금강산을 유람하지 못하는 이하곤을 비웃을 것이라는 말이다. 군선(群仙)은 신라 시대에 강원도 고성(高城)의 삼일포(三日浦)에서 3일 동안 놀면서 집에 돌아가지 않았다는 네 명의 신선 술랑(述郎), 남랑(南郎), 영랑(永郎), 안상(安祥)을 가리키는 것으로 보인다. 혜계(醯鷄)는 술독 안을 날아다니는 날벌레로, 소견이 아주 좁은 사람을 비유한 말이다. 공자께서 일찍이 노자(老子)를 만나보시고 안회(顔回)에게 이르기를 "나는 도에 대해서 마치 항아리 속의 초파리와 같았구나. 선생께서 그 항아리의 덮개를 열어 주지 않았더라면, 나는 천지의 위대한 참모습을 모를 뻔했구나.〔丘之於道也, 其猶醯鷄與, 微夫子之發吾覆也, 吾不知天地之大全也.〕"라고 한 데서 온 말이다. 《莊子 田子方》

12

어린 계집종은 베를 짜고　小婢弄機杼
여린 종은 삼태기를 짊어지는데　弱奴荷畚蕢
맥 풀린 주인옹은　頹然主人翁
종일 하는 일 없이　終朝無所事
진 밥 된 밥 따지고 있으니　較量粥與飯
가만히 마음속으로 부끄럽네　默默心內愧

"진 밥 된 밥 따지고 있으니〔較量粥與飯〕"는 "된 밥 진 밥 따지니〔較量飯粥間〕"로도 쓴다.

13

맑은 새벽에 소 몰아 나갔다가　清晨叱牛去
해 저물면 쟁기 지고 돌아오네　日暮負耒還
때에 맞춰 갈고 심어야 하니　耕種當及期
경각을 다투네　所競晷刻間
이렇게 조금이나마 힘쓰지 않는다면　不有此微勤
어떻게 오래도록 한가로울 수 있으랴　何以獲長閒

14

벼슬살이는 질곡과 같고　簪組是桎梏
부귀는 위태로운 기미라네　富貴卽危機
고운 비단옷이 비록 화려하지만　絺繡雖云華
헐렁한 옷[218]보다 못하고　未若獨速衣
진수성찬이 비록 맛나지만　列鼎雖云美

북산의 고사리만 못하네　未若北山薇

15

개구리가 때를 만나서　蝦蟆乘氣機
울고 뛰느라 그칠 줄 모르네　鳴躍不知休
가만히 앉아 만물의 묘한 이치 바라보니　靜坐觀衆妙
하나의 이치가 절로 유행하네　一理自行流
어찌 반드시 솔개와 물고기여야 하는가　何必鳶與魚
어느 사물에서나 구할 수 있네[219]　要向物物求

218 헐렁한 옷 : 독속(獨速)은 흔들리는 모습을 가리킨다. 당(唐)나라 맹교(孟郊)의 시 〈송담공(送淡公)〉에 "발로 작은 뱃머리 밟으며, 흔들흔들 짧은 도롱이 입고 춤을 추네.〔脚踏小船頭, 獨速舞短蓑.〕"라는 말이 있는데, 주여창(周汝昌)이 독속은 흔드는 모습이라고 주석을 달았다.

219 어찌……있네 : 자연의 이치는 솔개와 물고기뿐만 아니라, 개구리를 포함한 모든 사물을 통해 엿볼 수 있다는 말이다. 《중용장구》 제12장에 "《시경》에 이르기를 '솔개는 날아 하늘에 이르는데, 물고기는 연못에서 뛰논다.' 하였으니, 상하에 이치가 밝게 드러남을 말한 것이다.〔詩云, 鳶飛戾天, 魚躍于淵, 言其上下察也.〕" 하였다.

시냇가 집에 밤비가 내리다
溪齋夜雨

시냇가 집에 밤기운 서늘하더니 　　磵戶生夜涼
누운 자리에 가랑비 소리 들리네 　　臥聞微雨滴
생각해 보니 남쪽 시냇가 길에 　　遙憶南溪路
어지러이 살구꽃 떨어지겠지 　　紛紛杏花落

늦봄에 회포를 적다
晩春書懷

늙어 가며 점차 쉬 가는 봄 시름겨워	老去漸愁春去易
봄 올 때마다 더디 가기를 바라네	每逢春到願春遲
경치 안배에는 비가 내려야 하고	安排景物須新雨
산천풍경 구사해서 좋은 시 짓노라	驅使溪山更好詩
달빛이 장차 차려 하니 더욱 어여쁘고	月色偏憐將滿夜
복사꽃 반쯤 피었으니 가장 사랑스럽네	桃花最愛半開時
근래 흰머리가 부질없이 이와 같지만	年來白髮空如許
오히려 홍취는 줄어들지 않았네	猶有風情未肯衰

춘거(春去)의 거(去)는 노(老)로도 쓴다.

재거잡영 후편

齋居雜詠 後

결승[220]으로도 이미 일 많은데 結繩既多事
문자를 누가 만들었나 文字誰造爾
이익을 따지는 일이 날로 생겨나서 利竇日以開
순박한 풍습은 이제 모두 사라졌네 淳風今盡死
어찌하면 백성들 어리석게 하여 何以愚黔首
다시 처음으로 돌아가게 할까 復得返其始

2

오제는 천하를 전하여[221] 五帝官天下
천하를 사사로이 하지 않았지 不以天下私
남소도 덕에 부끄러웠는데[222] 南巢亦慙德

220 결승(結繩) : 상고 시대 문자(文字)가 없을 적에 노끈으로 매듭을 지어 정령(正令)의 부호로 썼던 일을 말한다. 《주역》 〈계사전 하(繫辭傳下)〉에 "상고 시대에는 노끈을 맺어 다스렸는데, 후세에 성인이 글과 문서로 바꾸어, 백관이 다스려지고 만민이 살폈다.〔上古結繩而治 後世聖人易之以書契, 百官以治, 萬民以察.〕" 하였다.

221 오제(五帝)는 천하(天下)를 전하여 : 오제는 황제(黃帝) · 전욱(顓頊) · 제곡(帝嚳) · 요(堯) · 순(舜)을 말한다. 《한서(漢書)》 권77 〈합관요전(蓋寬饒傳)〉에 《한씨역전(韓氏易傳)》의 말을 인용하여 "오제는 관천하를 하였고, 삼왕은 가천하를 하였다. 가는 아들에게 제위를 계승하는 것이고, 관은 어진 이에게 제위를 계승하는 것이다.〔五帝官天下, 三王家天下, 家以傳子, 官以傳賢.〕"라고 하였다. 아들에게 천자의 자리를 물려주지 않고 현자에게 선양(禪讓)한 사실을 말한 것이다.

하물며 부월을 든 일이겠는가[223] 況乃杖鉞爲
그러므로 공자께서 소무를 논할 때 仲尼論韶武
은미한 말씀 있으셨지[224] 所以有微辭

3

위수는 넘실넘실 흐르고[225] 渭水流浩浩
수양산은 우뚝 솟아 높구나[226] 首山高嵯峨

222 남소(南巢)도 덕(德)에 부끄러웠는데 : 《서경》 〈중훼지고(仲虺之誥)〉에 "성탕이 걸왕을 남소에 유폐시키고 부끄러워하는 마음이 있어 말씀하기를 '나는 후세에 나를 구실로 삼을까 두려워한다.' 하였다.〔成湯放桀于南巢, 惟有慙德, 曰予恐來世, 以台爲口實.〕"라고 하였다. 이를 인용하여 탕(湯)은 걸(桀)을 죽이지 않았지만 그래도 신하로서 혁명을 감행한 일에 대해 부끄럽게 여겼다고 말하고 있는 것이다.

223 하물며……일이겠는가 : 주(周)나라 무왕(武王)이 은(殷)나라 주(紂)를 정벌하여 죽인 일은 더욱 부끄러운 일이라는 말이다. 장월(杖鉞)은 《서경》 〈목서(牧誓)〉에 "왕이 왼손에는 황금으로 꾸민 도끼를 잡고, 오른손에는 흰 깃발을 잡고 휘둘렀다.〔王左杖黃鉞, 右秉白旄, 以麾.〕"라고 한 것을 의미한다. 한편 주가 무왕의 군대에 패하자 녹대(鹿臺)에 올라가 스스로 불타 죽었는데, 무왕이 이르러 황금으로 꾸민 도끼로 주의 머리를 베어 흰 기에 매달았다고 한다. 《史記 卷4 周本紀》

224 공자(孔子)께서……있으셨지 : 소(韶)는 순(舜) 임금의 음악이며, 무(武)는 주나라 무왕의 음악이다. 《논어》 〈팔일(八佾)〉에 "공자께서 소악을 평하시되 '지극히 아름답고 지극히 좋다.' 하셨고, 무악을 평하시되 '지극히 아름답지만 지극히 좋지는 못하다.' 하셨다.〔子謂韶, 盡美矣, 又盡善也. 謂武, 盡美矣, 未盡善也.〕"라고 하였다.

225 위수(渭水)는 넘실넘실 흐르고 : 태공망(太公望) 여상(呂尙)을 말한 것이다. 위수는 여상이 살던 반계(磻溪)를 가리킨다. 그는 이곳에서 늙도록 낚시질하며 때를 기다리다가 문왕(文王)을 만나 사부(師傅)로 추대되고, 무왕을 도와 마침내 은을 물리치는 공을 세웠다.

226 수양산(首陽山)은……높구나 : 백이(伯夷)와 숙제(叔齊)의 일을 말한 것이다.

정도와 권도를 각각 적합하게 따랐지만　經權各有適
우열은 과연 어떠한가　優劣果如何
〈채미곡〉을 지어 불렀으니　爲歌採薇曲
맑은 유풍 지금도 기리네[227]　淸風至今多

4
우를 이어 귀서를 연역하고[228]　繼禹龜書演
주에 가서 옥마로 조회했지[229]　賓周玉馬朝
우리가 오랑캐를 면한 것은　東人免鱗介

수산(首山)은 두 사람이 은거한 수양산을 가리킨다. 두 사람은 주나라 무왕이 주(紂)를 정벌하러 갈 때 말고삐를 잡고 제후로서 천자를 정벌하는 것은 옳지 못한 일이라고 간하여 대의를 밝혔으며, 무왕이 은나라를 멸망시키고 천자의 지위에 오르자, 주나라의 녹봉을 먹는 것을 부끄러워하여 수양산으로 들어가 굶어 죽었다.《史記 卷61 伯夷列傳》

227 채미곡(採薇曲)을……기리네 : 아직까지도 백이(伯夷)와 숙제(叔齊)를 기리는 사람들이 많다는 말이다. 〈채미곡〉은 채미가(採薇歌)로, 백이와 숙제가 수양산에 은둔하여 고사리를 캐어 먹으면서 부른 노래인데, 그 노래에 "저 서산에 올라가서 고사리를 캐도다. 폭력으로 폭력과 바꾸면서 자기의 그릇됨을 모르도다. 신농과 우순과 하우가 이제는 없으니, 나는 어디로 돌아갈거나.〔登彼西山兮, 採其薇矣. 以暴易暴兮, 不知其非矣. 神農虞夏忽焉沒兮, 我安適歸矣.〕"라고 하였다.《史記 卷61 伯夷列傳》

228 우(禹)를……연역(演繹)하고 : 기자(箕子)가 홍범구주(洪範九疇)를 지었다는 말로, 은(殷)나라의 말기 상황을 읊은 것이다. 귀서(龜書)는 우 임금이 낙수(洛水)에서 얻은 신귀(神龜)의 등에 새겨져 있었다는 글씨로, 훗날 홍범구주의 근거가 된 낙서(洛書)를 말한다.

229 주(周)에……조회했지 : 미자(微子)가 주 무왕에게 가서 조회했다는 말로, 역시 은나라의 말기 상황을 읊은 것이다. 옥마(玉馬)는 어진 신하를 말하는데, 은나라의 주(紂)가 달기(妲己)에게 빠져 정사를 어지럽히자, 미자가 여러 차례 간했으나 듣지 않았다. 그러자 은나라를 버리고 무왕에게 가서 조회하였다.《史記 卷38 宋微子世家》

또한 팔조의 가르침 덕분이지[230]　亦賴教八條
우리나라에는 기자가 계시고　左海有父師
중국에는 요 임금 계시다네　中國有唐堯

5

주공이 유언비어에 곤액 당할 때　周公困流言
금등이 유자를 깨우쳤지[231]　金縢啓孺子
당시에 두 공이　當時二公輩

230 우리가……덕분이지 : 우리나라가 오랑캐가 되지 않은 것은 기자(箕子)의 팔조목(八條目) 덕택이라는 말이다. 인개(鱗介)는 대개 비늘을 가진 물고기와 딱딱한 껍질을 지닌 수중 생물들을 가리키지만, 그와 같이 비천한 소인배나 오랑캐를 의미한다. 무왕(武王)이 은나라를 멸하자, 은나라의 신하였던 기자는 동쪽으로 와서 사람들에게 예의(禮義)와 전잠(田蠶) 등을 가르쳤으며, 팔조목을 가지고 백성들을 다스렸다고 한다. 팔조목은 기자가 지었다고 하는 고조선의 범금팔조(犯禁八條)를 말한다. 고조선에는 일찍부터 8개의 금법(禁法)이 있어 각종 범죄를 처벌하였는데, 그 가운데 사람을 죽인 자는 죽인다〔相殺償以命〕, 사람을 상하게 한 자는 곡물로 보상한다〔相傷以穀償〕, 남의 물건을 훔친 자는 그 집의 노비로 삼는다〔相盜者沒爲其家奴婢〕는 세 조항만 전한다.

231 주공(周公)이……깨우쳤지 : 무왕이 죽고 성왕(成王)이 즉위했을 때, 무왕의 동생인 관숙(管叔)과 그의 여러 아우들이 유언비어를 퍼뜨려 주공이 장차 어린 성왕에게 불리한 행동을 할 것이라고 하였다. 성왕 역시 의심하자, 주공이 동쪽 교외에 나가 지냈다. 그 후 2년 만에 유언비어를 퍼뜨린 범인을 잡았으나 주공은 아직 동쪽에 있었다. 그해에 풍년이 들었다가 아직 수확하기 전에 우레가 치고 바람이 불어 벼가 모두 쓰러지고 큰 나무까지 뽑혔다. 그때서야 성왕이 금등(金縢)을 열어 주공이 예전에 무왕이 아플 때 대신 죽겠노라고 맹세한 글을 보고 주공의 원래 뜻을 알아 친히 교외에 나가 주공을 맞아들이니, 비가 오고 바람이 반대로 불어 쓰러졌던 벼들이 다시 일어나 큰 풍년이 들었다는 내용이 전한다. 《書經 金縢》

주공의 뜻을 다 알지 못했는데[232] 未盡知公志
오직 추나라 맹씨가 獨有鄒孟氏
그런대로 마음 알아주었네[233] 聊可爲知己

6

공자는 일월과 같으시니 仲尼如日月
만고의 백성들이 긴 밤을 면했는데 萬古免長夜
비루하다 장저와 걸닉이여 陋哉沮溺輩
감히 멋대로 조롱하고 꾸짖었네[234] 敢爾恣嘲罵
하루살이가 떼 지어 난들 蠛蠓雖群飛
어찌 태산과 화산을 흔들랴 焉能撼泰華

232 당시에……못했는데 : 이공(二公)은 무왕을 도와 은나라를 공격한 강 태공(姜太公)과 내치에 힘쓴 주공의 아우 소공(召公)을 가리킨다. 여기서는 주공(周公)이 유언비어에 곤란을 겪을 때, 태공과 소공이 주공의 진실을 적극적으로 변호하지 않아 결국 동도(東都)에서 2년 동안 머물게 되었던 일을 말한 것이다. 《書經 金縢》

233 오직……알아주었네 : 추맹씨(鄒孟氏)는 맹자(孟子)를 가리키는데, 그의 출생지가 산동성(山東省) 추현(鄒縣)이기에 이렇게 부른다. 제 선왕(齊宣王)의 대부 진가(陳賈)가 주공이 섭정할 때에 관숙(管叔)이 은나라를 감독하다가 반란을 일으킨 일을 들어 맹자를 찾아가 제 선왕의 과실을 변명하였다. 이에 맹자는 "주공은 아우이고 관숙은 형이니, 주공의 허물이 당연하지 않은가.〔周公弟也, 管叔兄也, 周公之過, 不亦宜乎.〕"라고 하였다. 《孟子 公孫丑下》

234 비루하다……꾸짖었네 : 저닉(沮溺)은 춘추 시대 초(楚)나라의 은자(隱者) 장저(長沮)와 걸닉(桀溺)을 말한다. 공자(孔子)께서 제자들을 데리고 천하를 주유(周遊)하다가 초나라에 들렀을 때, 장저와 걸닉이 짝을 지어 밭을 갈고 있는 것을 보고 자로(子路)에게 나루터가 어디 있는지 물어보게 했는데, 이들은 공자께서 세상사에 연연하는 것을 비웃으며 끝내 말하지 않았다. 《論語 微子》

7

편급하고 각박한 오천 글자와 　　編刻五千言
황당하고 괴이한 대장경[235] 　　荒怪大藏書
그 해로움이 홍수보다 심하니 　　流毒劇洪水
정도가 날로 황폐해졌네 　　正道日榛蕪
잡초를 뽑음은 싹을 위함이니 　　去莠者爲苗
내 그들의 거처를 민가로 만들려 하노라[236] 　　吾欲廬其居

8

계자는 들에서 밭을 갈아 　　季子耕於野
가만히 자장의 의리를 따랐네[237] 　　竊附子臧義

235 편급하고……대장경 : 오천언(五千言)은 노자(老子)의 《도덕경(道德經)》을 말하고 대장서(大藏書)는 불교의 《대장경(大藏經)》을 말한다.

236 내……하노라 : 노장(老莊)과 불가(佛家)의 뿌리를 뽑고 싶다는 말이다. 한유(韓愈)의 글에 "이단에 속한 사람들을 정상적인 사람으로 만들고, 이단의 책을 불사르고, 이단들이 사는 집을 일반 사람이 사는 집으로 만들어야 한다.〔人其人, 火其書, 廬其居.〕"라고 하였다. 《韓昌黎集 卷11 原道》

237 계자(季子)는……따랐네 : 계자는 춘추 시대 오(吳)나라 왕 수몽(壽夢)의 넷째 아들인 계찰(季札)로, 연릉(延陵)에 봉(封)해졌기 때문에 연릉계자(延陵季子)로 일컬어진다. 오나라 세자 제번(諸樊)이 부왕(父王)의 상을 마치고, 계찰을 임금으로 세우려고 하였다. 그러자 계찰이 말하기를 "조 나라 선공이 세상을 떠난 뒤에 제후와 조나라 사람들이 조군을 의롭게 생각하지 않아서 자장을 세우려고 하자, 자장이 떠나서 임금이 되지 않음으로써 조군이 군주가 되게 하였는데, 군자가 '능히 절의를 지켰다.' 하였다.……내가 비록 재주가 없지만 자장처럼 해서 절의를 잃지 않겠다.〔曹宣公之卒也, 諸候與曹人, 不義曹君, 將立子臧, 子臧去之, 遂不爲也, 以成曹君, 君子曰能守節.……札雖不才, 願附於子臧, 以無失節.〕"라고 하고, 초야에서 농사를 지었다는 기록이 전한다.

맑은 유풍 만고에 전해져 淸風灑萬古
지금도 늠름히 사라지지 않았으니 至今凜不死
오월에 갖옷을 입은 사람도 五月披裘者
계자보다 높은 것은 아니지[238] 未必高季子

9

칠원[239]이 비록 미치광이 같아도 漆園雖猖狂
바로 우리의 무리라네 正是我輩人
그의 우언 모두 맛이 있으니 寓言皆有味
종종 그 참됨을 볼 수 있는데 往往見其眞
세속의 선비가 무엇을 알기에 俗儒復何知
웅성대며 함부로 꾸짖는가 嘵嘵妄相嗔

10

노중련이 진나라 섬김을 배척하니[240] 魯連斥帝秦

《春秋左氏傳 襄公14年》

238 오월(五月)에……아니지 : 계찰(季札)의 고절(高節)을 칭송한 말이다. 계찰이 길을 가다가 길에 떨어진 금을 발견하였다. 당시 오월의 여름이었는데 갖옷을 입고 땔나무를 하는 사람〔披裘而薪者〕이 있으므로, 계찰이 그를 불러 금을 주워가라고 하였다. 그러자 그 사람이 낫을 던지며 눈을 부릅뜨고 손사래를 치면서 “어찌하여 당신은 고고하게 처신하면서 남은 깔봅니까. 풍채는 장대하면서 말은 비속합니다. 내가 여름 오월에 갖옷을 걸치고 땔나무를 하지만 어찌 남의 금을 가져가겠습니까.〔何子居之高視之下, 儀貌之壯, 語言之野也, 吾當夏五月, 披裘而薪, 豈取金者哉.〕”라고 했다는 고사가 전한다.《論衡 卷4 書虛篇》

239 칠원(漆園) : 몽(蒙) 땅 칠원의 관리가 되었던 장자(莊子)를 가리킨다.

아름다운 명성 천하에 퍼졌네　英聲搖天下
끝까지 명예를 따랐지만　畢竟徇於名
명예를 남기려 한 사람은 아니라네　未是遺名者
도도히 흐르는 고금의 사이에　滔滔今古際
명예가 헛됨을 누가 아는가　誰識名是假

11

홀로 깸이 비록 편협하지만　獨醒雖云褊
굴원은 실로 올곧았네[241]　屈子實耿介
향초 엮어 그윽이 차고[242]　幽佩結蘭茝
이슬 마셔 기운이 맑았네[243]　灝氣吸沆瀣

240 노중련(魯仲連)이……배척하니 : 진(秦)나라가 조(趙)나라를 포위하고 위(魏)나라의 신원연(新垣衍)을 평원군(平原君)에게 보내어 진을 추대하여 황제로 삼고자 하였다. 노중련이 성중에 있다가 그 말을 듣고 신원연을 찾아가서 "진나라가 방자하게 제를 칭하고 천하에 정사를 편다면, 나는 차라리 동해에 빠져 죽을지언정 그의 백성은 될 수 없다.〔彼卽肆然而爲帝, 過而爲政於天下, 則連有蹈東海而死耳, 吾不忍爲之民也.〕"라고 하였다.《史記 卷83 魯仲連列傳》

241 홀로……올곧았네 : 굴원의 올곧은 행실을 읊은 것이다. 그의 〈어부사(漁父辭)〉에 "온 세상이 모두 탁한데 나 홀로 맑고, 사람들은 모두 취했는데 나만 정신이 또렷하네.〔擧世皆濁, 我獨淸, 衆人皆醉, 我獨醒.〕"라고 하였다.

242 향초(香草)……차고 : 굴원(屈原)의《이소경(離騷經)》에 "강리와 벽지를 몸에 걸쳐 입고, 가을 난초를 꿰어서 허리에 찬다.〔扈江離與辟芷, 紉秋蘭以爲佩.〕"라고 하였다.

243 이슬……맑았네 : 굴원의《초사(楚辭)》〈원유(遠遊)〉에 "헌원을 붙좇지 못함이여, 내 장차 왕교 따라 노닐리라. 육기를 먹고 항해를 마심이여, 정양으로 양치질하고 아침놀을 머금는다.〔軒轅不可攀援兮, 吾將從王喬而娛戲. 餐六氣而飮沆瀣兮, 漱正陽而

〈회사〉는 어찌 스스로 달게 여긴 것이랴 懷沙豈自甘
세도의 쇠퇴를 슬퍼했네[244] 所悲世道隘

12

자방이 철퇴를 휘둘렀으니 子房揮金椎
그의 눈에 조룡은 없었네[245] 目已無祖龍
유방과 항우 같은 많은 무리들 紛紛劉項徒
떼로 일어나 그 자취를 이었네 群起繼其蹤
공 이룬 뒤에 옷 떨치고 가서 功成拂衣去
표연히 적송을 따랐지[246] 飄然從赤松

含朝霞.]"라고 하였다.

244 회사(懷沙)는……슬퍼했네 : 굴원이 자신의 불우함을 달게 여긴 것이 아니라, 세도(世道)의 쇠퇴를 슬퍼한 것이라는 말이다. 굴원이 쫓겨난 뒤에 차라리 물에 빠져 죽어서 자신의 송장을 모래사장에 드러내기를 생각한다는 뜻에서 〈회사부(懷沙賦)〉를 짓고 멱라수(汨羅水)에 투신했다고 한다.

245 자방(子房)이……없었네 : 자방은 한(漢)나라 장량(張良)의 자이고, 조룡(祖龍)은 진 시황(秦始皇)의 별호이다. 장량이 창해역사(倉海力士)를 시켜 진 시황을 박랑사(博浪沙)에서 저격했던 일이 있으므로, 장량은 이미 진 시황을 두려워하지 않았다고 본 것이다.

246 공(功)……따랐지 : 유방(劉邦)이 천하를 통일한 뒤에 장량이 물러나 양생술(養生術)을 배우며 산 일을 말한 것이다. 한(漢)나라가 세워진 뒤에 유방은 장량을 유후(留侯)에 봉했는데, 장량은 신선술을 닦아 적송자(赤松子)와 함께 노닐겠다는 핑계로 관직에서 물러나 벽곡(辟穀)을 하며 도인술을 익혔다. 이로 인해 그는 화를 면할 수 있었다. 《史記 卷55 留侯世家》

13

숙손이 대도에 어두웠지만 叔孫昧大道
배운 것은 세상에 드문 학문이었지 所學希世學
면최는 무슨 물건인가 綿蕞是何物
예악을 일으키려 했네 欲以興禮樂
훌륭하다 노나라 두 서생이여 猗歟魯二生
초연히 통달한 지식 있었구나[247] 超然有達識

14

사호는 진나라 피해서 四皓避嬴秦
상산 자락에서 영지를 캤지[248] 採芝商山阯
유후가 좋은 계책 냈지만 留侯雖善策

247 숙손(叔孫)이……있었구나 : 숙손은 노(魯)나라 공족(公族)의 하나인 숙손씨(叔孫氏)를 말하는데, 여기서는 숙손통(叔孫通)을 가리킨다. 면최(綿蕞)는 띠풀을 묶어 세운 것을 이르는 말로, 한(漢)나라 초기에 숙손통이 조정(朝廷)의 의례(儀禮)를 제정하기 위해 노나라의 유생(儒生) 30여 명을 불러, 그들과 함께 야외(野外)에서 띠풀을 묶어 세워 존비(尊卑)의 차례를 표시해 놓고 예(禮)를 강론한 일이 있었다. 노이생(魯二生)은 숙손통을 비난한 노나라의 두 선비를 가리킨다. 숙손통이 노나라 선비들을 부르러 갔을 때, 두 선비가 "예악(禮樂)은 덕을 100년 쯤 쌓아야 일어나는 것인데, 급작스레 예악을 일으키려는 당신의 행위에 찬동할 수 없다."라고 하였다.《史記 卷99 叔孫通列傳》

248 사호(四皓)는……캤지 : 사호는 진(秦)나라 말기에 어지러운 세상을 피해 섬서성(陝西省) 상현(商縣) 동쪽에 있는 상산(商山)에 은거했던 동원공(東園公)·하황공(夏黃公)·녹리선생(甪里先生)·기리계(綺里季)를 가리킨다. 이들은 모두 수염이 희었기 때문에 상산사호(商山四皓)라고 하였는데, 장생불사한다는 영지(靈芝)를 캐 먹으며 〈자지가(紫芝歌)〉를 지어 불렀다고 한다.《高士傳》

신룡이 어찌 미끼를 물었으랴[249] 神龍寧受餌
지금 천 년이 지났건만 至今千載下
진위를 구별하기 어렵네 難卞眞與僞

15

가생은 한 문제를 야박하게 여겨 賈生薄漢文
탄식하고 또 통곡하였네[250] 歎息復痛哭
비록 경세의 재주 지녔지만 雖抱經世才
기량은 끝내 부족했네 器量終淺促
청컨대 현묵의 교화를 보라 請看玄默化
한 문제를 경시할 수 없네[251] 漢文未可薄

249 유후(留侯)가……물었으랴 : 유후는 장량(張良)의 봉호(封號)이다. 한 고조(漢高祖)가 태자(太子) 영(盈)을 폐하고 척 부인(戚夫人)의 아들 조왕(趙王) 여의(如意)를 세우려 하자, 장량이 여후(呂后)에게 사호(四皓)를 불러와 태자를 보좌하게 하도록 건의하였다. 이에 사호가 나와 고조의 마음을 돌려 태자를 폐하지 못했다고 한다. 그러나 여기서는 사호가 장량의 계책에 따라 태자를 보호했지만 세상에 나오지는 않았으므로, 어찌 미끼를 물었겠느냐고 말한 것이다. 《史記 卷55 留侯世家》

250 가생(賈生)은……통곡하였네 : 가생은 한(漢)나라 때의 문장가 가의(賈誼)를 가리킨다. 가의는 글을 잘 지었을 뿐만 아니라 문제(文帝) 때 박사(博士)가 되어 정삭(正朔)을 고치고, 복색(服色)을 바꾸고, 법도를 제정하고, 예악(禮樂)을 일으켰다. 그 뒤에 장사왕(長沙王)의 태부(太傅)가 되어 나가면서 상수(湘水)를 건너다가 〈조굴원부(弔屈原賦)〉를 지었는데, 그 내용은 대개 자신의 처지를 굴원에 비유한 것이다. 다시 양회왕(梁懷王)의 태부로 옮겼는데, 양회왕이 낙마하여 죽자 가의 역시 상심하여 죽으니, 그때 나이가 겨우 33세였다. 《史記 卷84 屈原賈生列傳》

251 청컨대……없네 : 한(漢)나라 문제(文帝)가 몸소 현묵(玄默)을 닦아 나라를 평화롭게 다스렸으므로 그를 경시할 수 없다는 말이다. 현묵이란 현묘(玄妙)한 도(道)를

16

자운은 무엇을 알았나	子雲何所知
한갓 기이한 글자만 알았네[252]	徒能識奇字
늘그막에 〈극진문〉 쓰고	晩草劇秦文
누각에서 투신했으나 다행히 죽지 않았으니[253]	投閣幸不死
오문의 저자에서 약을 팔았던	終愧梅子眞
매자진에게 부끄럽다[254]	賣藥吳門市

묵묵히 생각하여 법령이나 군사를 너무 떠벌리지 않고 백성을 절로 교화하는 것이다.

252 자운(子雲)은……알았네 : 자운은 양웅(揚雄)의 자이다. 기자(奇字)는 문자(文字)의 육체(六體) 가운데 하나이다. 《한서(漢書)》〈예문지(藝文志)〉에 "육체(六體)는 고문(古文)·기자(奇字)·전서(篆書)·예서(隷書)·무전(繆篆)·충서(蟲書)이다."라고 하였다. 한(漢)나라 양웅이 본디 고문·기자 등을 많이 알았으므로, 유분(劉棻) 등이 항상 그에게 가서 기자를 물어 배웠다. 원래 가난한 데다 술을 좋아했으므로, 가끔 호사자(好事者)들이 술과 안주를 싣고 그를 찾아가 수업을 청하였다. 《漢書 卷87 揚雄傳》

253 늘그막에……않았으니 : 극진문(劇秦文)은 양웅이 왕망(王莽)에게 붙어 벼슬하면서 진(秦)나라의 과실을 극론하고, 왕망이 세운 신(新)나라를 찬미한 〈극진미신(劇秦美新)〉을 가리킨다. 투각(投閣)은 누각에서 투신한다는 말로, 양웅이 천록각(天祿閣)에서 투신한 고사를 말한다. 342쪽 각주182 참조.

254 오문(吳門)의……부끄럽다 : 양웅이 은거하지 못하고 속세에서 살았던 것을 폄하한 말이다. 매자진(梅子眞)은 한(漢)나라 매복(梅福)으로, 매생(梅生) 혹은 매선(梅仙)이라고도 한다. 왕망이 정사를 전횡하자 처자를 버리고 떠나 구강(九江)으로 갔는데, 신선이 되었다고도 하고 오시(吳市)의 문졸(門卒)이 되었다고도 한다. 《漢書 卷67 梅福傳》

17

골짝 어귀에 자진이 있었고[255] 谷口有子眞
서촉에는 군평이 있었네[256] 西蜀有君平
영리를 추구할 마음 없었고 榮利旣無心
높은 명예도 바라지 않았지 亦不要高名
《역》을 풀이한 것은 참으로 우연이니 註易眞偶爾
누가 그 마음을 알랴 誰能測其情

18

고귀한 삼공의 자리라도 不以三公貴
내 낚싯대와 바꾸지 않았지 易我一釣絲
친구인 줄만 알 뿐 但知故人耳
어찌 제왕을 알았으랴 焉識帝王爲
구구하게 그 뜻 꺾으려고 했으니 區區欲相屈
군방도 참 어리석다[257] 君房亦太癡

255 골짝……있었고 : 왕망(王莽)이 득세하자 은거한 매복(梅福)을 말한 것이다. 자진(子眞)은 매복의 자이다. 376쪽 각주254 참조.

256 서촉(西蜀)에는 군평(君平)이 있었네 : 군평은 한(漢)나라 때 은사(隱士) 엄준(嚴峻)의 자이다. 그는 성도(成都)의 저자에서 매일 점(占)을 쳐서 생활을 영위하였는데, 하루 생활할 정도의 100전(錢)만 얻으면 즉시 점방의 발을 내리고 학도(學徒)들에게 《노자(老子)》를 가르쳤다고 한다. 저서에 《노자지귀(老子指歸)》가 있다. 《漢書 卷72 嚴遵傳》

257 고귀한……어리석다 : 엄광(嚴光)의 고사를 읊은 것이다. 엄광의 자는 자릉(子陵)으로, 회계(會稽) 여요(餘姚) 사람이다. 어렸을 적에 광무제(光武帝)와 동문수학한 사이로, 광무제가 즉위하여 절개 있는 은사(隱士)를 숭상하여 엄광을 백방으로 찾아

19

상평은 오악에 뜻을 두고도　向平志五嶽
오히려 다시 집을 그리워했지　猶復戀家室
흥이 나면 수레 몰아가야지　興來便命駕
어찌 혼사 마치길 기다리랴[258]　何待婚嫁畢
이런 인연 마치지 못했다면　玆緣倘未了
안방에서 죽을 것인가　其可死閨闥

20

지인은 그림자가 두려워　至人畏有影
몸 밖 그림자를 없애고자 했는데[259]　欲息身外影

서울로 불러왔다. 이때 사도(司徒) 후패(侯霸)가 친분이 있음을 내세워 엄광에게 찾아가 엄광의 뜻을 꺾으려 했다. 이에 엄광이 "군방 족하는 삼공 벼슬에 이르렀으니 매우 훌륭합니다. 인을 품고 정의를 보필하면 천하가 기뻐하지만, 아부하여 뜻만 맞추면 허리와 목이 끊어질 것이오.〔君房足下, 位至鼎足甚善, 懷仁輔義天下悅, 阿諛順旨要領絶.〕"라고 하였다. 그 뒤 광무제가 갖은 수단으로 환대하고 간의대부(諫議大夫)에 제수해도 엄광은 은거할 뜻을 굽히지 않은 채 부춘산(富春山)으로 돌아가 은거하며 동강(桐江)에서 낚시질하였다고 한다. 군방(君房)은 후패의 자이다. 《後漢書 卷113 逸民列傳 嚴光》

258 상평(向平)은……기다리랴 : 상평은 후한(後漢)의 은사(隱士)로, 자가 자평(子平)인 상장(向長)을 가리킨다. 그는 일찍이 《노자(老子)》와 《주역》에 모두 정통했는데, 젊어서부터 벼슬하지 않고 은거하며 말하기를 "아들과 딸의 혼사를 마치고 나면, 집안일은 끊어버리고 다시 상관하지 않겠다.〔男女嫁娶旣畢, 敕斷家事勿相關.〕"라고 하였다. 뒤에 광무제(光武帝) 연간에 아들과 딸의 혼사를 모두 마친 다음 친구들과 함께 오악(五嶽) 등의 명산을 두루 유람하고 끝내 신선이 되러 갔다고 한다. 《後漢書 卷83 逸民列傳 向長》

하물며 무리를 맺어서 況可絜朋儔
분주하게 왕래를 일삼으랴 擾擾事造請
알겠다 구양의 무리[260] 始知求羊輩
지인의 경지에 이르지 못했구나 未詣至人境

이 시는 마땅히 제17편 아래에 있어야 한다.

21

원례는 자긍심이 지나쳤고[261] 元禮太矜持
맹박은 미워함이 과하였지[262] 孟博過疾惡

259 지인(至人)은……했는데 : 지인은 세속을 초월하여 무아지경에 도달한 사람이다. 《장자》 〈어부(漁父)〉에 "자기 그림자가 두렵고 자기 발자국이 싫어서, 그것을 떼버리려고 달아난 자가 있었다. 그러나 발을 자주 들수록 발자국은 더욱 많아지고, 아무리 빨리 달려도 그림자는 몸에서 떨어지지 않았다. 그래서 그는 아직도 제 걸음이 느려서 그런 줄 알고 더욱 빨리 달리다 마침내는 힘이 지쳐 죽고 말았다. 그는 곧 그늘 속으로 들어가 있으면 그림자가 없어지고, 조용히 쉬고 있으면 발자국도 멈춰진다는 것을 몰라서 그렇게 된 것이다."라는 내용이 보인다.

260 구양(求羊)의 무리 : 한(漢)나라 고사(高士)인 구중(求仲)과 양중(羊仲)을 말한다. 한나라 장후(蔣詡)가 향리로 돌아가 모든 교분을 끊은 채, 정원에 오솔길 세 개를 만들어 놓은 뒤에 오직 이 두 사람과 어울려 노닐었다는 고사가 전한다. 《三輔決錄 逃名》

261 원례(元禮)는 자긍심이 지나쳤고 : 원례는 후한(後漢) 이응(李膺)의 자(字)이다. 환제(桓帝) 때 사례교위(司隸校尉)를 지냈는데, 기강이 해이하고 혼란한 조정에서 그만은 유독 엄격한 풍도를 보였으므로, 그에게 추천되는 것을 용문에 오른다〔登龍門〕고까지 칭하였다. 그러나 뒤에 환관으로 인해 당사(黨事)에 걸려 면직되었다가 영제(靈帝) 때 복관(復官)되었는데, 두무(竇武)와 환관을 주살(誅殺)하려고 하다가 도리어 죽임을 당하고 말았다. 《後漢書 卷97 李膺列傳》

262 맹박(孟博)은 미워함이 과하였지 : 맹박은 후한(後漢) 환제와 영제 때 사람인

중용의 도리 실천하지 못하여 中庸昧素履
기막힌 재앙에 걸려 친족까지 죽임 당했네 奇禍罹赤族
초연한 곽유도 超然郭有道
그 명철함 본받을 만하네[263] 明哲眞可則

22

방공은 녹문에 은거하며 龐公隱鹿門
평생 성에 들어가지 않았네 終身不入城
안전함을 자손에게 물려주고 以安遺子孫
몸소 밭가는 데 힘썼지[264] 所務在躬耕

범방(范滂)의 자(字)이다. 여남(汝南) 정강(征羌) 사람인데, 젊어서부터 청절(淸節)이 있었다. 여남 태수 종자가 그의 명성을 듣고 공조(功曹)를 삼아 정사를 위임하였다. 범방은 그 직에 기꺼이 나아가 간악한 사람을 엄하게 다스리고 효제(孝悌)와 인의(仁義)에 벗어난 행동을 하는 사람을 모두 다스려서 여남이 잘 다스려졌다. 그가 당고(黨錮)의 화(禍)를 당해 국문을 받으면서 "나는 선량한 사람들이 그 깨끗함을 함께하는 것을 좋아하고, 악하고 나쁜 사람들이 그 더러움을 함께하는 것을 미워하게 만들려고 하였다."라고 하였는데, 실제로 그는 한평생 선한 행동을 하고 악한 자를 물리치려고 노력하였다.《後漢書 卷97 黨錮列傳 范滂》

263 초연한……만하네 : 곽유도(郭有道)는 후한(後漢)의 은사(隱士) 곽태(郭太, 128~169)로, 자는 임종(林宗)이다. 유도지사(有道之士)라는 과목으로 천거되었기 때문에 곽유도라고 부른다. 후한의 대유인 이응(李膺)과 친분이 깊었다. 많은 제자를 거느리고 중망을 얻었으나, 위태한 말이나 각박한 논의를 하지 않았기 때문에 당고의 화(禍)를 면하였다.

264 방공(龐公)은……힘썼지 : 방공은 후한(後漢)의 양양(襄陽) 사람 방덕공(龐德公)을 가리킨다. 방덕공은 현산(峴山) 남쪽에서 농사짓고 살면서 성시(城市)를 가까이하지 않았다. 형주 자사(荊州刺史) 유표(劉表)가 초빙하자, 나아가지 않고 가솔을 모두

용은 숨어 깊은 연못에 들어가고 龍藏沒深淵
봉황은 날아 하늘에서 노닐지 鳳翔遊太淸

23

이윤은 신야에서 밭을 갈고[265] 伊尹耕莘野
제갈량은 남양에 누워 있었지[266] 諸葛臥南陽
때를 만나지 못했을 때는 當其未遇時
밭 갈고 누에 치며 늙으려 했는데 便欲老耕桑
한 번 일어나서는 밝은 임금을 도와 一起佐明主
영원히 아름다운 명성 남겼네 千載留芬芳

24

사종도 훌륭한 사람인데 嗣宗亦可人

거느리고 녹문산(鹿門山)에 들어가 다시는 세상에 나오지 않았다. 유표가 찾아가 "선생은 벼슬을 받지 않으니, 무엇으로 자손에게 남겨 주겠소?"라고 하니, 그가 "남들은 모두 위태로움을 주는데, 나만은 편안함을 주겠습니다."라고 하였다. 《後漢書 卷83 逸民列傳 龐公》

265 이윤(伊尹)은……갈고 : 이윤은 탕왕(湯王)을 도와 하(夏)나라 걸왕(桀王)을 멸망시키고 난세를 평정한 뒤에 선정을 베푼 상(商)나라의 명상이다. 신야(莘野)는 유신국(有莘國)의 들로, 이윤이 이곳에서 농사지으며 살다가 탕왕이 세 차례 정중하게 초빙하자 세상에 나와 탕왕을 도왔다.

266 제갈량(諸葛亮)은……있었지 : 촉한(蜀漢)의 승상 제갈량의 자(字)는 공명(孔明)이다. 남양(南陽)은 그가 출사(出仕)하기 전 몸소 농사를 지었던 곳이다. 이곳에서 농사를 지으며 〈양보음(梁甫吟)〉을 짓고, 매일 새벽과 저녁이면 무릎을 감싸 안은 채 길게 불렀다고 한다. 《三國志 卷35 諸葛亮傳》

막다른 곳에서 혹 통곡했네[267]	途窮或慟哭
이 일 기이할 것 없으니	玆事不足奇
청안도 뜨고 백안도 떴네[268]	有眼能青白
산도와 왕융을 어찌 논하랴	山王復奚論
혜강과 유령도 알지 못했네[269]	嵇劉所未測

25

도연명이 〈귀거래사〉 지었으니	淵明賦歸來
허리 굽히는 사람 되기를 부끄러워했네[270]	恥作折腰人
술의 흥치 깊이 알아	深得酒中趣
두건으로 걸러 마셨으니[271]	漉以頭上巾

267 사종(嗣宗)도……통곡했네 : 사종은 진(晉)나라 완적(阮籍)의 자(字)이다. 완적이 놀러 나갔다가 수레의 길이 막힌 곳에 이르면 통곡하고 돌아왔다는 고사가 있다. 《晉書 卷49 阮籍列傳》

268 청안(青眼)도……떴네 : 완적이 반가운 사람을 만나면 청안으로 대하고, 그렇지 않은 사람을 만나면 백안(白眼)으로 대했다는 고사가 전한다. 《晉書 卷49 阮籍列傳》

269 산도(山濤)와……못했네 : 진(晉)나라 때 죽림칠현(竹林七賢)에 소속된 사람들 가운데 완적의 수준을 가장 높이 평가한 것이다. 남조 송(南朝宋)나라의 문장가였던 안연지(顔延之)가 일찍이 영가 태수(永嘉太守)로 폄척되어 나가게 되자, 몹시 분개한 나머지 오군영(五君詠)이란 시를 지어 죽림칠현 가운데 완적(阮籍)·혜강(嵇康)·유령(劉伶)·완함(阮咸)·상수(向秀)의 일만을 서술하고, 산도와 왕융은 귀성(貴盛)했다는 이유로 제외했다는 말이 있다. 《宋書 卷73 顔延之列傳》

270 도연명(陶淵明)이……부끄러워했네 : 진(晉)나라 도잠(陶潛)이 팽택 령(彭澤令)이 된 지 80여 일만에 독우(督郵)에게 머리를 숙이기 싫어 벼슬을 그만두고 고향으로 돌아가면서 〈귀거래사(歸去來辭)〉를 지었다. 《晉書 卷94 陶潛列傳》

271 두건으로 걸러 마셨으니 : 도잠이 술이 익을 때가 되면, 갈건(葛巾)으로 술을

동쪽 울타리의 가을 국화를 東籬有霜菊
추워진 계절에 가까이할 만하네[272] 歲寒聊可親

26

퇴지가 불골을 논했다가 退之論佛骨
멀리 쫓겨나 조주 자사 되었네[273] 遠去守潮陽
쇠처럼 굳세던 마음 납이 되었으니 純鋼化爲鉛
바른 기운 어찌 꺾이었나 正氣何摧藏
불교 받든 일 참으로 부끄럽지만 封禪眞可羞
옷 남긴 것이야 다시 어찌 아파하랴[274] 留衣更何傷

거르고 나서 다시 머리에 썼다는 고사가 전한다. 《晉書 卷94 陶潛列傳》

272 동쪽……만하네 : 도잠의 〈음주(飮酒)〉 25수 중 다섯 번째 시에 "동쪽 울 아래에서 국화꽃을 따면서, 유연히 남쪽 산을 바라보노라.〔采菊東籬下, 悠然見南山.〕"라는 명구가 있다.

273 퇴지(退之)가……되었네 : 당나라 헌종(憲宗)이 불교를 깊이 믿어 사람을 보내 불골(佛骨)을 궁궐로 맞아들이자, 형부 시랑(刑部侍郎)으로 있던 한유(韓愈)가 〈논불골표(論佛骨表)〉를 지어 올려, 역대로 불교를 믿지 않았어도 임금들이 장수(長壽)한 예를 열거하고 불교의 폐단을 말한 다음, 불골을 물이나 불속에 던져 버리라고 극간하였다. 이에 크게 노한 헌종이 한유를 조주 자사(潮州刺史)로 좌천시켰다. 《新唐書 卷176 韓愈列傳》《唐宋八大家文 卷2 論佛骨表》

274 불교……아파하랴 : 한유가 좌천된 후 불교에 빠진 일을 비판한 말이다. 평소에 〈논불골표〉를 올리는 등 극렬하게 불교를 배척하던 한유는 헌종의 미움을 받아 조주 자사로 좌천되었는데, 그곳 축융봉(祝融峯)에서 도를 닦고 있던 태전 선사(太顚禪師)를 만나 그의 높은 도력과 인품에 매료되어 깊은 교분을 쌓았다. 또 그와 작별하면서 자신의 의복을 남겨 주었다는 이야기가 그의 〈여맹간상서서(與孟簡尙書書)〉에 보인다.

27

자후는 숙문에게 붙었으니 子厚附叔文

쫓겨남은 참으로 마땅하지[275] 竄斥固其宜

스스로 규룡과 준마에 견주었으나 自況於虯驥

원망하다가 말을 가리지 못했네[276] 憾懟不擇辭

그러므로 옛 성현께서 所以古聖賢

자신 아는 것을 중요하게 여기셨지 貴人之自知

28

용도[277]는 기이한 상서로움 알렸으니 龍圖呈奇瑞

천지의 오묘함을 포괄했네 包括天地妙

사성[278]께서 은미한 뜻 밝히셨는데 四聖闡微義

천년 동안 아는 사람 드물었네 千載知者少

275 자후(子厚)는……마땅하지 : 자후는 당나라 유종원(柳宗元)의 자이다. 유종원은 당 순종(唐順宗) 때 잠깐 권력을 장악했던 이른바 왕숙문(王叔文)의 당에 속하여 예부 원외랑(禮部員外郞)의 신분으로 국정에 참여하다가, 헌종(憲宗)이 즉위하면서 소주 자사(邵州刺史)를 거쳐 영주 사마(永州司馬)로 좌천되었고, 다시 유주 자사(柳州刺史)로 나가 그곳에서 죽었다.

276 스스로……못했네 : 유종원이 영주(永州)로 좌천되었을 당시에 〈민생부(閔生賦)〉를 지어, 자신이 액운을 만나 뜻을 이루지 못한 불우함을 한탄하는 내용을 담았다. 《柳河東集 卷2》

277 용도(龍圖) : 복희(伏羲) 때 황하에서 나온 용마(龍馬)의 등에 그려진 도형으로, 하도(河圖)를 가리킨다.

278 사성(四聖) : 하도(河圖)와 낙서(洛書)를 풀이한 복희(伏羲)와 문왕(文王), 주공(周公), 공자(孔子)를 말한다.

위대하다 무극옹[279]이여 大哉無極翁
한 번 보고 그 뜻을 꿰뚫었네 一覿洞其竅

29

하남이 끊어진 실마리 잇고[280] 河南繼絶緖
자양이 참 근원을 탐구하여[281] 紫陽探眞源
다행히 타버리고 난 나머지에[282] 幸於灰燼餘
다시 은미한 말을 보게 되었는데 得復見微言
어이하여 육왕[283]은 奈何陸與王
다시 성인의 도를 어둡게 하였나 再令聖路昏

30

경략은 패왕의 재주 지녔고[284] 景略伯王才

279 무극옹(無極翁) : 주돈이(周敦頤)가 그의 〈태극도설(太極圖說)〉에서 "무극은 곧 태극이다.〔無極而太極〕"라고 하였기 때문에 주돈이의 별칭(別稱)으로 쓰인다.

280 하남(河南)이……잇고 : 하남은 북송의 거유(巨儒)인 정호(程顥)·정이(程頤) 두 형제의 출신지이다. 정호와 정이가 공맹(孔孟)의 도를 이었다고 말한 것이다.

281 자양(紫陽)이……탐구하여 : 주희(朱熹)가 자양산(紫陽山)에서 살았다고 하여, 후인들이 주희를 자양이라 불렀다. 주희가 사서(四書)를 주석(註釋)하는 등 유가의 이론을 심화시켰기에 한 말이다.

282 타버리고 난 나머지에 : 진 시황(秦始皇)이 선비들을 생매장하고 경적(經籍)을 모두 불태웠던 이른바 분서갱유(焚書坑儒)를 말한다.

283 육왕(陸王) : 송(宋)나라 상산(象山) 육구연(陸九淵)과 그의 학술을 계승 발전시킨 명(明)나라 양명(陽明) 왕수인(王守仁)을 가리킨다. 육왕학파(陸王學派)로 불린다.

노재는 성현의 학문 익혔는데[285]	魯齋聖賢學
기꺼이 오랑캐 옷을 입으며	甘心服左衽
전혀 부끄러운 줄 몰랐네[286]	了不知愧怍
끝내 백옥의 티가 되었으니	終爲白玉瑕
쯧쯧 진실로 애석하다	咄咄良可惜

284 경략(景略)은……지녔고 : 경략은 왕맹(王猛)의 자(字)이다. 진(晉)나라 말엽에 오호십육국(五胡十六國) 중의 하나인 전진(前秦)을 세운 부견(苻堅)이 왕맹을 승상으로 삼아 부국강병(富國强兵)을 이룩하였다. 《晉書 卷114 苻堅載記下》

285 노재(魯齋)는……익혔는데 : 노재는 원(元)나라 하내(河內) 사람 허형(許衡)의 호이다. 그는 경전(經傳), 자사(子史), 예악(禮樂), 명물(名物), 성력(星曆), 병형(兵刑), 식화(食貨), 수리(水利) 등에 능통했고, 특히 정주학(程朱學)을 신봉하였다. 원 세조(元世祖) 때 국자 좨주(國子祭酒), 중서 좌승(中書左丞)을 지냈다.

286 기꺼이……몰랐네 : 왕맹이 오랑캐 부족인 전진의 부견을 도운 일과 허형이 원나라에서 벼슬한 것을 비판한 말이다. 좌임(左衽)은 옷깃을 왼쪽으로 여미는 것으로, 오랑캐의 풍속이다. 《논어》 〈헌문(憲問)〉에 "관중이 없었다면, 우리는 머리를 풀고 옷깃을 왼편으로 하는 오랑캐가 되었을 것이다.〔微管仲, 吾其被髮左衽矣.〕"라고 하였다.

향숙[287]이 절구 한 수를 지어 풍악산으로 가는 나를 전송하므로 화운하여 답하다 2수

向叔以一絶贐楓岳之行 和韻答之 二首

늙은이 문 나서도 갈 곳 없어	老子出門無所之
너른 백사장에 말 멈추고 한참 이야기하네	平沙駐馬語移時
맑은 호수에 발 씻지 못하겠지만[288]	澄湖不敢濯吾足
푸른 절벽에 좋은 시 쓸 만하네	蒼壁秪須題好詩

2

절름거리는 나귀 타고 오늘 동으로 가노니	蹇驢今日向東之
신선의 산을 저버린 지 얼마던가	辜負仙山已幾時
만폭동에서 만일 달을 본다면	萬瀑洞中如見月
머리 돌려 그대의 시 떠올리겠지	也應回首憶君詩

287 향숙(向叔) : 민경수(閔景洙)의 자인데, 인적사항은 자세하지 않다.

288 맑은……못하겠지만 : 춘추 시대에 어떤 아이가 지어 불렀다는 노래에 "창랑의 물이 맑으면 내 갓끈을 빨고, 창랑의 물이 흐리면 내 발을 씻겠다.〔滄浪之水淸兮, 可以濯我纓. 滄浪之水濁兮, 可以濯我足.〕"라는 말을 원용하였다. 《孟子 離婁上》

초평[289] 25영

草坪二十五詠

영귀리[290] 咏歸里

어른들과 아이들 함께 갔더니 冠童携手去
물 따뜻하고 푸른 빛 일렁이네 水暖綠粼粼
봄바람 한없이 좋은데 春風無限好
읊조리며 돌아가는 사람 누구인가[291] 誰是詠歸人

대암 臺巖

멋진 곳 멀리 있지 않으니 勝處不須遠
대암의 경치 진실로 빼어나다 臺巖眞奇絶
벽옥 퉁소를 가지고 携將碧玉簫
때때로 와서 산 위의 달 희롱하네 時來弄山月

289 초평(草坪) : 현재의 충청북도 진천군 초평면 일원이다.

290 영귀리(咏歸里) : 현재의 충청북도 진천군 초평면 영구리를 가리키는 것으로 보인다.

291 어른들과……누구인가 : 이 작품은 영귀리를 대상으로 하였는데, 전체적으로 《논어》 〈선진(先進)〉의 "늦봄에 봄옷이 이미 이루어지면 관을 쓴 어른 5, 6명과 동자 6, 7명과 함께 기수에서 목욕하고 무우에서 바람 쐬고 노래하며 돌아오겠습니다.〔莫春者, 春服旣成, 冠者五六人, 童子六七人, 浴乎沂, 風乎舞雩, 詠而歸.〕"라는 증점(曾點)의 말을 염두에 두고 읊었다.

송대 宋臺

옛사람이 가무 즐기던 곳	昔人歌舞處
지금 사람이 소 몰아 밭가네	今人叱牛耕
지금 사람이 옛사람 아니지만	今人非昔人
송대라는 이름은 그대로 남았네	猶有宋臺名

금한촌[292] 金漢村

금한리 십여 가호	金漢十數家
집집마다 대추나무 즐비하다	家家千樹棗
봄에 꽃 없다 비웃지 마라	莫笑春無花
가을 열매 붉고 곱다네	秋實紅更好

어은촌[293] 漁隱村

대은은 조시에 숨고	大隱隱朝市
소은은 어초에 숨지[294]	小隱隱漁樵

292 금한촌(金漢村) : 현재의 충청북도 진천군 초평면 금한리 일대를 가리키는 것으로 보인다.

293 어은촌(漁隱村) : 어디를 가리키는지 정확하지 않지만, 이하곤의 증조부 이시발(李時發, 1569~1626)과 관련된 곳으로 추정된다. 이시발의 본관은 경주(慶州), 자는 양구(養久), 호는 벽오(碧梧)·후영어은(後潁漁隱)이다. 충청북도 괴산군 청천면에 후영리(後潁里)가 있고, 특히 "천계 병인년 원일에 향년 58세로 운명하니, 처음에 청주에 안장했다가 뒤에 진천현 동쪽 초평리 진향의 등성이에 개장하였다.〔以天啓丙寅元日, 年五十八而卒, 始葬清州地, 後改葬鎭川縣東草坪里負震之原.〕"라는 내용으로 볼 때, 이시발을 염두에 둔 지명인 듯하다.《碧梧遺稿 卷8 神道碑銘 幷序》

294 대은(大隱)은……숨지 : 진(晉)나라 왕강거(王康琚)의 〈반초은(反招隱)〉에 "소

대은이니 소은이니 따질 필요 없지　不必論大小
은거의 자세 어떠했는지 물을 뿐　但問隱何如

와룡정 臥龍亭

사람이 와룡을 사랑하는 것은　人愛臥龍者
다만 공명을 사랑하기 때문이지[295]　只爲愛孔明
공명은 비록 있지 않지만　孔明雖不在
천년토록 그 이름 흠모하네　千載慕其名

영수암 靈水菴

남쪽 시내에 밤새 비 내렸기에　南磵夜來雨
벗과 약속하여 꽃구경 갔더니　約伴看花去
봄 산에 시냇가 길 그윽하고　春山溪路幽
구름 깊은 곳에 절 있구나　寺在雲深處

은은 산림 속에 숨고 대은은 조시에 숨나니, 백이는 수양산으로 도망갔고 노담은 주하사에 은복하였네.〔小隱隱陵藪, 大隱隱朝市, 伯夷竄首陽, 老聃伏柱史.〕"라고 하였다. 어초(漁樵)는 어부와 나무꾼을 의미하는데, 여기서는 어은촌(漁隱村)을 읊고 있기 때문에 이렇게 말한 것이다.

295 사람이……때문이지 : 제갈량(諸葛亮, 181～234)을 흠모하기 때문에 정자의 이름을 와룡정(臥龍亭)이라고 했다는 말이다. 제갈량의 자는 공명(孔明), 시호는 충무후(忠武侯)이다. 높은 명성이 있었지만 출사(出仕)하지 않는다 하여 와룡선생(臥龍先生)이라 불렸다.

도리담 桃李潭

가련하다 도리담 可憐桃李潭
도리화 볼 수 없네 不見桃李花
누가 도리를 심어 誰爲種桃李
진나라 사람의 집과 같게 할까[296] 一似秦人家

응암 鷹巖

북쪽 벼랑은 사나운 새매가 나는 듯하고 北崖怒隼翔
남쪽 벼랑은 날렵한 송골매 나는 듯하니 南崖俊鶻起
누가 이렇게 이름 붙였나 誰是標名者
의태가 진실로 흡사하다 意態眞相似

농촌 農村

민가는 시냇가에 있고 人家溪上住
도리화가 시냇물 비추네 桃李映溪水
사람들 무릉[297]이 멋지다 하는데 人言武陵好
무릉이 어찌 여기만 하랴 武陵何如此

296 누가……할까 : 도잠(陶潛)의 〈도화원기(桃花源記)〉에 진(晉)나라 때 무릉(武陵)의 어부가 복사꽃이 흘러 내려오는 물길을 따라 거슬러 올라갔다가 진(秦)나라의 난리를 피해 들어온 사람들을 만났는데, 그곳이 워낙 선경(仙境)이라서 바깥세상의 변천과 세월의 흐름도 잊고 살더라는 내용이 나온다. 이를 염두에 두고 도리담(桃李潭)을 읊은 것이다.

297 무릉 : 도잠의 〈도화원기〉에 등장하는 무릉도원을 가리킨다. 위의 각주 참조.

금당 金塘

위쪽 연못에는 연잎 빽빽하고　　上塘蓮葉稠
아래 연못에는 연꽃 드물구나　　下塘蓮花稀
상앗대 저어 가서 연밥 따는데　　蕩槳採蓮子
뜸부기가 쌍쌍이 나는구나　　鸂鶒雙雙飛

벽운대 碧雲臺

옷자락 떨치고 길게 읊조리며　　振衣一長嘯
홀로 서서 높은 바위에 의지했네　　獨立倚高臺
머리 돌리니 푸른 구름에 어우러졌는데　　回首碧雲合
가인은 언제나 오시려나　　佳人幾時來

열운정 悅雲亭

나는 무심한 구름 좋아하는데　　我悅無心雲
구름도 나의 한가함 좋아하네　　雲亦悅我閒
마주보며 둘이 서로 좋아하니　　相看兩相悅
아침마다 저녁마다 다르구나　　朝朝暮暮間

청령대 淸泠臺

깎아지른 듯 높은 바위　　危臺面如削
못 속으로 들어가려는 듯　　似向潭中入
풍랑이 몰아쳐도 꿈쩍 않은 채　　風浪撼不動
만고에 언제나 우뚝하네　　萬古常特立

봉황대 鳳凰臺

봉황이 언제 놀았던가　鳳凰何時遊
봉황은 떠나고 빈 바위만 남았네　鳳去只空臺
오동나무 심어 두고　擬植梧桐樹
다시 봉황 오기를 기다리리　更待鳳凰來

청담암 淸潭庵

동암[298]에 꽃나무 우거져　東庵花木深
다시 동암을 볼 수 없는데　不復見東庵
때때로 구름 너머에서 풍경 소리 들려오니　時聞雲外磬
비로소 청담암에서 나는 줄을 아노라　始信自淸潭

유호 柳湖

남쪽 호수 굽이 가장 사랑스러우니　最愛南湖曲
수많은 버들이 그늘 드리웠지　千株楊柳陰
호수 빛과 버들 색　湖光與柳色
봄날 무엇이 더 엷고 무엇이 더 짙은가　春來孰淺深

동자암동 童子庵洞

산 깊어 약초 캐러 갔더니　山深採藥去

298 동암(東菴) : 《두타초(頭陀草)》 책1 〈동암과우장로(東庵過雨長老)〉 아래에 "암자는 천후산에 있다.〔庵在天吼山〕"라는 원주(原註)가 있으나, 어디인지 자세하지 않다.

길 희미하고 돌다리도 끊겼네 路迷石梁絶
저물녘에 중봉 바라보니 日暮望中峰
푸른 남기에 보일락 말락 靑嵐自明滅

옛날에 동자암(童子庵)이 있었으나 지금은 없어졌다고 한다.

벽력암 霹靂巖

우레가 운근[299]을 잘라 霹靂斷雲根
못가에 벌여 놓았네 離列潭水側
다만 이끼 사이에 只疑苔蘚間
우레 자국이 아직도 아롱진 듯 雷斧尙斑駁

이 바위는 우레로 인해 명명(命名)되었다고 한다.

화암 畫巖

그윽한 꽃이 이끼 낀 절벽 수놓아 幽花繡苔壁
화암이 진정 그림 같구나 畫巖眞如畫
만일 그림 솜씨 논한다면 若論丹靑妙
봄은 고장의 학파로구나[300] 春是顧張派

299 운근(雲根) : 산에 있는 바위를 뜻하는 시어이다. 두보(杜甫)의 시에 "충주 고을은 삼협의 안에 있는지라, 마을 인가가 운근 아래 모여 있네.〔忠州三峽內, 井邑聚雲根.〕"라고 하였는데, 그 주(註)에 "운근은 오악의 구름이 바위에 부딪쳐서 일어나기 때문에, 구름의 뿌리라고 한 것이다.〔五嶽之雲觸石出者, 雲之根也.〕"라고 하였다.《杜少陵詩集 卷14 題忠州龍興寺所居院壁》

300 만일……학파(學派)로구나 : 화암(畫巖)을 그림처럼 아름답게 만드는 봄의 재주를 뛰어난 화가의 솜씨에 견준 것이다. 고장(顧張)은 동진(東晉)의 화가 고개지(顧愷

용주 龍洲

사방 산이 서로 포옹하는 듯	四山如相抱
두 물줄기가 서로 합해지네	二水如交揖
시내에 꽃 띄울 필요 없나니	不是汎溪花
들어올 길 없을 것 같네[301]	只疑無路入

평사[302] 平沙

민장[303]이 은거한 곳	閔老栖隱處
맑은 모래가 푸른 물에 빛나네	淸沙映綠水

之)와 명(明)나라 중기의 화가 장영(張靈)을 가리킨다. 고개지는 화절(畫絶)·치절(癡絶)·재절(才絶)의 삼절(三絶)로 일컬어지는 인물로, 남조 송(南朝宋)의 육탐미(陸探微)와 함께 고륙(顧陸)으로 병칭된다.《역대명화기(歷代名畫記)》에서 장회관(將懷瓘)은 "고개지는 정신을 얻었고 육탐미는 골수를 얻었다.〔顧得其神, 陸得其骨.〕"라고 평가하였다. 장영의 자는 몽진(夢晉)이다. 산수화에 뛰어난 문인화가였다.

301 시내에……같네 : 용주(龍洲)가 대단히 깊숙한 곳에 있어서 찾아올 길이 없을 것 같다는 말이다. 진(晉)나라 때 무릉(武陵)의 어부가 복사꽃이 흘러 내려오는 물길을 따라 거슬러 올라가서 무릉도원(武陵桃源)에 도착했다는 고사가 있으므로 이렇게 읊은 것이다.

302 평사(平沙) : 현재의 충청북도 진천군 운백면 평산리를 가리키는 것으로 보인다.

303 민장(閔丈) : 원주(原註)에 있는 낙진(樂眞) 민장을 가리킨다. 송시열(宋時烈)의《송자대전(宋子大全)》권144 〈낙진당기(樂眞堂記)〉에 "여흥인 민사앙이 진천의 평사에 집을 짓고 이름을 낙진이라 하였다.〔驪興閔士昂, 築室於鎭川之平沙, 名以樂眞.〕"라는 내용이 보이고, 권142 〈진천최씨묘제기(鎭川崔氏墓祭記)〉에 "여흥인 민 진사 태중 사앙도 외손 가운데 하나이다.〔驪興閔進士泰重士昂, 亦其外裔之一也.〕"라고 하였으므로, 민장은 민태중(閔泰重, 1640~?)임을 확인할 수 있다. 그의 본관은 여흥, 자는 사앙, 호는 평사(平沙)이다. 송준길(宋浚吉)과 송시열의 문하에서 수학하였으며, 1662년(현종3) 사마시에 합격하였다.《寒水齋集 卷27 察訪贈掌令閔公墓碣銘 并序》

구름 서린 절벽 천 길 우뚝 솟았으니　雲壁立千尋
진실로 군자와 짝할 만하네[304]　眞可配君子

이곳은 곧 낙진(樂眞) 민장(閔丈)이 살던 곳이다.

취적대[305] 吹篴臺

봄 산에 계수나무 꽃 피고　春山桂花發
동쪽 봉우리에 등라 위로 오른 달빛 밝구나　東峰蘿月明
신선은 어디 있는가　仙人何處在
바람만이 옥피리 소리 보내오네　風送玉笛聲

갈공탄 葛公灘

단약 만드는 곳 어디인가　不識鍊丹處
부질없이 갈공탄만 남았네[306]　空有葛公灘

304 구름……만하네 : 민태중의 절개를 높이 솟은 절벽에 비유한 것이다. 1664년(현종5) 서필원(徐必遠)이 송시열을 탄핵하는 소장을 올리자 민태중은 성균관 유생들과 함께 송시열을 변론하는 소장을 올렸다가 임금의 뜻을 거슬러 과거시험 응시 자격을 박탈당한 바 있기에 이렇게 읊은 것이다.《寒水齋集 卷27 察訪贈掌令閔公墓碣銘 幷序》

305 취적대(吹篴臺) :《두타초(頭陀草)》 책4 〈취적대우첩전운(吹篴臺又疊前韻)〉에 "침우담 가에 있다. 전해지는 말로는 옛날에 신선이 그 위에서 피리를 불었기 때문에 이런 이름을 지었다고 한다.〔在牛潭上, 諺傳昔有仙人吹笛于其上, 因以名焉.〕"라는 원주(原註)가 있다.

306 단약(丹藥)……남았네 : 단약을 만드는 신선은 없고 신선의 이름을 붙인 갈공탄(葛公灘)만 남았다는 말이다. 후한(後漢) 때 한 노인이 시장에서 약(藥)을 팔았는데, 점포 머리에 병 하나를 걸어 놓고 있다가 시장이 파하면 매양 병 속으로 뛰어 들어가곤 하였다. 당시 시연(市掾)으로 있던 비장방(費長房)이 그 사실을 알고 노인에게 부탁하

내가 용을 타고 가서　　我欲乘龍去
함께 구름 가에서 놀고 싶어라　　相與戲雲端

승룡(乘龍)은 갈피룡(葛陂龍)의 고사[307]를 쓴 것이다.

침우담[308] 沈牛潭

소가 빠질 때 보지 못했지만　　不見牛沈時
소가 빠졌다고 전해지네　　但傳牛沈事
깊은 속에 늙은 용 있어　　泓下有老龍
홀로 밝은 달빛 안고 자리라　　獨抱明月睡

여 병 속에 들어가 보니, 옥당(玉堂)이 화려하고 좋은 술과 맛있는 안주가 그득하여 함께 실컷 마셨다. 그가 돌아올 때에는 노인이 대지팡이 하나를 주면서 "이것만 타면 저절로 집에 갈 수 있다."라고 하므로, 비장방이 그 지팡이를 타고 조는 듯한 순간에 홀연히 집에 당도하여 지팡이를 갈피(葛陂) 호수 속에 던졌는데, 그 정령이 청룡(青龍)으로 화하여 구름 속으로 사라졌다는 고사가 전한다.《神仙傳 壺公》

307 갈피룡(葛陂龍)의 고사 : 비장방이 대지팡이를 타고 와서 갈피의 연못에 던지자 청룡으로 변했다는 고사를 말한다. 위의 각주 참조.

308 침우담(沈牛潭) : 현재의 충북 진천군 문백면 은탄리에 있는 우담(牛潭)을 말한다.《頭陀草 冊1 沈牛潭在鎭川縣南十餘里……》

허 사문이 또 성 자 운[309]에 맞춰 지어 보내 주므로 화운하다

許斯文 又次誠字韻寄示 和之

마땅히 위에 있어야 한다.

늙을수록 시 읊기 괴로운데	老益吟詩苦
가난해도 선비 사랑하는 마음 변함없네	貧猶愛士誠
푸른 눈빛으로 후배를 대하고[310]	青眸看後輩
누런 책에 여생 맡겼네	黃卷托餘生
물 따뜻하면 물고기 보러 가고	水暖觀魚去
구름 깊은 곳으로 약초 캐러 가노라	雲深採藥行
그리워도 만나지 못하니	相懷不相見
서글픈 마음 가득하네	惆悵一含情

2

산 빛은 사특함 없으니 경이고	山色無邪敬
시냇물 쉬지 않고 흐르니 성이네[311]	溪流不息誠

309 허 사문(許斯文)이……운 : 《두타초(頭陀草)》 책4의 〈허요 군이 성 자 운에 맞춰 지어 부쳐 주므로 또 화운하다〔許君姚次誠字韻寄示 又和〕〉를 가리킨다.

310 푸른……대하고 : 반가운 눈빛으로 후배를 대한다는 말이다. 진(晉)나라 완적(阮籍)이 고사(高士)를 만나면 반갑게 맞아 청안(青眼)을 뜨고, 예속(禮俗)을 따지는 선비를 만나면 미워하여 백안(白眼)을 떴다는 고사가 전한다. 《晉書 卷49 阮籍列傳》

311 산 빛은……성(誠)이네 : 산천(山川)을 보면서 동정(動靜)을 경(敬)과 성으로 연결시킨 것이다. 산은 정과 경, 물은 동과 성으로 보아, 정시(靜時) 공부의 존양(存養)

빈 흉금에 진세의 생각 없어 虛襟塵想絶
보이는 것마다 도기가 일어나네 觸眼道機生
맷돌 돌듯 천지가 운행하고[312] 磨旋乾坤運
공이 튀듯 일월이 도는구나[313] 丸跳日月行
보내온 시에 잘 풀이하였으니 來詩能妙解
천리가 곧 인정이라네 天理卽人情

3

어찌 연빙의 경계 소홀히 하랴[314] 詎忽淵氷戒

과 동시(動時) 공부의 성찰(省察)로 대비시킨 것이다. 무사(無邪)는 사무사(思無邪)를 의미한다. 이는 마음속에 간사한 생각이 없다는 뜻으로, 원래 《시경》〈경(駉)〉에 나오는 말인데, 공자(孔子)께서 "《시경》 삼백 편에 한 마디 말로 전체를 대표할 수 있으니 '생각에 간사함이 없다.'는 말이다.〔詩三百, 一言以蔽之, 曰思無邪.〕"라고 말씀하셨다. 《論語 爲政》 불식(不息)은 쉬지 않는다는 말로, 《주역》〈건괘(乾卦) 상(象)〉에 "하늘의 운행이 굳세니, 군자가 보고서 스스로 힘쓰고 쉬지 않는다.〔天行健, 君子以, 自彊不息.〕"라고 한 데서 유래하였다.

312 맷돌……운행하고 : 천지의 운행을 돌아가는 맷돌에 비유하여 말한 것이다. 《진서(晉書)》 권11 〈천문지 상(天文志上)〉에 "하늘은 맷돌질하는 것처럼 수평으로 돌아가되 왼쪽으로 운행하고, 해와 달은 오른쪽으로 운행하지만 하늘을 따라 왼쪽으로 돈다.……개미가 맷돌 위를 걸어가는 것에 비유하자면, 맷돌은 왼쪽으로 돌고 개미는 오른쪽으로 가는데, 맷돌은 빠르고 개미는 느리기 때문에 개미도 맷돌을 따라 왼쪽으로 돌게 되는 것과 같다.〔天旁轉如推磨而左行, 日月右行, 隨天左轉.……譬之於蟻行磨石之上, 磨左旋而蟻右去, 磨疾而蟻遲, 故不得不隨磨以左迴焉.〕"라고 하였다.

313 공이……도는구나 : 세월의 빠름을 읊은 것이다. 환도(丸跳)는 도환(跳丸)과 같은 말로, 광대가 양손으로 여러 개의 공을 던지고 받는 재주인데, 빠른 세월에 비유된다. 한유(韓愈)의 시에 "근심 속에 세월을 보내노니, 해와 달은 도환 같아라.〔憂愁費晷景, 日月如跳丸.〕"라고 하였다. 《御定全唐詩 卷336 秋懷詩》

항상 대월의 정성 간직하네[315] 常存對越誠
끝내 실제로 체득하지 못한다면 終然無實得
아마도 헛된 삶 면하지 못하리 恐不免虛生
어찌 손 내저어 거부하랴 寧可麾之去
오직 마땅히 써 주면 행해야지[316] 唯當用則行
상가가 격렬한 것이 아니라 商歌非有激
만사를 이미 잊었노라[317] 萬事已忘情

4

초야에 기꺼이 몸을 숨기고 畎畝甘身隱
강호에서 임금 그리는 정성이네 江湖戀主誠

314 어찌……하랴 : 항상 조심하고 경계하는 마음을 지닌다는 말이다. 연빙(淵氷)은 연못과 얼음으로, 《시경》 〈소민(小旻)〉에 "두려워하고 조심하여 깊은 연못 앞에 선 것처럼 하며 얇은 얼음을 밟는 듯이 한다.〔戰戰兢兢, 如臨深淵, 如履薄氷.〕"라고 하였다.

315 항상……간직하네 : 늘 경건한 자세를 견지한다는 말이다. 대월(對越)은 상제(上帝)를 공경한다는 의미이다. 주희(朱熹)의 〈경재잠(敬齋箴)〉에 "그 의관을 바르게 하고 그 시선을 존엄하게 하며, 마음을 고요히 가라앉혀 거처하고 상제를 대하는 듯 경건한 자세를 가져라.〔正其衣冠, 尊其瞻視, 潛心以居, 對越上帝.〕"라고 하였다.

316 어찌……행해야지 : 세상에 쓰이면 마다하지 말고 나아가서 경륜(經綸)을 펼쳐야 한다는 말이다. 《논어》 〈술이(述而)〉에 "써 주면 도를 행하고 버리면 은둔한다.〔用之則行, 舍之則藏.〕"라고 하였다.

317 상가(商歌)가……잊었노라 : 세상에 나갈 뜻을 접고 빈한(貧寒)함 속에서도 지조를 지키며 살겠다는 말이다. 상가는 맑고 슬픈 노래로 상송(商頌)이라고도 한다. 《장자(莊子)》 〈양왕(讓王)〉에 증자(曾子)가 어려운 처지에도 상송을 부르면 그 소리가 천지에 가득 차서 마치 금석(金石)에서 나오는 것 같았다는 이야기가 나온다. 346쪽 각주193 참조.

한가로이 지낸 녹문의 늙은이[318] 栖遲鹿門老
통곡한 낙양의 사람[319] 慟哭洛陽生
감히 남다른 식견 있어서가 아니라 敢有高人識
무리지어 따라가는 신세 부끄러워하노라[320] 羞爲逐隊行
저자에서 종아리 맞는 뜻 從來撻市意
천년토록 홀로 마음에 남았네[321] 千載獨關情

5

산에서의 생활 즐겁다 하니 聞說山居味
《주역》 읽는 그대 정성 대단하다 多君讀易誠

318 녹문(鹿門)의 늙은이 : 후한(後漢)의 은사 방덕공(龐德公)을 가리킨다. 현산(峴山) 남쪽에 살면서 도회지를 가까이하지 않았으며, 나중에는 녹문산(鹿門山)으로 처자와 함께 약을 캐러 들어가 다시 돌아오지 않았다고 한다. 380쪽 각주264 참조.

319 낙양(洛陽)의 사람 : 후한의 양홍(梁鴻)을 가리킨다. 양홍이 은거하러 가는 길에 낙양을 지나면서 희(噫) 자를 다섯 번 써서 〈오희가(五噫歌)〉를 지었는데, 그 노래에 "저 북망을 오름이여, 슬프다. 서울을 돌아봄이여, 슬프다. 궁실이 드높음이여, 슬프다. 사람들의 수고로움이여, 슬프다. 아득한 미앙궁이여, 슬프다.〔陟彼北芒兮, 噫. 顧覽帝京兮, 噫. 宮室崔嵬兮, 噫. 人之劬勞兮, 噫. 遼遼未央兮, 噫.〕"라고 하였다.《後漢書 卷83 梁鴻列傳》

320 감히……부끄러워하노라 : 방덕공과 양홍처럼 높은 식견을 지니고 속세를 떠나 은거하지도 못한 채, 사람들과 어울려 지내는 자신의 신세가 부끄럽다는 말이다.

321 저자에서……남았네 : 세상에 나아가 경륜(經綸)을 펼치지 못한 것에 대한 아쉬움을 읊은 것이다. 달시(撻市)는 사람이 많은 저잣거리에서 매를 맞는다는 말이다. 이윤(伊尹)이 "내가 나의 군주를 요순과 같은 군주가 되게 하지 못한다면, 마음속에 부끄럽기가 마치 저잣거리에서 매를 맞는 것과 같았다.〔予弗克俾厥后惟堯舜, 其心愧恥, 若撻于市.〕"라고 하였다.《書經 說命下》

가죽 끈이 벌써 끊어졌으리니 韋編能已絶
서대가 응당 자랐겠지[322] 書帶故應生
의리는 요컨대 탐구해야 하고 義理要探賾
공부는 체득하여 실천함이 중요하지 工夫貴體行
소장과 비태의 즈음에 消長否泰際
바야흐로 성현의 마음 알 수 있네[323] 方見聖賢情

322 가죽……자랐겠지 : 책을 묶은 가죽 끈이 끊어질 정도로 《주역》을 열심히 읽었을 것이라는 말이다. 공자(孔子)께서 만년(晩年)에 《주역》을 좋아하여 무수히 많이 읽은 탓에 그 책을 묶었던 가죽 끈이 세 번이나 끊어졌다고 한다. 《史記 卷47 孔子世家》 서대(書帶)는 서대초(書帶草)의 준말이다. 한(漢)나라 정현(鄭玄)이 불기산(不其山) 기슭에서 후학을 가르칠 때 자라났다는 풀로, 줄기가 부추처럼 길고 질겨 책을 묶는 띠로 사용하였다고 한다. 《古今事文類聚後集 卷32 花卉部 草》

323 소장(消長)과……있네 : 《주역》의 의미를 흥망(興亡)과 성쇠(盛衰)의 사이에서 볼 수 있다는 말이다. 소장은 양(陽)인 군자의 도가 자라면 음(陰)인 소인의 도가 사그라지고 음이 자라면 양이 사그라지는 것으로, 흥망과 치란을 뜻한다. 비태(否泰)는 《주역》의 두 괘(卦) 이름으로, 천지가 교감하여 만물이 형통하는 것이 태(泰)이고 천지가 교감하지 않아 만물이 폐색(閉塞)하는 것이 비(否)이다.

풍악으로 출발하며 말 위에서 우연히 읊다 2수
發向楓岳 馬上偶吟 二首

십 년 만에 오늘에야 한가함 도모하니	十年今日始謀閒
흥취는 이미 향성[324]과 만폭동 사이에 있네	興已香城萬瀑間
좋을시고 꾀꼬리가 내 마음 알아	好箇黃鸝知我意
꾀꼴꾀꼴 울며 명산으로 가는 나를 전송하네	數聲啼送入名山
면 이불 한 채와 책 몇 권	一領綿衾數本書
쓸쓸한 두 승려 함께 가네	蕭然兩衲更相於
제아무리 그림 솜씨 뛰어난 이라도	阿誰妙解丹靑術
나의 행차 묘사하기 어려우리	縱畫吾行畫不如

324 향성(香城) : 중향성(衆香城)으로, 금강산 내금강의 영랑봉 동남쪽을 병풍처럼 둘러싸고 있는 봉우리이며, 만폭동의 마지막 폭포인 화룡담에서 내륙 산골짜기를 따라 오르면 백운대가 나오고 곧이어 중향성이 있다고 한다. 《유마힐경(維摩詰經)》에 "이름이 중향(衆香)이란 나라가 있는데, 불호(佛號)는 향적(香積)이라 한다."라는 말에서 유래한 것으로 보인다.

길을 가다가 농사 살피는 사람을 보고 감회가 있어서
途中見觀稼者 有感

홀가분하게 한번 웃으며 봉래산 가니	飄然一笑向蓬山
동해 만 리까지 다녀오려 하는데	擬踏東溟萬里還
푸른 나무 그늘에서 농사 살피는 사람	綠樹陰中觀稼者
누구의 신세가 더 한가한지 모르겠다	不知身世孰爲閒

금계[325]를 출발하다

發金溪

남들은 먼 유람 꺼리지만	人皆畏遠游
나는야 먼 유람 좋아하네	我獨好遠游
먼 유람을 어디로 가는가	遠游復何之
한번 웃으며 봉래로 향하노라	一笑指蓬丘
어찌하여 봉래로 가는가	夫何此蓬丘
삼십 년간 꿈에서도 그리웠으니	夢想三十秋
진실로 마음 맞는 사람과	眞如可意人
헤어져 지내며 근심만 더하는 격이었지	隔闊增離憂
두 다리를 내 어찌 아끼랴	兩脚吾豈惜
묵은 빚을 갚을 만하네	宿債庶可酬
게다가 삼월도 저물어서	況値三月暮
바람과 햇살도 온화하고	風日正和柔
꽃들도 다 시들지는 않았으며	山花未盡凋
꾀꼬리도 맑게 노래하네	黃鳥亦淸謳
경물이 서로 밀고 당겨	景物相推挽
머물려 해도 머물 수 없구나	欲留不可留
지팡이 하나에 이 몸 맡기니	一筇了吾身

325 금계(金溪) : 이하곤이 거주하던 충청북도 진천군에 있는 시내 이름이다. 225쪽 각주23 참조.

마음은 벌써 비로봉 정상에 있네 意已毗盧頭

향성[326]의 구름 손으로 휘젓고 揮手香城雲

만폭동 물줄기에 발 씻으리라 濯足萬瀑流

가자 붉은 난새에 멍에 씌우니 去矣駕紫鸞

사선[327]이 내 짝이라네 四仙眞我儔

326 향성(香城) : 금강산의 중향성(衆香城)을 가리킨다. 403쪽 각주324 참조.

327 사선(四仙) : 신라 시대 화랑으로, 관동(關東)의 명승지를 유람했다고 전해지는 영랑(永郎)·술랑(述郎)·남랑(南郎)·안상(安詳)을 가리킨다.

말 위에서 대단히 기뻐서 또 짓다

馬上喜甚 又賦

호과도 아닌 내가	我生非瓠瓜
어찌 방만 지키고 있으랴[328]	焉能守一室
지팡이 짚고 문 나서며	杖策出門去
호탕하게 노래하니 기운 더욱 편안하다	浩歌氣愈逸
좋은 구경 위해 발품 아끼지 않나니	爲眼不爲脚
옛사람이 이런 말 했었지[329]	古人有是說
늙은이 눈 속되지 않으니	老眼頗不俗
내 어찌 여기에 가보지 않으랴	吾忍負此物
생각건대 구주의 산 가운데	竊惟九州山
풍악산이 가장 빼어나지	楓岳最奇絶
눈 있으면서 이곳을 보지 못한다면	有眼不睹此
두 눈 먼 것만도 못하네	不若兩眼瞎

328 호과(瓠瓜)도……있으랴 : 박이나 오이처럼 한 곳에 얽매인 신세가 아니니, 어디든 자유롭게 갈 수 있다는 말이다. 공자께서 "내가 어찌 뒤웅박과 같아서 한 곳에만 매달려 먹지 못하는 것과 같겠는가.〔吾豈匏瓜也哉, 焉能繫而不食.〕"라고 한 데서 유래하였다. 《論語 陽貨》

329 좋은……했었지 : 승경(勝景)을 보기 위해 걷는 수고를 마다하지 않는다는 말이다. 남송(南宋) 사람 진여의(陳與義, 1090~1139)의 시에 "눈을 위하고 다리를 생각지 않지만, 사다리 타고 오르려니 힘들긴 하구나.〔爲眼不計脚, 攀梯受微辛.〕"라고 하였다. 《簡齋集 卷3 登天清寺塔》

세상 사람들 내 말을 듣고	世人聞我言
진정 나를 미쳤다 하겠지만	定以我爲狂
내 말 실로 미친 소리 아니니	我言實非狂
식자는 스스로 알리라	識者自可詳
영랑의 무리처럼	擧似永郎徒
웃으며 무하향에 들어가리[330]	笑入無何鄕

330 영랑(永郎)의……들어가리 : 금강산에 가는 것을 신선이 되어 무위자연의 세계로 가는 것에 비유한 것이다. 영랑은 신라 화랑으로, 관동(關東)을 유람했다는 사선(四仙) 가운데 한 사람이다. 무하향(無何鄕)은 어디에도 없는 고을이라는 뜻으로, 《장자(莊子)》 〈소요유(逍遙遊)〉에 보이는 무하유지향(無何有之鄕)을 가리킨다.

통곡촌
通谷村

두 산이 문처럼 얽어지고	兩山束如門
맑은 시내가 그 사이를 관통해 흐르네	淸流貫其間
아스라이 보이는 큰 나무 우거진 마을	翳然喬木村
초가집이 사립문 안에 보이네	茅屋映柴關
사내와 아낙이 즐거워하고	男婦共嬉悅
닭과 개도 한가롭다	鷄犬亦幽閒
나로 하여금 앞길 잊게 해	使我忘前路
흔쾌히 한 번 웃노라	欣然一解顔
드디어 내 집이 깊지 않음을 아노니	遂覺吾廬淺
여기야말로 만 겹 산에 막힌 듯하네	如隔萬重山
아름다운 곳 멀지 않으니	佳處不在遠
조물주가 어찌 내게 인색하게 굴었으랴	造物豈吾慳
우리들 스스로 노둔하여	吾輩自魯莽
여기저기 다 다녀 보지 못했을 뿐	未能窮躋攀
머리 돌려 촌옹에게 말하노니	回頭語村翁
그대에게서 서쪽 굽이 빌려	從汝借西灣
초가집 짓고 내가 은거하리니	誅茅吾當隱
늙을 때까지 함께 오가세	垂老共往還

삼승촌에 들르다

過三升村

이곳은 이동상(李東相)이 사는 곳이다.

맘에 드는 산천 얻기 어렵지 않지만	可意溪山得不難
그윽하고도 평평한 곳은 가장 얻기 어렵지	最難幽處更平寬
평가하자면 금담과 비교되지 않지만	品題莫比金潭去
용정과는 우열 다툴 만하네[331]	只合龍亭伯仲看

331 평가하자면……만하네 : 삼승촌의 풍광이 금계와 비교되지 못한다는 말이다. 이하곤의 《두타초(頭陀草)》 책14 〈동유록(東遊綠)〉에 "도마치를 넘어 삼승촌에 들렀다. 이곳은 이동상이 사는 곳이다. 이동상이 일찍이 말하기를 '산천의 아름다움이 금계에 뒤지지 않는다.'라고 하였는데, 내가 보기에는 용정에도 한참 미치지 못하였다.〔踰倒馬峙歷三升村, 是李東相所居, 李常稱溪山之勝, 無減金溪, 以余所見, 不及龍亭遠矣.〕"라는 내용이 있어 참조가 된다. 용정(龍亭)은 와룡정(臥龍亭)을 가리키는 것으로 보인다.

대치와 소치 두 고개 사이에 물과 바위가 대단히 아름답기에 말을 멈추고 잠시 쉬다

大小兩大峙之間 水石頗佳 歇馬少憩

나그네 여정 수시로 쉬니	客行無時歇
골짜기와 산이 깊고 또 깊구나	峽山深復深
경물이 스스로 내게 아양 떨어	雲物自媚人
길 따라 가며 때때로 외로이 읊조리네	遵路時孤吟
샘물 소리에 정신 번쩍 드니	冷泉忽喚醒
마치 거문고 소리 들리는 듯	如聆琴筑音
설레는 마음으로 안장 풀고	欣然便解鞍
큰 소나무 그늘에서 쉬노라	偃息長松陰
그윽한 꽃이 높은 절벽에 가득하고	幽花翳高壁
어여쁜 새가 푸른 숲에서 우는구나	好鳥啼青林
바위틈 샘물을 움켜 마시니	巖溜手自掬
달고 차가워 속이 다 시원하다	甘冽爽我襟
좋은 경관 이처럼 멋진데	有勝乃如許
지금껏 알려지지 않았으니	埋坳遂至今
비유하자면 은거하는 선비가	譬若高蹈士
꿋꿋하게 살며 기꺼이 자취 감춘 것과 같네	偃蹇甘冥沈
맑고 그윽함 본래 있지만	淸幽固所有
알아주는 것은 마음대로 되지 않지	賞識匪自任

서로 만나기가 이처럼 어려우니	遭遇難如此
아련하게 내 마음에 느낌 있네	悠悠感我心

길을 가다가 치악산을 바라보며

途中望雉岳

치악산으로 달려가니	雉岳赴馬首
검푸른 산 빛이 맞아 주는 듯	黛色如相迎
아침노을 채 가시지 않아	朝霞未盡褰
뭇 봉우리 반쯤 보일락 말락	諸峰半滅明
웅장하게 여러 고을을 감싸고	雄據跨數州
하늘 가릴 만큼 높구나	塞天勢崢嶸
일찍이 이 산 멋지다 들었는데	夙聞玆山勝
직접 보니 그 명성 그대로네	所見不負名
위에 있는 상원암	上有上元庵
신령한 자취 함께 일컬어지는데	素稱靈迹幷
신룡은 집을 옮겨 가고	神龍移窟宅
법당 기둥이 깊은 물속에 꽂혀	殿脚揷深泓
지금도 공양간 사이에	至今齋廚間
샘이 솟아나 요리에 쓴다지	沸泉供煮烹
내가 한번 가보고 싶지만	我欲一登覽
일정을 늦출 수 없구나	難可挽去程
숲과 계곡이 마땅히 꾸짖을 테고	林磵應見誚
안개와 노을이 내 마음 슬프게 여겨 주리	烟霞悵我情
애오라지 뒷날 얘깃거리 삼으려고	聊以作後供
시를 지어 산신령에게 부치노라	題詩寄山靈

횡성으로 가는 길에

橫城途中

온종일 깊은 산길 가노라니	終日深山裏
구슬픈 시냇물 소리만 들리네	唯聞澗水悲
먼 봉우리에 푸른 이내 엉겼고	遠峰青靄合
깎아지른 절벽에 철 지난 꽃들 곱구나	危壁晩花欹
계수나무 숲에도 은거할 만하니	桂樹眞堪隱
무릉도원임을 의심하지 않노라	桃源更不疑
그윽한 새가 나를 향해 우니	幽禽啼向我
마치 새 시에 화답하는 듯	似欲和新詩

두타초

제5책

詩시

점심 때 창봉역[1]에서 쉬다

午憩蒼峰驛

둥구나무 사이로 맑은 물결 주름지고	喬木淸流褶
푸른 산이 옛 역을 에웠네	蒼山古驛圍
주민들 판잣집에 사는데	居人依板屋
손님 맞아 쇠덕석에 앉히네	迎客坐牛衣
나무꾼 노랫소리 멀리 중봉에서 들리고	樵唱中峰遠
닭 울음소리 한낮이라 드물구나	鷄聲午日稀
조용하고 깊어 참으로 좋으니	幽深眞可悅
출발하려다가 돌아갈 생각 잊었네	臨發更忘歸

1 창봉역(蒼峰驛) : 강원도 횡성군 공근면 창봉리에 있었던 조선 시대의 역원이다.

삼가 농암 선생의 〈창봉역〉을 차운하다[2]

敬次農巖先生蒼峰驛韻

명산에 대한 흥취 없다면	不有名山興
어찌 이 길 나섰으랴	如何作此行
꽃들은 한번 웃게 해 주고	花能供一笑
새들도 외로운 길손 위로하네	鳥亦慰孤征
고목은 사람이 선 듯하고	老木疑人立
그윽한 샘물은 비파 소리 같네	幽泉似筑鳴
다만 시로 번민 달래려고	但將詩遣悶
손 가는 대로 어느덧 시 완성했네	信手已詩成

2 삼가……차운하다 : 농암(農巖) 선생은 김창협(金昌協, 1651~1708)으로, 본관은 안동(安東), 자는 중화(仲和), 호는 농암이다. 이하곤의 스승이다. 이하곤이 차운한 시는 《농암집(農巖集)》 권4의 〈창봉역차검남몽등역운(蒼峰驛次劍南夢藤驛韻)〉이다.

길 가의 푸른 절벽 아래에서 잠시 쉬다

少憩路傍蒼壁下

천 길 우뚝 솟은 푸른 절벽	青壁森千仞
그윽한 여울에 비치네	幽湍與映帶
완상할 곳 멀리 있지 않으니	賞心匪在遠
승경에 흥이 절로 일어나네	勝處興自會
말에서 내려 흰 바위에 앉아	下馬坐白石
손 휘저으며 맑은 여울에 희롱하네	揮手弄清瀨
냇가 꽃들 향기 그윽하고	澗花氣幽馥
못에 비친 햇살 눈부시게 부서지네	潭日光破碎
드리운 등나무 사이에서 새들 지저귀고	鳥啼垂藤間
하늘 비친 푸른 물에서 물고기 헤엄치네	魚游空翠內
푸른 노을이 먼 산을 뒤덮어	青霞冒遠岑
고개 돌려 보니 멋진 자태 많아라	回首多奇態
깊고 외져 이미 마음에 드는데	深僻已自可
맑고 그윽하니 더욱 사랑스럽네	淸幽尤所愛
본래 성격이 산수에 빠져서	素性癖山水
관직은 마음에도 없네	存思匪玉佩
계수나무 가지를 어찌 당기지 못하랴[3]	桂樹豈難攀

3 계수나무……못하랴 : 세속을 피해 산림에 은거하는 것이 어렵지 않다는 말이다. 한(漢)나라 회남왕(淮南王) 유안(劉安)의 식객 중에 소산(小山)에 속하는 문사(文士)

지초도 그럭저럭 캘 수 있네[4]	芝英聊可採
목을 빼고 흰 구름 바라보며	引領望白雲
호탕한 노래에 긴 탄식 부치노라	浩歌寄永慨

가 지은 〈초은사(招隱士)〉에 "계수나무 가지 부여잡고 애오라지 머무노라.〔攀援桂枝兮聊淹留〕"라고 하였다. 《楚辭 卷12》

4 지초도……있네 : 상산사호(商山四皓)처럼 은거할 수 있다는 말이다. 진(秦)나라 말기에 은사(隱士)인 동원공(東園公), 기리계(綺里季), 하황공(夏黃公), 녹리선생(甪里先生) 네 노인이 난리를 피하여 상산(商山)에 은거하면서 선약(仙藥)인 자지(紫芝)를 캐먹고 〈자지가(紫芝歌)〉를 노래하였다. 《高士傳》

도중에 지나온 곳을 기록하다

記途中所歷

길 나선 지 어느덧 나흘	我行已四日
지나온 곳 모두 험한 산골이었으니	所歷盡荒峽
길 가기가 어찌 힘들지 않으랴만	行路豈不艱
곳곳마다 마음에 드는 곳 많았네	觸境多所愜
계곡은 깊어 그윽하고	谿谷深窈窕
산들은 겹겹이 합쳐지며	岡巒屢回合
깊디깊은 맑은 연못 고요하고	淵淪淥潭靜
깎아지른 푸른 산들 우뚝하네	峭削靑峯立
때로 노송 사이 바라보니	時見古松間
숲 속 꽃이 여기저기 피었네	林花相雜沓
사는 곳 외져	處地旣幽僻
사람들 순박하고	民多淳朴習
산꼭대기에 깃들어 살며	巢居寄層巓
산짐승들과 기꺼이 함께 지내네	甘與鹿豕蟄
흰 구름을 다 갈 수 없고[5]	白雲無盡耕

5 흰 구름을……없고 : 그동안 지나온 곳이 은거하기에 좋은 곳이었다는 말이다. 송(宋)나라 관사복(管師復)이 숭산(崇山)에 은거하였는데, 어떤 사람이 그에게 "무슨 즐거움이 있느냐?"라고 묻자, "언덕에 덮인 흰 구름은 갈아도 다함이 없고, 못에 가득한 밝은 달은 낚아도 흔적이 없네.〔滿塢白雲耕不盡, 一潭明月釣無痕.〕"라고 대답한 고사가 전한다.《山堂肆考 卷109 耕雲釣月》

맛 좋은 샘물 늘 길을 수 있네　乳泉恒足汲
나그네 보면 반갑게 맞아　見客復欣然
나물 뜯어 정성껏 대접하네　擷蔬頗款接
나도 초가집 짓고　我欲營茅廬
여기 깊은 곳으로 옮겨와　移家此深入
느긋하게 지내며 삶 마치고 싶을 뿐　優游當卒歲
덧없는 영화는 나의 간절한 바람 아니라네　浮榮非我急

춘천 가는 길에

春川途中

몇 리나 되는 맑은 시냇가 길을	數里淸溪路
고목 헤치며 가노라	常穿老樹行
그윽한 꽃들이 기다린 듯하고	幽花眞似待
어여쁜 새가 절로 맞이하네	好鳥自能迎
늦봄에 따비밭 태우는 풍경 보이고	春晩燒畬色
구름 깊은 곳에서 나무하는 소리 울리네	雲深伐木聲
가운데 봉우리에서 소 모는 소리 들리지만	中峰聞叱犢
밭 가는 사람 있는지 믿지 못하겠네	不信有人耕

점심 때 원창역[6]에서 쉬다

午憩原昌驛

봄 산에 오솔길 한 줄기 뻗어 있고	春山一路小徑通
바위 틈 그윽한 꽃이 물에 붉게 비치네	疊石幽花照水紅
동쪽 산의 민가는 얼마나 깊은 곳에 있나	東崦人家深幾許
낮닭이 흰 구름 속에서 우는구나	午鷄聲在白雲中

6 원창역(原昌驛) : 강원도 춘천시 동산면에 있었던 조선 시대의 역원이다. 《신증동국여지승람(新增東國輿地勝覽)》 〈강원도(江原道) 춘천도호부(春川都護府)〉에는 도호부의 남쪽으로 30리 떨어진 곳에 있다고 소개하고 있다.

송황[7] 가는 길에

松皇途中

고요한 봄 산에 낯선 새 지저귀고	寂寂春山怪鳥啼
무수한 꽃들이 맑은 시내 덮었네	幽花無數覆淸溪
구름 속에서 신선의 개가 짖지 않는다면	雲中不遣仙尨吠
진정 나그네가 길 헤매겠네	定使游人路更迷

7 송황(松皇) : 강원도 홍천에서 춘천으로 들어가는 길에 위치한 고개로 보인다. 《두타초(頭陀草)》 책14 〈동유록(東遊錄)〉에 "원창역에 도착해서 말에게 꼴을 먹이고 고개를 넘었으니 이름이 송황인데, 여기부터는 춘천 지역이다.〔至原昌驛秣馬, 踰一嶺, 名松皇, 是春川界.〕"라고 하였다.

종일 깊은 산골짝을 걸어 송황령을 넘었다. 드넓은 들녘을 보자 기뻤다

終日行深峽之間 踰松皇嶺 見野色曠然可喜

조심조심 험준한 고개 오르자	小心乘絶險
시야 트이고 겹겹의 산을 뒤로 보내노라	豁目送重關
들 넓어 아스라이 숲 펼쳐졌고	野遠蒼茫樹
하늘도 낮아 아득히 산 보이네	天低縹緲山
병 속에서 나와	疑從壺裏出
다시 세상으로 돌아온 듯하니[8]	復得世間還
하인도 몹시 기뻐	僮僕亦驚喜
서로 바라보며 한바탕 웃네	相看一解顔

8 병……듯하니 : 송황령을 넘은 것을 비장방(費長房)의 고사를 인용하여 읊은 것이다. 호리(壺裏)는 병 속의 별천지를 의미한다. 후한(後漢) 때에 호공(壺公)이라는 신선이 저잣거리에서 약을 팔고 있었는데, 모두 그저 평범한 사람인 줄로만 알고 있었다. 하루는 호공이 천정에 걸어 둔 호로 속으로 들어가는 것을 비장방이 보고 비범한 인물로 여겨 매일같이 정성껏 그를 받들었다. 어느 날 호공이 그를 데리고 병 속으로 들어갔는데, 병 속은 완전히 별천지로 해와 달이 있고 선궁(仙宮)이 있었다고 한다. 《神仙傳 卷9 壺公》

문소각에서 박정재의 운에 맞춰 짓다[9]

聞韶閣 次朴定齋韻

하늘가 뭇 산들 뾰족뾰족 푸르고	群山天畔萬尖蒼
높은 누각의 전망 시원하게 트였네	快閣能令目力長
바라보니 두 강[10]이 띠처럼 둘렀고	卽看二江能作帶
유월에도 더운 줄 모르겠네	須知六月亦嫌涼
형세로 따진다면 진정 큰 고을이니	若論形勝眞雄府
어찌 올라 볼 멋진 누각 없을쏜가	豈使登臨乏畫樑
기(豈)는 가(可)로도 쓴다.	
난간에서 한번 바라보라	試向欄頭要一覽
바쁜 사람도 바쁜 일에 집착하지 않으리	忙人應不着前忙

9 문소각(聞韶閣)에서……짓다 : 문소각은 1646년(인조24)에 춘천 부사(春川府使) 엄황(嚴愰)이 현재의 춘천시 우두동에 건립한 누각이다. 1916년에 화재로 소실되었다. 박정재(朴定齋)는 박태보(朴泰輔, 1654~1689)로, 본관은 반남(潘南), 자는 사원(士元), 호는 정재, 시호는 문열(文烈)이다. 저서에 《정재집(定齋集)》이 있다. 이하곤이 차운한 작품은 《정재집》 권1의 〈봉화소양사군용졸제문소각운영고송지작(奉和昭陽使君用拙題聞韶閣韻詠古松之作)〉이다.

10 두 강 : 이민구(李敏求)의 글에 "고을 관아의 동쪽에 있는 봉의산은 구름 위로 솟았고, 소양강과 장양강이 그 서쪽에서 만난다.〔蓋其治東有鳳儀山秀入雲霄, 昭陽長楊二江會于其西.〕"라고 하였으므로, 문소각 아래쪽에 두 물줄기가 흐르고 있음을 알 수 있다. 《東州集 文集 卷3 聞韶閣記》

소양정에서 삼가 농암 선생의 운에 맞춰 짓다[11]

昭陽亭 敬次農巖先生韻

소양정을 관가 누대라 말하지 마라　昭陽莫道是官樓
붉은 난간에서 야인들도 노니네　朱檻還供野客遊
두 물줄기 원래 한강과 통하니　二水元來通漢水
이름난 고을로 예부터 춘천을 일컬었지　名州從古說春州
저녁연기는 우촌[12] 경치 다 가리지 못하고　晩烟不盡牛村色
꽃다운 풀에는 맥국의 근심 맺혔네　芳草猶關貊國愁
비단처럼 맑은 강물 가장 사랑스러워　最愛江光澄似練
돌아갈 생각 잊은 채 우두커니 난간에 앉았노라　忘歸兀自坐欄頭

11 소양정(昭陽亭)에서……짓다 : 소양정은 강원도 춘천시 봉의산 북쪽에 있는 정자이다. 이하곤이 차운한 김창협(金昌協)의 시는《농암집(農巖集)》 권4의 〈소양정에서 삼가 증조부의 시에 차운하다〔昭陽亭 敬次曾王考韻〕〉이다.

12 우촌(牛村) : 강원도 춘천시 우두동(牛頭洞)으로, 소양강을 사이에 두고 봉의산과 마주하고 있다.

또 앞의 운자를 써서 짓다

又用前韻

청음이 이 누대에 오른 뒤로[13]	一自淸陰登是樓
듣는 사람마다 오고 싶어 했지	故令聞者願來遊
난간 기대면 누군들 멋지다 하지 않으랴	憑欄孰不稱佳處
인끈 찬 관리들 이 고을 경시하지 않았네	佩綬人無薄此州
연기 낀 나무 하늘에 떠서 그림 같고	烟樹浮空眞似畫
강산 바라보니 근심 누그러지네	江山擧目卽寬愁
서쪽 등성이에 초가집 지을 수 있다면	西岡倘許吾廬着
백발 되도록 바라보기를 어찌 마다하랴	豈厭相看到白頭

13 청음(淸陰)이……뒤로 : 청음은 김창협(金昌協)의 증조부 김상헌(金尙憲, 1570~1652)으로, 본관은 안동(安東), 자는 숙도(叔度), 호는 청음·석실산인(石室山人)이다. 김상헌이 소양정(昭陽亭)에서 지은 〈소양정〉이 그의 《청음집(淸陰集)》 권10에 수록되어 있다.

보통천

普通遷

백 굽이의 강물 세차게 흐르고	百轉江流迅
천 그루 골짜기 숲 원만하여라	千章峽樹圓
구름 속 잔도는 험한 길로 통하고	棧雲通鳥道
돌다리 주위에 민가 모였네	架石聚人烟
두견새는 침울하게 울고	杜宇冥冥叫
누런 곰이 여기저기 매달려 있으니	黃熊壘壘懸
나그네 마음 한 치도 남김없이	客心無一寸
위태한 길에서 다 꺾이는구나	折盡畏途邊

명명(冥冥)은 장애(長哀)로도 쓰고, 누루(壘壘)는 자도(自倒)로도 쓴다.

역천

櫟遷

두보가 옛날 촉에 들어가서	杜老昔入蜀
기행시 지었는데[14]	乃有記行詩
필력이 조물주에 필적할 만해	筆力敵造化
높고 기이함을 겨루려 하였네	欲與鬪險奇
지금 내가 지나온 곳들도	今我所經者
촉으로 가는 길처럼 험하여	無減蜀道巇
구름 속 잔도는 허공에 걸렸고	雲棧架空虛
험한 길은 가는 실처럼 둘렀네	鳥道縈細絲
큰 강이 벼랑을 갈랐고	大江劈崖根
성난 바위는 무너질 듯하니	怒石如崩欹
교목 끝에 몸을 맡긴 채	寄身喬木杪
간담 서늘하여 감히 바라보지 못하네	膽慄不敢窺
다만 두보와 같은 필력 없어	獨無杜老筆
묘사하지 못하네	未能摸寫爲

14 두보(杜甫)가……지었는데 : 두로(杜老)는 당(唐)나라 시인 두보(712~770)로, 자는 자미(子美), 호는 소릉(少陵)이다. 755년에 안녹산(安祿山)이 난을 일으켜 나라가 혼란해지자, 759년에 난리를 피해 사천성(泗川省) 성도(成都)에 초당(草堂)을 마련하고 4년간 거처하였다. 《두소릉집(杜少陵集)》 권8의 〈발진주(發秦州)〉로부터 〈봉황대(鳳凰臺)〉까지, 그리고 권9의 〈발동곡현(發同谷縣)〉으로부터 〈성도부(成都府)〉까지의 24수(首)가 당시 지은 기행시이다.

평소 옛사람 사모하여	平居慕古人
함부로 앞다투어 내달리려 했는데	妄欲爭驅馳
위험한 곳에 와서는	及夫蹈險危
어린애처럼 숨죽이니	喑默如嬰兒
어찌 알았으랴 옛사람 지금 사람이	豈意古今人
이처럼 우열 다를 줄을	優劣乃若斯
내 마음에 이런 생각 들어	以此感我心
말 멈추고 오랫동안 부끄러워하네	駐馬久忸怩

화음동[15]에 들어가며

入華陰洞

선경 찾아가느라 길 먼 줄도 모르고	爲訪仙源不覺賒
지팡이 짚고 다시 구름 비낀 곳 지나네	筇枝聊復度雲斜
푸른 이내 걷히면 도리어 푸른 절벽 만나고	蒼嵐忽盡還蒼壁
흰 바위 지나면 다시 백사장 나타나네	白石纔窮又白沙
숲 어두워 한낮에도 두견새 소리 들리고	樹暗午時聞杜宇
산 깊어 사월에도 배꽃 보노라	山深四月見梨花
마을 노인이 큰 소나무 아래 가리키더니	村翁手指長松下
웃으며 청한자[16]가 살던 집이라고 하네	笑說淸寒是處家

15 화음동(華陰洞) : 현재의 강원도 화천군 사내면 삼일리 일대로, 김수증(金壽增, 1624~1701)이 벼슬을 그만둔 뒤에 이곳에 정사(精舍)를 짓고 은거하였다.

16 청한자(淸寒子) : 김시습(金時習, 1435~1493)으로, 본관은 강릉(江陵), 자는 열경(悅卿), 호는 매월당(梅月堂)·청한자·동봉(東峰), 법호는 설잠(雪岑)이다.

절구 3수
絶句 三首

끝없이 우거진 덩굴 속세와 떨어져 있어 無限雲蘿隔世塵
맑은 시내 따라 종일 가도 사람 만나지 못하네 清溪終日不逢人
산속 꽃이 물결 따라 떠가지 못하게 하라 山花莫遣隨流去
어부가 다시 나루 물을까 두렵구나[17] 恐有漁翁更問津

2
손으로 그윽한 샘물 만지며 흰 바위에 앉아 手弄幽泉坐白石
승려와 마주하고 솔바람 소리 듣노라 山僧相對聽松風
신선은 그저 청한할 뿐이니 神仙只是淸閒了
신선이 나[18]보다 나은 건 아니라네 未必神仙勝澹翁

3
푸른 절벽 가파른 곳에 흰 바위 있고 青壁峭來仍白石

17 산속……두렵구나 : 진(晉)나라 때 무릉(武陵)의 어부가 복사꽃이 흘러 내려오는 물길을 따라 거슬러 올라갔다가 진(秦)나라의 난리를 피해 들어온 사람들을 만났는데, 그곳이 워낙 선경(仙境)이라서 바깥세상의 변천과 세월의 흐름도 잊고 살더라는 이야기가 도잠(陶潛)의 〈도화원기(桃花源記)〉에 보인다. 여기서는 이 이야기에 착안하여 세상 사람들이 찾아오지 못하도록 하겠다고 읊은 것이다.

18 나 : 이하곤의 호가 담헌(澹軒)이므로, 담옹(澹翁)은 스스로를 지칭한 말이다. 달리 소금산초(小金山樵)·무우자(無憂子)라고도 하였다.

푸른 못 깊은 곳에 맑은 모래 깔렸네	綠潭泓處亦淸沙
물밑의 꽃 그림자 바라보니	卽從水底窺花影
꽃이 꽃이 아니라 물이 꽃이로다	花不是花水是花

농수정[19]

籠水亭

농수정에 가려고	爲尋籠水亭
홀로 깊숙한 덩굴 숲으로 들어가는데	獨入幽蘿去
흰 구름이 골짜기에 가득하여	白雲滿一壑
정자 있는 곳 모르겠네	不知亭在處

19 농수정(籠水亭) : 곡운(谷雲) 김수증(金壽增, 1624~1701)이 지금의 강원도 화천군 사내면 영당리에 지은 정자이다. 그의 본관은 안동(安東), 자는 연지(延之), 호는 곡운이다.《宋子大全 卷143 籠水亭記》

농수정 벽에 걸린 시를 차운하다[20]

次籠水亭壁上韻

몸 한가하면 저잣거리도 산속이고	身閑城市卽林巒
마음 조급하면 산속도 속세라네	心躁山間亦世間
산으로 감추려 해도 감출 수 없으니	但欲籠山籠不得
한가한 사람은 산으로 감추지 않음을 알겠네	故知閑者不籠山

20 농수정(籠水亭)……차운하다 : 이하곤이 차운한 시는 김수증(金壽增, 1624~1701)의 〈백운령도중(白雲嶺道中)〉이다. 《谷雲集 卷1》

송풍정[21] 가는 길에

松風亭道中

시내 동쪽 서너 그루 나무에 기대는데	倚遍溪東三四樹
산에 해 저물 때 새 울어대네	一聲啼鳥山日暮
문득 구름 가에서 돌아가는 승려 만나	忽逢雲際僧歸去
웃으며 송풍정 가는 길 묻노라	笑問松風亭子路

21 송풍정(松風亭) : 김수증(金壽增, 1624~1701)이 현재의 강원도 화천군 사내면 삼일리 일대인 화음동(華陰洞)에서 은거할 때 지은 정자이다.《谷雲集 卷4 松風亭記》

화음행
華陰行

우리 일행 어제는 모진강[22] 건너고　　我行昨渡母津江
오늘 아침에 또 화음으로 가는데　　今朝又向華陰裏
화음동은 깊고 깊어　　華陰之洞深復深
홀로 구름 숲길 삼십 리나 들어가네　　獨入雲樹三十里
맑은 연못과 흰 바위 절로 얽혀 있고　　淸潭白石自縈迴
위에는 숲 속의 꽃이 연달아 피었네　　上有林花相終始
소쩍새 울어대니 낮에도 어둑어둑하고　　子規幽啼晝冥冥
푸른 절벽 둘러보니 우뚝 바위 솟았네　　回看靑壁巉巖起
이런 경치 보느라 진실로 겨를 없으니　　使我應接固不暇
산음과 비교해 과연 어떠한가　　此與山陰果何似
김공[23]이 은거했던 곳에 이르니　　行到金公棲隱處
외로운 정자만 시냇가에 남았네　　唯有孤亭臨溪水
오래된 인문석에 푸른 이끼 덮였고　　人文石古蒼蘚蝕
텅 빈 부지암 마당에 잡초 푸르네[24]　　不知庵空庭草翠

22 모진강(母津江) : 강원도 춘천시 사북면 중앙을 흐르는 하천이다. 《신증동국여지승람(新增東國輿地勝覽)》 〈강원도(江原道) 춘천도호부(春川都護府)〉에 "부의 북쪽 42리에 있다. 회양(淮陽)의 덕진(德津), 금성(金城)의 보리진(菩提津), 낭천(狼川)의 대리진(大利津)은 곧 그 상류이다."라고 하였다.

23 김공(金公) : 김수증(金壽增, 1624~1701)을 가리킨다.

24 인문석(人文石)에……푸르네 : 인문석은 김수증이 화악산(華嶽山) 기슭 삼일정

내가 옛날 공의 청람대[25] 들렀을 때	我昔過公青嵐臺
이곳의 승경 논하며 정답게 이야기했는데	與論此勝談娓娓
내가 이제 여기 왔으나 공은 없고	我今到此不見公
사당에 걸린 영정만 보이네	但見遺祠掛影子
화악산은 높고 흰 구름 많으니	華岳山高白雲多
공께서 깊은 곳에서 졸고 계신 듯	只疑公在深處睡

(三一亭) 옆의 넓은 바위에 주돈이(周敦頤)와 주희(朱熹)의 행적에 나타나는 하도낙서(河圖洛書)·선후천팔괘(先後天八卦)·태극도(太極圖)를 새겨 넣은 뒤에 이름을 붙인 것이다. 부지암(不知庵)도 같은 골짜기에 지은 암자이다. 《谷雲集 卷4 華陰洞志》《農巖集 卷24 不知菴記》

25 청람대(青嵐臺) : 김수증이 서울의 백악산(白嶽山) 서쪽 기슭에 지은 집으로, 직접 이름을 붙였다. 《汾厓遺稿 卷10 青嵐精舍上樑文》

제갈무후와 매월당의 유상을 배알하다

拜諸葛武侯梅月堂遺像

곧 유지당(有知堂)[26]에 있는 물건이다.

천추의 뒤에 감격한 곡운옹[27]	千秋感激谷雲翁
제갈과 청한[28]을 영당에 함께 모셨구나	諸葛淸寒共影宮
언뜻 보면 출처가 같지 않지만	驟看行藏元不似
자세히 따지면 심사는 같다네	細論心事卽相同
매당의 자취 터가 남아 있고	梅堂蹤跡遺墟在
우선의 정신 세상에 널리 알려졌네[29]	羽扇精神四海通

26 유지당(有知堂) : 곡운(谷雲) 김수증(金壽增, 1624~1701)은 화악산(華嶽山) 기슭 백운계(白雲溪) 가에 있는 곡운의 귀운동(歸雲洞)에 무명와(無名窩)라는 집을 짓고 살았다. 지금의 강원도 화천(華川) 용담리(龍潭里) 화악산 일대의 계곡이다. 김수증은 집 동쪽 한 칸에 단청을 하여 한(漢)나라 승상 제갈량(諸葛亮)과 매월당(梅月堂) 김시습(金時習)의 초상을 모셔 놓고 유지당이라고 명명하였다. 주희(朱熹)가 여산(廬山)에 무후사(武侯祠)를 짓고 "후세에 나의 뜻을 알아주는 이가 있을 것이다.〔後之來者, 尙有以識余之意也.〕"라고 기문(記文)에 썼고, 매월당이 스스로 "후세에 필시 나를 아는 사람이 있을 것이다.〔後世必有知岑者〕"라고 말하였기 때문에, 유지당은 이러한 뜻에서 명명한 것이라고 한다. 《谷雲集 卷4 有知堂記》

27 곡운옹(谷雲翁) : 김수증으로, 본관은 안동(安東), 자는 연지(延之), 호는 곡운이다. 《三淵集 卷30 伯父谷雲先生墓表》

28 제갈(諸葛)과 청한(淸寒) : 제갈량과 매월당 김시습을 말한다. 김시습은 호를 청한자(淸寒子)라고도 하였다.

29 매당(梅堂)의……알려졌네 : 매당은 매월당 김시습을 말하고 우선(羽扇)은 제갈량을 의미한다. 곡운은 본디 김시습이 거처했던 곳이다. 그곳에는 김시습의 자취가

아무도 이 뜻 모른다 말하지 마라	莫道無人知此意
용담의 오래된 전례는 자양의 유풍이네[30]	龍潭舊例紫陽風

신(神)은 영(靈)으로도 쓴다.

남아 사람들이 매월대(梅月臺)라고 부르는 바위가 있고, 와룡담(臥龍潭)도 있다. 《谷雲集 卷3 山中日記》

30 용담(龍潭)의……유풍이네 : 용담리(龍潭里) 유지당(有知堂)에서 제갈량(諸葛亮)과 김시습(金時習)에게 제사를 올릴 때, 주희(朱熹)의 예법대로 행한다는 말이다. 자양(紫陽)은 무이산(武夷山) 자양서원(紫陽書院)을 뜻하는데, 주희가 이곳에서 후학을 양성하고 호를 삼았다.

반수암[31]에 들렀는데 승천상인이 스스로 말하기를, 일찍이 백운산에 머물면서 농암의 문하에 드나들었다고 하였다.[32] 이어서 공의 한두 가지 일에 대해 언급하였다. 그 말을 듣고 서글퍼져서 이 시를 써서 주다

過伴睡庵 有勝天上人者 自云曾住白雲山 出入農巖門下 仍及公一二事 聞之愴然 書此以贈

당신이 어디에서 우리 선생님 배알했던가	爾從何處拜吾師
조계에서 폭포를 찾았던 때라고 하네[33]	云在曹溪問瀑時
연사에 머문 것은 오직 겉모양뿐	蓮社留連唯襆被
푸른 벼랑에 새로운 시를 쓰셨지	蒼崖題去是新詩

31 반수암(伴睡庵) : 현재의 강원도 화천군(華川郡) 사내면 용담리(龍潭里)의 화악산 북쪽 기슭에 있는 암자이다. 《頭陀草 冊14 東遊錄》

32 백운산(白雲山)에……하였다 : 백운산에 농암(農巖) 김창협(金昌協) 집안의 별장이 있었는데, 일찍이 김창협은 백운산 기슭에 거처하며 춘천(春川) 곡운(谷雲)의 아름다운 경치를 만끽하였다고 하였다. 《農巖集 卷24 游白雲山記》

33 당신이……하네 : 김창협이 백운산에 들어가 선담(仙潭)을 보고 조계(曹溪)의 폭포를 감상했던 때를 말한다. 농암은 조계에 아름다운 폭포가 있음을 듣고 백련당에 와서 그 위치를 물었는데, 이때 승천상인(勝天上人)을 만났다. 《농암집(農巖集)》 권6에 〈백운동 어귀에 들어가 선유담을 바라보니 위에서 몇 사람이 기다리고 있었는데, 바로 도리평의 이생과 산사의 승려 승천이었다. 이생이 생선국에 밥을 차렸는데, 매우 맛이 좋아서 기쁜 마음에 시를 지어 보여 주었다〔入白雲洞口 望見仙游潭 上有數人相待 乃桃李坪李生及寺僧勝天也 李生爲設魚羹飯 風味佳甚 喜而賦示〕〉라는 작품이 있다.

2

풍패의 바위 샘 누가 돌보나　風佩巖泉孰管領
미음의 봄 풀 외로운 무덤에 우거졌네[34]　渼陰春草暗孤墳
승려도 생사의 감회 알아　山僧亦解存亡感
마음 아파하며 백운산의 추억 말하네　只自傷心話白雲

풍패동(風佩洞)은 영평(永平) 백운산(白雲山) 아래에 있는데, 이곳에 돌아가신 스승님의 별업(別業)이 있다.

34 풍패(風佩)의……우거졌네 : 이미 고인이 된 스승 김창협(金昌協)과 그의 아들 김숭겸(金崇謙, 1682~1700)을 떠올리며 아파한 것이다. 《두타초(頭陀草)》 책14 〈동유록(東遊錄)〉에 승천상인(勝天上人)이 김숭겸의 어렸을 때 일을 말하니, 그 이야기를 듣고 서글펐다는 기록이 보인다. 미음(渼陰)은 경기도 남양주시 근처에 있는 물 이름이다. 이하곤의 스승인 김창협과 그의 선조들이 대대로 거주한 곳이며 김숭겸의 무덤이 있다.

칠선동[35]으로 들어가며

入七仙洞

고목에 드리운 등덩굴 푸르게 늘어졌는데	垂藤古木綠毵毵
돌 비탈 헤치고 푸른 안개 속으로 들어가네	石磴穿過入翠嵐
승려가 놀라 소리치는 곳에 이르자	行到山僧驚叫處
서둘러 말에서 내려 맑은 연못 묻노라	急先下馬問澄潭

35 칠선동(七仙洞) : 강원도 화천군 사내면 광덕리에 있는 광덕계곡(廣德溪谷)으로, 이곳은 광덕산(廣德山)에서 화악산(華嶽山)으로 이어지는 계곡이다. 김수증(金壽增)은 1677년(숙종3) 9월 25일에 칠선동을 유람하였는데, 이곳 산수에 대해 감탄하고 "이번에 일곱 명이 함께 놀러왔기 때문에, 새로 이름을 지어 칠선동이라고 하였다.〔今此來遊者七人, 故創名之曰七仙洞.〕"라고 하였다.《谷雲集 卷3 七仙洞記》

삼첩천[36]

三疊泉

사람들은 삼직(三直)이라고 부르는데, 산골 사람들이 폭포를 직(直)이라고 한다.

세 겹으로 폭포 쏟아지고	三疊風泉瀉
만 겹으로 구름 낀 숲 깊구나	萬重雲木深
지나온 길 돌아보니	回瞻來處路
세상 사람들이 찾을 수 있으랴	能有世人尋
늦봄의 꽃 볼 수 없지만	不見晩花發
때때로 외로운 새 소리 들리네	時聞孤鳥吟
칠선[37]은 어디쯤에 있는가	七仙在何許
그윽한 뜻 서쪽 봉우리에 가득하네	幽意滿西岑

36 삼첩천(三疊泉) : 원주에 있는 것처럼 칠선동(七仙洞)에 있는 삼직(三直)을 말한다. 김수증(金壽增)의 《곡운집(谷雲集)》 권3 〈중유칠선동기(重遊七仙洞記)〉에 "또 들으니 그 위에 이른바 삼직이 있다고 한다. 산골 사람들이 폭포를 직이라고 한다.〔又聞其上有所謂三直, 峽俗名瀑爲直.〕"라고 하였다.

37 칠선(七仙) : 김수증과 함께 칠선동에 놀러 왔던 일곱 사람을 가리킨다. 445쪽 각주35 참조.

돌아가신 농암 선생께서 일찍이 칠선동 수석의 아름다움을 평가하여 화음의 풍패 위에 두셨다. 이어 말씀하시기를 "훗날 그대가 한번 가본다면, 나의 이 말이 빈 말이 아님을 알 수 있을 것이다."라고 하셨다. 이곳에 오게 되니 선생의 평가가 과연 옳았다. 선생께서는 산수에 대해 뛰어난 안목을 지니셨다고 할 만하다. 그러나 돌이켜 생각건대 선생님 묘소 가의 나무들은 이미 아름드리가 되었고, 다시 가르침을 받을 수 없다. 지금과 옛 일을 돌아보니 서글픈 마음을 견딜 수 없다. 마침내 220자의 긴 시를 짓는다

先師農巖先生 嘗評七仙洞水石之勝 置之華陰風佩之上 仍教曰 他日君須一至 可知老夫此言不虛矣 及來此中 先生之評果然 先生於山水 可謂具隻眼 而顧念墓木已拱 無可更受教矣 俛仰今昔 不勝愴恨 遂成長語二百二十字

산수 아름답다는 말 들으면　聞有佳山水
주린 사람이 밥 찾듯 찾아가지　如飢者求食
하물며 이 칠선동은　況茲七仙洞
명성 들은 지 오래라네　聞名自宿昔
농암께서 일찍이 평가하여　農岩嘗品題
이런 곳 만나기 어렵다 하셨지　謂此不易得
내가 화악산에서 와서　我自華陰來
용기 내어 두루 다녔네　賈勇恣探歷
맹남촌[38]에서 말을 내리고　下馬孟男村

와룡석[39]에서 거닐었지　徘徊臥龍石
문득 푸른 숲 사이를 바라보니　忽見青林間
하얗게 눈 빛깔 나타났네　皓然來雪色
깜짝 놀라 나도 모르게 앞으로 가니　驚呼不覺前
나는 내 다리를 잊었구나　我乃忘我脚
하늘도 너무 사치스러워　天公亦太奢
땅에 온통 백옥을 깔았네　布地盡白玉
긴 것은 비단 한 필 펼쳐 놓은 듯　或長如匹練
넓은 것은 돗자리 같구나　或廣如筵席
맑은 물이 이 길로 흐르며　清泉此爲道
오래도록 갈고 닦았으리　萬古相磨琢
옥 주렴을 막 드리우다가　瓊簾方下垂
문득 다시 바퀴가 굴러가는 듯하네　忽復轉轂軸

38 맹남촌(孟男村) : 맹대리(孟垈里)라고도 하는데, 이곳은 지금의 강원도 화천군 사내면 광덕리의 옛 지명이다. 이하곤의 《두타초(頭陀草)》 책14 〈동유록(東遊錄)〉에 "다시 길을 꺾어 동쪽으로 3리를 가니, 산을 등지고 시내 굽이를 끼고 있는 마을이 있었다. 그윽한 운치가 있으니 이곳이 맹남촌이다. 옛날에 맹씨 남자가 여기에 살았기 때문에 이렇게 이름을 붙였다고 한다.〔又折而東三里, 有村負山帶溪曲, 有幽致, 是爲孟男村. 昔有孟男者居此, 故因以名云.〕"라고 하였다.

39 와룡석(臥龍石) : 와룡석은 백운구곡(白雲九曲) 중 제 6곡인 와룡담(臥龍潭)을 말한다. 곡운(谷雲)은 지금의 강원도 화천군 사내면 용담리 화악산(華嶽山) 일대의 계곡으로, 농암(農巖) 김창협(金昌協)의 백부 김수증(金壽增)이 그 이름을 붙이고 30년 가까이 은둔 생활을 한 곳이다. 김수증이 명명한 백운구곡의 제1곡은 방화계(傍花溪), 제2곡은 청옥협(青玉峽), 제3곡은 신녀협(神女峽), 제4곡은 백운담(白雲潭), 제5곡은 명옥뢰(鳴玉瀨), 제6곡은 와룡담, 제7곡은 명월계(明月溪), 제8곡은 융의연(隆義淵), 제9곡은 첩석대(疊石臺)이다.《谷雲集 卷4 谷雲記》

세차게 흐르는 것은 우레와 북을 울리는 듯	怒者轟雷鼓
천천히 흐르는 것은 거문고와 축 울리는 듯	舒者韻琴筑
물과 바위가 저마다 자태 뽐내며	水石各逞態
그저 내 눈을 즐겁게 하네	聊以娛我目
걸음 옮길 때마다 더욱 아름답고	步步益奇絶
가면 갈수록 깊고 외지네	行行轉深僻
푸른 봉우리가 번갈아 맞이하고 보내며	青峰迭迎送
푸른 연못에서 양치하고 씻을 만하네	綠潭供漱濯
꼭대기가 볼품없지 않은 것은	頭臚不草草
이 삼첩 폭포 때문이지	爲此三疊瀑
마치 순 임금의 음악 듣는 듯	如聞九韶音
내 마음 이미 흡족하네	令我意已足
거의 화양계곡에 짝할 만하니	庶可配華陽
그 나머지는 노복이라 하겠네	餘者堪奴僕
농암의 평가 비로소 믿겠으니	始信農巖評
뛰어난 안목 지니셨네	超絶具眼隻
맑은 말소리 아직도 생생한데	淸言尙留耳
어느새 옛일 되었구나	轉頭便陳迹
선생님을 다시 모시기 어려우니	杖屨難追陪
무덤의 풀이 이미 묵었네	墓草今已宿
머리 들어 백운산 바라보며	矯首白雲岑
슬픈 눈물로 가슴 적시노라	感淚沾我臆

골짜기로 들어갈 때 방도창 군도 따라왔다. 이별하며 써서 주다

入洞時 方君道昌亦從焉 臨別書贈

방군(方君)은 이곳의 사인(士人)이다.

소나무 그늘에 마주 앉아 샘물 소리 듣고	松陰對坐聽幽泉
마음대로 꽃 사이에서 취해 잠들었지	隨意花間醉倒眠
오늘의 맑은 유람 기억하리니	今日淸游須記取
이제부터 칠선의 숫자 늘었네[40]	七仙從此更添仙

40 칠선(七仙)의 숫자 늘었네 : 김수증(金壽增)이 일곱 사람과 함께 이곳을 유람한 뒤에 칠선동(七仙洞)이라고 하였는데, 이제 이하곤과 방도창(方道昌)이 유람하였으므로 신선의 숫자가 늘었다고 말한 것이다. 445쪽 각주35 참조.

사탄촌[41]에서

史呑村

지역 외져 참으로 태곳적 같고	地僻眞疑太古天
민심 순박해 사슴과 고라니 같구나	民淳還似鹿麋然
줄지은 벌들은 통에 꿀을 빚고	排衙蜂釀長筒蜜
지시에 따라 소는 안개 낀 절벽에서 밭가네	聽訓牛耕絶壁烟
좁쌀로 만든 떡도 먹을 만한데	粟米作糕猶可口
나무껍질로 덮은 집 겨우 어깨 들어가네	樻皮覆屋劣容肩
주민들 장수하여 백세를 넘기니	居人得壽渾過百
도원이 아니라 국천이구나[42]	不是桃源定菊泉

청훈(聽訓)은 굴슬(屈膝)로도 쓴다.

41 사탄촌(史呑村) : 백운산(白雲山) 동쪽에 위치한 마을이다. 《기언(記言)》권9 〈백운산수기(白雲山水記)〉에 "사탄은 수춘(壽春)의 초입에 자리 잡고 있는데, 냇물이 많으며 석서(石鋤) · 오지(五芝) · 남화폭포(南華瀑布)는 산수가 수려한 곳으로 일컬어진다. 경태(景泰) 말년에 김시습(金時習)이 세상을 피해 이곳에서 숨어 지냈기 때문에 오세동자동(五歲童子洞)이라고 부른다 한다."라고 하였다.

42 도원(桃源)이 아니라 국천(菊泉)이구나 : 이상향의 도원은 아니지만 장수하는 마을이라는 뜻이다. 국천은 하남성(河南省) 내향현(內鄕縣) 서북쪽을 흐르는 물줄기로, 국수(菊水), 국수(鞠水) 또는 국담(菊潭)이라고도 한다. 물가에 국화가 많이 자라는데, 물맛이 향기롭고 먹으면 장수(長壽)한다 하여 영약(靈藥)으로 꼽힌다. 《水經注 湍水》

학령가

鶴嶺歌

동쪽 행차에 험한 고개 몇백 개 넘었지만	東行險嶺經幾百
학령처럼 험악한 곳 없었지	所經無如鶴嶺惡
학령산 높이 구름 속으로 들어가니	鶴嶺之山高入雲
하늘과의 거리 겨우 몇 척이어라	乃知去天纔數尺
구불구불 고갯길 실처럼 드리우고	羊腸屈曲垂線縷
뾰족뾰족 묵은 바위들 칼과 창 같구나	老石槎牙倅劍戟
골짝 들어와 처음에는 항아리 속인가 했는데	入谷初疑入瓮中
문득 다시 달팽이가 벽 기어오르는 듯하네	忽復如蝸粘上壁
고목은 하늘에 닿아 낮에도 어둡고	古木森天晝昏黑
발밑의 생황과 종소리 골짝마다 울리네	脚底笙鏞訇萬壑
나그네 여기 오르려면 하늘 오르는 것 같아	行人登嶺如登天
열 걸음에 아홉 번 앉고 앉아서도 숨 헐떡이네	十步九坐坐脅息
누런 곰과 검은 표범 때때로 울부짖고	黃熊玄豹時一吼
가파른 벼랑 찢어지듯 벼락 소리 울리네	危崖崩裂如霹靂
두려운 마음에 큰 소리도 내지 못하고	惴慄不敢高聲語
서로 얼굴 바라보니 파랗게 질렸구나	相看面貌無人色
평생 이처럼 험한 곳 다니지 않았는데	我生未試此等險
누가 독려한다고 이 길 가는가	誰其督之爲斯役
남아가 어찌 방안만 지키고 있으랴	男兒豈可守帷闥
배불리 먹고 편히 누우면 주육[43]과 같지	飽喫安臥如走肉

남아로 태어나 구주를 누비며[44]　　桑弧蓬矢遍九州
포부 넓히고 비루함 씻어 내지　　且恢心胸洗齷齪
왕존은 공래의 비탈에서 마부를 꾸짖었고[45]　　王尊叱馭邛郲坂
등애는 음평의 골짝에서 물고기 꿰듯 하였지[46]　　鄧艾魚貫陰平谷
보잘것없는 이 고개는 작은 언덕과 같으니　　區區此領等培塿
우물 안 개구리 소견 나도 그와 같구나　　井蛙之見吾與若

43 주육(走肉) : 후한(後漢)의 임말(任末)이 스승의 상을 당해 급히 달려가다가 길에서 죽었는데, 임종할 적에 조카에게 자신의 시신을 스승의 집까지 데려다 달라고 부탁하면서 "사람이 배움을 좋아하면 비록 죽더라도 살아 있는 것과 같지만, 배우지 않는다면 살았더라도 걷는 시체요 달리는 고깃덩어리라고 할 것이다.〔夫人好學, 雖死若存, 不學者, 雖存, 謂之行屍走肉耳.〕"라고 말한 고사에서 유래한 말로 쓸모없는 사람을 비유한다. 《拾遺記 卷6 任末》

44 남아로……누비며 : 원대한 포부와 이상을 품고 있거나 또는 그것을 실현하기 위해 한 곳에 안주하지 않음을 이른다. 군주가 세자를 낳으면 "사인이 뽕나무 활과 쑥대 화살 여섯 개를 가지고 천지와 사방을 향해 쏜다.〔射人以桑弧蓬矢六, 射天地四方.〕"라고 하였는데, 이는 남자가 원대한 뜻을 품으라는 뜻에서라고 한다. 《禮記 內則》

45 왕존(王尊)은……꾸짖었고 : 한(漢)나라 왕양(王陽)이 험난한 구절판(九折阪)을 넘으면서 혹시 몸을 상해 어버이에게 누를 끼칠까 염려하여 그냥 돌아왔는데, 뒤에 왕존이 이 고개를 넘으면서 마부를 꾸짖어 말하기를 "빨리 몰아라. 왕양은 효자요, 왕존은 충신이니라.〔驅之, 王陽爲孝子, 王尊爲忠臣.〕"라고 했던 고사가 전한다. 《漢書 卷76 王尊傳》

46 등애(鄧艾)는……하였지 : 삼국 시대 위(魏)나라 등애가 대군을 일으켜 촉(蜀)을 정벌할 때 한겨울에 음평(陰平)의 험한 산길을 넘어가서 촉장(蜀將) 제갈첨(諸葛瞻)의 목을 베고 성도(成都)로 들어갔는데, 이때 "등애 자신은 담요로 몸을 감싸고 뒹굴어 내려왔으며, 군사들은 모두 나뭇가지를 부여잡고 벼랑길을 따라가며 마치 물고기를 한 줄로 꿰듯 지나갔다.〔艾以氈自裹, 推轉而下, 將士皆攀木緣崖, 魚貫而進.〕"라고 하였다. 《三國志 卷28 鄧艾傳》

내 말 듣고 너는 두려워 마라	聽我所言汝勿怖
앞길 험해도 힘써 가야지	前路險絶須努力
내일 아침 또 베 버선 신고 채비하여	明朝且可整布襪
비로봉 정상으로 가려네	毘盧頂上更試脚

와(臥)는 거(居)로도 쓴다.

일원[47]과 함께 이요정에 올라 입으로 불러 판상의 시를 차운하다

同一源登二樂亭 口占次板上韻

춘천이 여기서 몇십 리인가	春川此去幾由旬
그대 만나러 나루를 물었네	只爲訪君來問津
오래된 역의 배꽃이 눈처럼 떨어지는데	古驛梨花如雪落
다시 술로 유람하는 사람 위로하네	更將樽酒慰游人

"다시 술로〔更將樽酒〕"는 "온 뜰의 봄빛이〔一庭春色〕"로도 쓴다.

47 일원(一源) : 이병연(李秉淵, 1671～1751)으로, 본관은 한산(韓山), 자는 일원, 호는 사천(槎川)이다. 1710년(숙종36)에 김화 현감(金化縣監)에 임명되었다.《承政院日記 肅宗 36年 3月 28日》

일원이 칠송정에 가서 물고기 잡는 것을 구경하자고 하므로 두보의 율시에 차운하여 함께 짓다[48]

一源邀往七松亭觀漁 次杜律韻同賦

칠송정은 곧 시냇가 버드나무 숲 속에 있다.

서로 만난 곳 어디인가	何許相逢地
시냇가 버드나무 숲이라네	溪邊萬柳林
벗이 이곳 현감이니[49]	故人爲吏隱
이곳은 절로 산이 깊구나	是處自山深
이 만남 참으로 멋진 일이니	此會眞奇事
새 시를 읊조릴 만하네	新詩可一吟
종일 물고기 바라보노라니	觀魚便終日
물가에서 마음 더욱 편안해지네	濠上更寬心

48 일원(一源)이……짓다 : 일원은 이병연(李秉淵, 1671～1751)으로, 본관은 한산(韓山), 자는 일원, 호는 사천(槎川)이다. 445쪽 각주47 참조. 이하곤이 차운한 두보의 작품은 《두소릉집(杜少陵集)》 권20의 〈과소수서작사북과림지만황예정흘이상(課小豎鉏斫舍北果林枝蔓荒穢淨訖移牀)〉이다. 저본에는 이 작품 아래에 동일한 제목의 시가 한 수 더 있는데, 여기서는 다음의 동일한 제목을 삭제하고 이 제목 아래에 3수의 작품을 함께 배열하였다.

49 벗이 이곳 현감이니 : 이병연(李秉淵)이 1710년(숙종36)에 김화 현감(金化縣監)에 임명되었는데, 이것을 이은(吏隱)이라 읊은 것이다. 《承政院日記 肅宗 36年 3月 28日》

2

부엌 연기 굽이진 물가에 피어나고 廚烟依曲渚
타고 온 말은 봄 숲에 풀어놓았네 鞍馬散春林
들판 자리 좁은들 어떠리 野席何妨促
현감의 술잔 가득 따라도 싫지 않네 官杯不厭深
물고기 삶아 나그네 반찬 삼고 煮魚留客飯
새소리 들으며 그대와 마주하여 읊조리네 聽鳥對君吟
신선의 산 가까운 줄 아노니 已覺仙山近
맑은 시내에 한번 마음 씻노라 清溪一洗心

3

어진 주인 만나지 못했다면 不有逢賢主
어떻게 들판 숲에 왔으랴 那能到野林
노란 꾀꼬리 울음소리 곱고 黃鸝啼更好
큰 버들 아래 앉으니 도리어 깊구나 高柳坐還深
이미 그대 따라 취했는데 已得從君醉
어찌 반드시 나그네 시 읊조리랴 何須動客吟
즐거움에 장차 밤을 새려 하니 留歡將卜夜
거듭 벗에게 부끄러운 마음이네 重愧故人心

관어가

觀漁歌

일원(一源)[50]에게 주다.

배꽃 흩날려 봄 저무는데	梨花欲飛春正暮
나그네가 김화[51] 길에 말 멈췄네	行人駐馬花江路
김화 현감이 내가 왔다는 소식 듣고	花江使君聞我至
반갑게 맞이하며 놀라고 기뻐하네	倒屣迎我驚且喜
그대와 이별한 지 얼마나 되었나	與君相別復幾許
동쪽 골짝과 서쪽 호수의 아득한 구름 숲이었네[52]	東峽西湖渺雲樹
반갑게 손잡고 떨어져 지낼 때의 마음 이야기하고	歡然握手道離情
함께 물고기 보러 가네	相携仍作觀漁行
칠송정 앞에 강물 깊고	七松亭前江水深
강가의 수많은 버들 푸르게 우거졌네	上有萬柳綠陰陰
흰 베 장막 치고 화문석 깔았으니	白布帳幕花紋席
온 자리에 좋은 손님 있어 신발 가득하네	四座佳賓履舃錯
하늘 높고 들판 넓어 시원하게 시야 트이고	天長野闊聊極目

50 일원(一源) : 이병연(李秉淵, 1671~1751)으로, 본관은 한산(韓山), 자는 일원, 호는 사천(槎川)이다. 445쪽 각주47 참조.

51 김화(金化) : 화강(花江)은 김화(金化)의 옛 이름이다. 《회와집(悔窩集)》 권1 〈화강현감서(花江縣感書)〉의 원주(原註)에 "화강은 김화의 고호이다.〔花江, 金化古號.〕"라고 하였다.

52 동쪽……숲이었네 : 과거 이병연과 함께 노닐었던 곳들을 추억한 것이다.

봄빛 일렁이는 안개 낀 숲 푸르구나　　春光搖蕩烟樹綠
술잔 드니 꾀꼬리 울고　　把酒黃鸝啼一聲
그대 얼굴 바라보니 시상이 맑구나　　看君眉宇詩思淸
그물질하는 관동의 솜씨 뛰어나서　　官僮操網捷若神
금세 눈앞에 물고기 가득하네　　頃刻眼前堆銀鱗
주방에 회를 뜨라 하니　　分付中廚斫鱠來
요리사 소매 걷고 날선 칼 들었네　　饔人褶袖霜刀開
금 쟁반에 정갈하게 담아 만 점의 눈 같은데　　金盤淨鋪萬點雪
맑은 얼음 깔고 매운 겨자 장 준비했네　　藉以清氷芥醬辣
이런 진미를 어찌 사양하랴　　如此美味焉足辭
아이 불러 좋은 술잔[53] 내오게 하네　　呼兒更進金屈卮
객지에서 이 또한 멋진 일이니　　客中此亦一勝事
자리의 제공들 모두 취해야지　　座上諸君須盡醉
이가의 공손과 윤 진사　　李家公孫尹進士
늙어서의 교유[54] 예부터 아름답다 하였지　　白頭傾蓋古稱美
오늘 또 새로 사귄 즐거움 나누어야 하니　　今日且盡新知樂
맑은 시와 좋은 필력을 그대 아끼지 마오　　淸詞健筆君莫惜

53 좋은 술잔 : 금굴치(金屈卮)는 좋은 술잔이다. 당(唐)나라 맹교(孟郊)의 시에 "그대에게 금굴치 권하노니, 얼굴 붉다 사양하지 마라.〔勸君金屈卮, 勿謂朱顔酡.〕"라고 하였다. 《孟東野詩集 卷3 勸酒》

54 늙어서의 교유(交遊) : 《사기(史記)》 권83 〈추양열전(鄒陽列傳)〉에 "속어에 '백발이 되도록 오래 사귀어도 처음 사귄 듯하고, 수레를 멈추고 잠깐 만났어도 오래 사귄 듯하다.' 하였으니, 그 까닭은 무엇인가? 서로를 아느냐 모르느냐에 달려 있다.〔諺曰, 白頭如新, 傾蓋如故, 何則, 知與不知也.〕"라고 하였다.

가련하다 정군의 초췌한 모습	可憐鄭君憔悴形
깨어 있던 굴원만 배우려 마라[55]	亦勿但學屈原醒
세상사는 구름처럼 헤아릴 수 없으니	世事如雲不可測
어찌 술을 마주하고 탄식만 하겠는가	何用對酒空嘆息

이씨(李氏)의 이름은 하익(夏益)이니 아래에 보인다. 윤씨(尹氏)의 이름은 ▨▨인데 이 고을 사람이다. 정씨(鄭氏)의 이름은 차주(次周)인데 서울에서 이곳으로 귀양 왔다.

55 정군(鄭君)의……마라 : 굴원(屈原)처럼 세상사에 번민하지 말라는 말이다. 굴원의 〈어부사(漁父辭)〉에 "굴원이 쫓겨나 강가에서 노닐고, 못가를 거닐면서 시를 읊조리매, 안색이 초췌하고 형용에 생기가 없었다.〔屈原旣放, 游於江潭, 行吟澤畔, 顏色樵悴, 形容枯槁.〕"라고 하였고, "온 세상이 흐린데 나만 홀로 맑고, 뭇사람들은 모두 취했는데 나만 홀로 깨어 있다.〔擧世皆濁, 我獨淸, 衆人皆醉, 我獨醒.〕"라고 하였다. 《古文眞寶後集 卷1》

근민당[56]에서 또 임 자를 사용해 지어서 일원[57]에게 보여 주다

近民堂 又用林字 示一源

꿋꿋한 관리 신선의 흥취 있어	傲吏神仙趣
관아의 집에도 수림 우거졌네[58]	官齋亦樹林
연못 안 봉우리에 물 흘러 윤기 나고	池峰通水潤
뜰의 풀은 꽃 속에 누워 깊숙하네	庭草臥花深
이미 거문고 타는 흥 아노니	已識鳴琴興
응당 홀 괴고 읊는 때 많으리라[59]	應多柱笏吟

56 근민당(近民堂) : 김화현(金化縣) 관아 안에 있던 건물이다. 《두타초(頭陀草)》 책14 〈동유록(東遊錄)〉에 "27일 새벽에 40리를 가서 김화관 역리의 집에 도착하였다. 고을 현감 이병연 일원에게 알리니……근민당은 관아 안에 있다.〔二十七日, 曉行四十里, 到金化館驛吏家, 通于本倅李秉淵一源……近民堂在衙內.〕"라고 하였다.

57 일원(一源) : 이병연(李秉淵, 1671~1751)으로, 본관은 한산(韓山), 자는 일원, 호는 사천(槎川)이다. 445쪽 각주47 참조.

58 관아의……우거졌네 : 《두타초(頭陀草)》 책14 〈동유록(東遊錄)〉에 "근민당은 관아 안에 있다. 앞쪽에는 작은 연못이 있고, 연못 안에 다섯 개의 석봉을 만들었다. 주변에 꽃나무를 심어서 매우 그윽하고 깨끗하였다.〔近民堂在衙內, 前有小池, 中設五石峰, 周遭植花木頗幽潔.〕"라고 하였다.

59 이미……많으리라 : 이병연이 고을을 잘 다스리면서 유유자적한 생활을 하고 있음을 말한 것이다. 공자(孔子)의 제자 복자천(宓子賤)의 성품이 인애(仁愛)하여 일찍이 선보(單父)를 다스릴 적에 항상 거문고만 타고 당(堂) 아래를 내려가지 않았으나 선보가 잘 다스려졌다는 고사가 있고, 진(晉)나라 왕휘지(王徽之)가 일찍이 홀(笏)로 뺨을 괴고 말하기를 "서산의 이른 아침에 상쾌한 기운을 불러온다.〔西山朝來, 致有爽氣耳.〕"

십 년 만에 함께 묵는지라 十年今對宿
촛불 켜고 같은 마음 이야기하네 燒燭話同心

라고 했다는 고사가 전한다. 《呂氏春秋 察賢》《晉書 卷80 王徽之列傳》

연못 안의 다섯 봉우리[60]를 읊은 벽 위의 시에 차운하다
次壁上詠池中五峯韻

다섯 봉우리 이끼보다 푸르고	五峯蒼綠色勝苔
자연히 이루어진 골짜기 그윽하게 펼쳐졌네	洞壑天成窈窕開
괴이하다 여산의 진면목 지녔으니	可怪廬山眞面目
그대는 어디서 이것을 옮겨 왔나	君從何處此移來

60 연못……봉우리 : 근민당(近民堂) 앞에 있는 연못 안에 만들어 놓은 석봉(石峯)을 가리킨다. 461쪽 각주58 참조.

또 임 자를 거듭 사용해 지어서 이사겸 군에게 주다

又疊林字 贈李君士謙

이사겸(李士謙)은 용인 사람으로 월산대군(月山大君)의 후예(後裔)라고 하니, 〈관어가(觀漁歌)〉의 이른바 이가공손(李家公孫)이라는 사람이다.[61]

배꽃 핀 역참에서 처음 만나	識面梨花驛
나란히 버들 숲 거니네	聯裾柳樹林
한가한 여행에도 오히려 나그네가 한하는데	閑行猶客恨
하물며 봄 깊은 때 객지 밥 먹는 마음이랴	旅食況春深
하늘 넓어 술동이 앞에서 바라보고	天闊樽前望
강물 맑아 취한 뒤에 읊조리네	江淸醉後吟
예부터 경개할 때	從來傾蓋地
귀한 것은 마음 논하는 데 있었지[62]	所貴在論心

61 이사겸(李士謙)은……사람이다 : 이사겸은 이하익(李夏益)으로, 인적사항은 미상이다. 《두타초(頭陀草)》 책14 〈동유록(東遊錄)〉을 보면 이하곤이 김화현(金化縣)에 갔을 때 함께 어울렸던 인물임을 알 수 있다. 월산대군(月山大君)은 성종(成宗)의 형이다.

62 예부터……있었지 : 이하익과 처음 만났지만 금세 지기(知己)의 사이가 되었다는 표현이다. 경개(傾蓋)는 《사기(史記)》 권83 〈추양열전(鄒陽列傳)〉에서 유래한 말이다. 459쪽 각주54 참조.

일원[63]의 학포정 시에 차운하다

次一源學圃亭韻

버들 물가에서 물고기 구경하고	觀魚纔柳渚
초가 정자에서 마주 앉았네	對榻卽茅亭
동산의 나무는 천 개의 깃발처럼 빽빽하고	園木森千旆
연못의 산은 다섯 개의 별처럼 늘어섰네[64]	池山列五星
직무 보는 책상 앞에 새가 오가고[65]	鳥行開印案
파한 관아 뜰에 꽃 떨어지네	花落散衙庭
관리로 숨어 사는 이들 그대 같은 이 적으니	吏隱如君少
새로운 시 멋져 들을 만하네	新詩好可聽

63 일원(一源) : 이병연(李秉淵, 1671～1751)으로, 본관은 한산(韓山), 자는 일원, 호는 사천(槎川)이다.

64 연못의……늘어섰네 : 연못 안에 다섯 개의 석봉(石峰)이 있었기에 한 말이다. 461쪽 각주58 참조.

65 직무……오가고 : 고을에 송사(訟事)가 없어서 한가한 모습을 읊은 것이다. 이백(李白)의 시에 "처리할 송사도 없이 조용하여 새가 섬돌에 내려앉나니, 높이 누워서 도서를 펼쳐 읽는다.〔訟息鳥下階, 高臥披道帙.〕"라는 표현이 있다. 《李太白集 卷8 贈淸漳明府姪聿》

일원[66]의 관음사 시에 차운하다

次一源觀音寺韻

관아와 가까워도	縣衙雖咫尺
그윽한 분위기 저절로 천 겹이네	幽意自千重
노목 속에 본래 탑을 간직했고	老木元藏塔
깊은 구름 속이라 종소리 나가지 않네	深雲不放鍾
공무 뒤에 때때로 홀로 가니	公餘時獨往
승려 말고 또 누가 따르랴	僧外更誰從
알겠다 사군의 흥취	可識使君興
시 지으며 이 산 저 산 노니는구나	題詩遍幾峰

66 일원(一源) : 이병연(李秉淵, 1671~1751)으로, 본관은 한산(韓山), 자는 일원, 호는 사천(槎川)이다.

묵희령[67]

墨喜嶺

사람들이 말하기를 묵희령에서　　人言墨喜嶺
또렷하게 풍악산 볼 수 있으니　　了了見楓岳
풍악에 가야 풍악을 볼 수 있는 게 아니라　　楓岳非楓岳
묵희령에서 보는 것이 진면모이니　　嶺是山面目
하필 산속에 들어간 뒤에야　　何必入山中
마음에 흡족하겠는가 하네　　然後乃快意
내가 처음 이 말 듣고　　我初聞此言
제법 일리 있다 여겼으니　　此言頗有理
비유하자면 물 마시는 사람이　　譬如飮水者
배부르면 그치는 것과 같지　　滿腹便卽止
산을 유람하며 진면모 본다면　　游山見眞面
그밖에 다시 무엇을 바라랴　　此外復安希
자유는 진실로 나의 스승이니　　子猷眞吾師
흥취 식으면 마땅히 돌아가야지[68]　　興盡當返歸

67 묵희령(墨喜嶺) : 저본(底本)에는 墨喜領으로 되어 있으나, 본래의 지명을 감안하여 바로잡았다. 묵희령은 금강산에 있는 고개 이름으로, 강원도 회양(淮陽)에서 장안사(長安寺)로 가는 길목에 있다.

68 자유(子猷)는……돌아가야지 : 자유는 진(晉)나라 왕휘지(王徽之)의 자이다. 진(晉)나라 때 산음(山陰)에 살던 왕휘지(王徽之)가 어느 날 밤에 눈이 막 개고 달빛이 청랑하자 갑자기 섬계(剡溪)에 사는 친구 대규(戴逵)가 생각나, 바로 작은 배를 타고

내가 이 봉우리에 오르자	及我登玆嶺
눈앞이 온통 유리인 듯	眼如合琉璃
사방 둘러봐도 보이는 것 없으니	四顧無所見
어떻게 풍악산의 모습을 변별하겠는가	焉卞山容姿
사람들 말 허망하다 하지 않겠는가	得非言者妄
나로 하여금 놀라고 의심하게 하네	令我怳驚疑
평소 자못 시를 잘 지어	平生頗能詩
산과 아름다움 다투려 하였는데	欲與山鬪奇
산신령이 나의 마음 알아	山靈知我意
혹시라도 비웃음 당할까 걱정하였는가	恐或遭點嗤
그러므로 이렇게 연무를 토하여	故此歕烟霧
보지 못하게 하였구나	使之不能窺
내가 구연의 용[69]을 채찍질하여	我鞭九淵龍
하늘로 올라가 우레와 비 일으켜	騰天作雷雨
이 안개를 몽땅 씻어 내	洗此氛靄盡
산이 숨을 곳 없게 하리라	使山逃無處

밤새도록 가서 대규의 집 문 앞에 당도했으나 들어가지 않고 다시 돌아왔다. 누가 그 까닭을 물으니 "내가 흥이 나서 갔다가 흥이 다하여 돌아온 것인데, 어찌 꼭 대규를 만날 필요가 있겠는가."라고 하였다. 《世說新語 任誕》

69 구연(九淵)의 용 : 구룡연(九龍淵)의 용을 가리킨다.

장안사[70]의 산영루에 올라

登長安寺山映樓

늙은 잣나무 푸른 삼나무 십 리에 그윽하고	老栢蒼杉十里幽
높은 다리 건너자 나는 듯한 산영루 있구나	危橋纔度卽飛樓
본래 이 사찰의 명성 천고에 높은 줄 알았지만	元知佛刹名千古
이제 신선 산과 비견될 곳 세상에 없음을 믿노라	始信仙山少九州
옥으로 하늘이 승경 만들어	以玉天能成勝地
꽃 피는 시절에 내가 멋진 유람 하게 되었네	及花吾得辦奇遊
비 내린 뒤에 앞산의 풍광 보고자	雨餘欲看前峰色
다시 붉은 난간 끝에 기대노라	更倚朱欄最上頭

70 장안사(長安寺) : 강원도 회양군 장연리 금강산 장경봉(長慶峯) 아래에 있는 절이다.

옥경대[71]

玉鏡臺

한 봉우리 지나면 또 한 봉우리 나타나	一峰送了一峰來
마치 만 봉오리 연꽃 핀 것 같구나	恰似蓮花萬朶開
이보게들 연꽃으로 착각 말게	傍人莫作蓮花看
참으로 단청 누각[72]의 옥경대라네	眞箇粧樓玉鏡臺

장루(粧樓)는 혼가(混家)로도 쓴다.

71 옥경대(玉鏡臺) : 이유원(李裕元)의 《임하필기(林下筆記)》 권37 〈봉래비서(蓬萊秘書)〉에 "장안사 북쪽 5리 지점의 석가봉 아래에 석벽이 5, 6십 길쯤 되는 높이로 우뚝 솟아 있으니, 너비는 10길쯤 되고 색깔은 약간 누르며 마치 거울을 걸어 놓은 것과 같았다. 거북 모양의 큰 돌이 있는데, 명경대·옥경대·업경대라고 새겨져 있다.〔長安寺北五里, 釋迦峰下, 石壁陡起五六十丈, 廣可十丈, 色微黃, 如開鏡, 有大龜石, 刻曰明鏡臺, 曰玉鏡臺, 曰業鏡臺.〕"라고 하였다.

72 단청 누각 : 장루(粧樓)는 곱게 단장한 누각이라는 말로, 부인의 거실을 가리킨다.

영원동에 들어가다

入靈源洞

옥경담 앞에 꽃은 지려 하는데	玉鏡潭前花欲落
영원동 안에 바람 차갑구나	靈源洞裏氣猶寒
높이 등라 뻗어서 하늘 넓은 줄 모르겠고	高蘿無復知天大
늙은 나무 우거져 해 보기 어렵구나	老木元應見日難
쌓인 눈이 늘 산 정상에 남았고	積雪長教山頂戴
두꺼운 얼음이 폭포를 흐르지 못하게 하네	層氷不放瀑流寬
가마 타고 천천히 단풍 숲 지나가며	藍輿徐度青楓去
하나하나 푸른 봉우리를 실컷 보노라	面面蒼峰盡意看

영원암
靈源庵

꽃 만발한 맑은 시냇가 길 따라가니	花發淸溪路
봄 산에 절은 절로 깊어지네	春山寺自深
외로운 봉우리에 흰 눈 남았고	孤峯留雪色
한 경쇠 소리 등덩굴 그늘에서 들려오네	一磬度蘿陰
자주 맑은 못 가에 앉아	屢得澄潭坐
한가로이 〈백석음〉[73] 쓰노라	閑題白石吟
마주 앉은 스님 아무 말 없으니	相看僧不語
나도 이미 선승의 마음이네	吾亦已禪心

73 백석음(白石吟) : 춘추 시대 위(衛)나라 영척(甯戚)이 지은 노래이다. 그 노래에 "남산은 빛나고, 백석은 깨끗하네. 태어나서 서로 선양하던 요순 시대 못 만나, 짧은 베 홑옷도 겨우 정강이만 가릴 뿐인데, 이른 새벽부터 한밤중까지 소를 먹이자니, 긴 밤이 지루해라 언제나 아침 오려는가.〔南山粲, 白石爛, 生不逢堯與舜禪, 短布單衣裁至骭, 從昏飯牛薄夜半, 長夜漫漫何時旦.〕"라고 하여, 불우한 선비가 세상에 쓰이기를 바라는 뜻으로 흔히 쓰인다. 《樂府詩集 卷83》

옥초대
沃焦臺

여기는 뭇 신선의 별장인데	此是群眞之別館
어쩌다 귀신 소굴로 이름 지었나[74]	如何鬼窟以爲名
신선의 산이 승려들에게 더럽혀졌으니	仙山枉被山僧汙
새 시 지어 한번 맑게 씻어 내려네	擬遣新詩一洗清

74 여기는……지었나 : 금강산은 신선들의 별장이므로, 봉우리 이름을 옥초(沃焦)라고 한 것은 적합하지 않다는 의미이다. 옥초는 동해 남쪽 3만 리 지점에 있다는 바위이다. 이 바위가 산처럼 크기 때문에 옥초산(沃焦山)이라고도 한다. 그 아래는 아비지옥(阿鼻地獄)의 화기(火氣)에 데워지기 때문에, 이 바위가 항상 뜨거워 바닷물을 말린다고 한다. 《華嚴經 卷59》

백탑동

百塔洞

남들은 백탑동 험준하다 하지만	人言百塔險
나는야 백탑동 아름답다 하노라	我言百塔奇
아름다운 곳은 험한 곳에 있으니	奇處故在險
아름다운 곳 아낀다면 험준함 쯤은 잊어야지	愛奇忘險危
이미 험준한 줄 모르는데	旣自不知險
어찌 몸이 힘든 줄 알겠는가	寧知腰脚疲
아름다운 곳 보겠다고 목숨 거니	以奇賭性命
사람들은 나를 어리석다 비웃겠지만	人皆笑我癡
눈 갖고 이곳을 보지 못한다면	有眼不睹此
어리석은 사람 아니고 무엇이랴	不癡亦何爲
보는 것마다 대단히 기궤하니	所見極恢詭
듣던 것보다 훨씬 멋지구나	大勝所聞時
우습다 조물주	造物眞可笑
모래 쌓기 하는 아이들 흉내냈네	强效聚沙兒
백색 은빛 탑을 쌓아 만들어	累成白銀塔
부처에게 아부한 듯	似媚黃面師
이렇게 만들어진 것은 우연이겠지만	此設或偶爾
유람하는 사람은 절로 즐겁구나	游者聊自嬉
문득 빈 옥 동굴 바라보니	忽見玉窟空
구슬주렴이 중간에 거꾸로 드리웠네	瓊簾中倒垂

아름다운 주렴 진실로 묘사하기 어려워 奇簾固難狀
박수치며 감탄하네 拍手爲嘆咨
동굴 속은 태초부터 얼음이라 嵌空太始氷
한여름 붉은 햇볕에도 아랑곳 않네 正夏傲赫曦
만고에 언제나 얼어 있어 萬古常凝沍
이처럼 갖가지 자태 빚었구나 作此種種姿
맑고 시원하게 가슴 씻어 주고 淸寒濯肺腑
나의 시도 도와주네 亦可助我詩
저녁 내내 구경하느라 翫賞終永夕
서성이며 돌아가지 못하네 徘徊未忍歸
어찌하면 한 칸 초가집 얻어 安得一把茅
평생 예서 살아갈까 卒歲此栖遲

산에 들어온 뒤로 시흥이 전혀 없었으므로 자조하다

入山頓無詩興 自嘲

마땅히 〈장안사(長安寺)〉 위에 있어야 한다.

예전에 동파가 여산에 갔을 때	東坡昔入康廬日
쓸쓸히 오언시만 있었으니[75]	只有寥寥五字詩
구름 타고 솥 드는 솜씨 아니면	未騁凌雲扛鼎手
멋진 곳에서 좋은 시 짓기 어려운 줄 알겠네[76]	始知奇處語難奇

75 예전에……있었으니 : 강려(康廬)는 여산(廬山)의 별호(別號)이다. 《동파전집(東坡全集)》 권13에 〈여산이승(廬山二勝)〉이라는 작품이 있는데, 그 서문에 "내가 여산을 유람하면서 남북으로 열대여섯 곳의 빼어난 경치를 보았지만, 다 기록하지 못하고 게을러 시도 짓지 못하였다. 다만 그 가운데 더욱 빼어난 곳을 가려 두 수를 짓는다.〔余游廬山, 南北得十五六奇勝, 殆不可勝紀, 而懶不作詩, 獨擇其尤者作二首.〕"라고 하였다.

76 구름……알겠네 : 글 솜씨가 뛰어나도 아름다운 경치를 읊기 어렵다는 말이다. 능운(凌雲)은 능운필(凌雲筆)과 같은 말로, 시문(詩文)에 뛰어난 재질이 있는 것을 말한다. 강정(扛鼎)은 《사기(史記)》 권7 〈항우본기(項羽本紀)〉에 "항우는 힘이 세어 세 발 달린 솥을 두 손으로 번쩍 들 만하였다.〔力能扛鼎〕"라고 한 데서 유래하였는데, 한유(韓愈)의 시에 "용무늬 새겨 백곡을 담은 세 발 달린 큰 솥을, 홀로 번쩍 들 만한 필력을 그대는 가졌다오.〔龍文百斛鼎, 筆力可獨扛.〕"라고 하였다. 《韓昌黎集 卷5 病中贈張十八》

미타암

彌陀庵

전나무 잣나무 그늘 속에 샘물 소리 울리고	檜栢陰中響細泉
아담한 미타암 참으로 아름답다	彌陀庵小絶堪憐
봄 깊은 때 나그네는 꽃길 헤치며 왔는데	春深客自穿花至
낮 조용해 승려들은 문 닫고 자는구나	晝靜僧皆闔戶眠
비 내린 뒤에 산색 가장 아름답고	山色最佳新雨後
꾀꼬리 소리 반쯤 갠 하늘에 더욱 좋아라	鶯聲偏喜半晴天
날 저물어도 돌아갈 길 까맣게 잊은 채	夕陽歸路渾忘却
향 피우고 선담 듣노라	且爲焚香聽話禪

명연[77]

鳴淵

일만 폭포가 한 길로 다투어 쏟아져	萬瀑爭一道
명연이 문이 되니	鳴淵以爲門
천 길쯤 깊지 않다면	不有千丈深
어찌 뭇 골짝의 물을 받아 내랴	焉受衆壑源
넘실넘실 쉬지 않고 흘러오니	混混來不息
마치 만 마리 말이 달려오는 듯	勢若萬馬奔
여기저기 바위가 뾰족도 하고	亂石錯犬牙
맴도는 물결이 뱉는 듯 삼키는 듯	迴波相吐呑
못물 색이 예부터 검고	潭光自古黑
구름이 낮에도 어둡게 피어나네	雲氣生晝昏
아마도 교룡이 숨어 있을 것이니	疑有蛟龍伏
그 소굴이 있는 것 같구나	髣髴窟宅存
음산하여 머리털 쭈뼛 솟고	陰森動毛髮
두려워 정신이 오싹해지네	懍慄凄神魂
어떤 불평이 있기에	有何不平鳴
이처럼 시끄럽게 일만 북소리 내는가	作此萬鼓喧

77 명연(鳴淵) : 장안사(長安寺)에서 동쪽으로 5리쯤 떨어진 지점에 있는 큰 늪으로, 만폭동(萬瀑洞)의 하류이다. 일명 금동연(金同淵)이라고도 한다. 《林下筆記 卷37 蓬萊秘書》

남은 소리가 숲과 골짝에 울려 餘響殷林壑
마치 많은 원망 하소연하는 듯 似若訴煩寃
지난 일 진실로 허황되지만 往事誠恍惚
괴이하고 허탄한 승려의 말 기록하네[78] 怪誕記僧言
동쪽 벼랑 더욱 가팔라 東崖更偃蹇
푸른 숲이 비를 머금었네 蒼翠含雨痕
높은 정상은 하늘에 닿았지만 高頂接鴻濛
깊은 뿌리는 대지에 서렸네 深根蟠厚坤
이것을 마주하고 다시 한 번 웃노니 對此復一笑
그윽한 흥이 일어나는 줄 새삼 느끼노라 頓覺幽興翻
평생 본 장관을 논한다면 平生論壯觀
내 장차 이번을 꼽으리라 吾將數今番

78 지난일……기록하네 : 명연(鳴淵)에 관한 전설을 믿을 수 없다는 말이다. 《임하필기(林下筆記)》 권37 〈봉래비서(蓬萊祕書)〉에 "금동(金同)은 고려 말의 거사(居士)인데, 나옹(懶翁) 및 혜륵(惠勒)과 함께 도술을 다투었다. 나옹이 묘길상(妙吉祥)을 새기자 금동이 정으로 그것을 깨뜨리려고 하였는데, 하늘이 우렛소리를 내며 비를 내려서 금동을 못에 빠뜨렸다. 이에 금동은 이무기로 변하였으며, 물이 그 때문에 슬프게 우니, 울연(鬱淵)이라 부르기도 하고 명운연(鳴韻淵)이라 부르기도 한다."라고 하여 명연과 관련된 전설을 소개하고 있다.

백화암

白華庵

이곳은 치웅(致雄)[79]이 사는 곳이다. 서산 대사(西山大師) 등 여러 명승(名僧)들의 부도(浮屠)가 있다.

그윽한 명연의 북쪽　　窈窕鳴淵北
드넓은 표훈사 앞쪽　　寬平表訓頭
땅은 많은 탑으로 빼어나고　　地將群塔勝
절은 솔숲 우거져 그윽하네　　寺以萬松幽
창문으로 앞 봉우리 풍경 다 들어오고　　窓剩前峰色
뜰은 먼 골짝의 시냇물 갈랐네　　庭分遠壑流
선방을 본래 좋아하는데　　禪房元可喜
게다가 시 짓는 승려도 있구나　　更爲韻僧留

79 치웅(致雄) : 백화암(白華庵)에 머물렀던 승려로, 법호(法號)는 몽월(夢月)이다. 삼연(三淵) 김창흡(金昌翕)과 교유하였다.《靑城雜記 卷4 醒言》

삼연 김 선생의 시[80]를 차운하여 치웅 선사에게 주다
次三淵金丈韻 贈雄師

치웅(致雄)은 자징(自澄)의 고제(高弟)로, 풍담(楓潭)을 전발(傳鉢)했다고 한다.[81]

삼연(三淵) 어른의 다른 호는 벽계(蘗溪)이다.

묵은 잣나무 숲에서 한번 웃으며	古栢林前一笑同
마주 보니 말없이도 마음 통하네	相看意已不言中
불법은 본래 풍담의 의발을 얻었고	法傳元得楓潭鉢
시격은 다시 벽계의 풍격을 들었네	詩格還聞蘗老風
문(聞)은 능(能)으로도 쓴다.	
고찰 지나려니 꽃 쓸쓸하고	古寺經行花寂寂
봄 산에 앉았노라니 비가 부슬부슬 내리네	春山宴坐雨濛濛
그대에게 말하노니 서역에서 나기를 바라지 마라	道渠莫願生西土

80 삼연(三淵) 김 선생(金先生)의 시 : 삼연은 김창흡(金昌翕, 1653~1722)으로, 본관은 안동(安東), 자는 자익(子益), 호는 삼연이다. 이하곤이 차운한 시는《삼연집(三淵集)》 권7 〈증치웅상인(贈致雄上人)〉이다.

81 치웅(致雄)은……한다 : 치웅은 백화암(白華庵)에 머물렀던 승려로, 법호(法號)는 몽월(夢月)이다.《두타초(頭陀草)》 책14 〈동유록(東遊錄)〉에 "승려 축탄은 의령 사람으로, 문자를 조금 알았으며 됨됨이가 순박하고 신실하였다. 그의 스승은 각원이다. 이 사람은 풍담(楓潭) 의심(義諶, 1592~1665)의 제자로 경률에 정통하여 자징 등과 명성이 나란하였는데, 지난여름에 입적했다고 한다.〔僧祝坦宜寧人, 略解文字, 爲人淳實. 其師覺元, 是楓潭義諶弟子, 精於經律, 與自澄輩齊名, 去夏示寂云.〕"라고 하였다. 풍담은 승려 의심의 호이다. 속성(俗姓)은 유씨(柳氏)이며 경기도 김포에서 출생하였다.

편히 누운 이 암자도 또한 패궁[82]인 것을　　　　　　高臥玆庵亦貝宮

82 패궁(貝宮) : 본래는 조개껍데기로 만든 궁궐로 용궁에 있다고 하는데, 여기서는 백화암(白華庵) 역시 충분히 멋지고 크다는 의미로 사용되었다. 《초사(楚辭)》 〈구가(九歌) 하백(河伯)〉에 "물고기 비늘 집은 용의 저택이요, 붉은 조개 대궐은 붉은 궁이로다.〔魚鱗屋兮龍堂, 紫貝闕兮朱宮.〕"라고 하였다.

표훈사

表訓寺

표훈사는 금강대(金剛臺) 남쪽에 있다. 옛날 금강대에 신선의 학이 둥지를 틀었으므로, 일명 학대(鶴臺)라고도 한다.

청룡담 아래 학대의 앞	青龍潭下鶴臺前
우뚝한 전각 반공을 갈랐네	殿閣岧嶢截半天
만폭동 시내는 새벽 대통의 물이고	萬瀑流爲晨筧水
중향성 구름은 점심 공양간 연기라네	衆香雲是午廚烟
하루만 와도 속세 잊는데	能來一日聊忘世
오래 지낸다면 신선인들 부러우랴	使臥長年豈羨仙
이처럼 아름다운 산을 실컷 보니	蓄眼看山如此好
동쪽 귀퉁이에 태어난 걸 한하지 않노라	吾今不恨産東偏

송라암

松蘿庵

망고대(望高臺) 아래에 있는데, 승려가 머물지 않은 지 오래되었다.

깊은 구름 속으로 지팡이 끌고 갔더니	深雲曳杖去
절벽에 암자 하나 걸렸어라	絶壁一庵懸
차갑게 식은 화로에 향불 재만 남았고	爐冷餘香燼
빈 뜰에는 홈통으로 샘물 흐르네	庭空注筧泉
승려 없어 새들도 게송을 외고	無僧鳥誦偈
부처 모시고 나무가 참선하는 듯	侍佛木參禪
흔들리는 깃발 앉아서 보노라니	坐看長旛動
산바람이 저물녘에 시원하다	山風晚颯然

송라암에 이르러 망고대에 오르려고 하였으나, 비가 내린 뒤라 바위가 미끄러워 오르지 못해 대단히 안타까웠다

至松蘿 欲登望高 雨後石滑未果 殊用悵然

망고대 높다 한들	望高雖云高
하늘보다 높으랴	未必高於天
내 다리 본래 튼튼하니	吾脚本來健
나는 신선 부럽지 않고	不用羨飛仙
손에 지팡이 있으면	手中一筇枝
정상에 오를 수 있는데	庶可凌絶巓
어이할까 밤새 내린 비	奈何夜來雨
강과 바다를 걸어 놓은 듯 세찼네	勢若江海懸
이미 구름 속 봉우리 보이지 않고	已失雲端峯
다만 숲 끝의 시내만 보이네	但見樹杪泉
쇠사슬 드리웠지만	鐵鎖徒自垂
미끄러운 바위를 누가 오를 텐가	滑石誰敢緣
중턱[83]에 걸음 멈추고	半嶺駐余足
올려다보니 부질없이 서글프다	仰視空惘然
평생 꿈꿔 왔는데	平生所夢想
여기까지 와서 눈앞에서 놓치다니	到此失眼前

83 중턱 : 저본(底本)에는 半領으로 되어 있으나, 의미를 고려하여 수정하였다.

그만두자 손 저으며 가서　　已矣揮手去

안개 낀 비로봉에 오르리라　　去躡毗盧烟

삼일암

三日庵

승려들의 말에 옛날 고승(高僧)이 이 암자에 와서 지낸 지 사흘 만에 깨달았으므로, 삼일암이라고 했다고 한다.

산은 날려 하고 바위는 말하려 하니	山欲飛翔石欲言
잠깐 보는 것에도 도가 존재하는데	片時目擊道猶存
묻노니 누가 사흘 뒤에야 깨달았나	問誰三日方參透
그 사람 우둔한 줄을 비로소 아노라	始覺渠儂亦鈍根

안양암

安養庵

안양암은 삼일암(三日庵) 남쪽에 있다. 선친(先親)과 최효백(崔孝伯)[84] 형의 제명(題名)이 남아 있다.

생각해 보니 선친과 최형이	憶曾先子與崔兄
서리 내린 숲 보기 좋아하여 이곳으로 가셨었지	愛看霜林向此行
이십오 년 세월 한바탕 꿈같아	二十五年眞一夢
지금 와서 옛 제명 앞에 눈물 떨구네	今來淚落舊題名

선친께서 신미년(1691, 숙종17) 가을에 산에 들어오셨으니, 지금 꼭 25년이 되었다.

84 최효백(崔孝伯) : 최창대(崔昌大, 1669~1720)로, 본관은 전주(全州), 자는 효백, 호는 곤륜(昆侖)이다.

신림암

神琳庵

암자에 고려(高麗)의 승려 회정(懷正)의 탑기(塔記)가 있는데, 그 문장이 매우 볼만하였다. 절이 황폐해진 지 이미 오래되었다.

고찰에 스님도 없는데	古寺僧無在
봄 산에 나그네 홀로 들렀어라	春山客獨過
새와 쥐만 감실을 지키고	守龕唯雀鼠
등덩굴만 부처를 보호하네	護佛只藤蘿
탑이 고려 때부터 있었으니	塔自麗朝有
비는 많은 재앙을 겪었구나	碑經刦火多
선문에도 흥폐가 있는데	禪門亦興廢
인간 세상이야 어떠하리	人世更如何

사(寺)는 전(殿)으로도 쓰고, 비(碑)는 암(庵)으로도 쓴다.

백화암에서 묵으며 또 율시 한 수를 지어 치웅 선사[85]에게 보여 주다

宿白華 又賦一律 示雄師

조용한 그대의 선방 좋구나	愛汝禪房靜
한 침상에서 함께 자게 되었네	聊同一榻眠
이미 이틀을 묵었지만	已能留二日
오래도록 여기서 살고 싶어라	深欲臥長年
새소리 들으니 천기가 활발하고	聽鳥天機活
꽃 보니 도심 깊어지네	看花道思玄
동림의 고사 있으니	東林故事在
청정한 인연 맺으려네[86]	擬結淨因緣

85 치웅 선사(致雄禪師) : 백화암에 머물렀던 승려로, 법호(法號)는 몽월(夢月)이다. 481쪽 각주81 참조.

86 동림(東林)의……맺으려네 : 치웅 선사와 교유하고 싶은 바람을 읊은 것이다. 동진(東晉)의 고승 혜원(惠遠)이 여산(廬山)의 동림사(東林寺)에서 유유민(劉遺民)·뇌차종(雷次宗) 등 명유(名儒)를 비롯하여 승속(僧俗)의 18현(賢)과 함께 염불결사(念佛結社)를 맺고, 백련사(白蓮社)라고 일컬었다는 고사가 전한다.《蓮社高賢傳 慧遠法師》

원통동

圓通洞

소나무 그림자가 푸른 시내 비치고	松影照綠溪
꽃향기 그윽이 은은하다	花氣幽朦朧
봄 산에서 생각 끝이 없어	春山意無極
새 소리 들으며 홀로 가노라	獨行鳥聲中
멀리 암자가 푸른 숲에 가려	遠庵隱翠微
경쇠 소리만 허공에 울리네	一磬搖虛空
바위 문에 해는 정오 되었고	石門日亭午
물가 숲은 빛이 영롱하다	水樹光玲瓏
시내의 근원 찾아가기 어려우니	川源泝難盡
연기 낀 등덩굴 아득히 끝이 없네	烟蘿杳不窮
우두커니 서서 동봉 바라보니	延佇望東峰
흰 구름이 그윽한 지팡이에 피어난다	白雲生幽笻

"생각 끝이 없어〔意無極〕"는 "적막하게 사람 없어〔寂無人〕"로도 쓰고, 공(笻)은 총(叢)으로도 쓴다.

선암 2수

船庵 二首

수미봉(須彌峯) 아래에 있다. 위치한 곳이 대단히 높은데, 승려들의 말에 이 산이 바다에 잠겼을 때 일찍이 암자 아래에 배를 정박했기 때문에 이런 이름을 얻게 되었다고 한다. 그 말이 매우 허황하였다.

선암 전설 들어보니 더욱 기이하다	聞說船庵事更奇
암자 옆에 바다 오가는 배 매었었다지	庵邊曾繫海船爲
어찌하면 손으로 마고의 등을 두드려	何當手拍麻姑背
이 산이 바다로 변하는 때를 또 볼까[87]	又見玆山變海時

2

암자에 오기 전에 가는 길 물었더니	未到庵前問去路
승려가 구름 이는 곳 가리켰는데	山僧指着雲生處
도착하여 구름이 아래에 있는 것을 보고	到來忽看雲在下
암자가 이렇게 높이 있는 줄을 비로소 믿노라	始信庵高乃如許

87 어찌하면……볼까 : 선녀 마고(麻姑)가 신선 왕방평(王方平)을 만나서 "우리가 만난 이래로 동해가 세 번이나 뽕밭으로 변한 것을 이미 보았는데, 저번에 봉래에 가 보니 물이 또 과거에 보았을 때에 비해서 약 반절로 줄었으니, 어쩌면 다시 땅으로 변하려 하는 것인지도 모르겠다.〔接侍以來, 已見東海三爲桑田, 向到蓬萊, 水又淺于往者會時略半也, 豈將復還爲陵陸乎.〕"라고 하자, 왕방평이 웃으면서 "바다 속에서 또 먼지가 날리게 될 것이라고 성인들이 모두 말하고 있다.〔聖人皆言海中復揚塵也.〕"라고 했다는 이야기가 전한다.《神仙傳 卷7 麻姑》

수미암

須彌庵

수미암은 수미봉(須彌峯) 아래에 있다.

입산한 지 어느덧 닷새	入山已五日
산의 절반을 둘러보았네	閱歷山之半
여기저기 암자 만들어	隨地置庵屋
크고 작은 암자 셀 수도 없네	小大不可算
영원암과 원통암이	靈源與圓通
그윽하고 조용하여 가장 볼만했는데	幽靚最堪玩
이 암자에 와보니	及夫來此庵
더욱 감탄하게 되네	令我益嗟歎
비록 띠풀로 지붕 이었고	雖用白茅蓋
화려한 단청도 없지만	亦無丹彩煥
기이한 바위가 병풍처럼 에워싸고	奇巖環似屛
괴이한 돌들이 책상처럼 늘어섰네	怪石列若案
연꽃이 일찍이 꽃 피웠고	菡萏敷曾華
대나무 긴 줄기 뻗어나왔네	琅玕擢脩幹
황홀하여 선경[88]에 앉은 듯	怳疑坐玄圃

88 선경(仙境) : 현포(玄圃)는 위로 천계(天界)와 통한다고 일컬어지는 곤륜산(崑崙山) 정상의 신선 거처를 말한다. 그 위에는 금대(金臺), 옥루(玉樓)와 기화요초(琪花瑤草)가 만발해 있다고 하는데, 보통 선경의 뜻으로 쓰인다. 현포(懸圃) 혹은 현포(縣圃)라고도 한다.

많은 보석들이 찬란히 빛나고 衆寶光璀璨
게다가 그윽한 꽃들이 여기저기 피어 幽花更點綴
화려한 모습 마치 수놓은 장막 펼쳐 놓은 듯 爛若張繡幔
풍물에 반하는 일[89] 드문데 於物少青眼
이 암자만은 반가운 눈빛으로 보노라 獨此青眼看
금강산 가운데 제일의 암자라고 山中第一庵
붓 적셔 곧장 인정하네 泚筆輕判斷
어찌 승려들 거처로만 적합하랴 豈宜僧輩居
신선의 집으로 제격이니 端合仙人館
밤낮으로 오가던 사람 日夕來往者
마땅히 영랑[90]의 무리겠지 應是永郎伴
아스라이 동쪽 봉우리 정상에 縹緲東峰頂
생학을 부를 수 있을 것도 같구나 笙鶴如可喚

89 반하는 일 : 청안(青眼)은 본래 완적(阮籍)의 고사에서 유래하여, 마음에 드는 사람을 보았을 때 뜨는 반가운 눈빛이다. 여기서는 멋진 경치를 보고 기뻐하는 눈빛의 의미로 사용되었다. 《世說新語 簡傲》

90 영랑(永郎) : 신라 시대 화랑으로, 술랑(述郎)·남랑(南郎)·안상(安詳)과 함께 관동(關東)의 명승지를 유람했다고 전해진다.

수미대에 올라 수미탑을 내려다보며

登須彌臺 俯觀須彌塔

어제 백탑동을 보면서	昨見百塔洞
금강산에 더 멋진 곳 없겠다 했는데	謂是山所無
수미대에 올라 보니	及登須彌臺
비로소 앞 말이 그릇된 줄 알겠네	始覺前言迂
두 눈을 동그랗게 떠도	兩眼如豆子
깊숙한 지역을 다 보지 못하는데	未能窮奧區
억지로 우열을 정했으니	强自定優劣
산에서 속임 당했다고 않겠는가	得不山受誣
하늘은 치밀하게 구상하였고	天公刮意匠
아로새기는 데에 귀신도 함께하였네	錭鎪鬼神俱
오랜 세월 얼음과 눈 빛깔의 바위가	曠刦氷雪骨
안개와 구름 만드는 화로 되었네	鍊出烟雲爐
큰 은빛 기둥을 깎아 만들고	削成大銀柱
포개져서 옥 부도를 만들어 내며	累爲玉浮屠
남은 기운이 모이는 바에 따라	餘氣所結聚
갖가지로 자태 달라지네	種種意態殊
처음에 보물 창고처럼 볼 때는	初如閱寶藏
목난이 산호 사이에 낀 것 같았고[91]	木難間珊瑚

91 목난(木難)이……같았고 : 목난은 푸른색을 띄는 보배로운 구슬로, 막난(莫難)으

또 무기고에 들어간 것 같아　又如入武庫
칼날과 창끝 같기도 하며　刀刃耀戈殳
곱기는 아름다운 여인 같고　姣若美婦人
굳세기는 씩씩한 장부 같네　毅若偉丈夫
사람을 만나면 말을 하려는 듯　見人如欲語
정신이 눈썹과 수염에 넘쳐나네　精神溢眉鬚
이렇게 정교할 줄 생각도 못했으니　不意巧至此
하늘을 우러러 길게 탄식할 뿐　仰天但長吁
지금까지 본 것들은　向者所見者
노복에도 미치지 못하네　不堪爲僕奴
다만 탑이라 명명했으니　但以塔爲名
비루하다 저 승려들이여　陋哉彼僧徒
내가 은하수 끌어다가　我欲挽銀河
이 더러운 이름 씻고 싶어라　洗此名字汚
곤륜산 꼭대기의 옥대는　玉臺崑崙巓
서왕모의 도읍이라고 하는데[92]　云是阿母都
이곳과 비교해 본다면　持此去比試
과연 어떠할지 모르겠네　未知果何如

도(刀)는 상(霜)으로도 쓴다.

로 쓰기도 한다. 《문선(文選)》 권27 〈미녀편(美女篇)〉에 "명주는 옥체를 번갈아 감고, 산호는 목난 사이에 끼어 있네.〔明珠交玉體, 珊瑚間木難.〕"라고 하였다.

92 곤륜산(崑崙山)……하는데 : 서왕모(西王母)가 사는 곤륜산 꼭대기에 다섯 곳의 금대(金臺)와 열두 곳의 옥루(玉樓)가 있다는 전설이 동방삭(東方朔)의 《십주기(十洲記)》에 보인다.

진불암
眞佛庵

뜰에 봄풀이 한 자나 자랐는데	庭深春草尺來餘
승려 없어 뽑지 않았네	只是無僧也不除
머물 때는 진정 부처가 될 것 같지만	若得居時眞作佛
진정한 부처 아니라면 살기 어려웠겠지	自非眞佛恐難居

2

멋들어진 한 봉우리는 박산의 옥이고	一箇奇峰博山玉
푸른 이내는 진정 침수향의 연기와 같네	青嵐眞似水沈熏
승려가 여러 암자를 평가하면서	山僧許品諸庵子
여기와 백운을 먼저 꼽네	先數渠儂與白雲

상백운(上白雲)은 내가 미처 가보지 못했는데, 다들 금강산 제일의 경치라고 하였다.

3

농암께서 일찍이 이 암자의 승경 기록하셨으니[93]	農巖曾記此庵勝

93 농암(農巖)께서……기록하셨으니 : 농암은 김창협(金昌協, 1651~1708)으로, 본관은 안동(安東), 자는 중화(仲和), 호는 농암·삼주(三洲)이다. 《농암집(農巖集)》 권23 〈동유기(東遊記)〉에 "곧장 영랑점에 도착하니 그 아래에 진불암이라는 암자 하나가 있었는데, 오묘하고 고적한 맛이 지금까지 지나온 그 어느 곳도 여기에 견줄 수 없었다.〔直抵永郎岾下, 得一菴, 曰眞佛, 深妙幽異, 所歷無比.〕"라고 하였다.

농암 통해 이 암자 알게 되었네　　緣却農巖識得庵
내가 암자에 도착하니 마치 와본 듯하여　　我到庵中如舊面
다시 농암을 떠올리게 하네　　令人還復憶農巖

원통암에서 달밤에

圓通庵 月夜

숲 어두워지고 종소리도 그쳤는데	林昏鍾已歇
달 나오니 산 더욱 고요하네	月出山更靜
그윽한 산골 물소리 듣다가	愛聽幽澗聲
일어나 소나무 그림자 밟아 보네	起踏松杉影
밤 깊어 승려들 모두 잠들고	夜深僧盡眠
불등만 푸르게 반짝이네	佛燈青耿耿
돌아와 흰 구름에 누우니	歸來臥白雲
그저 옷소매 차가운 줄만 알겠구나	但覺衫袖冷

청(青)은 한(寒)으로도 쓴다.

원통암에서 정양사로 오면서 본 것을 기록하다
自圓通至正陽 記所見

아침에 수미탑 보고	朝觀須彌塔
저녁에 원통사에서 묵는데	夕宿圓通寺
달이 사자봉에서 나와	月出獅子峰
맑은 빛이 내 마음 위로하네	淸光慰我意
풍경이 산들바람에 울리고	鈴鐸韻微風
송백은 깊숙이 그림자 드리웠네	檜栢影森邃
석실에는 기운이 맑고 차며	石室氣淸寒
흰 구름이 베 이불에서 피어나네	白雲生布被
산승은 괴롭게도 잠버릇 고약하고	山僧苦相黝
새벽 종소리가 코 고는 나를 깨우네	晨鍾撼鼾睡
일어나니 숲 속의 새들 지저귀며	起來林禽語
명승 탐방을 재촉하는 듯하네	如催幽討事
두 발에 짚신 신고	靑鞋着兩脚
수레 탄 듯 편안히 걸었네	安行當車騎
쌍훈[94]은 앞에서 인도하고	勳也導我前

94 쌍훈(雙勳) : 《두타초(頭陀草)》 책5에 〈이별하면서 입으로 불러 지어 쌍훈 상인에게 주다〔臨別口占 贈雙勳上人〕〉라는 작품이 있는데, 그 원주(原註)에 "쌍훈 상인은 산에 들어와서 알게 된 사람이다. 백화암에서부터 함께 유람하였는데, 여기서 비로소 헤어지게 되었다.〔勳是入山相識者, 自白華從游, 至是始別去.〕"라고 하였다.

재총[95]은 뒤에서 따라오네　聽也踵我至
한가롭게 냇물에 걸린 다리 걸어가니　散策步溪橋
맑고 빠른 시냇물 사랑스럽네　愛此水淸駛
하늘의 덕이 절에도 내렸건만　天德亦精藍
애석해라 오랫동안 버려졌네　惜哉久淪棄
묵은 주춧돌에 푸른 이끼 무성하고　古礎蔓蒼蘚
거친 웅덩이에 개구리 시끄럽게 울어대네　荒沼鬧蛙吹
몇 리쯤 어둑한 숲을 걸어가니　數里行樹陰
수많은 나무들 겹겹이 푸르러　萬木疊新翠
날씨는 가을처럼 쌀쌀하고　天氣凜如秋
햇빛도 들어오지 않네　日光不照地
그윽한 꽃들 숲에서 밝게 빛나　幽花耿林間
마치 사람을 향해 아양 떠는 듯　似欲向人媚
산속이라 기후 변화 늦어서　山中氣候晚
인간 세상과 매우 다르구나　大與人間異
남쪽으로 보현점에 오르니　南登普賢岾
둘도 없이 험하고　艱險無與比
앞으로 만 길 등성이 향해 가니　前臨萬仞岡
오솔길이 미끄럽기도 하네　線路更滑膩
까마득히 바닥 보이지 않으니　窈冥不見底

95 재총(載聽) : 《두타초(頭陀草)》 책5에 〈서둘러 써서 재총 상인과 이별하다〔走草別聽上人〕〉라는 작품이 있는데, 그 원주(原註)에 "재총 상인은 호남의 승려인데, 지금 백화암에 와서 머물고 있다.〔聽是湖南僧人, 方來栖白華.〕"라고 하였다.

돌아보며 떨어질까 두렵네　回顧畏却墜
발밑 살피면서 팔로 짚고 가니　足視臂以行
엉금엉금 기는 꼴이 벌레 같네　蒲伏如蟲蚑
돌 굴러 온 골짜기에 울리면　轉石轟萬壑
놀라 소리치며 도깨비 달아나는 듯　驚號奔魑魅
개심암에 도착하니　行到開心庵
벼랑 깎아 암자 세웠는데　鑿崖棟宇置
판잣집 너무도 허름하여　板屋甚蕭條
머무는 승려 고작 서넛 뿐　居僧但三四
방에는 다른 물건 없이　室中更無物
꽃병만 불상 앞에 놓였네　甁花供佛位
우뚝한 서대 꼭대기　突兀西臺頂
잠깐 올라도 무서운데　乍臨猶惴惴
안심대와 양심암을　安心及養心
어찌 마음대로 다닐까　探歷一何恣
목이 말라 탈 지경인데　渴喉欲生烟
솔잎차 내주는 승려 고마워라　松茶感僧餽
세 암자가 솥발처럼 솟아 있어　三庵若鼎峙
고적한 정취 한결같네　孤絶同一致
돈도암이 또 동쪽에 있어　頓道更在東
서로 마주하여 발돋움하는 듯　相對如相跂
듣자니 옛날 세 왕자가　聞昔三王子
출가하여[96] 여기 살았다지　甁錫此焉寄
동쪽에 누님 살기에　東是大姊居

샘물 길어다 주는데	汲泉相贈遺
손으로 직접 주고받아	擧手親授受
긴 줄 쓰지 않았다 하네	不用長繩綆
산속의 노숙한 사람들	山間老宿輩
자랑하느라 지금까지도 기록해 두었는데	夸詡今尙誌
이 일은 진실로 허황하여	此事誠誕妄
진위를 따지고 싶지도 않네	不欲辨眞僞
저물녘에 정양사 찾아가는데	晩尋正陽路
열 걸음에 한 번은 자빠지네	十步一顚躓
늘 시냇물에 떨어질까 두려운데	常恐落澗坑
널린 바위를 어느 겨를에 피하랴	亂石焉暇避
절뚝절뚝 몸이 벌써 지쳤으니	踸踔力已疲
누가 하산하기 쉽다 하는가	孰謂下山易
문득 소나무 숲을 보니	忽見松杉間
누각이 우뚝 힘차게 솟았네	樓閣屹奰屭
서둘러 팔각전으로 달려가니	急趨八角殿
지은 솜씨 매우 정밀하다	制作極工緻
벽화는 필력 힘차서[97]	壁畫筆力壯
기묘함은 따질 것도 없네	奇逸不可議

96 출가(出家)하여 : 병석(甁錫)은 승려들이 사용하는 병발(甁鉢)과 석장(錫杖)으로, 곧 승도(僧徒)를 뜻하는 말이다.

97 벽화(壁畫)는 필력 힘차서 : 정양사(正陽寺)에는 대들보가 없는 육각형의 전당(殿堂) 약사전(藥師殿)이 있는데, 그곳에 오도자(吳道子)의 필화(筆畫)를 모사한 벽화가 있다고 한다.

신장은 험상궂게 생겨	神將貌獰狰
부처를 호위하며 깃발을 들고 있는데	護佛執幢幟
혁혁하게 기운 생동하는 듯하니	赫赫氣如生
나를 두렵게 하네	令我心怖悸
누각 위의 대장경을	閣上大藏經
사미승이 꺼내 보여 주는데	沙彌出相示
금등에 옥첨이 빛나니	金縢耀玉籤
고려의 임금이 하사한 것이라 하네	云是麗王賜
당시에 산문을 지켰기에	當時鎭山門
마침내 역대의 비서 되었네	遂爲歷代秘
생각건대 고려 때에	憶昔王氏朝
불교가 크게 번창했으니	胡鬼大昌熾
우습다 한 나라의 임금이	堪嗤萬乘尊
이들에게 아첨하며 복을 구했구나	媚玆求福利
사찰에 단청이 빛나고	龍宮煥丹碧
불경[98]을 금궤에 간직했네	貝葉閟金櫃
백성들 밖에서 원망하는데	黎首外怨詛
내탕고는 안에서 고갈되어 비었네	帑藏內竭匱
아아 오백 년 동안	嗚呼五百年
조금 편안한 정치도 보지 못했으니	未見少康治

98 불경(佛經) : 패엽(貝葉)은 옛날 인도에서 글자를 쓰는 데 사용하던 다라수(多羅樹)의 잎이다. 주로 바늘을 사용하여 불교의 경전을 많이 새겼으므로, 불경의 별칭으로 사용된다.

불경 사르고 사찰 없애는 것이[99]	火書廬其居
실로 첫 번째 의리라네	斯實第一義
마치 농사짓는 사람이	正如稼穡人
잡초를 뽑고 곡식 기르는 것과 같으니	去莠爲嘉穗
너희들은 비웃지 말지어다	爾輩且莫哂
내 말이 진실로 농담 아니라네	吾言誠非戲
벽에 적힌 글을 먼지 털고 보노라니	拂拭壁間題
한숨지으며 눈물 뿌리네	歔欷一灑淚
선친께서 예전에 유람하실 적에	先子昔來遊
곁에서 최형이 모셨었지[100]	杖屨崔兄侍
숲과 산을 문장에 담았지만	林巒入追琢
풍월의 조롱에 힘드셨겠지	風月困嘲詈
지금까지도 안개와 구름 빛깔이	至今烟雲色
여전히 먹물 자국에 남았네	尙餘墨痕漬
세상일 참으로 꿈만 같고	世事眞夢幻
세월은 사마처럼 빨라[101]	流光如隙駟

99 불경(佛經)……것이 : 당(唐)나라 한유(韓愈)의 글에 "이단에 속한 사람들을 정상적인 사람으로 만들고, 이단의 책을 불사르고, 이단들이 사는 집을 일반 사람이 사는 집으로 만들어야 한다.〔人其人, 火其書, 廬其居.〕"라고 한 것을 원용하였다. 《韓昌黎集 卷11 原道》

100 선친(先親)께서……모셨었지 : 이하곤의 아버지 이인엽(李寅燁)은 1691년(숙종17) 가을에 생질 최창대(崔昌大)와 함께 금강산을 유람하였다. 이인엽의 문집인 《회와시고(晦窩詩稿)》 〈동유록(東遊錄)〉에 90여 수의 시가 실려 있고, 최창대의 문집인 《곤륜집(昆侖集)》 권2에도 유람 도중에 지은 시들이 실려 있다.

어느새 이십 년 뒤에[102] 倏忽廿載後
지난 자취를 이제 다행히 따라가네 往跡今幸嗣
남은 내가 온갖 감회에 휩싸여 餘生抱百感
지난 일 회상하니 슬픔만 더하네 撫事增悲思
잠시 헐성루[103]에 앉아 少坐歇惺樓
주변을 한번 둘러보니 縱目一周視
경치가 어찌 아름답지 않으랴만 所見豈不偉
오히려 내 마음에 쏙 들지 않았는데 猶未快我志
마침내 천일대[104]에 오르니 遂上天逸臺
진실로 둘도 없이 아름답고 勝絶固無二
일만 이천 봉우리가 一萬二千峯
또렷이 하나하나 보이네 了了分第次
동쪽에 있는 혈망봉은 東有穴望峯

101 사마(駟馬)처럼 빨라 : 극사(隙駟)는 틈새를 지나는 사마라는 뜻으로, 매우 빠름을 의미한다. 《묵자(墨子)》〈겸애(兼愛)〉에 "사람이 땅 위에서 사는 기간이 얼마 되지 않는 것이, 비유하자면 마치 사마가 달려서 틈새를 지나는 것과 같다.〔人之生乎地上之無幾何也, 譬之猶駟馳而過隙也.〕"라고 한 데서 유래하였다.

102 이십 년 뒤에 : 《두타초(頭陀草)》 책5 〈간성을 지나며 감회가 있어서〔過杆城有感〕〉에 "계유년 가을 수연이 열려, 이십 년 전에 이 멋진 곳 유람했었지.〔慶壽筵開癸酉秋, 廿年前已此奇遊.〕"라는 내용이 있는 것으로 보아, 이하곤은 1693년(숙종19)에 관동 지역에 다녀온 것으로 보인다.

103 헐성루(歇惺樓) : 금강산 내금강의 정양사(正陽寺)에 있던 누각으로, 내금강의 42개 봉우리를 한눈에 조망할 수 있는 전망대 역할을 하던 곳이다.

104 천일대(天逸臺) : 표훈사(表訓寺)의 말사인 정양사 주변의 고개에 있는 대(臺)이다.

입과 코처럼 구멍 뚫렸고　　嵌空如口鼻
대향로봉과 소향로봉은　　大小二香爐
형제처럼 어깨를 나란히 했네　　差肩若昆季
서응봉은 유독 삐죽 솟아나　　瑞鷹獨秀出
차고 오르는 날랜 새와 같고　　搏擊逞勇鷙
일출봉과 월출봉은　　日出與月出
쉽게 우열 정할 수 없네　　未可輕軒輊
깎아지른 망고대는　　巉巖望高臺
하늘 향해 찌르려는 듯하고　　仰天如欲刺
대장봉은 책을 쌓아놓은 듯하고　　大藏堆書帙
백마봉은 재갈 물고 고삐 맨 듯하네　　白馬鞚銜轡
구정봉은 더욱 높이 솟아　　九鼎尙屹立
회수와 사수에도 잠기지 않겠고　　似不沈淮泗
높고 높은 석가봉은　　亭亭釋迦峰
늘 구름에 가려 있네　　常爲雲氣閟
중향성은 나를 보고 춤추며　　香城見我舞
너울너울 긴 팔을 늘어뜨린 듯하네　　聯翩垂長臂
비로봉이 가장 높아　　毗盧最崇高
마치 임금이 임한 듯하니　　有若王者莅
단정히 옥좌에 앉아　　端拱黼座開
넓은 뜰에서 관리를 조회하는 듯하네　　廣庭朝官吏
큰 봉우리는 진실로 이와 같고　　大者固如此
작은 것들은 모두 기록하기 어렵네　　小者難悉記
높고 낮음 절로 같지 않고　　高低自不侔

멀고 가까운 봉우리가 서로 마주하고 있네	遠近或相値
탁 트여 언뜻 떨어진 듯 보이기도 하고	開坼乍如離
오밀조밀 문득 모인 것 같기도 하네	攢蹙忽若萃
우러러보면 서로 능가하려 하고	仰睨相凌駕
굽어보면 서로 덮어 주는 듯하네	頫首互蔭庇
밀쳐내면 가까이 다가오려 하고	排挨欲近逼
틈 벌어짐은 옆에서 엿보는 듯	闖窺邃旁伺
우뚝 반공에 솟아	卓立竦半空
이미 어디서 왔는지 모르겠는데	旣不知所自
쌓인 구름 가에 기대 있으니	攲側堆雲際
또 어디까지 닿았는지 모르겠네	又不知所墍
넓고 커서 기운이 새지 않고	旁魄氣無洩
짜인 형세 뜻대로 이미 이루어졌네	結構意已遂
근엄하게 수양하는 참된 선비가	儼然修眞士
칠성관 쓰고 하피를 끌며[105]	星冠曳霞帔
가냘픈 규방의 아름다운 여인이	嫋娜閨秀女
구슬비녀 꽂고 옥 귀고리 매단 듯하네	瑤簪垂玉珥
문득 날랜 군사가 싸우면서	忽如勇士鬪
옷 풀어헤치고 매우 성난 듯하기도 하고	袒裼氣甚恚
또 강의하는 스승이 앉아	又如講師坐

105 근엄하게……끌며 : 금강산의 모습을 도사(道士)의 모습에 견주어 읊은 것이다. 성관(星冠)은 칠성관(七星冠)의 준말로 도사가 쓰는 모자(帽子)를 말하고, 하피(霞帔)는 선자(仙子)가 입는 배자(褙子)를 말한다.

제사 지내려 그릇을 진열하는 듯　俎豆陳禮器
법회에 관리들 모이자　法宴集纓弁
덩이덩이 큰 고깃점 올리는 듯하고　飣餖供大胾
맹약에 관리들 모여　齊盟會冠裳
옥과 비단으로 폐백을 교환하는 듯하네　玉帛交幣贄
고아와 대독이[106]　高牙與大纛
삼군의 장수를 옹호하는 듯하고　擁護三軍帥
상나라의 대와 주나라의 이를　商敦及周彝
서역의 장사꾼이 마구 늘어놓은 듯하네[107]　錯列賈胡肆
펄럭임은 아름다운 봉황이 나는 것 같고　翩若彩鳳翥
날아오름은 큰 붕새가 날개 편 듯하네　騫若大鵬翅
움켜쥐고 바위를 긁어내는 사자와　拏攫抉石猊
뛰어올라 냇가에 달려가는 말이며　奔騰赴川驥
구부정히 지팡이 잡은 노인과　傴僂扶杖老

106 고아(高牙)와 대독(大纛)이 : 고아와 대독은 장상(將相)이 행차할 때에 세우는 기(旗)를 가리킨다. 송(宋)나라의 명신(名臣) 한기(韓琦)가 일찍이 재상(宰相)으로 무강군 절도사(武康軍節度使)가 되어 자기 고향인 상주(相州)에 부임하면서, 금의환향(錦衣還鄕)하는 의미로 집 뜰에 주금당(晝錦堂)을 지었다. 구양수(歐陽脩)가 그를 기려 지은 〈상주주금당기(相州晝錦堂記)〉에 "고아와 대독이 공에게 영화로운 것이 못되고, 환규와 곤면도 공에게는 귀한 것이 못 된다.〔高牙大纛不足爲公榮, 桓圭袞冕不足爲公貴.〕"라고 하였다. 《文忠集 卷40》

107 상(商)나라의……듯하네 : 대(敦)는 상나라 때에 서직(黍稷)을 담았던 그릇이고, 이(彝)는 주(周)나라 때에 술을 담았던 그릇이다. 고호(賈胡)는 서역(西域)의 상인(商人)이란 뜻이다. 옛날 복파장군(伏波將軍) 마원(馬援)이 서역의 상인처럼 한 곳에 이르면 문득 머물곤 하였으므로 손해가 많았다고 한다. 《後漢書 卷54 馬援列傳》

머리 늘어뜨리고 풀피리 부는 아이	髧髦吹蔥稚
아스라이 구름안개 낀 것 같고	縹緲如雲烟
가로질러 혜성 드리운 듯하네	橫亘似孛彗
아로새기기를 달팽이 모양으로 하고	雕鏤象蝸篆
가지런하여 기러기처럼 줄지었네	整比類鴈字
휘황한 백화원에	照曜百花苑
알록달록 여기저기 모종 심은 듯	紅綠紛種蒔
빛나는 군옥부[108]에	璀璨群玉府
규벽으로 온갖 인장을 쌓은 듯	圭璧堆衆瑞
매우 괴이하고 기특하니	殊詭而瓌琦
온갖 모습 다 갖추었네	百態靡不備
모르겠다 홍몽[109]의 초기에	未知鴻濛初
누가 교묘한 지혜를 펼쳤나	有誰運巧智
이처럼 새기고 깎아 내어	刻削乃如斯
만물과 흡사하게 만들었으니	彷像極萬類
이 때문에 회나 구이처럼	所以如膾炙
많은 사람들이 함께 좋아하게 되었구나	遂爲衆同嗜
보기 전에는 함부로 짐작했는데	未見妄相揣
보고 나니 마음 절로 빠져들어	及見心自醉

108 군옥부(群玉府) : 서왕모(西王母)가 살았다는 전설상의 선산(仙山)으로, 뒤에 제왕의 장서각(藏書閣)을 뜻하는 말로 쓰이게 되었다. 《穆天子傳 卷2 註》

109 홍몽(鴻濛) : 우주가 형성되기 이전부터 있어 온 천지의 원기, 혹은 그와 같은 혼돈 상태를 가리킨다.

입 벌린 채 말을 못하고 　　口呿不能言
눈은 다만 놀랄 뿐이네 　　瞪目但愕眙
평생 보아 온 산들은 　　平生所見山
비교될 수도 없어 　　無可與比試
뾰족하면 웅장함 부족하고 　　峭峻乏壯偉
청명하면 순수함 적었으며 　　淸明尠溫粹
바위가 적으면 바보스럽고 　　小骨已癡頑
바위가 많으면 초췌했으니 　　多骨亦憔悴
어디가 이 산과 같으랴 　　孰能若玆山
하나하나 흠잡을 곳 없네 　　種種脫玷累
내가 그 승경을 적어보려 하지만 　　我欲記其勝
말이 거칠어 너무나 부끄러운데 　　蕪語多所愧
이백과 두보를 일으킬 수 없으니 　　李杜不可作
고개 돌려 길게 한숨만 쉬노라 　　回首但長喟
돌아와 선방에 누우니 　　歸來臥禪室
푸른 등불이 잠들지 못하는 나를 비추네 　　靑燈照不寐

정양사[110]

正陽寺

세상에 어찌 정양사같은 곳 있으랴	人間焉有正陽寺
천하에 응당 천일대[111]같은 곳 없으리	天下應無天逸臺
금강산 구석구석 다 보이니	能使一山無所遁
진면모 보려면 여기에 와야지	要觀眞面此中來
봄바람도 봉우리의 눈 녹이지 못하고	春風不滅千峰雪
맑은 날에도 골짜기 우레 소리 한창이네	晴日猶酣萬壑雷

감(酣)은 문(聞)으로도 쓴다.

아름다운 곳을 산 밖에서만 볼 수 있으니	奇處只從山外見
여산도 하인 등급임을 알겠네[112]	匡廬亦覺是奴材

기(奇)는 승(勝)으로도 쓴다.

110 정양사(正陽寺) : 금강산 표훈사(表訓寺) 북쪽 산의 정맥(正脈) 고지대에 위치한 절이다. 이 절은 시계(視界)가 확 트여서 금강산의 제봉(諸峯)을 모두 볼 수 있다고 한다. 참고로 신익성의 《낙전당집(樂全堂集)》 권7 〈유금강내외산제기(遊金剛內外山諸記)〉에 "서남쪽이 보현점인데 비스듬히 남쪽으로 내려가면 방광대이고, 방광대 아래가 정양사이다.〔西南爲普賢岾, 邐迤而南, 爲放光臺, 臺下爲正陽寺.〕"라고 하였다.

111 천일대(天逸臺) : 표훈사의 말사인 정양사 주변의 고개에 있는 대(臺)이다.

112 아름다운……알겠네 : 소식(蘇軾)의 〈제서림벽(題西林壁)〉에 "여산의 진면목을 알아볼 수 없으니, 내가 이 산속에 있기 때문이라네.〔不識廬山眞面目, 只緣身在此山中.〕"라고 하였는데, 이하곤은 금강산 안에 있는 정양사에서도 금강산의 아름다운 모습을 볼 수 있으므로, 여산이 금강산만 못하다고 한 것이다. 광려(匡廬)는 주(周)나라 때에 광유(匡裕)라는 사람의 일곱 형제가 여산에 은거하였던 데서 유래하여, 여산을 광려산(匡廬山)이라고 한다.

2

여기 오니 나의 유람 헛되지 않구나　到此吾游不墮空
멋지게 지은 하늘의 솜씨 볼 수 있네[113]　經營端可見天工
누대에 홀로 서니 석양 아름답고　樓頭獨立夕陽好
에워싼 천 봉우리 모두 멋지네　輻湊千峰奇態同
세상이 온통 은빛 세계 이루니　世界都成銀色界
사찰은 참으로 옥허궁과 같구나[114]　禪宮眞是玉虛宮
흥취 일어나니 부드러운 바람 타고　興來却欲泠風御
휘파람 불며 푸른 바다 동쪽으로 날아가고 싶네　一嘯飛過碧海東

113 멋지게……있네 : 정양사(正陽寺) 경내에 있는 헐성루(歇惺樓)의 모습을 읊은 것으로 보인다. 헐성루는 정양사 경내의 오른쪽에 있는 작은 누각으로, 금강산 일만 이천 봉을 한꺼번에 구경할 수 있다고 하여 금강산에서 가장 유명한 곳이다.

114 세상이……같구나 : 정양사에서 바라보는 풍경이 마치 신선세계와 같다는 말이다. 옥허(玉虛)는 도교(道敎)에서 옥제(玉帝)가 거처한다는 선궁(仙宮)을 말한다.

또 짓다

又賦

우리 집안 사대에 걸쳐 이 산에 왔으니	山是吾家四世交
한번 보고도 옻에 아교 섞은 듯하네[115]	已能一見漆投膠
꽃과 새를 지휘하여 그저 엄숙하고	指揮花鳥聊相肅
안개와 구름 쓸어버려 섞이지 않네	除掃烟雲不使殽
이로부터 무갈의 빚을 갚을 수 있으니[116]	從此可酬無竭債
지금 어찌 영랑[117]의 조롱을 받겠는가	如今豈受永郎嘲
도리어 해진 짚신 신고 처자를 돌보며	還將弊屣看妻子
중향성 옆에 초가집 짓고 싶구나	欲傍香城結把茅

115 우리……듯하네 : 이하곤의 집안 4대가 금강산을 유람했기에 마치 오래된 벗처럼 친근하다는 말이다. 이하곤의 부친 이인엽(李寅燁)이 1691년(숙종17) 가을에 생질 최창대(崔昌大)와 함께 금강산을 유람하면서 지은 90여 수의 시가 《회와시고(晦窩詩稿)》 〈동유록(東遊錄)〉에 실려 있다.

116 이로부터……있으니 : 담무갈(曇無竭) 보살이 나타나 정양사(正陽寺)를 창건했다는 고사를 언급한 것이다. 무갈(無竭)은 담무갈을 말하는데 이는 산스크리트어 dharmodgata의 음사로, 법기(法起)라고 한다. 《화엄경(華嚴經)》에 "동북방의 바다 가운데에 금강산이 있으니, 담무갈 보살이 1만 2천의 보살들과 더불어 항상 《반야심경(般若心經)》을 설법하는 곳이다."라고 하였다. 고려 태조(太祖)가 금강산(金剛山)에 올랐는데, 담무갈이 돌 위에 나타나서 광채를 발하였다. 태조가 신하들을 거느리고 머리가 발에 닿도록 절을 하고 정양사를 창건하였으며, 절 뒷산을 방광대(放光臺)라 하고 앞 고개를 배점(拜岾)이라 했다 한다. 《輿地勝覽 卷47 淮陽》

117 영랑(永郎) : 신라 효소왕(孝昭王) 때의 화랑으로, 술랑(述郎), 남랑(南郎), 안상(安詳)과 더불어 사선(四仙)으로 일컬어진다.

2

하늘이 여기에 정신을 쏟아	天公於此費精神
신선의 산 멋지게 만들고 신선 두셨네	幻作仙山置羽人
반공에 솟아올라 구름 아득하고	湧出半空雲縹緲
대지를 꾸며 옥처럼 삐죽삐죽하네	粧來大地玉嶙峋
현포는 마땅히 한 걸음 양보할 테고[118]	故知玄圃應須遜
아마도 봉래가 있다면 여기가 참이리라[119]	倘有蓬萊是卽眞
모르겠다 중향성은 어떤 물건이기에	不識香城亦何物
보고 또 봐도 볼 때마다 새로운가	百回看去百回新

118 현포(玄圃)는……테고 : 금강산의 풍광이 현포보다도 멋지다는 말이다. 현포는 천계(天界)와 통한다고 일컬어지는 곤륜산(崑崙山) 정상의 신선의 거처를 말한다. 493쪽 각주88 참조.

119 아마도……참이리라 : 금강산이 전설속의 봉래산(蓬萊山) 같다는 말이다. 동해(東海) 가운데 봉래 · 방장(方丈) · 영주(瀛洲)의 삼신산이 있다는 전설이 전한다.

노승 개익은 나이가 칠십인데도 《능엄경》과 《금강경》 등 여러 경서를 외우고 정진하기를 그치지 않았다. 내가 그의 늙음을 안쓰러워하면서도 그 독실한 뜻을 아름답게 여겨, 이 시를 써서 농담하다

老僧開益年七十 猶誦楞嚴金剛諸經 精進不輟 余憫其老而嘉其篤志 書此戲之

눈 침침해도 대장경 읽지만	不廢昏眸讀大藏
가을 서리처럼 변하는 흰머리 막지 못하니	難禁素䰐似秋霜
알겠다 잎 먹고 무갈에게 참선하는 것이	始知食葉參無竭
난새 타고 영랑 좇음만 못하구나[120]	未若驂鸞逐永郎

참(驂)은 승(乘)으로도 쓴다.

120 알겠다……못하구나 : 불법(佛法)을 익히는 것보다 신선술(神仙術)을 익히는 것이 낫다는 말이다. 무갈(無竭)은 담무갈(曇無竭)을 가리킨다. 514쪽 각주116 참조. 영랑(永郎)은 신라 시대 화랑의 이름으로, 술랑(述郎)·남랑(南郎)·안상(安祥)과 더불어 사선(四仙)으로 일컬어진다.

삼장암

三藏庵

개익 선사(開益禪師)의 방이다.

사찰과 암자를 두루 다녔는데	一寺一庵亦遍行
선방은 가는 곳마다 그윽하고 깨끗했으니	禪房到處却幽淸
산속에 어찌 이런 곳 적으랴만	山中豈少如渠者
다만 고승 있어서 유명하구나	只着高僧也有名

만폭동가 10수

萬瀑洞歌 十首

몇 천 척이나 높은 금강대[121]	金剛臺高幾千尺
그 아래 청룡담[122] 물 푸르네	下有青龍潭水綠
선학은 날아서 하늘로 올라갔고	仙鶴飛飛已上天
지금은 연못에 용만 숨었구나	至今唯有潭龍伏
봉래의 노옹은 필세 웅장하여	蓬萊老翁筆勢雄
이 산과 우뚝함 다투려 하네[123]	欲與此山爭穹崇
옛사람 떠나서 볼 수 없으니	古人已矣不可見
소나무에 기대 휘파람 불 제 슬픈 바람 불어오네	倚松□嘯來悲風

위는 청룡담(青龍潭)이다.

문득 흑룡담에 이르니	我行忽到黑龍潭
만 길 우뚝 솟은 절벽이 곁에 가파르네	雲壁萬仞傍巉巖
저절로 터럭이 얼음과 눈에 씻기고	自將毛髮濯氷雪
나도 모르게 뱃속에서 이내 피어나네	不覺腸肚生烟嵐

121 금강대(金剛臺) : 표훈사 북쪽에 있는 석벽(石壁)이다.

122 청룡담(青龍潭) : 금강대 아래쪽에 있는 연못으로, 만폭동의 열 개 연못 가운데 하나로 꼽힌다. 《農巖集 卷23 東遊記》《林下筆記 卷37 蓬萊秘書》

123 봉래(蓬萊)의……하네 : 봉래 양사언(楊士彦)이 내금강 만폭동(萬瀑洞) 계곡의 넓은 바위 위에 봉래풍악원화동천(蓬萊楓嶽元化洞天)이라고 새겨놓았는데, 그 필세가 힘차다는 말이다.

시내에는 만 개의 푸른 바위 삐죽삐죽 솟아 溪中磊砢萬蒼石
한 바위 비껴 쏟아질 때마다 한 폭포 이루네 一石橫瀉一疊瀑
내가 고요한 마음으로 기이한 변화 바라보는데 我方冥心觀奇變
산승이 웃으며 벼랑에서 떨어지는 꽃 가리키네 山僧笑指崖花落

위는 흑룡담(黑龍潭)이다.

물빛이 유리와 완연히 같아서 玻瓈水色宛相似
내가 못물을 파려라 부르노라 我以玻瓈名潭水
뒷날 유람하는 사람 누구일까 後之游者其爲誰
승려에게 잘 기억하라 말하였네 說與居僧須牢記
못 가에 홀로 서서 내 모습 엿보니 潭邊獨立窺我影
수염과 눈썹 또렷이 보여 거울처럼 밝구나 鬚眉了了皎若鏡
이곳에 티끌 한 점 없으니 此中不着一點塵
내 마음도 그와 함께 고요해지네 我心與之俱淵靜

위는 파려담(玻瓈潭)이다.

천제께서 구슬 쌓아 구슬 언덕 만들고 天帝築珠作珠丘
또 푸른 바다에 가득 채우려고 又欲塡却滄溟流
아낌없이 구슬을 내달려 보내니 馳珠走璣了無惜
만고에 넘실넘실 흘러 쉬지 않네 滔滔萬古不知休
검은 용도 천제의 마음 알아 驪龍亦解天帝意
보배로운 구슬을 흐르는 물처럼 토해 내네 吐出寶珠如流水
이보게들 내 말 믿지 못하겠거든 傍人若不信吾言
진주담 물을 보시게 請看眞珠潭水是

위는 진주담(眞珠潭)이다.

백 아름 얼음 기둥 반공에 가로 걸리더니	百圍氷柱橫半空
금세 오색 무지개로 변하네	須臾變成五色虹
우레 치고 천둥 울려 대지 갈라지는 듯하고	雷奔霆擊九地裂
항상 안개비가 부슬부슬 푸르게 내리네	烟雨萬古青濛濛
향로봉의 기세 위태로워 꺾일 듯하고	香爐峯勢危欲摧
귀신이 움츠리고 교룡이 슬퍼하는 듯	鬼神瑟縮蛟龍哀
못 가에 지팡이 짚고 서서 홀로 떠나지 못한 채	倚杖潭邊獨不去
조화의 힘이 위대함을 세 번 탄식하노라	三歎造化力大哉
만폭동 같은 절경 천하에 드문데	萬瀑之洞天下稀
하담의 나무와 바위는 더욱 멋지네	霞潭木石尤絶奇
십 리를 백옥의 구덩이로 쪼아 만들고	十里琢成白玉坑
중간에 푸른 유리를 박았구나	中間釘着碧琉璃
중향성 한쪽은 손님을 맞이하는 듯	香城一面如迎客
앉아서 하늘 끝 바라보니 눈 쌓였네	坐看天末堆雪色
밤 깊어지고 밝은 달 나오기를 기다려	直待夜深明月出
장난삼아 영랑[124]을 불러 쌍학을 타보리라	戲招永郎駕雙鶴

위는 벽하담(碧霞潭)이다.

124 영랑(永郎) : 신라 시대의 화랑으로, 술랑(述郎) · 남랑(南郎) · 안상(安祥)과 더불어 사선(四仙)으로 일컬어진다.

물 가운데 있는 바위와 바위들 有石有石水中央
짧은 꼬리 흔들며 머리 내밀었네 短尾搖曳頭正昂
등 위에 구주의 그림 없지만[125] 背上雖無九疇畫
둥그스름하여 앉을 만하니 넓은 평상 같구나 穹然可據如匡床
이내 삶 궁통을 하늘에 맡겼으니 吾生已自任窮通
껍질 태워 길흉 물을 필요 없다네 不須焦殼問吉凶
또 밤새 너의 등에 올라타 且可永夕跨爾背
백운봉과 사자봉을 앉아서 바라볼 수 있네 坐看白雲獅子峰

위는 구담(龜潭)이다.

맑은 시내 다 따라가도 길은 끝이 없으니 行盡淸溪路不窮
의상과 신발은 푸른 숲에 있구나 衣裳綦履蒼翠中
산새 그윽이 우니 산에 해 저물고 山鳥幽啼山日夕
푸른 덩굴 하늘하늘 단풍에 드리웠네 綠蘿裊裊垂靑楓
못물 빛 엉겨 푸른 금고 이루고[126] 潭光凝作金膏碧

125 등……없지만 : 거북이 등 위에 새겨진 그림이 없다는 뜻으로, 낙서(洛書)를 떠올려 말한 것이다. 우(禹) 임금이 홍수를 다스릴 때, 낙수(洛水)에서 나타난 신령한 거북의 등에 새겨진 점을 보고 낙서를 그려 천하를 다스리는 법으로 삼았다. 그 뒤 주(周)나라 무왕(武王)이 기자(箕子)에게 이륜(彝倫)이 펴지게 하는 법을 묻자, 우 임금이 하늘로부터 홍범구주(洪範九疇)를 받은 연유를 말하고, 낙서를 부연하여 설명한 것이 《서경》의 〈홍범(洪範)〉이다.

126 못물……이루고 : 응벽담(凝碧潭)의 맑은 물빛을 묘사한 것이다. 금고(金膏)는 선약(仙藥)의 일종이다. 백거이(白居易)의 시에 "옥분과 금고를 갈고 닦으니, 한 조각 가을 못 물처럼 맑구나.〔瓊粉金膏磨瑩已, 化爲一片秋潭水.〕"라고 하였다. 《白香山詩集 卷4 百鍊鏡》

바위 결은 갈아서 맑은 거울 빛 되었네　石理磨成明鏡色
이를 보고 나도 모르게 멋지다 외치는데　見此不覺叫奇絶
숲 속 꽃이 어지러이 두건에 떨어지네　林花紛紛墮巾角

위는 응벽담(凝碧潭)이다.

태을이 너무 얇은 연잎 배 싫어서　太乙蓮舟嫌太薄
천 년 동안 선담의 바위로 만들었는데[127]　千年化作船潭石
태을이 하늘로 올라가 돌아오지 않으니　太乙上天不復歸
지금까지 못물 옆에 버려졌네　至今委棄潭水側
만 길 비로봉 꺾어 상앗대 만들고　毘盧萬仞摧爲槳
구룡을 채찍으로 일으켜 양 옆에 날개 삼아　鞭起九龍翼兩傍
내가 마땅히 노 저어 은하수로 올라가　吾當叩枻銀漢上
천손이 일곱 번 짜는 베를 보리라[128]　試觀天孫七襄章

127 태을(太乙)이……만들었는데 : 선담(船潭)의 바위를 태을진인(太乙眞人)이 타고 다니던 연잎 배가 변한 것으로 비유한 말이다. 태을은 태을진인으로 천신(天神)의 이름이다. 송(宋)나라 화가 이공린(李公麟)이 일찍이 〈태을진인연엽도(太乙眞人蓮葉圖)〉를 그렸는데, 태을진인이 하나의 큰 연잎 위에 누운 채 책을 읽는 모습이었다. 한구(韓駒)의 〈제태을진인연엽도(題太乙眞人蓮葉圖)〉에 "태을진인 연잎 배 타고, 두건 벗고 맨머리 내놓아 찬바람에 날린다오. 가벼운 바람은 돛이 되고 물결은 노가 되니, 누워서 옥 같은 글자 보며 중류에 떠가네.〔太乙眞人蓮葉舟, 脫巾露髮寒颼颼, 輕風爲帆浪爲檝, 臥看玉字浮中流.〕"라고 하였다. 《古文眞寶 前集》

128 천손(天孫)이……보리라 : 천손 직녀(織女)가 짜는 베를 직접 보겠다는 말이다. 칠양(七襄)은 직녀성이 하루 낮 동안에 옮겨 가는 일곱 자리를 말하는데, 직녀가 일곱 번 베틀을 옮겨서 베를 짠다고 한다. 《시경》 〈대동(大東)〉에 "모퉁이에 있는 저 직녀성은 종일토록 자리를 일곱 번 바꾸네. 비록 일곱 번 자리를 바꾸나 보답해 줄 문장을 이루지 못하네.〔跂彼織女, 終日七襄. 雖則七襄, 不成報章.〕"라고 하였다.

위는 선담(船潭)이다.

화룡담 가에 앉아 돌아가지 않는데　　火龍潭上坐不歸
한 가닥 구름 기운이 뭉게뭉게 피어나네　　一縷雲氣生霏霏
못 바닥에 천 봉우리 그림자 거꾸로 비치니　　潭底倒映千峯影
지는 해 길게 읊조리며 맑은 빛 즐기네　　長吟落日弄淸暉
단풍과 전나무 높이 솟고 바위 우뚝하여　　楓栝參天石巃嵸
마하연[129]에 가려 해도 길 모르겠네　　欲往摩訶迷所從
솔바람 소리 들으며 하룻밤 자려니　　且枕松風聊一眠
덩굴 너머에서 가늘게 저녁 종소리 들리네[130]　　蘿外嫋嫋傳暝鍾

위는 화룡담(火龍潭)이다.

129 마하연(摩訶衍) : 신라의 승려 의상(義湘)이 676년(문무왕16)에 창건한 절로, 화엄십찰(華嚴十刹) 중의 하나이다. 마하연은 대승(大乘)이라는 뜻으로, 옛날에 의상이 중향성(衆香城)에서 법기보살이 머무는 곳을 경배하고 일만 이천 보살과 함께 마하반야(摩訶般若)를 강설하였으므로 마하연사라고 하였다 한다.

130 넝쿨……들리네 : 등덩굴 너머에 마하연이 있을 것이라는 말이다. 두보(杜甫)의 시에 "나무 덩굴 저 너머에 응당 암자가 있으련만, 깜깜해진 뒤에나 겨우 꼭대기에 오르겠군.〔諸天合在藤蘿外, 昏黑應須到上頭.〕"라고 한 것을 차용하였다.《杜少陵詩集 卷12 涪城縣香積寺官閣》

보덕굴[131]

普德窟

동쪽 끝 신선의 집　東極仙眞宅
봉래산 최고의 명당이네　蓬萊福地偏
뿌리는 여섯 자라가 이고[132]　根株六鰲戴
기세는 십주[133]에 이어졌네　氣勢十洲連
삼면에 바다가 보이고　海控東南北
일만 이천 봉우리 늘어섰네　峰羅萬二千
장엄하게 불계를 열어　莊嚴開佛界
단청 빛깔이 산꼭대기 덮었네　金碧被山巓
지을 때 사람 솜씨 다하였고　結構殫人巧
시주에 많은 사람 참여했네　檀施募衆緣
이름난 가람 바둑판을 펴놓은 듯　名籃棊似布

131 보덕굴(普德窟) : 금강산(金剛山) 만폭동(萬瀑洞) 안에 있는 사찰이다. 627년(영류왕10)에 승(僧) 보덕(普德)이 수도하기 위하여 자연굴을 이용하여 절을 창건하였다. 이 암자는 7.3m나 되는 높은 구리 기둥으로 암자 전체를 떠받치고 있는 것이 특징이다.

132 뿌리는……이고 : 육오(六鼇)는 바다 속에서 삼신산(三神山)을 머리에 이고 있다는 여섯 마리 자라를 가리킨다. 용백국(龍伯國)에 거인이 있는데, 한꺼번에 바다 속의 큰 자라 여섯 마리를 낚았다고 한다.《列子 湯問》 여기서는 금강산을 삼신산 가운데 하나인 봉래(蓬萊)로 보아 이 고사를 인용한 것이다.

133 십주(十洲) : 신선이 산다는 바다 속의 10개 섬으로, 선경(仙境)을 가리킨다.

보덕굴 아름답네	普德窟堪憐
애초에 누가 굴을 팠는가	混沌誰開鑿
허공에 다시 건물 지었네	虛空復棟椽
지탱할 구리기둥 세우고	撑持銅柱立
쇠사슬로 묶어 고정시켰네	夾定鐵緪纒
간들간들 외로운 장대 곧고	裊裊孤竿直
흔들흔들 한 경쇠 매달렸네	搖搖一磬懸
아로새긴 용마루는 은하수 밖까지 솟았고	雕甍銀漢外
화려한 난간은 푸른 구름 앞에 늘어섰네	畫檻碧雲前
주렴에는 향로봉의 푸른빛 들어오고	簾撲香爐翠
창에는 만폭동의 폭포 날리는구나	牕飛萬瀑泉
흩어진 구슬은 붉은 골짜기로 내달리고	散珠跳紫壑
깎아지른 옥은 푸른 안개 속으로 솟았네	削玉立蒼烟
기사굴산[134]이 반드시 양보할 것이요	闍崛須知遜
타암[135]도 앞자리를 내놓으리	陀岩亦讓先
신선의 세계에 다행히 와서	仙區身幸到
명승 탐방하느라 흥취 한창이네	幽討興方專
옷은 남기 지나느라 젖었고	衣爲通嵐潤
신은 돌길 오르느라 구멍 났네	鞋因躡磴穿

134 기사굴산(耆闍崛山) : 사굴(闍崛)은 중인도(中印度) 마갈다국(摩羯陀國)의 수도인 왕사성(王舍城) 동북쪽에 있는 산으로, 영취산(靈鷲山) 혹은 영산(靈山)으로 의역되는데, 불타가 설법한 장소로 유명하다.

135 타암(陀岩) : 미상이다.

지나온 길 처음에는 하계였는데	經行初下界
편안히 앉았노라니 문득 암자로구나	宴坐忽諸天
아찔아찔 늘 떨어질 것 같으니	眩慄常如墜
누가 감히 앞으로 나가서 바라보랴	窺臨孰敢前
문득 혼탁한 세상 경시하게 되니	翻令輕濁世
이미 나는 신선이 되고 싶네	已欲化飛仙
꽃 피고 새 우는 봄 풍경 아름답고	花鳥春光麗
안개 노을 물든 갠 경치 곱구나	烟霞霽景鮮
머무는 승려들 모두 고아하여	居僧皆古雅
기이한 일들 여전히 전해지네	異事尙流傳
벽의 먼지 털고 기문 살펴보고	拂壁看題記
향 사르고 선담 듣노라	燒香聽話禪
돌아가려니 아쉬움 남는데	將歸有遺恨
다시 들를 날 언제일까	重過定何年
서리 맞은 단풍잎 가을에 즐길 만하니	霜葉秋堪賞
평상에서 밤에 함께 자리라	繩床夜合眠
서늘한 바람 머지않아 불 터	涼風吹早晩
내 어찌 새 시를 저버리랴	吾豈負新篇

마하연[136]

摩訶衍

"빈산에 사람 없어도 물은 흘러가고 꽃은 피었네.〔空山無人水流花開〕"[137]를 운자로 삼았다.

이 산 매우 아름다워	玆山亦尤物
현인도 우인도 모두 몰려드네	輻湊賢愚同
조화옹 참으로 교묘하구나	化翁眞狡獪
이 경치 만드느라 신묘한 재주 부렸네	設此費神工
비록 사람들 눈 즐겁게 했지만	縱悅世人眼
원기의 상심이 없겠는가	得無元氣恫
내가 방망이로 부숴서	吾欲一椎碎
다시 경내를 모두 비우고 싶구나	復使境俱空

2

유리로 동부 만들고	琉璃爲洞府
백옥으로 봉우리 만들었으니	白玉爲峯巒
천상 세계야 내가 모르지만	天上吾不知

136 마하연(摩訶衍) : 신라의 승려 의상(義湘)이 676년(문무왕16)에 창건한 절로, 화엄십찰(華嚴十刹) 중의 하나이다. 523쪽 각주129 참조.

137 빈산에……피었네 : 여기 사용된 여덟 글자를 운자로 여덟 수를 지은 것인데, 이 구는 소식(蘇軾)의 《동파전집(東坡全集)》 권98 〈십팔대아라한송(十八大阿羅漢頌)〉의 마지막 구이다.

인간 세상에 이런 산 없지	人間無此山
영랑[138]은 누구기에	永郎是何物
영원히 그 사이에 사는가	終古宅其間
우습다 우리들은	可笑如我輩
허둥지둥 번거롭게 오가네	屑屑煩往還

3

다른 암자는 없어도 되지만	他庵尙可無
마하연은 없을 수 없으니	摩訶不可無
마치 사람에게 눈이 있는 것 같아서	如人有眉目
정신이 여기에 나타나네	精神此焉輸
하물며 중향성이	況且衆香城
높다랗게 머리 되었어라	穹然作頭顱
사람들은 청도[139]가 아름다운 줄만 알고	人識淸都好
여기가 청도임은 알지 못하네	不識是淸都

4

산에 구경 오는 사람 많지만	山雖閱人多
산을 아는 사람 만나기는 어려우니	難遇知山人
보잘것없는 속세 선비의 안목으로	區區俗士眼

138 영랑(永郎) : 신라의 화랑으로, 술랑(述郎) · 남랑(南郎) · 안상(安祥)과 더불어 사선(四仙)으로 일컬어진다.

139 청도(淸都) : 천제(天帝)의 궁궐을 가리킨다.

어찌 그 진면모를 알랴만	焉識面目眞
이 산은 푸른 연꽃 같아서	山如靑蓮花
티끌에 전혀 물들지 않았네	了不染埃塵
이런 관점에서 이 산을 보아야 하니	卽此觀此山
이것이 이 산의 정신이어라	此是山精神

5

내가 마시고 씻은 물	凡我所飮濯
모두가 만폭동의 물이네	莫非萬瀑水
옥과 눈처럼 맑은 물이 오장을 씻어 주어	玉雪蕩五內
골수까지 다 말끔해졌네	洗盡凡骨髓
산이 나를 저버리지 않았으니	山旣不負我
내가 어찌 너를 저버리랴	我亦豈負爾
해마다 한 번씩 와서 보리니	一年一來見
오늘부터 시작하리라	請從今日始

6

사람들이 혹 말하길 이 산은	人或謂此山
봄보다 가을이 아름답다 하지만	秋賞勝春遊
산이 진실로 마음에 든다면	山苟可人意
봄이면 어떻고 가을이면 어떠랴	何論春與秋
비유하자면 미인을 볼 때	譬如觀美人
통통해도 말라도 별 차이 없는 것과 같네	肥瘦無甚優
그러므로 이런 말 하는 사람	故知斯言者

통달한 이가 아닌 줄을 아노라 終非達者流

7

새벽에 마하연 종소리 듣고 曉聞摩訶鍾
아침에 중향성의 노을 보니 朝看香城霞
흡사 옥부용을 恰如玉芙蓉
푸른 등덩굴로 덮은 듯한데 羃以綠色蘿
우습다 이 아름다운 곳을 一笑領佳處
자랑할 사람 하나도 없네 無人可相誇
누가 내 마음 알까 誰能會我意
산새와 산꽃뿐 山鳥與山花

8

일만 이천 봉우리 一萬二千峰
나를 보고 날아오는 것 같네 見我如飛來
속세의 눈 씻어 주니 洗此塵土眼
환하게 심신이 열리네 烱然心神開
청정한 빚 갚으리니[140] 得償清淨債
산신령도 나를 비웃지 않으리 山靈不我咍

140 청정(淸淨)한 빚 갚으리니 : 시를 지어서 아름다운 경관을 제공한 금강산에 보답하겠다는 표현이다. 소식(蘇軾)의 시에 "이 유람을 멋진 시로 짓지 않는다면 산속의 청정한 빚 지게 되리.〔不將新句紀玆游, 恐負山中淸淨債.〕"라고 하였다. 《東坡全集 卷11 與胡祠部游法華山》

내일 비로봉 정상에서 바라보면	明日毘盧頂
동해도 술잔처럼 작겠지	東海小如杯

마하연[141]에서 자고 일어나다

摩訶衍睡起

그윽한 새 조용하여 시끄럽지 않고　幽鳥寂不喧
자고 일어나 아무 일도 없어　睡起無一事
무성한 꽃나무 사이에서　翳然花木間
긴긴 날 애오라지 안석에 기댔노라　日長聊隱几
산승이 나와 같다며　山僧指似我
중향성에서 일어나는 구름 가리키는데　雲從香城起
중향성은 보지 못하고　不去看香城
승려의 손가락만 보았네　但看僧手指

141 마하연(摩訶衍) : 신라의 승려 의상(義湘)이 676년(문무왕16)에 창건한 절로 화엄십찰(華嚴十刹) 중의 하나이다. 523쪽 각주129 참조.

만회암

萬灰庵

수정 세계 유리 나라	水晶世界琉璃國
어디에도 티끌 한 점 없어라	無處堪容一點埃
산에 들어오며 속세의 마음 끊으리라 다짐했으니	入山已勒塵心斷
이 암자에 와서야 잡념 사라진 건 아니라네	非到玆庵念始灰

중백운

中白雲

덩굴 잡고 좁다란 길 지나	捫蘿通一線
지팡이 짚고 암자에 도착했네	支策到諸天
꽃은 천 봉우리 눈에도 끄떡없고	花傲千峯雪
얼음은 사월에도 단단하네	氷頑四月天
스님이 바야흐로 만사 잊은 채 앉았고	僧方忘事坐
나도 구름에 의지해 자노라	吾亦寄雲眠
고개 돌려 서대 정상 바라보니	回首西臺頂
신선 아니라서 괜히 부끄럽네	空慚不是仙

상백운

上白雲

중향성(衆香城) 아래에 있다. 이 산 가운데 경치가 가장 빼어난 곳인데, 산승들이 꼭꼭 숨겨서 찾아가는 사람이 매우 드물다.

산 유람은 음주와 같아	游山如飮酒
역량 따라 정도 다르니	深淺各隨量
진실로 그 흥취 모른다면	苟不解其趣
얻는 것은 겉모습뿐이지	所得只皮相
옹졸한 세속의 선비는	齷促世俗士
본래 멀고 넓음 꺼리고	本自憚遐曠
또한 이름을 사모해 와도	亦或慕名來
두루두루 찾아다니지 못하고서	曾未窮搜訪
산이 명성에 맞지 않다며	謂山不副名
왕왕 비웃고 비방하지만	往往加嘲謗
산에는 무슨 손해 있으랴	於山豈有損
저들의 망녕됨을 볼 뿐이지	徒見渠輩妄
아름답다 상백운	奇哉上白雲
최초에 누가 만들었나	厥初誰開創
그때부터 오랜 세월 지났건만	自從曠刦來
비경 찾은 이 하나도 없었네	無人探秘藏
나는 노련한 옥리와 같아	我如老獄吏
터럭 하나도 놓치지 않지	毫髮不相放

샅샅이 뒤져 하나도 남겨두지 않으니	搜剔一無遺
산승들에게 속지 않아	不被山僧誑
이처럼 궁벽하고 깊숙해도	窮奧雖如此
또한 지팡이 짚고 들어왔네	亦復入我杖
두 눈으로 둘러본 곳 많지만	兩眼閱歷多
이처럼 아름다운 곳 어찌 보았으랴	焉覩此奇狀
영롱한 만 겹의 구름	玲瓏萬疊雲
풍륭[142]이 빚어내는데	豐隆主醞釀
이곳을 포장 속에서 드러내	此地發包裹
다양한 모습 만들었네	散作種種樣
사람이 만든 듯이 펼쳐지고	布置類人爲
솜씨 좋은 장인이 다듬은 듯	雕琢如巧匠
높은 하늘에 은빛 죽순 빽빽하고	高空森銀笋
대지에 눈 빛 물결 쌓였네	大陸堆雪浪
밝게 빛나는 중향성	晶熒衆香城
마치 백옥 가리개처럼 에워싸	如環白玉障
그윽하고 아름다운 경치 그려내기 어려우니	幽麗固難狀
기세가 대단한 줄을 새삼 느끼네	尤覺氣勢壯
나의 마음과 눈 현혹되니	令我心目眩
물러서서 오래도록 황홀해하네	却立久惝怳
수미암과 같은 경치 비록 얻기 어렵지만	須彌縱難得
이미 저절로 감히 바라지 않나니	已自不敢望

142 풍륭(豐隆) : 구름과 천둥을 주관하는 귀신이다.

그 아름다운 품격 논한다면	論其品格奇
또 정양사보다 빼어나네	又出正陽上
세상 사람들 내 말을 듣고	世人聞我言
진정 꾸짖겠지만	定復相誚讓
비루하다 남의 말만 믿는 이들	陋矣耳食輩
식견이 참으로 좁구나	所見眞瓮盎
사람 몸에 비유한다면	譬之於人身
여기는 눈과 폐 같네	如眉目肺臟
이 둘은 없을 수 없으니	二者不可廢
하나라도 없으면 또 무엇으로 대신하랴	廢一又誰當
금강산에 와서 이곳을 보지 못한다면	入山不覩此
방향을 모른다고 할 만하니	可謂迷方向
진정 곤륜산 유람하며	正類遊崑崙
현포와 낭풍[143]을 보지 못한 격이지	未得窺玄閬
오르느라 나도 지쳐	登陟吾亦疲
오히려 첩첩 봉우리에 오르지 못했으니	猶未凌疊嶂
실로 부끄럽다 영랑[144]의 무리는	實愧永郎儔
생학 타고 마음껏 놀았지	笙鶴恣跌宕
호탕하게 노래하며 꼭대기 바라보니	浩歌望絶巓

143 현포(玄圃)와 낭풍(閬風) : 곤륜산(崑崙山) 정상에 있다고 전해지는 신선의 거처이다. 위로 천계(天界)와 통한다고 한다.

144 영랑(永郎) : 신라의 화랑으로, 술랑(述郎) · 남랑(南郎) · 안상(安祥)과 더불어 사선(四仙)으로 일컬어진다.

저물녘에 도리어 서글퍼지네 日暮還惆悵

환(還)은 공(空)으로도 쓴다.

비로봉 정상에 올라

登毘盧絶巓

볼 때는 여느 봉우리와 같더니	看時但與衆峰同
올라와서야 가장 높은 줄 아노라	登處方知爾最崇
숨소리가 천제의 자리에 통하겠고	呼吸只應通帝座
의관은 바람 타고 날려 하네	衣冠却欲御天風
북극 지탱하는 은빛 기둥이고	撐來北極元銀柱
동해에서 솟아난 패궁이라네	湧出東溟是貝宮
어디가 이처럼 시야 넓을까	眼界孰能如許闊
부상 나무 너머까지 다 보인다[145]	扶桑樹外更無窮

145 부상(扶桑)……보인다 : 동해(東海)의 끝까지 시원하게 다 보인다는 말이다. 부상은 동해 속에 있다는 신목(神木)으로, 해가 뜰 때 이 나뭇가지를 떨치고서 솟구쳐 올라온다고 한다.

비로봉가

毘盧峰歌

재미삼아 장길(長吉)[146]의 문체를 흉내 내다.

신기루가 하늘의 달빛을 빨아들이고	翠蜃吸空玉兎光
만 가닥 밝은 노을이 마른 창자 괴었네	明霞萬縷柱枯腸
얼음 새기고 눈 쪼아 영롱함 옮기고	鏤氷琢雪移玲瓏
횃불 같은 보기가 부상[147] 태우네	寶氣如炬燃扶桑
하늘 문에서 한 가닥 푸른빛이 비껴 나오니	天關斜透一線靑
옥녀가 투호하며 천제를 받드는구나[148]	玉女投壺奉紫皇

146 장길(長吉) : 당(唐)나라 시인(詩人) 이하(李賀)의 자이다. 종실(宗室) 정왕(鄭王)의 후예로, 시가(詩歌)를 짓는 솜씨가 매우 민첩하고 문체(文體)가 독특하여 장길체(長吉體)를 창출하였다. 24세의 나이로 죽었다. 《舊唐書 卷137 李賀列傳》

147 부상(扶桑) : 동해 속에 있다는 신목(神木)으로, 해가 뜰 때 이 나뭇가지를 떨치고 솟구쳐 올라온다고 한다.

148 하늘……받드는구나 : 번개가 치는 모습을 비유한 말이다. 투호(投壺)는 화살을 던져 병 속에 넣어서 승부를 가리는 놀이인데, 《신이경(神異經)》 〈동황경(東荒經)〉에 "동황산 가운데 큰 석실이 있어서 동왕공이 살고 있다.……항상 한 옥녀와 투호를 하되 매양 살대 1200개를 던지는데, 혹 들어가서 나오지 않을 경우에는 하늘이 탄식을 하고, 튀어나온 살대를 손으로 잡지 못하고 놓쳤을 경우에는 하늘이 웃는다.〔東荒山中有大石室, 東王公居焉.……恒與一玉女投壺, 每投千二百矯, 設有入不出者, 天爲之噓, 矯出而脫悞不接者, 天爲之笑.〕"라고 하였다. 그 주에 "웃는다는 것은 하늘의 입이 불을 흘려보내 반짝이는 것이니, 지금 천하에 비가 오지 않는데 번개의 불빛이 번쩍이는 것은 하늘이 웃는 것이다.〔言笑者, 天口流火炤灼, 今天下不雨, 而有電光, 是天笑也.〕"라고 하였다. 《說郛 卷66》

육정이 과아의 죽음을 근심하여 울고[149] 六丁愁啼夸娥斃
견우성과 오차성 빛을 잃었네 牽牛五車埋光芒
은하수가 무대연에서 푸르게 일렁이자 銀浦潑綠舞代淵
천오가 화석강을 서둘러 움직였네[150] 天吳催轉花石綱
파랑새[151]가 동쪽으로 와서 비단 글자 얽자 靑鳥東來綰錦字
귀신의 채찍 요지[152] 가에서 그림자 번쩍이네 神鞭影閃瑤池傍

149 육정(六丁)이……울고 : 육정은 도교(道敎)에서 말하는 신으로, 육갑(六甲) 가운데 정묘(丁卯), 정사(丁巳), 정미(丁未), 정유(丁酉), 정해(丁亥), 정축(丁丑)의 여섯 정신(丁神)을 가리킨다. 도교에서는 이들을 음신(陰神)으로 여기는데, 부릴 때는 먼저 재계해야 하며, 귀신이 이르면 먼 곳의 물건을 가져오게 할 수 있고 길흉을 미리 알 수 있다고 한다. 《後漢書 卷50 孝明八王列傳 梁節王暢》 과아(夸娥)는 우공이산(愚公移山)의 고사에 등장하는 힘이 센 신이다. 북산(北山)의 우공이 자기 집 앞을 가로막은 산 때문에 통행이 불편하여 산을 옮기려고 가족들과 함께 매일 흙을 퍼 나르자, 천제(天帝)가 과아를 내려 보내 산을 등에 업고 다른 곳으로 옮겨 주게 했다는 고사가 전한다. 《列子 湯問》

150 천오(天吳)가……움직였네 : 천오는 사람 얼굴에 머리가 여덟 개인 수신(水神)의 이름이다. 《산해경(山海經)》 〈해외동경(海外東經)〉에 "조양(朝陽) 골짜기의 귀신을 천오라고 하니, 이것이 바로 수백(水伯)이다."라고 하였다. 화석강(花石綱)은 진귀한 꽃과 돌을 운반하기 위해서 만들어진 특수한 수송 단위의 명칭이다. 송 휘종(宋徽宗)이 기이한 꽃과 돌을 모으는 취미가 있었는데, 욕구를 충족시키기 위해 절강(浙江) 등지에서 생산되는 돌을 옮길 목적으로 화석강이 조직되었다. 강(綱)은 하나의 수송 단위를 뜻하며 보통 배 열 척을 1강이라고 한다.

151 파랑새 : 청조(靑鳥)는 서왕모(西王母) 곁에 머무는 새로, 서왕모가 하강할 때면 먼저 파랑새가 날아온다고 한다. 후세에는 서신을 전해 주는 심부름꾼, 사자의 의미로 쓰였다.

152 요지(瑤池) : 곤륜산(崑崙山) 꼭대기에 있다는 신화 속의 못 이름인데, 선녀인 서왕모가 주 목왕(周穆王)을 영접하여 이곳에서 연회를 베풀었다는 전설이 전한다. 《穆天子傳 卷3 古文》

구슬 빛처럼 뛰는 물결 바다가 거꾸로 나는데　珠光跳波海倒飛
서왕모[153]가 받아 기록하여 옥 상자에 감추네　金母受記秘玉箱
비취향이 구척의 띠풀에 짙더니　翡翠香濃九脊茅
자란이 물고 내려와 영랑[154]에게 주었네　紫鸞銜下頒永郎
현경[155]의 손아귀에 붉은 비늘의 붓 있어　玄卿握裏赤鱗毫
은으로 생생하게 구름 서린 문장 썼네　銀題活螭盤雲章
곤오검[156]으로 옥에다가 봉래라 새기자　昆吾鏤玉蓬萊字
무지개 빛깔이 푸른 구연을 쏘아 깨뜨렸네　虹光射破九烟蒼
여섯 자라가 머리에 만 송이 구름 얹었는데[157]　六鰲頂戴萬朶雲
등 위의 푸른 털 흰 서리보다 밝구나　背上青毛明素霜
구슬 비녀가 푸른 하늘에 꽂혀 유리 깨지자　瑤簪劚碧琉璃坼
여와씨가 돌 단련해 하늘의 상처 기웠네[158]　女媧鍊石補天瘡

153 서왕모(西王母) : 금모(金母)는 서왕모의 별칭이다. 금(金)이 서방에 속하므로 서왕모를 금모라 칭한다.

154 영랑(永郎) : 신라의 화랑으로, 술랑(述郎)・남랑(南郎)・안상(安祥)과 더불어 사선(四仙)으로 일컬어진다.

155 현경(玄卿) : 신선의 이름이다.

156 곤오검(昆吾劍) : 곤오산(昆吾山)의 광물(鑛物)을 제련해서 만든 보검으로, 옥(玉)을 자를 수 있다고 하여 곤오할옥도(昆吾割玉刀)라고도 불리는데, 주 목왕(周穆王) 때 서호(西胡)가 바쳤다는 고사가 전한다. 《海內十洲記 鳳麟洲》

157 여섯……얹었는데 : 육오(六鼇)는 바다 속에서 삼신산(三神山)을 머리에 이고 있다는 여섯 마리 자라를 가리킨다. 용백국(龍伯國)에 거인이 있는데, 한꺼번에 바다 속의 큰 자라 여섯 마리를 낚았다고 한다. 《列子 湯問》

158 구슬……기웠네 : 비로봉이 높이 솟은 모습을 비유한 것이다. 요잠(瑤簪)은 산봉우리가 마치 비녀처럼 솟아 있는 것을 형용한 말이다. 상고(上古) 때 공공씨(共工氏)라는 제후가 축융(祝融)과 싸우다가 이기지 못하자, 노하여 머리로 부주산(不周山)을

달[159]이 밤에 머물고 금아[160]가 날며	瓊樓夜逗金鴉翔
북두 자루는 백옥의 들보에 베를 펼쳐 놓았네	璿杓拖練白玉樑
항아의 웃음소리 푸른 노을 너머에서 들려	嫦娥笑語隔青霞
패옥 소리 하늘 흔들고 가을 계수나무 향기롭네	環佩搖空秋桂香
곤륜의 사자가 구름 빗장 두드리니	崑崙使者叩雲扉
아홉 마리 용의 비늘 갑옷 황금색이네	九龍鱗甲金色黃
옥 신발로 달 아래 춤추니 선궁에 봄 돌아오고	玉舃舞月璇宮春
구슬 꽃이 말을 토하니 낭간이 자라네	珠花吐語琅玕長
구름 수레에 부용 깃발 그림자 한가하고	雲輧影閒芙蓉旌
구슬 바둑판에서 재미삼아 백봉황을 보네	瑤枰戲賭白鳳凰
학 울음이 새벽에 십주[161]의 구름을 가르고	鶴聲曉裂十洲雲
평포[162]의 연기가 봄에 아득히 깔렸네	平圃烟蔓春茫茫

들이받았는데, 하늘을 받치는 기둥이 부러지고 땅을 묶어둔 밧줄이 이지러졌다. 여선(女仙)인 여와씨(女媧氏)가 오색의 돌을 갈아 하늘을 깁고 자라의 발을 잘라 사극(四極)을 세우자, 땅이 평정되고 하늘이 완전하게 되었다고 한다. 《淮南子 覽冥訓》

159 달 : 경루(瓊樓)는 경루옥우(瓊樓玉宇)의 준말로, 신화 속에 나오는 월궁(月宮) 속의 누각을 말한다. 소식(蘇軾)이 황주(黃州)로 귀양 가서 지은 〈병진중추작겸회자유(丙辰中秋作兼懷子由)〉 가사(歌詞)에 "내가 바람 타고 돌아가고 싶나니, 경루옥우 높은 곳이 추위를 이기지 못할까 또 걱정일세.〔我欲乘風歸去, 又恐瓊樓玉宇, 高處不勝寒.〕"라는 말이 나오는데, 이 내용을 신종이 보고 "소식이 끝내는 임금을 사랑하는구나.〔蘇軾終是愛君〕"라고 탄식하며, 여주(汝州)로 양이(量移)하라고 명했다 한다. 《水調歌頭》

160 금아(金鴉) : 태양 속에 있다는 세 발 가진 신조(神鳥)로, 금오(金烏) 또는 삼족오(三足烏)라고도 하는데, 태양을 지칭하는 말로 쓰인다.

161 십주(十洲) : 신선이 산다는 바다 속 10개의 섬으로, 보통 선경(仙境)을 가리키는데, 여기서는 대해(大海)의 뜻으로 쓰였다.

어깨 치며 한번 붉은 반도에 웃노니[163]	拍肩一笑蟠桃紅
동해 푸르러 누런 먼지 흩날리지 않네	東海碧斷黃塵揚

162 평포(平圃) : 전설에 등장하는 곤륜산(崑崙山) 꼭대기의 신선 세계로, 현포(玄圃)라고도 하는데, 그 속에는 기화요초와 기석(奇石)이 있다고 한다.

163 어깨……웃노니 : 비로봉에서 속세를 잊고 살고 싶다는 표현이다. 진(晉)나라 곽박(郭璞, 276~324)의 〈유선시(遊仙詩)〉에 "왼손으로는 부구의 소매를 당기고, 오른손으로는 홍애의 어깨를 치네. 하루살이에게 물어본들, 어찌 거북과 학의 나이를 알겠는가.〔左挹浮丘袖, 右拍洪崖肩, 借問蜉蝣輩, 寧知龜鶴年.〕"라고 하였다. 《古今詩刪 卷7》

내구룡연

內九龍淵

바다에 떴던 오십 부처[164]	汎海五十佛
밤에 아홉 용의 집에 머물러	夜據九龍宅
거꾸로 뒤집어 굴을 만드니	顚倒改窟穴
뇌우 소리가 산자락 찢어	雷雨裂山脚
우뚝한 비로봉 아래	岌嶪毘盧底
널찍하게 골짜기 열렸네	谽谺洞府闢
아홉 연못은 이어진 옥구슬 같고	九潭如聯珠
양쪽 비탈은 푸른 옥을 깎아 놓은 듯	兩崖削蒼玉
구불구불 예부터 지금까지 흐르며	蟠屈竟今古
길러 내어 종족 많아졌네	孕育繁種族
알겠다 깊고 험한 데 사는 것은	始知宅幽阻
속인이 오는 것을 막으려는 것이구나	欲拒俗人跡
움푹 패여 큰 항아리 가른 듯하고	窪然剖巨瓮
자욱하여 빛깔 칠흑같네	霮䨴色沈黑
폭포수가 수레처럼 달리고	懸流轉車輪

164 바다에……부처 : 고려 시대 민지(閔漬)가 찬한 〈유점사기(楡岾寺記)〉에 의하면, 서역(西域)의 월지국(月支國)에서 일찍이 53구(軀)의 부처가 무쇠로 만든 종(鐘)을 타고 신라의 안창현(安昌縣) 포구(浦口)에 닿았는데, 이때 안창현 수령 노춘(盧偆)이 관속들을 거느리고 가보니, 부처는 보이지 않고 부처가 나뭇가지에 종을 걸어 놓고 쉰 흔적만 있었다고 한다.

날리는 물방울 우박처럼 흩뿌리네　　飛沫灑霰雹
살펴보려니 가슴이 먼저 떨리고　　將窺膽先慄
건너가려니 다리가 자꾸 오그라드네　　欲揭足屢跼
누가 감히 시끄러운 소리 더하랴　　誰敢雜喧聒
대낮에도 우레 소리 울린다　　白日轟霹靂
그 위령 두려우니　　威靈斯可畏
신물은 끝내 헤아릴 수 없네　　神物竟莫測
명승지 유람 숙원 이뤘으니　　勝踐了宿願
이런 장관 백발의 내게 사치스럽네　　偉觀侈衰白
하류까지 쉽게 갈 수 없고　　下流未易窮
다시 오기도 정하기 어려우니　　重來更難卜
술잔 들어 깊이 숨은 용에게 부어 주고　　擧酒酹幽蟄
지팡이 의지한 채 세 번 탄식하노라　　倚杖三嘆息

이별하면서 입으로 불러 쌍훈 상인에게 주다

臨別口占 贈雙勳上人

쌍훈 상인은 산에 들어와 알게 된 사람이다. 백화암(白華庵)에서부터 함께 유람하였는데, 여기에서 비로소 헤어지게 되었다.

만 겹 구름 낀 비로봉도 함께 올랐는데	共躡毘盧萬疊雲
유자와 불자 어울리지 못한다고 누가 말했나	儒禪孰謂不同群
벽하담의 쏟아지는 폭포와 중향성의 달	霞潭飛瀑香城月
내가 이 산 떠올릴 때마다 그대 쌍훈을 기억하리	我憶山時憶爾勳

서둘러 써서 재총 상인과 이별하다

走草別聰上人

재총 상인(載聰上人)은 호남(湖南)의 승려인데, 지금 백화암(白華庵)에 와서 머물고 있다.

그대는 호남 출신으로	爾是南產
백연[165]에서 왔네	來從百淵
설악산에서 《주역》 외우고	雪嶽誦易
백화암에서 선법 익히느라	白華講禪
바람 부는 창과 눈 내리는 집에	風窓雪屋
글 읽는 등불 밝게 빛났는데	書燈熒然
책상과 의자 지팡이와 신을	丌几杖屨
그대가 주선할 때	奉以周旋
그대는 오직 조심하여	爾惟小心
특히 사랑받았으니[166]	偏蒙寵憐

165 백연(百淵) : 미상이다. 그러나 다음 구에 설악(雪嶽)이 있는 것으로 보아 설악산에 있는 곡백연(曲百淵)을 가리키는 것으로 추정된다. 김수증(金壽增, 1624~1701)의 《곡운집(谷雲集)》 권4 〈유곡연기(遊曲淵記)〉에 "한계산과 설악산은 옛날의 이른바 산악의 빼어난 것이다.……산 가운데 또 이른바 곡백연이라는 곳이 있어서 더욱 빼어난데, 세상 사람들 가운데 알지 못하는 이들이 많다.〔寒溪雪嶽, 古所謂山嶽之神秀者也……山中又有所謂曲百淵者尤絶異, 而世多不知.〕"라고 하였다.

166 설악산(雪嶽山)에서……사랑받았으니 : 이 부분은 여러 정황을 감안할 때, 이하곤이 김창흡(金昌翕, 1653~1722)과 재총 상인(載聰上人)의 관계를 읊은 것이다. 김창흡의 《삼연집(三淵集)》 권11 〈재총상인에게 주다〔贈載聰上人〕〉에 "금강산은 나에게

소식에게 청순　如蘇之順
구양수에게 혜근 같았네[167]　如歐之勤
내가 처음 산에 들어왔을 때　我初入山
누가 정성껏 대해 주었던가　孰爲慇懃
한번 보고도 오래 사귄 것 같은 이는　一見如舊
아마도 그대 한 사람이었네　蓋汝一人
아무리 깊숙한 곳도 데려가지 않은 곳 없고　無幽不導
아무리 험해도 앞장서 주었지　無險不前
서로 바라보며 한바탕 웃었으니　相視一笑
묵은 소나무와 흐르는 시내 사이였지　古松流泉

큰 인연 있으니, 여섯 번 유람하며 90일이나 노닐었네. 그대는 호남에서 와 백연에서 알게 되었고, 여기서 만나니 하늘이 그렇게 한 것이네.〔金剛於我, 有大因緣, 六度來游, 九旬留連, 爾自南至, 識面百淵, 萍合于此, 所驅者天.〕"라는 내용이 있는 것으로 보아, 김창흡이 재총 상인과 교유한 사실, 그리고 이 작품의 1, 2구의 내용과 유사함을 알 수 있다. 또《경종실록》2년 2월 21일 기사에 수록된 김창흡의 졸기에 "만년에는 설악산(雪嶽山)에 들어가 거처를 정하고《주역》을 읽었다."라고 하였으며,《삼연집》습유(拾遺) 권24〈답문행장자의처(答文行莊子疑處)〉에 "박씨는 선악의 구분에 얽매여 이처럼 잘못 풀이한 것이다. 백화암에 있을 때 박씨의 주석이 잘못된 곳이 많다는 사실을 알았다.〔朴乃拘滯於善惡之分, 有是錯解, 白華時固知朴註多謬.〕"라고 하였으므로, 김창흡이 설악산에서《주역》을 읽은 사실과 백화암에 머물렀던 사실을 알 수 있다.

167 소식(蘇軾)에게……같았네 : 김창흡과 재총 상인의 관계를 소식과 청순(淸順), 구양수(歐陽脩)와 혜근(惠勤)의 관계에 견주어 읊은 것이다. 청순은 항주(杭州) 전당(錢塘)의 서호(西湖)에 살던 시승(詩僧)으로, 소식이 항주 자사(杭州刺史)로 나갔을 때 그와 교유하였다.《山堂肆考 卷201 淸順覓詞》혜근은 구양수와 30여 년 동안 교유하였는데, 구양수가 그의 총명함과 재지(才智)를 칭송하였으며 시에 뛰어났다.《東坡全集 卷34 錢塘勤上人詩集敍》

낮에는 나란히 가고	晝則聯笻
밤에는 어울려 잤지	夜而交眠
비로봉 정상	毘盧之頂
위로 하늘에 닿아	上接九天
팔방을 두루 바라보며[168]	揮斥八極
사선을 웃으며 얕보았네[169]	笑傲四仙
구룡연 골짜기에	九淵之洞
많은 용들이 꿈틀대는데	群龍蜿蜒
그 깊숙한 집 굽어보며	俯其幽宮
물고기 바라보듯 하였지	視若鮪鱣
오직 쌍훈[170]과 그대가	惟勳與爾
함께 따라왔으니	躡屩從焉
그대들 불가의 이른바	汝佛所云
묵은 인연이 있는 사람이네	是有宿緣
저 동해 향해서	指彼東海

168 팔방을 두루 바라보며 : 휘척팔극(揮斥八極)은 본래 《장자(莊子)》 〈전자방(田子方)〉에서 지인(至人)에 대해 말한 것으로, 곽상(郭象)의 주에서는 휘척(揮斥)을 방종(放縱)의 의미로 보았으나, 여기서는 비로봉 정상에서 팔방을 모두 바라보았다는 의미로 사용되었다.

169 사선(四仙)을 웃으며 얕보았네 : 사선은 신라 시대 화랑으로, 관동(關東)의 명승지를 유람했다고 전해지는 영랑(永郞)·술랑(述郞)·남랑(南郞)·안상(安詳)을 가리킨다. 이하곤이 비로봉 정상에 올랐으므로, 사선이 유람한 것처럼 자신의 유람에 자긍심을 느꼈던 것이다.

170 쌍훈(雙勳) : 앞의 시에 보이는 쌍훈 상인(雙勳上人)을 가리킨다.

내 수레 장차 돌아가리니	余駕將還
지금 이 이별은	今此一別
화살이 시위를 떠나는 것 같네	如矢離弦
두보는 시를 찬 상인에게 주었고[171]	甫詩贈贊
한유는 옷을 태전에게 남겼지[172]	愈衣留顚
잊지 못하고 서로 그리는 마음	耿耿相懷
언제 더 간절할까	于何其偏
만폭에 가을 깊어지고	萬瀑秋深
중향성에 달 둥글어지는 때겠지	香城月圓

171 두보(杜甫)는……주었고 : 두보가 대운사(大雲寺) 주지 찬 상인(贊上人)과 어울렸는데, 그와 헤어질 때 〈별찬상인(別贊上人)〉이라는 시를 준 일이 있다.

172 한유(韓愈)는……남겼지 : 한유가 조주 자사(潮州刺史)로 있을 때 태전(太顚)과 교유하였는데, 한유가 그와 작별하면서 자신의 의복을 남겨 준 고사가 전한다. 《韓昌黎集 卷18 與孟尙書書》

안문점에 오르니 내금강의 모든 봉우리를 빠짐없이 볼 수 있었다

登鴈門岾 內山諸峰 一覽無遺

높고 낮고 크고 작아 저마다 다른데	高低大小態無同
일만 이천 봉우리 다 볼 수 있어	萬二千峰一覽空
새로운 시가 쓸모없는 줄을 아노니	便覺新詩爲剩物
구학을 모두 옮겨 가슴속에 담았노라	盡移丘壑在胸中

칠보대

七寶臺

아름다운 삼과 옥같은 대나무 어우러졌으니	瑤蔘玉笋自相參
칠보라는 그 이름 부끄럽지 않구나	七寶爲名亦未慚
바위 서쪽에 암자 없어지지 않았다면	若使臺西庵不廢
의연히 또 백운암 같았겠지	依然又是白雲庵

백운암(白雲庵)은 곧 상백운(上白雲)이다.

은선대

隱仙臺

서쪽으로 열두 굽이 폭포가 보여 매우 장관이었다.

내금강 빠짐없이 돌아보니	足跡遍內山
산승이 날더러 욕심 많다며 웃는데	山僧笑我貪
혹시 하나라도 승경 놓칠세라	恐或遺一勝
다시 높은 바위에 올랐어라	又復凌巖巉
높은 꼭대기는 바위 이름에 걸맞고	危巓冒臺名
멋진 풍광 실로 부끄럽지 않구나	奇勝實無慚
서쪽에 있는 만 길 절벽	西有萬仞壁
깎아지른 듯 솟아 멀리서 어우러지는데	削立逈相參
열두 마리 백옥 빛깔 용들이	十二白玉龍
흰 무지개를 번갈아 토하고 삼키는 듯	素霓迭吐含
교인이 어지러이 앞에서 인도하고	鮫人紛前導
구슬 깃발 그림자가 너울대는 듯[173]	珠旆影毿毿
뿌연 눈발이 한 골짝에 춤추니	烟雪舞一壑
생황과 종소리 가운데에서 도취하는 듯	笙鏞中自酣

173 교인(鮫人)이……듯 : 폭포수가 떨어지는 모습을 묘사한 것이다. 교인은 바다 속에 사는 인어(人魚)로, 물가의 인가(人家)에 머물다 헤어질 때 눈물방울을 짜내어 진주 구슬로 변하게 한 뒤, 소반에 가득 담아 주인에게 이별 선물로 준다는 전설이 진(晉)나라 좌사(左思)의 〈오도부(吳都賦)〉 주(註)에 보인다. 여기서는 폭포수의 물방울을 교인이 만든 구슬로 비유하였다.

근원이 진실로 이미 아름다운데	源頭固已奇
몇 자의 못으로 이어지네	承以幾尺潭
굽어보아도 바닥은 보이지 않고	俯窺不見底
어둑어둑 푸른 이내만 끼었네	冥冥但蒼嵐
옛날 어떤 신선이	古者何仙子
이곳에 숨으려 난새 수레 멈췄던가	隱此駐鸞驂
지인이 모습 감춰	至人閟形魄
만나 담소하기 어렵구나	難可接笑談
바람이 옷깃 흔드는데	天風振衣袂
지는 해 속에 소나무 의지했네	落日倚松楠
큰 바다가 신발 아래로 들어오니	大海入履底
시원한 눈으로 동남쪽 바라보노라	快目眺東南

대적암

大寂庵

암자가 폐허로 변해서 승려가 살지 않은 지 오래되었다.

암자 안 부처에는 먼지 앉았고	龕中金佛已生塵
뜰의 잣나무 꺾어져 반은 땔감 되었네	庭栢摧殘半作薪
속세 사람은 본래 삭막함 싫어한다지만	俗子元來嫌索寞
산승 가운데 고요함 즐길 이 또 누구인가	山僧耽寂又誰人

유점사
楡岾寺

이 도량 신라 때 세웠으니 道場已自新羅開
여러 부처들 바다 건너왔다지[174] 諸佛還聞汎海來
우물 넘치니 신령한 까마귀가 물을 쪼았고[175] 井滿靈烏曾啄水
땅 넉넉해 신선 학이 옛날 바위에 깃들었지 地餘仙鶴舊棲臺
아스라한 유산 천축에서 옮겨 왔고 楡山縹緲移天竺
우뚝한 보탑 많은 세월 지냈네 寶塔崢嶸閱刦灰

174 이 도량……건너왔다지 : 유점사(楡岾寺)는 강원도 고성군 서면 백천교리 금강산에 있는 명찰(名刹)로, 신라 남해왕 원년에 지어졌다. 고려 때 민지(閔漬)가 찬한 〈유점사기(楡岾寺記)〉에 의하면, 서역(西域)의 월지국(月支國)에서 일찍이 53구(軀)의 부처가 무쇠로 만든 종(鐘)을 타고 신라의 안창현(安昌縣) 포구(浦口)에 닿았는데, 이때 안창 현재(安昌縣宰) 노춘(盧偆)이 관속들을 거느리고 가보니, 부처는 보이지 않고 부처가 나뭇가지에 종을 걸어 놓고 쉰 흔적만 있었다. 이리저리 부처를 찾던 도중 한편에서 종소리가 나는 것을 듣고 그곳으로 가보았다. 그곳에는 못이 하나 있고 못 위에 느릅나무가 있었는데, 느릅나무 가지에 종을 걸어 놓고 여러 부처들이 못 언덕에 죽 늘어서 있으면서 이상한 향기를 풍겼다. 노춘은 관속들과 함께 부처 앞에 나아가 예배하였다. 관청으로 돌아간 노춘은 이 사실을 왕께 아뢴 다음, 이 자리에 절을 창건하여 그 부처들을 봉안(奉安)하고 유점사라 하였다고 한다.

175 우물……쪼았고 : 유점사에 있는 오탁정(烏啄井)의 전설을 읊은 것이다. 정엽(鄭曄, 1563~1625)의 기록에 "그곳에는 본래 샘이 없었다. 어느 날 여러 마리의 까마귀가 날아와 땅을 쪼았는데, 신령한 샘물이 갑자기 넘쳐흘렀다. 지금의 오탁정이 바로 그것이다.〔又其地本無泉, 一日群烏來集啄地, 靈泉忽流溢, 今之烏啄井是也.〕"라고 하였다.《守夢集 卷3 金剛錄》

무엇보다 남쪽 누대 빼어나다 일컬어지니	最是南樓稱勝絶
밤 깊도록 달 기다리며 서성이노라	夜深候月更徘徊

선담

船潭

내선담과 외선담	內外二船潭
모두 금강산의 명승으로 유명하지	各擅一山勝
형태가 모두 아름다워	形態俱臻妙
두 개 있어도 군더더기인 줄 모르겠네	兩存未覺剩
지나오며 이미 실컷 보았지만	所歷已饜觀
여기 오니 오히려 흥취 높아지네	此來猶高興
철쭉이 바야흐로 붉게 흐드러져	躑躅方爛紅
비단 길을 가는 것 같으니	如行錦繡徑
발 부르터 걷기 어려워도	足繭步履艱
저절로 험한 길 가는 줄 모르노라	亦自忘危磴
맑은 여울은 날며 춤추는 듯하고	淸湍似飛舞
흰 바위들이 서로 비껴 있네	素石相橫亘
손 저어 맑은 물에 희롱하니	揮手弄澄泓
푸른 빛깔 유리처럼 빛난다	碧色玻瓈瑩
금석 소리가 문득 밀려오니	金石忽澒洞
조용한 마음으로 앉아 듣는데	冥心但坐聽
모르겠다 어느 봉우리 암자에서	不知何峰庵
벌써 공양 알리는 풍경소리 보내오네	已送飯時磬

시축의 운자에 맞춰 지어 언사에게 주다

次軸中韻 贈彦師

언사는 곧 묘언(妙彦)이다.

눈은 구름과 남기에 귀는 우레에 익숙할 만큼	眼化雲嵐耳化雷
신선의 산을 열흘 동안 실컷 구경했네	仙山十日飽看迴
가슴이 이처럼 맑아진 줄을 절로 알게 되니	胸中自覺淸如許
오장 씻을 다섯 말의 재 필요 없어라[176]	不用湔腸五斗灰

176 오장(五臟)……없어라 : 《남사(南史)》 권47 〈순백옥열전(荀伯玉列傳)〉에 "만약 저에게 개과천선할 것을 허락하신다면, 반드시 칼을 삼켜 장을 깎아 내고 재를 마셔 위를 씻어 내는 것처럼 할 것입니다.〔若許某自新, 必吞刀刮腸, 飮灰洗胃.〕"라고 하였다.

불정대[177] 3수

佛頂臺 三首

위태한 돌다리 지나자마자 곧바로 외로운 바위	纔過危彴即孤臺
오르기도 전에 가슴부터 오그라드네	未待登臨膽已摧
서쪽 벼랑 천 길 폭포 보려고	要看西崖千丈瀑
빗속을 마다하지 않고 가마 타고 왔노라	籃輿不憚雨中來

2

가랑비에 옷이야 젖든 말든	不管衣衫細雨沾
소나무에 기대어 바위 위에 꼿꼿이 앉았노라	倚松兀自坐臺尖
산승은 풍혈 찾아가자 재촉하는데	山僧催去探風穴
늙은 나는 돌아갈 줄 모르고 폭포 보노라	老我忘歸看水簾

바위 북쪽으로 몇 걸음 떨어진 곳에 풍혈(風穴)이 있었다.

3

깎아지른 듯이 높이 솟아 이어지지 않았으니	削立孤高不附聯
앉았노라니 정말 하늘에 있는 듯하네	坐來眞似坐中天
다만 고개 돌려야 서쪽 폭포 볼 수 있으니	但將側面看西瀑
이것은 은선대에 양보해야 하리	此着應須讓隱仙

177 불정대(佛頂臺) : 여기서 3수라고 했는데, 두 번째 시 아래에 다시 佛頂臺라는 제목이 있다. 따라서 뒤의 제목을 삭제하고, 이 제목 아래에 세 작품이 이어지도록 수정하였다.

송림굴

松林窟

암자가 매우 깨끗해서 좋았으니, 이곳은 외금강(外金剛) 제일의 정사(精舍)이다. 굴 안에 석불(石佛) 수십 구(軀)가 안치되어 있다.

나는 송림굴이 맘에 드니	我愛松林窟
맑고 그윽하여 소림사[178] 같구나	淸幽似少林
거주하는 승려 중에 누가 면벽하는가	居僧誰面壁
좌불은 마음만을 관찰하리	坐佛但觀心
꽃은 전단[179]의 향기를 내뿜고	花作旃檀氣
소나무는 범패 소리를 내네	松爲梵唄音
부들방석에 앉아 잠깐 쉬노라니	蒲團暫留憩
사람을 깊이 일깨워 줌 알게 되었네	已覺警人深

178 소림사(少林寺) : 중국 하남성(河南省)의 숭산(嵩山)에 있는 절이다. 달마 대사(達磨大師)가 530년부터 9년 간 좌선(坐禪)한 곳으로 유명하다.

179 전단(旃檀) : 열대산 향나무로, 불가에서 사용하는 향의 이름이기도 하다.

밀기에게 주다

贈密機

밀기는 묘향산(妙香山)의 승려이다. 참선(參禪)하는 사람 몇 명과 송림(松林)에서 결하(結夏)하기로 약속하여 마하연(摩訶衍)에서부터 나를 따라와 유점(楡岾)에서 5일 동안 묵었다. 이때에 이르러 이별하게 되었으므로, 서글픈 마음에 이 시를 준다.

누가 한 번 보고 곧바로 깊은 정 들랴	誰能一面卽情深
한 번 보고 정 깊어지니 그대의 마음 아노라	一面情深見汝心
멋진 송림에 그대가 머물 테니	好箇松林還着汝
가장 잊기 어려운 곳이 송림일세	最難忘處是松林

해산정[180]에서의 달구경 노래

海山亭 看月歌

태수(太守) 박군(朴君)에게 주고, 아울러 이성흥(李聖興)과 장진명(張震明) 두 사람에게 보여 주다.[181]

내가 입산한 지 여러 날인데	我來入山已幾日
하늘이 끝내 조각달조차 빌려주지 않아	天公終不借我以片月
비로봉과 중향성이	未見毘盧之峰衆香城
주궁과 은궐로 멋지게 변한 모습 보지 못했네	幻作珠宮與銀闕
어젯밤 산영루[182]에 바람 세차고	昨夜山映樓頭風更惡
먹구름이 달 가려 칠흑처럼 어두웠네	黑雲掩月光如漆
선방으로 돌아오니 밤이 적적하여	歸來禪室夜寂寥
문 닫고 자리에 누워 부질없이 혀만 끌끌 찼지	閉門伏枕空咄咄
오늘 아침 고성으로 왔는데	今朝我向高城來

180 해산정(海山亭) : 강원도 고성군(高城郡) 경내에 있는 정자이다.

181 태수(太守)……주다 : 《승정원일기》 숙종(肅宗) 40년 2월 11일 기사에 박태원(朴泰遠, 1660~1722)을 고성 군수(高城郡守)에 임명한 기록이 있는 것으로 보아, 박군(朴君)은 박태원을 가리키는 것으로 추정된다. 《두타초(頭陀草)》 책14 〈동유록(東遊錄)〉에 "군수의 사위 이성흥 중린이 정자에서 기생들과 풍악을 즐기고 있었다.〔主倅女婿李聖興仲麟, 方與妓輩作樂於亭上.〕"라고 한 것으로 보아, 이성흥은 박태원의 사위인 것을 알 수 있다. 장진명(張震明)은 미상이다.

182 산영루(山映樓) : 강원도 고성군(高城郡) 유점사(楡岾寺) 앞 시냇가에 지은 다락집이다. 《新增東國輿地勝覽 卷45 江原道 高城郡》

성 앞의 화려한 누대 우뚝 솟았네	城頭畫閣高突兀
영동 같은 명승지 천하에 다시없는데	嶺東名勝天下無
산과 바다의 장관 여기가 제일이네	山海奇觀此第一
붉은 난간 그림자 남강 물에 아른대고	朱欄影動南江水
먼 형세는 드넓은 바다 닿았네	遠勢更接滄溟闊
구정봉 짙푸른 빛깔 주렴에 들어오고	九鼎濃翠入簾滴
칠성암[183] 기이한 형세 문 앞에 늘어섰네	七星奇巖當戶列
주인이 멀리서 온 나를 반겨	主人歡我遠客來
멋진 술자리를 정자에 마련했네	華筵爲向亭上設
소반에 오른 해산물 모두 맛나고	登盤海味味皆珍
술은 잘 익어 붉은 이슬 맺혔네	酒氣釃作紅露結
밤 깊어져도 붉은 초 켜지 않은 채	夜闌不用絳蠟燒
술잔 들고 난간에 기대어 달 뜨기 기다리는데	把酒憑欄候月出
파도가 문득 만 이랑의 은빛으로 변하며	海濤忽作萬頃銀
옥쟁반 밀어내어 하늘 끝에 걸쳤네	推出玉盤橫天末
만 리나 펼쳐진 맑은 하늘 씻은 듯 푸르고	瑤空萬里靑如洗
긴 바람 불어오니 구름 한 점 없네	長風吹却纖雲滅
높이 읊조리니 사방이 온통 흰빛이라	高吟四望盡皓然
황홀하여 한밤중에 눈 내린 산음인가 하노라[184]	恍疑山陰夜中雪

183 칠성암(七星巖) : 강원도 고성군 삼일포 부근에 있던 바위로 보인다. 《두타초(頭陀草)》 책5 〈고성잡영(高城雜詠)〉에 "고성의 형승 빼어나 예부터 선유한 이들 모두 여기 왔었지. 삼일포는 칠성암과 이어지고 동구암은 서구암과 마주보네.〔高城形勝自不凡, 從古仙遊此地咸, 三日浦連七星石, 東龜岩對西龜岩.〕"라고 하였다.

184 황홀하여……하노라 : 달빛이 환한 해산정의 풍광이 눈 쌓인 산음(山陰)의 풍광

이제 알겠구나 하늘도 생각이 있어	始知天公亦有意
저번에 빗장 걸어 두듯 아끼고 숨겼음을	向也慳秘如扃鐍
늙은이를 이처럼 놀렸지만	操弄老夫乃至斯
손뼉 치며 나도 모르게 절경에 감탄하네	拍手不覺叫奇絶
곧장 구룡연의 용을 불러 타고	直欲喚騎九淵龍
네 신선[185] 얕잡아 보며 황홀경에 나가고 싶네	笑傲四仙超怳惚
이내 생애 멋진 감상 이곳이 제일이니	我生奇賞此爲最
나그네 시름 오늘 밤에 싹 사라졌네	客愁頓向今宵失
이군과 장군은 새로 알게 된 사이지만	李君張君縱新知
한 번 보자마자 정이 친밀해졌네	一見已覺情親密
이제부터 서로 볼 날 언제인지 모르지만	從今相看不知幾
지금 이 즐거움을 함께 말하겠지	此時此樂應共說
살면서 유쾌한 일 진정 얻기 어려우니	人生快意眞難得
그대들은 술을 사양하지 마시게나	二君且莫辭杯中物

과 비슷하다고 한 것이다. 산음은 절강성(浙江省) 소흥(紹興)의 남동쪽에 있는 회계산(會稽山)의 북쪽에 있는 지명이다. 진(晉)나라 때 산음(山陰)에 살던 왕휘지(王徽之)가 어느 날 밤에 눈이 막 개고 달빛이 청랑하자 갑자기 섬계(剡溪)에 사는 친구 대규(戴逵)가 생각나, 바로 작은 배를 타고 밤새도록 가서 대규의 집 문 앞에 당도했으나 들어가지 않고 다시 돌아왔다. 누가 그 까닭을 물으니 "내가 흥이 나서 갔다가 흥이 다하여 돌아온 것인데, 어찌 꼭 대규를 만날 필요가 있겠는가."라고 하였다. 《世說新語 任誕》

185 네 신선 : 사선(四仙)은 신라 시대의 화랑으로, 금강산을 유람했다는 술랑(述郎)·남랑(南郎)·영랑(永郎)·안상(安祥)을 가리킨다.

산속에서 활짝 핀 목련꽃을 보고 감회가 있어서
山中見木蓮花盛開 有感

마땅히 앞에 있어야 한다.

목련꽃 피어 몇 가지 늘어졌는데	木蓮花發數枝斜
객지에서 보니 갑절이나 집 그리워라	客裏相看倍憶家
아마도 동쪽 울타리에 꽃잎 다 떨어지고	想得東籬零落盡
돌아갈 때면 석류꽃만 피어 있겠지	只應歸及石榴花

내가 목련 몇 그루를 울타리 동쪽에 새로 옮겨 심었다.

고성잡영

高城雜詠

고성의 승경 빼어나	高城形勝自不凡
예부터 선유한 사람들 모두 여기 왔었지	從古仙遊此地咸
삼일포는 칠성석과 이어지고[186]	三日浦連七星石
동구암은 서구암과 마주 보네[187]	東龜巖對西龜巖

2

한평생 늘 고성에 누울 수 있다면	一生長得臥高城
신선 명부에 어찌 이름 적으랴	仙籍何須掛姓名
한가한 날 남여 타고 유점사에 가고	暇日藍輿楡岾寺
오래도록 해산정[188]에서 가무 즐기면 그만이지	長時歌舞海山亭

3

쓸쓸한 재각 절간 같아	蕭然齋閣似僧廬
내키는 대로 꽃 사이에 앉아 글 읽노라	隨意花間坐讀書

186 삼일포(三日浦)는 칠성석(七星石)과 이어지고 : 강원도 고성군(高城郡) 삼일포 부근에 칠성암이 있으므로 이렇게 읊은 것이다. 565쪽 각주183 참조.

187 동구암(東龜巖)은……보네 : 동구암과 서구암은 강원도 고성군 구읍리 서북쪽에 있는 바위로, 동쪽과 서쪽에 거북이처럼 생겼다고 하여 이름이 붙여졌다.

188 해산정(海山亭) : 강원도 고성군 경내에 있는 정자이다.

별미인 잣떡을 흔히 먹고 別味尋常餤栢餠
송어가 끼니마다 반찬으로 올라오네 盤餐朝夕薦松魚

4

긴 낮에 일 없어 아전도 뜸하니 日長無事吏人稀
섬돌에 작약 나부끼고 흰 새 나는구나 紅藥翻階白鳥飛
자고 일어나 관아에 한가롭게 앉았노라니 睡罷官齋淸坐了
때때로 포척이 물고기 주고 돌아가네 時時浦尺納魚歸

5

하남의 복숭아와 오얏 원래 일이 많았고[189] 河南桃李元多事
구루산의 단사 빚음도 한가하지 않았으니[190] 句漏丹砂亦未閑
누가 고성의 박 태수와 같으랴 誰似高城朴太守
주렴 걷고 종일 누워 산을 바라보네 捲簾終日臥看山

189 하남(河南)의……많았고 : 진(晉)나라 반악(潘岳)이 하남성(河南省) 맹현(孟縣)의 하양 현령(河陽縣令)이 되어 온 고을에 복숭아나무와 오얏나무를 심었다는 고사가 전하는데, 이는 지방관으로서 정사를 잘하는 것을 의미한다. 《晉書 卷55 潘岳列傳》

190 구루산(句漏山)의……않았으니 : 구루는 산 이름이다. 진(晉)나라 때 선인(仙人) 갈홍(葛洪)이 본래부터 신선술(神仙術)을 좋아하여 조정의 부름을 고사하고, 교지(交趾)에서 선약(仙藥)의 재료인 단사(丹砂)가 나온다는 말을 듣고 그곳의 구루산에 은거하면서 연단술(鍊丹術), 즉 선약 만드는 법을 통하여 선인이 되었다고 한다. 《晉書 卷72 葛洪列傳》 여기서는 박 태수(朴太守)의 한가로움과 대조하기 위해 반악과 갈홍의 고사를 인용한 것이다.

대호정

帶湖亭

남강 강가의 대호정　　南江江上帶湖亭
난간만 있고 창은 없네　　只着欄干不着櫺
나그네가 전망 바라보기 좋으니　　可是客來便眺望
오른쪽은 풍악산 왼쪽은 푸른 바다라네　　右爲楓岳左滄溟

2

푸른 물과 붉은 난간이 함께 어른거리고　　綠水朱闌共掩映
큰 소나무와 늙은 잣나무 절로 시원하네　　長松老栢自清涼
강 남쪽이 불타듯 붉으니　　江南一帶紅如火
모래톱에 고운 해당화 가득 피었구나　　開遍汀沙嫩海棠

정(汀)은 명(鳴)으로도 쓴다.

3

남강 물빛 대단히 어여쁘니　　南江水色絶可憐
근원이 구룡연에서 시작되지　　根源直自九龍泉
개골산 천 봉우리의 그림자를 띄워　　浮將皆骨千峰影
동쪽 바다 만 리의 하늘에 흘러드네　　流入東溟萬里天

부(浮)는 구(句)로도 쓴다.

4

나는 맑은 강이 채석강[191]과 같다 하는데 　我道澄江如采石
사람들은 적벽이 황주와 같다 하네[192] 　人言赤壁似黃州
깊은 밤 달 밝을 때를 기다려 　擬待夜深明月好
다시 쇠젓대 불며 창주로 내려가려네[193] 　更吹鐵笛下滄洲

5

봉래산의 수려한 풍광이 화려한 누각에 들어오고 　蓬山秀色撲丹楹

191 채석강(采石江) : 당(唐)나라의 이백(李白)이 일찍이 취중에 뱃놀이를 하면서 물에 비친 달을 잡으려고 물에 뛰어들었다가 고래를 타고 하늘로 올라갔다는 곳이다. 《唐才子傳 卷2 李白》

192 사람들은……하네 : 사람들이 우리나라의 적벽(赤壁)이 중국의 적벽과 경치가 비슷하다고 이야기한다는 말이다. 적벽은 강원도 고성군과 금강군의 경계에 솟은 차일봉에서 발원하여 고성군 구읍리에서 바다에 흘러드는 강으로, 하류에 이르러 명승으로 이름난 적벽산을 지나므로 적벽강이라고도 부른다. 황주(黃州)는 송(宋)나라 때에 소식(蘇軾)이 좌천되었던 호북성(湖北省) 황주를 가리키는데, 그 밑을 흐르는 장강을 적벽강이라고도 한다. 소식은 그 당시 밤에 적벽에서 뱃놀이를 하면서 〈적벽부(赤壁賦)〉를 지어 그곳의 아름다운 경치를 읊었다.

193 쇠젓대……내려가려네 : 이하곤이 은거하고자 하는 마음을 나타낸 말로 보인다. 철적(鐵笛)은 은자(隱者)나 고사(高士)가 불었던 피리를 의미한다. 중국 무이산(武夷山)에 은자 유겸도(劉兼道)가 노닐던 자취가 남아 있는데, 그가 철적을 불면 구름을 뚫고 바위를 깨뜨릴 듯한 소리가 났다고 한다. 주희(朱熹)가 여기에 철적정(鐵笛亭)이라는 정자를 새로 짓고 시를 지었다. 《晦庵集 卷9 武夷精舍雜詠》 창주(滄洲)는 중국 위(魏)나라의 시인 완적(阮籍)이 〈위정충권진왕전(爲鄭沖勸晉王箋)〉에서 "창주를 굽어보며 지백에게 사례하고, 기산에 올라가 허유에게 읍한다.〔臨滄洲而謝支伯, 登箕山而揖許由.〕"라고 한 데서 유래하여 경치가 수려한 곳, 혹은 경치 좋은 은자의 거처를 가리키는 말로 쓰인다.

넓은 바다의 파도가 푸른 강과 닿았네	滄海風濤接綠江
세상에 경치 좋은 곳 원래 적지 않지만	勝地人間元不少
이 정자 같은 곳 천하에 둘도 없어라	玆亭天下却無雙

6

오래도록 해산정보다 못하다 믿었으니	久信海山輸一着
사람들도 명성 들은 이 적으리라	俗人應復少聞名
산수에 공정한 안목 없는 줄 알겠으니	亦知山水無公眼
내가 품평 잘하는 줄을 누가 알겠는가	誰識吾儂是善評

바다에서 배를 타고 칠성암[194]과 군옥대[195]를 바라보고 해금강까지 갔다가 돌아왔다. 이날에 고래가 물줄기를 뿜어내는 것을 보았는데 매우 장관이었다

汎海觀七星巖群玉臺 至海金剛而還 是日觀鯨魚噴浪 甚奇壯

내가 넓은 바다로 나가고 싶은데	我欲凌滄海
작은 배 한 척 뿐이지만	但有一舴艋
말 타는 것처럼 편안하여	安穩如騎馬
세찬 바람 두렵지 않아라	不畏風力猛
닻줄 풀고 남강 머리에서 출발하니	解纜初自南江頭
강의 풍광이 십 리나 밝은 거울처럼 펼쳐졌네	江光十里開明鏡
중류에서 고개 돌려 대호정 바라보니	中流回顧帶湖亭
물속에 붉은 난간 그림자 어른거리네	水底動搖朱闌影
장생은 앉아 졸고 이생은 읊조리는데[196]	張生坐睡李生哦
늙은 나는 홀로 구정봉 바라보네	老我獨自望九井

구정(九井)은 봉우리 이름이다.

194 칠성암(七星巖) : 강원도 고성군 삼일포 부근에 있는 바위이다. 565쪽 각주183 참조.

195 군옥대(群玉臺) : 강원도 고성군의 관아에서 동쪽으로 10리쯤 떨어진 곳에 있으며, 예전에는 수원곶(水源串)이라 불렸다. 《八谷集 卷1 群玉臺》

196 장생(張生)은……읊조리는데 : 장생과 이생(李生)은 《두타초(頭陀草)》 책5 〈해산정에서의 달구경 노래〔海山亭看月歌〕〉에 보이는 장진명(張震明)과 이성흥(李聖興)을 가리키는 것으로 보인다.

남쪽 기슭 절벽은 빛깔 푸른데　南岸絶壁色蒼綠
억지로 적벽이라 부르니 속되지 않은가　强名赤壁無乃俗
내가 뜨거운 여름에 찾아와　我行正値炎夏時
한스럽게도 가을 달빛 실컷 보지 못하네　恨未飽看秋月色
바닷물은 사납고 강물은 천천히 흐르는데　海水悍疾江水緩
갑자기 부딪쳐 집채만한 파도 일어나네　猝然擊撞波如屋
배꼬리 흔들흔들 오르락내리락하니　船尾搖搖低復仰
하늘 오를 듯 높다가도 골짜기 들어가듯 낮아지네　高若升天下入谷
동쪽으로 바다 어귀 나가자 물결 잔잔하여　東出海口浪勢平
만 리까지 한결같이 유리처럼 푸르네　萬里一色玻璨碧
백발의 노인이 나를 맞이하는 듯했는데　皓然老翁如迎我

호(皓)는 루(僂)로도 쓴다.

뱃사공이 칠성암이라 하네　蒿師云是七星石
배가 다가갈수록 점점 뚜렷해지니　舟行漸近漸分明
마치 기형[197]이 서로 얽혀 있는 듯하네　正如璣衡相錯落
장생은 발을 구르고 멋지다 소리치며　張生頓足叫奇絶
먹물 찍어 이름 쓰고 깊게 새기려 하네　泚筆題名欲深刻
낯선 새가 날아와 꼭대기에 모여드는데　飛來怪鳥集其巔
깃털은 알록달록하고 부리와 발톱은 붉구나　毛羽斑爛觜距赤

물새 수백 마리가 위쪽에 둥지를 틀었는데, 뱃사공도 그 이름을 몰랐다.

군옥대 앞에 배 대니　群玉臺前一艤舟

197 기형(璣衡) : 선기옥형(璿璣玉衡)의 약칭으로, 천체(天體)를 관측하는 혼천의(渾天儀)를 말한다.

사방의 푸른 벼랑 마치 성곽 같구나　蒼崖四周如城郭
기괴한 바위에 구멍 뚫려 파도가 나들고　怪石嵌空漱風濤
울리는 소리는 여러 악기 연주하듯 황홀하네　訇殷恍如衆樂作
온갖 괴이한 모습 출몰하여 수염과 눈썹 드러나니　出沒百怪露鬚眉
고래가 뛰노는 듯 거북이 떠오르는 듯　鯨魚跋浪穹龜躍
나의 눈과 귀 모두 커지니　令我耳目盡皇張
어찌 옹졸한 내 가슴을 씻어 낼 뿐이랴　豈但洗我胸懷窄
누가 멋지게 위쪽에 앉아서　有誰好事坐上頭
다시 나를 위해 쇠젓대를 불어 주나[198]　更能爲我弄鐵笛

이 또한 그날 좌중(座中)에서 오간 말이다.

하늘 비고 바다 넓어 티끌 한 점 없으니　天空海闊無纖埃
양곡과 함지[199]는 어디에 있는가　暘谷咸池安在哉
삼신산을 멀리서 찾을 필요 없으니　三山不必遠求之
눈앞에 있는 산이 진정 봉래로구나[200]　眼前有山眞蓬萊
여섯 자라가 뿌리 없는 산을 머리로 이었고[201]　六鰲頂戴無根柢

198 누가……주나 : 이처럼 멋진 경관 속에 있으면서 다시 어떤 신선이 젓대까지 불어 주면 좋겠다고 상상하는 것이다.

199 양곡(暘谷)과 함지(咸池) : 양곡은 전설 속에서 해가 뜨는 곳이고, 함지(咸池)는 해가 목욕하는 곳이다. 《회남자(淮南子)》 〈천문훈(天文訓)〉에 "해가 양곡에서 나와 함지에서 목욕한다.〔日出於暘谷, 浴於咸池.〕"라고 하였다.

200 삼신산(三神山)을……봉래(蓬萊)로구나 : 신선이 산다고 하는 봉래산(蓬萊山)·방장산(方丈山)·영주산(瀛洲山)을 삼신산이라고 부르는데, 이하곤이 유람하고 있는 곳이 바로 신선세계라고 말하는 것이다.

201 여섯……이었고 : 육오(六鰲)는 신산(神山)을 머리에 이고 있던 큰 자라를 가리킨다. 예부터 섬이 바다에 떠 있는 것을 큰 자라가 아래에서 떠받치는 것이라고 표현하

경대와 금궐[202]이 하늘에 기대어 열려 있네 瓊臺金闕倚天開
누가 육정[203]을 부려서 誰能驅使六丁去
중향성 한쪽을 여기로 옮겼나 香城一面此移來
주민들이 일찍이 해금강을 자랑할 때 土人曾詫海金剛
내가 그 이야기 듣고 황당하다 했는데 我聞其說疑荒唐
지금 보니 어찌 옳지 않으랴 今之所見豈非是
또한 조물주가 치밀하게 구상한 줄 알겠네 亦覺造化費商量
진 시황과 한 무제 참으로 우습구나 秦皇漢武眞可笑
지난 날 찾아나서 옷 걷고 들어가려 했겠지[204] 向來搜訪思褰裳

였다. 발해(渤海) 동쪽에 대여(岱輿)·원교(員嶠)·방호(方壺)·영주(瀛洲)·봉래(蓬萊) 다섯 신산이 있었다. 이들은 모두 바다에 떠서 항상 조수를 따라 오르락내리락하므로, 상제(上帝)가 사방으로 떠내려갈까 걱정스러워 큰 자라 열다섯 마리로 하여금 머리로 떠받치도록 하고, 3교대로 6만 년마다 교대하게 하였다. 그런데 용백국(龍伯國)의 거인이 한 번의 낚시질로 여섯 마리를 잡아가자, 대여와 원교 두 산은 북극으로 흘러가 큰 바다 아래로 가라앉고 방호·영주·봉래 세 산만 남았다고 한다. 《列子 湯問》

202 경대(瓊臺)와 금궐(金闕) : 군옥대의 멋진 풍광을 옥과 황금으로 만든 대(臺)와 궁궐로 비유한 것이다.

203 육정(六丁) : 도교(道敎)에서 말하는 신으로, 먼 곳의 물건을 가져오게 할 수 있다고 한다. 541쪽 각주149 참조.

204 진 시황(秦始皇)과……했겠지 : 《세설신어(世說新語)》 〈언어(言語)〉에 "가령 진나라와 한나라의 임금이라면, 분명히 바지를 걷어 올리고 발에 물을 적시면서까지 찾으러 들어갔을 것이다.〔若秦漢之君, 必當褰裳濡足.〕"라는 말이 나오는데, 진과 한의 임금은 각각 진 시황과 한 무제(漢武帝)를 가리킨다. 《사기(史記)》 〈봉선서(封禪書)〉에 "봉래·방장·영주의 삼신산에 선인(仙人)과 불사약(不死藥)이 있다는 방술사(方術士)의 말을 듣고, 진 시황과 한 무제가 직접 동해(東海)까지 갔다가 돌아왔다."라는 기록이 실려 있다.

이 구는 "여기 보면 또 서둘러 옷 걷고 들어갔으리〔見此想亦趨褰裳〕"로도 쓴다.

영랑의 무리와 남석이[205] 永郎之徒及南石
난새와 학을 타고 날아온다면 驂鸞駕鶴來翶翔
그대들과 손잡고 꼭대기에 올라 與爾携手躡絶頂
함께 부상에서 해와 달의 광채를 마시리라 共吸扶桑日月光

205 영랑(永郎)의 무리와 남석(南石)이 : 신라 시대의 사선(四仙)인 영랑·술랑(述郎)·남석랑(南石郎)·안상랑(安詳郎)을 가리킨다. 이들이 사흘 동안 노닐었다는 고성(高城)의 삼일포(三日浦) 남쪽 산봉우리 석벽(石壁)에 영랑도남석행(永郎徒南石行)이라는 여섯 글자가 붉은 글씨로 새겨져 있다고 한다.

발연

鉢淵

물결 넘실대는 푸른 옥의 바리때	瀲灩碧玉鉢
그 가운데 교룡 누웠는데	中有蛟龍臥
하루아침에 풍운 속으로 올라가	一旦騰風雲
하늘 가득 구슬 침 날리겠지	滿天飛珠唾

2

교인이 백 길의 명주실로	鮫人百丈綃
유리 같이 매끄럽게 짜 놓았구나[206]	織成瑠璃滑
가져다가 누구에게 바치는가	持與獻阿誰
만고토록 끊임없이 실어 나르네	萬古輸不絶

206 교인(鮫人)이……놓았구나 : 하얀 물줄기를 명주실로 짠 천에 비유한 것이다. 교인은 전설 속의 인어(人魚)이다. 남해 물속에 살며 비단을 잘 짜는데, 물 밖으로 나와 인가에 머물면서 매일 비단을 짜다가, 작별할 무렵에 눈물을 흘려서 구슬을 만들어 주인에게 주었다는 이야기가 전한다. 《文選 左思 吳都賦》

발연사[207]

鉢淵寺

폭포 보러가는 길 구름 깊은데 雲深看瀑路
한낮 넝쿨 속에서 종소리 들리네 日午出蘿鍾
노비가 영롱한 바위를 품평하고 奴品玲瓏石
승려는 아득한 봉우리 자랑하네 僧誇縹緲峰
서늘한 비 내려 골짜기 물에 모이고 雨涼歸澗水
푸른 이내는 삼나무와 소나무랑 어우러지네 嵐翠與杉松
앉아서 빈 못의 그림자 바라보니 坐見空潭影
티끌 한 점인들 용납하랴 纖塵敢自容

207 발연사(鉢淵寺) : 강원도 고성군 금강산 미륵봉(彌勒峰)에 있었던 절이다. 신라 시대에 진표(眞表)가 참회를 하여 미륵보살에게서 간자(簡子)를 받은 후 이 곳으로 와서, 770년(혜공왕6)에 이 절을 세우고 7년 동안 머물다가 입적하였다고 한다. 미륵봉 아래에 발우(鉢盂) 모양의 발연이라는 바위가 있었으므로 발연사라고 하였다.

폭포암에서 또 앞의 운을 사용하다

瀑布庵 又用前韻

이곳은 자징 대사(自澄大師)가 사는 곳이다.

꽃은 맑은 시내에 길게 피었고 花與淸溪永
서쪽 암자에 공양 종소리 울리네 西庵已飯鍾
이곳에 와서 푸른 바위에 앉으니 自來坐蒼石
여기저기 멋진 봉우리네 隨處得奇峰
먼 폭포는 학처럼 나부끼고 遠瀑翻疑鶴
고승은 소나무처럼 야위었네 高僧瘦似松
남여 타고 저물녘에 가는데도 藍輿傍晚去
진지한 담소 다 나누지 못했네 猶未盡從容

또 절구 한 수를 짓다
又賦一絶

이름난 폭포암 절로 그윽한데　瀑布名庵已自幽
안개 같고 눈 같은 시내를 앉아서 보네　一溪烟雪坐來收
거하는 승려가 웃으며 평생의 일 말하는데　居僧笑說平生事
누워 샘물 소리 들으며 늙었다 하네　臥聽風泉到白頭

신계사[208]에서 또 종 자를 차운하다

新溪寺 又次鍾字

절을 새로 짓는 중이라 아직 기와를 올리지 않았다.

깨끗한 집에 새로 절을 지으니	白第新創寺
푸른 풀 속에 오랫동안 종 묻혀 있었네	碧艸舊沈鍾
비가 전조의 탑[209] 적시고	雨潤前朝塔
구름은 먼 봉우리에서 피어나네	雲生遠處峰
승려들 풍속은 승경을 지나치게 숨기는데	僧風偏諱勝
내 마음에는 소나무가 가장 어여쁘네	吾意最憐松
내일 용연 폭포에서	明日龍淵瀑
나그네 얼굴의 먼지 씻어 내리	塵埃洗客容

208 신계사(新溪寺) : 강원도 고성군에 있었던 금강산 4대 사찰의 하나로, 유점사(楡岾寺)의 말사(末寺)이다. 519년(법흥왕6)에 보운(普雲)이 창건했다. 이후 653년(진덕여왕7)에 김유신(金庾信)이 중수하였고, 그 후 여러 차례 파손된 것을 손질했다. 처음에는 신라의 신(新) 자를 따서 신계사(新溪寺)라 하였으나 뒤에 신계사(神溪寺)로 바뀌었다.

209 전조(前朝)의 탑 : 신계사 근처에 있는 나옹 선사(懶翁禪師)의 자조탑(自照塔)을 가리키는 것으로 보인다. 나옹은 고려 공민왕 때의 왕사(王師)인 혜근(惠勤, 1320~1376)의 법호이며, 또 다른 호는 강월헌(江月軒)이다. 중국의 지공 화상(指空和尙)에게서 심법의 정맥(正脈)을 받아, 지공·무학(無學)과 함께 삼대 화상(三大和尙)으로 불렸다.

통천으로 가는 길에

通川途中

만폭동에서 갓끈 씻고	萬瀑洞中濯纓去
비로봉 정상에서 옷 털고 돌아왔지	毘盧頂上振衣廻
만 리 푸른 바닷길도 싫지 않으니	不嫌萬里滄溟路
다만 한 쌍의 눈으로 보기 위해서라네	只爲一雙阿睹來
지팡이 버리고 작은 배 타고서	已去笻枝隨舴艋
드넓은 풍광으로 높은 산의 잔상 씻어 내리	欲將空闊洗崔嵬
바다와 산의 멋진 곳을 두루 다니니	海山奇處行看遍
가만히 이번 유람 평가하면 또한 멋지구나	默數玆游亦壯哉

세(洗)는 적(敵)으로도 쓴다.

말 위에서 구정봉을 바라보며

馬上望九鼎峰

산은 여관과 같아 많은 사람 다녀가지만	山如傳舍閱人了
나처럼 산을 사랑하는 사람 있을까	能有愛山如我不
너는 응당 나의 두 눈을 가련히 여겨	爾應憐我雙瞳子
곧장 통천으로 보내 비로소 쉬게 하는구나	直送通川却始休

바다를 바라보며

觀海

동남쪽 일대에 기운 푸르러 東南一帶氣青蒼
가없이 아득한 것 같구나 似是無涯極渺茫
그 끝이 분명 하늘 밖에 있지는 않을 터 輪廓不應天外在
시력이 부족할 뿐 바다가 큰 것은 아니지 方知目短海非長

2

일출 때의 바다 빛깔 고우니 朝日初生海色奇
붉은 비단 푸른 유리에 펼쳐졌네 紅綃鋪却碧琉璃
문득 검은 비가 하늘에 나부끼니 忽看黑雨翻天過
바로 큰 파도가 일렁이는 때라네 正是鯨濤跋浪時

3

누가 밝은 거울 깨끗이 닦아 誰將明鏡拭纖埃
한결같이 평평하게 만 리까지 펼쳐 놓았나 一樣平鋪萬里開
순식간에 거센 바람 불어 앞이 검어지더니 頃刻颶風頭陣黑
반공에 설산이 솟구치네 半空捲起雪山來

4

여기서 근원까지 쉽게 갈 수 없지만 此去源頭未易窮
아마도 은하수와 통하겠지 只應銀漢與相通

지금 비록 지기석 있다 한들　　如今縱有支機石
당시 촉사옹을 어찌 만나랴[210]　　安得當時蜀肆翁

5

작은 배 날아가듯 빠르고　　小舠輕捷去如飛
바다에 가득한 면어는 떼 지어 돌아가네　　蔽海綿魚作隊歸
한 무리 물까마귀 맴돌며 떠나지 않으니　　一陣水烏翔不去
어부가 바쁘게 그물 터는 때로구나　　漁人着急撒罾圍

210 지금……만나랴 : 지기석(支機石)은 베틀을 괴는 돌이고, 촉사옹(蜀肆翁)은 엄준(嚴遵)을 말한다. 한 무제(漢武帝) 때 장건(張騫)이 사명(使命)을 받들고 서역(西域)으로 가는 길에, 뗏목을 타고 황하(黃河)의 근원을 한없이 거슬러 올라가다가 한 성시(城市)에 이르렀다. 한 여인은 방 안에서 베를 짜고, 한 남자는 소를 끌고 은하(銀河)의 물을 먹이고 있으므로, 그들에게 "여기가 어디인가?"라고 묻자, 그 여인이 지기석 하나를 장건에게 주면서 "촉군의 엄군평(嚴君平)에게 가서 물어보라."라고 하였다. 그가 돌아와 엄준을 찾아가 지기석을 보이자, 엄준이 말하기를 "이것은 직녀(織女)의 지기석이다. 아무 연월일에 객성(客星)이 견우(牽牛)와 직녀를 범했는데, 지금 헤아려 보니 그때가 바로 이 사람이 은하에 당도한 때였도다."라고 했다는 전설이 전한다. 《博物志》

문암으로 가는 길에

門巖途中

총석정 멀었으니 과연 어떠할까	叢石未到果何似
문암도 내 눈을 휘둥그레지게 하는구나	門岩亦足豁吾眸
긴 구름이 바다 위에 산처럼 서 있고	長雲跨海如山立
먼 섬은 하늘 가로질러 오리처럼 떠 있네	遙嶼橫天似鴨浮
나막신 신고 노을 밟는 것이 유쾌한 일 아니라	雙屐躡霞非快事
작은 배로 물결 헤치는 것이 멋진 유람이네	扁舟破浪是奇遊
여기에 오면 시어가 웅건해야 하기에	此來詩語須雄健
해당화와 백구를 말하기 부끄러워하노라	羞道棠花及白鷗

횡(橫)은 점(粘)으로도 쓴다.

환선정
喚仙亭

흰 물결 위에 높은 정자 만들어	架出危闌雪浪頭
앉았노라니 오월도 서늘한 가을 같네	坐來五月似淸秋
자라가 바다 건너와 금빛 기둥 바치고	鰲能跨海擎金柱
신기루가 허공에 불어 푸른 누각 만드네	蜃自嘘空結翠樓
과연 신선이 인간 세상에 머문다면	果有神仙人界住
마땅히 학을 타고 여기에서 노닐리니	應將笙鶴此間遊
지금 또 번거롭게 부르지 마라	如今且莫煩招喚
다만 쑥대가 구주에 가득할까 두렵네[211]	只恐蒿萊遍九州

211 지금……두렵네 : 환선정(喚仙亭)의 경치가 좋아서 신선을 부르지 않아도 신선이 스스로 올 정도인데, 만약 불러서 다 이곳으로 오면 온 세상이 모두 쑥대밭이 될까 염려된다는 말이다.

총석가
叢石歌

그대 보지 못했나 동해의 총석암　君不見東海上叢石之石
아아 기이하고 괴이하다 조화의 힘이여　吁嗟奇乎怪哉造化之力
구름 볶고 노을 달인 지 몇 년인가　熬雲煉霞凡幾年
삼만 척 은빛 기둥을 만들었네　鑄得銀柱三萬尺
하늘이 육정과 거령을 부려서　天公指揮六丁巨靈
구름 자귀 달 도끼 휘둘러 육각기둥 깎았네[212]
揮雲斤運月斧斲之有稜稜有六
흰 바탕에 검은 무늬로 결을 이루어　白質黑章文理成
얼룩얼룩 사랑스러우니 거북 껍질 같아라　斑爛可愛如龜殼
흰 물결 밤낮으로 부딪쳐 우레 울리니　銀濤雪浪日夜衝撞如雷霆
천지가 무너지고 산악이 기울까 두려운데　亦恐天地崩塌山岳傾
높다랗게 우뚝 솟아 꿈쩍도 하지 않으니　亭亭屹立不爲動
만고에 양후[213]와 힘 겨루네　萬古力與陽侯爭

212 하늘이……깎았네 : 조물주가 육정(六丁)과 거령(巨靈)이라는 전설 속의 신을 부려서 총석(叢石)을 만들었다고 읊은 것이다. 육정은 도교(道敎)에서 말하는 귀신 이름으로, 이 귀신을 잘 부리면 먼 데 있는 물건도 가져오게 할 수 있다고 한다. 541쪽 각주149 참조. 거령은 전설에 화산(華山)을 쪼갰다고 하는 하신(河神)의 이름이다. 장형(張衡)의 〈서경부(西京賦)〉에 "거령이 힘차게 손바닥으로 높이 떠받들고 발바닥으로 멀리 차서, 하수를 흐르게 하였다.〔巨靈贔屭高掌遠蹠, 以流河曲.〕"라고 하였다.

213 양후(陽侯) : 늘 풍파(風波)를 일으켜 배를 전복시킨다는 물귀신의 이름으로,

바라보면 오싹 두렵고 놀라워 望之凜然怖且駭

보는 이로 하여금 그 아래에서 절하게 하네 能令見者欲下拜

사람들 말하길 여기는 시황이 봉래 찾으러 창해로 갈 때

世云此是秦皇求蓬萊駕滄海

해신이 몬 바위가 지금까지 남은 것이라 하네[214] 海神驅石至今在

또 말하길 위에는 상아와 소녀[215]가 살던 경궁과 옥루 있었는데

又云上有瓊宮玉樓常娥素女之所居

어느 날 두꺼비 타고 달로 들어가 주춧돌만 마주하고 있다 하네

一旦騎蟾蜍入月中唯有古礎空相對

사람들 괴이함 좋아해 특이한 말 많으니 世人好怪多異說

이 일의 진위 진실로 알 수 없네 此事眞僞誠茫昧

아마도 공공이 곤륜산을 머리로 들이받아서 疑是共工以頭觸崑崙

하늘 문 꺾이고 여덟 기둥이 부러진 뒤 다행이 네 개 남았구나

天關摧八柱折幸餘四箇存

아니면 여와씨가 자라 발을 잘라 사극을 세워

파도를 가리키기도 한다.《戰國策 卷27 韓策2》

214 사람들……하네 : 총석(叢石)의 돌들을 진 시황(秦始皇)의 고사를 이끌어 읊은 것이다. 진 시황이 동해를 지나며 해 돋는 곳을 보고자 하니, 한 신인(神人)이 나타나 바위를 몰아 바다를 메우게 하였는데, 서둘러 가지 않는 바위를 채찍질하자 바위가 피를 흘렸다고 한다.《藝文類聚 卷79》

215 상아(常娥)와 소녀(素女) : 상아는 하(夏)나라 유궁후 예(有窮后羿)의 아내 항아(姮娥)를 가리킨다. 남편이 서왕모(西王母)에게서 불사약(不死藥)을 구해 오자 훔쳐 먹고 달 속으로 달아나 달의 정기가 되었다고 한다.《淮南子 卷6 覽冥訓》 소녀는 전설 속에 등장하는 선녀이다.

不然女媧氏斷鰲足立四極

이로써 하늘을 지탱하고 땅을 눌렀구나[216]

以此撑拄皇天鎭厚坤

아아 기이하고 괴이하다 조화의 힘이여 吁嗟奇乎怪哉造化之力

어떻게 갑자기 이런 솜씨 발휘해 사람의 눈을 놀라게 하는가

胡爲乎忽然作此伎倆駭人目

내가 아노니 용문과 갈석[217]이 너처럼 장엄하지만 기이하지 않고

吾知龍門碣石有爾之壯兮無爾之奇

너처럼 기이하지만 너처럼 고고하고 특립한 덕은 없지

有爾之奇兮無爾孤高特立之德

오직 저 높고 웅장한 국도만이 唯彼國島嶙峋而旁薄

마주하고서 남북에서 웅장함 다투네 可以對峙爭雄於南北

오백 년 뒤 내가 영랑과 술랑[218]이랑 다시 와서

216 아마도……눌렀구나 : 총석(叢石)의 생성 과정을 전설과 결부시켜 읊은 것이다. 《산당사고(山堂肆考)》 권1 〈여와보천(女媧補天)〉에 "공공이 전욱과 제위를 다툴 적에, 이기지 못하자 성이 나서 부주산을 들이받으니, 천주가 부러지고 지유가 이지러졌다. 여와씨가 오색의 돌을 구워서 터진 하늘을 메우고, 자라의 다리를 잘라서 땅의 사방 기둥을 받쳐 세웠다.〔共工氏與顓頊氏爭爲帝, 不勝而怒, 乃頭觸不周山, 崩天柱折地維缺. 女媧氏鍊五色石以補蒼天, 斷鼇足以立四極.〕"라고 하였다. 부주산은 곤륜산(崑崙山) 서북쪽에 있다고 하는 전설상의 산 이름이다.

217 용문(龍門)과 갈석(碣石) : 용문은 산서성(山西省) 하진현(河津縣) 서북쪽과 섬서성(陝西省) 한성시(韓城市) 동남쪽에 위치한 우문구(禹門口)로 황하(黃河)의 상류인데, 그곳까지 올라온 잉어는 용이 된다 하여 붙여진 이름이다. 갈석은 중국 하북성(河北省) 창려현(昌黎縣) 북쪽에 있는 산 이름으로, 동쪽 바다에 접해 있다.

218 영랑(永郎)과 술랑(述郎) : 남랑(南郎), 안상(安祥)과 함께 사선(四仙)으로 불

後五百歲余與永郎述郎當復來

한번 웃으며 동적처럼 어루만져 보리라[219] 一笑摩挲如銅狄

리는 인물이다.

219 한번……보리라 : 동적(銅狄)은 진 시황(秦始皇)이 천하의 병기를 거두어 녹여 만든 인형이다. 오랑캐의 복장을 하고 있다 하여 이렇게 부르며, 금적(金狄)이라고도 한다. 후한(後漢) 때에 신선술(神仙術)을 배웠던 계자훈(薊子訓)이 장안(長安) 동쪽 패성(霸城)에서 한 노인과 동적을 어루만지며 "이것을 만들 때 보았는데, 벌써 5백년이 되었다.〔適見鑄此, 而已近五百歲矣.〕"라고 하였다.《神仙傳 卷5》

비를 맞으며 문암을 지나다

雨中過門巖

명사는 눈처럼 희고 해당화 붉은데	鳴沙如雪海棠紅
부슬비 속에 문암으로 접어드네	路入門巖細雨中
지친 말은 돌아갈 꿈 멀어도 관심 없지만	倦馬不關歸夢遠
우는 꾀꼬리 소리 고향과 같구나	啼鸎還與故園同
열흘 동안 안개가 검은 장기 만들고	蒸成黑瘴連旬霧
만 리 바람이 은빛 파도 불어 일으키네	吹立銀濤萬里風
웃으며 바라보니 부상[220]도 지척이라	笑看扶桑猶咫尺
뗏목 띄워 봉래산[221]을 찾아가고 싶네	浮槎更欲問壺蓬

부사갱욕(浮槎更欲)은 "내가 장차 노를 저어〔吾將叩枻〕"로도 쓴다.

220 부상(扶桑) : 동해 속에 있다는 신목(神木)으로, 해가 뜰 때 이 나뭇가지를 떨치고 솟구쳐 올라온다고 한다.

221 봉래산(蓬萊山) : 호봉(壺蓬)은 봉호(蓬壺)와 같은 말로, 바다 속 신선들이 사는 봉래산을 가리킨다. 《습유기(拾遺記)》 권1에 "삼호는 바다 속에 있는 세 산이다. 첫 번째는 방호이니 방장산이고, 두 번째는 봉호이니 봉래산이고, 세 번째는 영호이니 영주산이다. 모양이 마치 술병처럼 생겼다.〔三壺則海中三山也. 一曰方壺, 則方丈也. 二曰蓬壺, 則蓬萊也. 三曰瀛壺, 則瀛洲也. 形如壺器.〕"라고 하였다.

외구룡연

外九龍淵

산에 와서 구룡연 보지 않는다면	入山不見九龍淵
금강산 보지 않음만도 못하네	不如不見金剛山
만폭동 가운데 벽하담은	萬瀑洞中碧霞潭
이 산에는 사람 얼굴의 눈과도 같지	在山如人目在顔
그렇지만 이 구룡연과 비교한다면	縱然較却此龍淵
오히려 아이들 격이나 마찬가지지	猶與兒孫等一般
당시 아홉 용이 사람들 피해	當時九龍避世人
험난한 곳에 집 정하니 길이 매우 험했네	宅厥險阻路絶艱
사람들 험난함 꺼려 오지 않았으니	世人憚險自不來
아름다운 곳 여기 있는 줄을 뉘 알았으랴	誰知奇處在此間
내가 내금강에서 잠시 볼 때	我從內山亦蹔窺
놀라고 두려워 오르기 힘들 것 같았지	膽驚魄慄疲躋攀
다만 자욱한 연무 속에	但見蒼蒼烟霧裏
그 가운데 한 줄기 흰 비단이 걸려 있었지	中間一道挂氷紈
돌아와 떠올려 보니 분명하지 않아	歸來想像未分明
가물가물 마치 꿈에서 본 듯했네	依俙頗似夢中看
어제 총석에서 신계사로 와서	昨自叢石來新溪
승려와 약속해 구경 가기로 했는데	約束居僧要往觀
승려가 배 나온 나를 보고 웃으며	居僧哂我腰腹大
가파른 비탈과 잔도를 오르지 못할 것이라 하네	懸崖絶棧登陟難

아아 너희 승려들이 어찌 나를 알랴　嗟汝緇徒豈識余
승경 볼 수 있다면 나는 목숨도 버릴 수 있다네　賭奇我能性命拚
높은 비로봉 정상과 백탑동을　毘盧高頂百塔洞
하루 만에 다녀왔어도 다리 아프지 않았지　一日往返脚不酸
산과 골짝을 날고뛰었던 모에게는 부끄럽지만[222]　飛峰走壑縱愧毛
통곡하며 투서했던 한유를 일찍이 웃었네[223]　痛哭投書曾笑韓
게다가 이군[224]이 노련함과 용기 뽐내니　況有李君賈老勇
솟아나는 나의 흥취를 없애기 어렵네　令我勃勃興難删
학포[225]에 가자던 전날 약속은 지키지 못했지만　鶴浦前約縱未踐
오늘 이 길도 등한시할 수 없네　今日此行非等閑
짚신 신고 지팡이 들고　脚着青鞋手笻枝
푸른 시내 굽이를 내키는 대로 가다 쉬다 하네　隨意行坐綠溪灣

222 산과……부끄럽지만 : 등산을 잘 하기로 유명했던 모(毛)만큼 산을 잘 타는 것은 아니라는 말이다. 그러나 모가 누구를 의미하는지는 미상이다.

223 통곡하며……웃었네 : 한유(韓愈)가 일찍이 화산(華山) 정상의 험준한 곳에 올랐다가 두렵고 현기증이 나서 내려오지 못하게 되자 미친 듯이 울부짖더니, 편지를 보내 집안사람들과 영결한 일이 있기에 한 말이다. 이 일이 있은 뒤에 한유는 조카사위 장철(張徹)에게 답한 시에서 "미친 짓 한 것을 이미 손가락 깨물며 후회하니, 경계하는 글 남기고 인하여 가슴에 새기었네.〔悔狂已咋指, 垂誡仍鐫銘.〕"라고 하였다.《昌黎集註 卷2 答張徹》

224 이군(李君) :《두타초(頭陀草)》 책5 〈해산정에서의 달구경 노래〔海山亭 看月歌〕〉에 보이는 이성흥(李聖興)으로 추측된다.

225 학포(鶴浦) : 강원도 통천(通川) 지역의 옛 지명이다. 오압산(烏鴨山)에서 뻗은 산줄기가 학포를 감싸고 남과 북에서 해안으로 뻗쳐 있는데, 그 모습이 마치 학이 날개를 펴서 감싸 안은 것 같다 하여 학포라는 지명이 생겼다고 한다.

늘어선 하얀 절벽 구슬을 흩어 놓은 듯하고	霜崖離列散瓊瑤
쟁쟁거리며 흐르는 그윽한 시내 패옥 울리는 듯	幽泉琮琤鳴佩環
철쭉과 목련이 사이사이 피었고	躑躅木蓮相間發
담쟁이와 묵은 등덩굴 푸른 단풍에 엉켰네	垂蘿古藤青楓欑
산승이 나에게 옥류동의 승경 자랑하니	山僧誇我玉溜勝
서둘러 가느라 잠시도 머뭇거리지 못하네	迫促不得少盤桓
백옥의 보장과 푸른 옥의 병풍[226]	白玉步障蒼玉屛
십리나 펼쳐져 동부 널찍하다	十里展開洞府寬
화양과 칠선[227] 경치 이보다 못하니	華陽七仙風斯下
아마도 신선 세계이지 인간세계 아니리라	疑是淸都非人寰
우거진 숲과 큰 나무에 주위 어둑하고	穹林巨木意杳冥
한 시내 넘자마자 또 한 산이네	一澗纔度又一巒
이따금 절벽에 내려갈 길 없어	往往絶壁下無路
원숭이처럼 거꾸로 매달리네	懸絙倒挂如猿貘
만 길 솟은 멋진 바위 아스라이 우러러보니	瓊臺萬仞仰縹緲
푸른 하늘 갈라서 하늘이 둥글지 않구나	截斷靑天天不團
아홉 용이 자웅 겨뤄 변화를 다투느라	九龍爭雄鬪變化
은하를 당겨 구름 끝에 쏟아지게 하네	挽却銀河瀉雲端

226 백옥(白玉)의……병풍 : 옥처럼 깨끗한 절벽이 병풍처럼 늘어선 것을 형용한 말이다. 보장(步障)은 옛날에 귀인(貴人)이 출행(出行)할 때에 바람과 먼지를 가리기 위하여 길 좌우에 친 휘장을 말한다.

227 화양(華陽)과 칠선(七仙) : 화양은 속리산(俗離山)의 화양동(華陽洞)을 가리킨다. 칠선은 강원도 화천군 사내면 광덕리에 있는 광덕계곡(廣德溪谷)으로, 김수증(金壽增)이 명명하였다. 445쪽 각주35 참조.

우레 몰아쳐 온 골짜기 흔들고　雷霆擊射撼萬壑
비바람 몰려와 오월에도 서늘하네　風雨颯畓五月寒
옥 주렴처럼 펼쳐져 아름답게 흩날리고　布如珠簾飄婀娜
은 기둥처럼 솟아나 뾰족뾰족 늘어섰네　竪如銀杜矗巑岏
호쾌하기는 준마가 가파른 비탈 내달리듯　快如駿馬下峻坂
빠르기는 둥근 구슬이 옥쟁반에 구르는듯　疾如流丸轉玉盤
번쩍 든 머리는 시내 빨아들인 무지개가 꿈틀대는 듯　矯如吸澗虹蜿蜿
회오리치는 모습은 하늘 나는 눈이 펑펑 쏟아지는 듯　飄如飛空雪漫漫
기이한 모습 금세 갖가지로 변하니　奇狀異態倏萬變
나는야 우러러보며 탄성만 자아낼 뿐　令我仰視空嗟嘆
멋진 곳 벗어나면 더 멋진 곳 나오니　每出一勝出愈奇
조화옹의 솜씨 끝없음을 알겠네　深覺造化巧不殫
풍신과 기세는 진실로 따질 것도 없고　風神氣勢固毋論

김경명(金景明)[228]의 유산기(游山記)에 "박연(朴淵)은 풍신(風神)이 빼어나고 용연(龍淵)은 기세(氣勢)가 빼어나다."라고 하였다.

또 아름다운 모습 보고 누가 우열 나누겠는가　且看奇麗孰能班

228 김경명(金景明) : 이하곤의 친구인데, 인적사항은 미상이다. 《두타초(頭陀草)》 책14 〈동유록(東遊錄)〉에 "일원이 와서 보고 말하기를 '처음 내가 여기에 올 때 사람들이 모두 유람하는 손님을 영접하는 것이 이 고을의 한 폐단이라고 하였는데, 내가 고을을 다스린 지 5년이나 되었지만 친구들 가운데 이 고을을 들른 사람은 김경명과 그대뿐이다.' 하였다.〔一源來見曰始吾來時, 人皆曰迎接游客, 是此邑之一弊也, 莅邑已五年, 親舊過此者, 只是金景明與吾君耳.〕"라는 기록이 있다.

여산과 안탕산[229]만 아름다우랴	廬山鴈蕩未必奇
오직 네가 천하의 으뜸이 되리라	惟汝當作天下冠
평생 보기 바라다가 다행히 너를 보았으니	生平蓄眼幸見汝
이제 학과 난새 타는 것도 부럽지 않다	今來不羨驂鶴鸞
벼랑에 시를 써서 뒤의 기약 증명하노니	題詩崖石證後期
백 번 오는 것도 내 마다하지 않으리라	百回來看吾不慳

229 안탕산(鴈蕩山) : 중국 절강성(浙江省) 동남쪽에 있는 산이다. 높은 절벽과 기이한 봉우리, 폭포가 많은 것으로 유명하다.

산을 나오다

出山

신선의 산 돌아보니 서글픈 마음이라	仙山回首悵餘情
진실로 갈림길에서 벗과 이별하는 듯	眞似臨歧別友生
가슴에 오래도록 구룡동 남을 테고	胸內長存九龍洞
꿈에도 오히려 중향성 떠오르리	夢中猶憶衆香城
늙은이의 두 눈 좋은 구경 했고	不孤老子雙瞳闊
열흘 동안 맑게 해 준 하늘에 고맙구나	可謝天公十日晴
짚신 마련해 가을 단풍 보려니	擬整靑鞋看霜葉
이제부터 속세의 인연 가벼워질 줄을 잘 아노라	從今頓覺世緣輕

장성철 군이 보여 준 시에 차운하다

次張君聖哲見示韻

장군의 마음 본래 평탄하여	張君胸懷本坦蕩
대범한 성품 속인과 먼데	落落自與俗人疏
그 의기 늙은 내게 더욱 두터워	意氣偏於老夫厚
첫 만남부터 속내 털어놓았지	已能輸心識面初
빗속에 옷 추어올리고 천일대[230] 찾을 때	雨中褰裳訪天一
산승이 가마 들어주길 바라지 않았으며	不要山僧扶藍輿
고성의 여자 아이들 다투어 그대를 웃었으니	高城女兒爭笑君
산 경치 구경하느라 나귀 거꾸로 탔으며	耽看山色倒騎驢
지난번 함께 배 타고 칠성암[231] 지날 때	前者同舟過七星
손가락으로 부상 가리키며 가는대로 두었었지	手指扶桑縱所如
신선 산 흰 구름 속에 붉은 영지 자라니	仙山白雲長紫芝
다른 날 그대와 함께 캐러 가리	他日期君聊共鋤
노부의 이런 마음 그대는 아는가	老夫此意君知否
정다운 이와 함께 돌아감을 망설이지 마시게[232]	惠好同歸莫徐虛

230 천일대(天一臺) : 표훈사(表訓寺)의 말사인 정양사(正陽寺) 주변의 고개에 있는 대(臺)이다. 앞에서는 천일대(天逸臺)라고 하였다. 달리 천을대(天乙臺)라고도 한다.

231 칠성암(七星巖) : 강원도 고성군 삼일포 부근에 있던 바위이다. 565쪽 각주183 참조.

232 정다운……마시게 : 《시경》 〈북풍(北風)〉에 "사랑하여 나를 좋아하는 이와 손잡고 함께 돌아가리라.〔惠而好我, 携手同歸.〕"라고 한 말을 원용하였다.

비가 내리는 가운데 두보의 율시[233]를 차운하여 중린[234] 등 여러 사람과 함께 짓다

雨中次杜律韻 與仲麟諸人同賦

누가 알까 멀리 온 나그네 머물던 날이 誰知遠客淹留日
바로 높은 누대에서 바라보던 때인 줄을 正是高樓眺望時
짙은 안개 숲에 엉겨 먹물처럼 검고 重霧着林濃似墨
거센 바람 비를 불어 실보다도 가늘다 急風吹雨細於絲
그대의 후의 대화중에 드러나니 看君厚意談間露
나의 광가 취한 뒤에 슬퍼져 우습구나 笑我狂歌酒後悲
날 개기 기다려 배 띄워 가려니 擬待新晴放舟去
사선정[235] 위에서 다시 시를 쓰노라 四仙亭上更題詩

재첩 再疊

금강산은 본래 신선의 집인데 金剛自是神仙窟
금강산 떠나온 지 벌써 언제던가 孤負金剛已幾時

233 두보(杜甫)의 율시(律詩) : 《두소릉집(杜少陵集)》 권18에 수록된 〈입춘(立春)〉을 가리킨다.

234 중린(仲麟) : 이성흥(李聖興)으로, 《두타초(頭陀草)》 책5 〈해산정에서의 달구경 노래〔海山亭 看月歌〕〉에 보인다. 564쪽 각주181 참조.

235 사선정(四仙亭) : 강원도 고성군 삼일포(三日浦) 안의 섬에 있는 정자 이름인데, 옛날에 네 신선이 여기서 놀다가 3일 동안이나 돌아가지 않았다 하여 붙여진 이름이다. 《農巖集 卷23 東游記》

손바닥만한 붉은 영지 만나지 못했으니　未遇丹芝大如手
가여워라 백발이 실처럼 헝클어졌네　空憐白髮紛成絲
비로봉 정상에서 구름 이는 모습 보고　毗盧頂上看雲起
산영루[236] 앞에서 서글픈 시냇물 소리 들었지　山映樓前聽澗悲
평소 좋은 시 잘 짓는다 자신했건만　自信平生能好句
여기서 새 시 짓기 어렵구나　此中難更着新詩

삼첩 三疊

중향성 이름 쓰던 곳에 구름 가득했고　香城雲滿題名處
백탑동에 지팡이 짚고 갔을 때 꽃 우거졌지　百塔花深拄杖時
땅에 솟은 기이한 봉우리 흰 칼날 벌여 놓은 듯　拔地奇峰排雪鍔
반공에 나는 폭포 은빛 실 흩어 놓은 듯했네　半空飛瀑散銀絲
옛날 살던 신선 학은 언제 떠났나　舊棲仙鶴何日去
영랑[237] 만나지 못해 괜스레 서글펐네　不見永郎空自悲
괴이하다 산에 들어가 새로운 시어 부족했으니　可怪入山乏新語
산신령이 시 못 짓는다 웃으셨으리　山靈應笑拙吟詩

236 산영루(山映樓) : 금강산 유점사 앞의 시내를 가로질러 지은 누각 이름이다.
237 영랑(永郎) : 술랑(述郎)・남랑(南郎)・안상(安詳)과 함께 사선(四仙)으로 일컬어지는 인물이다.

해산정[238]에서 비를 걱정하다

海山亭悶雨

작약꽃 피어 어여쁜데	芍藥花開已可憐
한가한 시름 무료하여 하루가 일 년 같아라	閒愁無賴日如年
게다가 산 구경할 흥도 왕성하게 일지 않아	更無勃勃看山興
흐리멍덩하게 빗소리 들으며 자노라	只自昏昏聽雨眠
필마로 돌아가려니 구름이 고갯마루 덮었고	匹馬欲歸雲擁嶺
외로운 정자에서 바라보니 바다가 하늘에 떴어라	孤亭一望海浮天
이처럼 성성한 백발 공연히 한탄스러워	空嘆白髮今如許
금단[239] 빌리려 사선[240]을 찾아가야겠네	欲借金丹問四仙

238 해산정(海山亭) : 《신증동국여지승람(新增東國輿地勝覽)》 권45 〈강원도(江原道)〉에 "해산정은 고성(高城) 읍내에 있는데, 서쪽으로는 금강(金剛)과 마주하고 동쪽으로는 창해(滄海)가 보이며 남쪽으로는 장강(長江)이 빙 둘러 있어, 크고 작고 그윽하고 밝기가 장관이다."라고 하였다.

239 금단(金丹) : 선인(仙人)과 도사(道士)가 만드는 장생불사약(長生不死藥)이다.

240 사선(四仙) : 영랑(永郎)·술랑(述郎)·남랑(南郎)·안상(安詳)을 가리킨다.

사선정[241]

四仙亭

택당(澤堂)의 운자[242]에 맞춰 짓다.

내가 삼일포 유람하고 我游三日浦
배를 안개 낀 물가에 댔노라 蘭棹倚烟渚
붉은 글씨[243] 아직도 완연히 남았는데 丹書尙宛然
네 신선[244]은 지금 어디로 갔는가 四仙今何去

2

서른여섯 송이 부용[245] 三十六芙蓉
그 그림자가 맑은 호수에 떨어지네 影落澄湖水
뱃머리 돌려 외로운 정자 바라보니 回棹望孤亭
완연히 맑은 거울 속에 있구나 宛在明鏡裏

241 사선정(四仙亭) : 강원도 고성군 삼일포(三日浦) 안의 섬에 있는 정자 이름이다. 601쪽 각주235 참조.

242 택당(澤堂)의 운자(韻字) : 이하곤이 차운한 시는 택당 이식(李植, 1584~1647)의 《택당집(澤堂集)》 권5에 수록된 〈범삼일포(泛三日浦)〉이다.

243 붉은 글씨 : 삼일포 포구의 암벽에 영랑도남석행(永郎徒南石行)이라는 여섯 글자가 붉게 새겨져 있다.

244 네 신선 : 영랑(永郎)·술랑(述郎)·남랑(南郎)·안상(安詳)을 가리킨다.

245 서른여섯 송이 부용(芙蓉) : 삼일포 밖으로 36개의 봉우리가 줄지어 있는데, 그 그림자가 물에 비치기 때문에 부용에 비유하여 읊은 것이다.

3

옛사람이 향나무 묻은 곳　　昔人埋香處
빗돌 오래되어 글자에 이끼 끼었네[246]　　碑古苔蝕字
영랑은 이제 없는데　　永郎今不在
누가 향나무 묻은 일 알까　　誰識埋香事

4

네 신선이 사흘 머물렀다는데　　四仙留三日
이 일 벌써 천 년이나 지났고　　玆事已千秋
이십이 년 사이에　　二十二年間
나는 두 번 찾아와 놀았네　　我能再來游

246 옛사람이……끼었네 : 삼일포(三日浦) 남쪽에 있는 매향비(埋香碑)를 읊은 것이다. 《신증동국여지승람(新增東國輿地勝覽)》 권45 〈강원도(江原道)〉에 “원나라 지대 2년 기유에 강릉도 존무사 김천호 등이 중 지여와 함께 향나무를 해변 각 고을에 묻고, 그 묻은 위치와 가지 수효를 적어 단서 곁에 세웠다.〔元至大二年己酉, 江陵道存撫使金天晧等, 與山僧志如埋香木于沿海各官, 誌其地與條數, 竪於丹書之傍.〕”라는 기록이 보인다.

“사선정 위에 네 신선 노닐다”를 첫 구로 삼아 네 사람이 각자 지었다

以四仙亭上四仙遊爲起 四人各賦

사선정 위에 네 신선 노닐었으니[247]	四仙亭上四仙遊
이곳은 진정 우리가 머물 만하네	是處眞堪我輩留
백 수의 새 시와 천 섬의 술 있으니	百首新詩千斛酒
당시에도 이런 풍류 있었을까	當時亦有此風流

2

사선정 위에 네 신선 노니니	四仙亭上四仙遊
남극성[248]의 빛이 자리를 감싸고 흐르네	南極星光繞座流
양쪽 귀밑털은 세었어도 다리는 튼튼하여	雙鬢縱皤雙脚健
지팡이 하나로 구룡연에 갔었지	一笻曾到九龍湫

위는 이관지(李貫之)[249]에 관한 시이다.

247 사선정(四仙亭)……노닐었으니 : 사선정은 강원도 고성군 삼일포(三日浦) 안의 섬에 있는 정자이다. 옛날 네 신선이 여기서 놀다가 3일 동안이나 돌아가지 않았다고 하여 붙여진 이름이다.《農巖集 卷23 東游記》 여기서는 이하곤이 이관지(李貫之), 이성홍(李聖興), 장성철(張聖哲)과 함께 사선정에 갔기 때문에, 자신들을 사선에 비유하여 시를 지은 것이다.

248 남극성(南極星) : 하늘의 남극 가까이에 있는데, 사람의 수명을 맡고 있는 별이라 하여 노인성(老人星) 또는 수성(壽星)이라고도 한다.

249 이관지(李貫之) : 목천(木川) 사람으로, 이하곤이 금강산에 갔을 때 백화암(白華庵)에서 만났으며, 당시 60세였다.《頭陀草 冊5 李君貫之 木川人也……》

3

사선정 위에 네 신선 유람하며　　四仙亭上四仙遊
화려한 난간머리에서 맑은 호수 함께 보고　　共看澄湖畫檻頭
몽천암[250]으로 가려고　　欲向夢泉庵裏去
저물녘에 손잡고 목란주에 올랐지　　晚來携手上蘭舟

위는 이중린(李仲麟)[251]에 관한 시이다.

4

사선정에 네 신선 노닐었으니　　四仙亭上四仙遊
당시의 박망후[252]라는 명성 얻었으리　　携得當時博望侯
묻노니 뗏목 타고 은하수에 오르는 것이　　借問乘槎銀漢上
취해 큰 자라 머리에 앉음과 비교해 어떠한가　　何如醉跨巨鰲頭

위는 장성철(張聖哲)에 관한 시이다.

250 몽천암(夢泉庵) : 《관암전서(冠巖全書)》 책21 〈해악기(海嶽記)〉에 "몽천암은 삼일포 북쪽에 있으며 신라 때 세워졌다. 처음 세울 때 샘이 없어 문제가 되었는데, 꿈에 어떤 사람이 암자 북쪽 바위 아래를 가리켜 주어 샘을 찾았으므로, 절을 세우고 이렇게 명명하였다.〔夢泉庵在三日浦北, 創於羅代, 而始建時, 嫌其無泉, 夢有人指庵北岩下得泉, 故起寺而名之.〕"라는 기록이 보인다.

251 이중린(李仲麟) : 중린은 이성흥(李聖興)의 자이다. 564쪽 각주181 참조.

252 박망후(博望侯) : 한 무제(漢武帝) 때 서방 대월지국(大月氏國)과 동맹을 촉진할 목적으로, 사신으로 떠나 서역(西域)을 두루 돌아다니며 동서(東西) 교역의 길을 열었던 장건(張騫)의 봉호(封號)이다. 《漢書 卷61 張騫傳》

중린[253]이 보여 준 시에 차운하다

次仲麟贈示韻

이현에서는 일찍이 얼굴 몰랐다가	泥峴未能曾識面
백화암에서 비로소 정다운 대화 나누었지[254]	白華幸得始班荊
함께 어울려 적벽[255]으로 배 저어갈 제	相携赤壁移輕棹
푸른 바다에서 한 번 웃으며 노는 고래 보았지	一笑滄溟看戲鯨
저녁 비가 시 재촉하여 멋진 흥취 고조되고	暮雨催詩偏逸興
노란 꾀꼬리가 술 권하니 또한 깊은 마음이네	黃鸝勸酒亦深情
우리들 이 만남 진실로 기이하니	吾儕此會眞奇絶
신선이 학 타고 마중함을 어찌 부러워하랴	豈羨仙翁駕鶴迎

253 중린(仲麟) : 이성흥(李聖興)의 자이다. 564쪽 각주181 참조.

254 정다운 대화 나누었지 : 반형(班荊)은 형초(荊草)를 자리에 깔고 앉는다는 말로, 옛 친구를 만난 기쁨을 표현할 때 쓰는 말이다. 춘추 시대 초(楚)나라 오거(伍擧)가 채(蔡)나라 성자(聲子)와 세교(世交)를 맺고 있었는데, 두 사람이 우연히 정(鄭)나라 교외에서 만나 형초를 자리에 깔고 앉아 옛날이야기를 주고받았다는 고사에서 유래하였다. 《春秋左氏傳 襄公26年》 여기서는 이하곤과 이중린이 백화암에서 처음으로 마음을 터놓는 사이가 되었음을 말한 것이다.

255 적벽(赤壁) : 강원도 고성군과 금강군의 경계에 솟은 차일봉에서 발원하여 고성군 구읍리에서 바다에 흘러드는 강으로, 하류에 이르러 명승으로 이름난 적벽산을 지나므로 적벽강이라고도 부른다.

권덕찬이 선친의 시를 보여 주니 감회가 있어서 입으로 불러 주다

權生德纘示先君子詩 有感 口占以贈

선친의 시 읽고 나자 눈물 흐르네	讀罷先詩一泫然
남은 사람 서로 마주하니 그 감회 어떠할까	餘生相對感何偏
가을에 다시 단풍 보려니	秋來更欲看霜葉
그대의 집 두 줄기 푸른 시내 찾으려네	擬問君家雙碧川

선친께서 풍악산(楓嶽山)으로 들어가실 때 율시 한 수를 권위(權緯)에게 주셨는데,[256] 덕찬(德纘)은 바로 그의 아들이다.

256 선친(先親)께서……주셨는데 : 이인엽(李寅燁)의 《회와시고(晦窩詩稿)》에 〈유점사에서 권위와 이별하다〔楡岾寺別權生緯〕〉라는 작품이 수록되어 있다.

선친께서 권위에게 주신 시[257]에 삼가 차운하다

敬次先君子贈權生緯韻

문채 뛰어난 그대를 보니	文彩看君甚
집안 명성 잇지 못해 부끄럽네	家聲愧我寥
옛 일을 따라	未能遵舊事
함께 승선교 건너지 못했네[258]	相與度仙橋
내 슬픔 어찌 끝이 있으랴	後死悲何極
남은 글은 먹물이 바래려 하네	遺篇墨欲凋
반드시 대대로 맺은 교분 두텁게 하여	從須敦世好
노년에도 함께하기를 바라네	歲晚幸同邀

257 선친께서……시 : 이하곤의 아버지 이인엽(李寅燁)의 《회와시고(晦窩詩稿)》에 실린 〈유점사별권생위(楡岾寺別權生緯)〉를 가리킨다.

258 승선교(昇仙橋) 건너지 못했네 : 이하곤이 출세하여 금의환향(錦衣還鄕)하지 못했다는 말이다. 한(漢)나라 때 촉군(蜀郡) 성도(成都)의 사마상여(司馬相如)가 일찍이 촉군을 떠나 장안(長安)으로 가는 길에 성도 북쪽에 있는 승선교에 이르러, 그 다리 기둥에 "좋은 수레를 타지 않고서는 이 다리를 건너지 않겠다.〔不乘赤車駟馬, 不過汝下也.〕"라고 써서 기필코 공명을 이루겠다는 자신의 포부를 밝혔는데, 뒤에 그의 뛰어난 문장 실력을 한 무제(漢武帝)에게 인정받고 출세한 고사가 전한다.《蜀中廣記 卷3 成都府》

열산[259]으로 가는 길에 바다를 바라보다

烈山途中望海

허공에 나부끼는 파도 쉽게 잦아들지 않아	浪勢翻空未易摧
말떼가 달리는 듯 우레가 울리는 듯	驅如陣馬吼如雷
파도가 연이어 몰아쳐 멈추지 않으니	波波相續無停了
흡사 몰아오는 조화옹이 있는 듯	似有機緘激轉來

259 열산(烈山) : 강원도 고성군 지역의 옛 지명이다.

이관지 군은 목천 사람이다. 목천은 내가 사는 금계와 거리가 1유순에 불과하니 실로 동향의 정의가 있다. 관지는 올해 나이가 예순인데, 마부 한 명과 말 한 필로 남해에서 출발하여 풍악산에 들어왔다. 백화암에서 나와 만났는데, 처음 보는데도 아는 사람 같았다. 내가 수미대에 오르자 관지도 따라와 마음껏 구경한 뒤에, 걸어서 원통암에 들러 같이 자고는 함께 학포[260]를 유람하기로 약속하였다. 내가 마하연에 갔을 때 관지도 거기에 있었다. 그 다음 날 나는 비로봉으로 향했고, 관지는 유점사로 향했다. 고성에 도착하여 관지가 있는 곳을 물었으나, 중린[261] 등 여러 사람들이 모두 알지 못하였다. 그가 먼저 학포로 향했을 것이라고 생각하니 마음이 너무나 안타까웠다. 통천으로 가서 운암역에서 말을 먹이고 있을 때, 어떤 노인이 밖에서 들어오기에 쳐다보니 바로 관지였다. 매우 기뻐 손을 잡고 지나온 곳을 물으니, 총석에서 왔는데 마부와 말이 지쳐 결국 학포에 가지 못했다고 하고, 잠시 뒤에 헤어져 떠났다. 나는 총석에서 돌아와 구룡연의 승경을 찾아가려고 신계사에 들렀는데, 관지 또한 먼저 도착하여 이틀 동안 묵고 있었다. 아마 내가 구룡연에 들어가려 한다는 소식을 듣고, 함께 학포를 유람하기로 한 약속을 지키려고 한 것 같다. 비를 맞으며 마침내 함께 옥류

260 학포(鶴浦) : 강원도 통천(通川) 지역의 옛 지명이다. 595쪽 각주225 참조.

261 중린(仲麟) : 이성흥(李聖興)으로, 고성 군수(高城郡守) 박태원(朴泰遠)의 사위이다. 564쪽 각주181 참조.

동으로 들어가 수렴동을 구경하였다. 세 번이나 끈에 매달려 절벽을 건너고 용추에 가서 폭포를 바라보니, 이 또한 천하에서 아주 훌륭하고 매우 특별한 경관이었다. 비록 학포에 가지 못했다지만, 이것으로 보상받지 못하겠는가. 이제 여기서 나는 고개를 넘어 서쪽으로 가고 관지는 바다를 따라 남쪽으로 갈 것이니, 헤어지는 즈음에 어찌할 수 없는 감회가 있다. 하물며 뒷날의 만남도 기약하기 어려우니 서글프지 않겠는가. 그럭저럭 7언 율시를 지어 이 구구한 마음을 펼쳐내노라

李君貫之 木川人也 木去余所居金溪不過一由旬 實有同鄕之誼焉 貫之今年年六十 一僕一馬 自南海入楓岳 與余邂逅於白華庵 一面如故 及余登須彌臺 貫之亦踵至縱觀 仍步過圓通庵同宿 與訂鶴浦之游 余至摩訶貫之又在焉 其明日余向毘盧 貫之向楡岾 及到高城 問貫之所在 仲麟諸人皆不知 意其先向鶴浦 心殊悵恨 往通川秣馬於雲岩驛 有老人自外至者 視之乃貫之也 驚喜握手 問其所由 則云自叢石而僕馬疲倦 鶴浦則不果往矣 少頃仍別去 余自叢石還 欲訪龍淵之勝 歷過新溪寺 貫之又先至留二宿 蓋聞余入龍淵 欲同往以了鶴浦之債也 雨中遂偕入玉流洞觀水簾 三懸絙度絶崖 臨龍湫望瀑布 斯亦天下奇偉絶特之觀也 雖曰失之鶴浦 此不足以償之耶 今將自此 余則踰嶺而西 貫之遵海而南 分離之際懷有所不能已者 況且後會難期 能不悵然 聊爲長律 抒此區區之意云爾

뜻밖에 옛 절 누대에서 그대를 만나	不意逢君古寺樓
함께 산과 바다를 유람하게 되었네	俱從山海作玆遊

처음 보고도 진정 아는 사람 같았기에 已知一面眞如故
며칠 밤 동안 서로의 시름 이야기했지 幸得連宵各話愁
함께 배 타고 학포는 구경하지 못했지만 縱未同舟觀鶴浦
나란히 용추를 찾아갈 수 있었네 猶能聯袂訪龍湫
듣자니 운계가 내 집과 가깝다는데 雲溪聞與吾廬近
두타산의 가을 계수나무 숲에 찾아 주시려는가 倘問頭陀桂樹秋

운계(雲溪)는 바로 관지(貫之)가 사는 곳이다.

간성을 지나며 감회가 있어서

過杆城有感

계유년 가을 수연 열려[262]	慶壽筵開癸酉秋
이십 년 전에 이 멋진 곳 유람했는데	廿年前已此奇遊
음악 소리 농향각에 아스라이 울려 퍼지고	笙歌縹緲濃香閣
기생의 자태 영월루[263]에 고왔었네	羅綺嬋娟詠月樓
지난 일들 진정 일장춘몽 같아	往事眞如春一夢
남은 삶 이제 백발이 가득하네	殘生今復雪盈頭
늙은 기생이 와서 보고	唯餘老妓來相看
그때 일 말하니 눈물 절로 흐르네	說到當時涕自流

262 계유년(癸酉年)……열려 : 1693년(숙종19)의 일인데, 누구의 수연(壽筵)이었는지는 미상이다.

263 영월루(詠月樓) : 강원도 간성군(杆城郡) 객사 동쪽에 있던 누대이다. 《新增東國輿地勝覽 卷45 江原道》

영월루[264]에 올라

登詠月樓

높은 영월루 더위 피하기 좋구나	詠月樓高避暑宜
해 긴 초여름에 내가 찾아왔네	我來初夏日長時
느티나무 그늘이 집처럼 붉은 난간 감싸고	槐陰似屋籠朱檻
연잎은 동전처럼 푸른 연못에 점점이 떠 있네	荷葉如錢點綠池
절로 꾀꼬리 소리가 나그네 위로하고	自有鸎聲能慰客
문득 산 빛 보며 한번 시 읊조리네	忽看山色一吟詩
여생에 여기 다시 올 줄 어찌 알았으랴	餘生豈意重過此
아득한 지난 일에 더욱 슬퍼지네	往事茫茫更覺悲

264 영월루(詠月樓) : 강원도 간성군(杆城郡) 객사 동쪽에 있던 누대이다. 《新增東國輿地勝覽 卷45 江原道》

원통역으로 가는 길에

圓通驛途中

만 리나 뻗은 동해를 두루 다니고 돌아가려니	萬里東溟踏遍還
지저귀는 새들이 겹 관문 나서는 나를 전송하네	啼禽相送出重關
빗속에서 남계역을 그냥 지나치고	雨中已失藍溪驛
구름 너머로 설악산을 멍하니 바라보네	雲外空瞻雪嶽山
말 지쳐 험한 돌길 가기가 걱정스럽고	馬倦愁行危石角
하인 허약해 세찬 시내 건너기 두려워라	奴孱怯試亂流間
문 닫고 숙면 취하니 꿀처럼 달콤한데	閉門熟睡甘如蜜
절로 한가한 촌 늙은이가 더욱 부럽구나	更羨村翁自在閑

비를 맞으며 번창천을 지나가다

雨中過蕃昌遷

골짜기 하늘에 어지러이 구름이 사방에 끼더니	峽天錯莫雲四垂
동이로 퍼붓듯 쉼 없이 비 쏟아지네	峽雨翻盆無歇時
불어난 물이 바위에 부딪쳐 우레처럼 시끄럽고	高江狼石鬪如雷
가파른 절벽에 잔도 끊어져 길 위태롭네	崖傾棧絶路欹危
글 주머니 젖는 걸 신경 쓸 겨를 있으랴	書囊沾濕且莫恤
늙은 말 넘어지려 하니 마음 서글퍼라	老馬欲顚心所悲
어찌하면 밝은 해가 쨍쨍 솟으려나	安得皎日出杲杲
내가 하늘에 소송하여 운사[265]를 베리라	我欲訴天誅雲師

265 운사(雲師) : 구름을 맡아 다스리는 신이다.

비를 걱정하다

悶雨

갈 때는 열흘이나 맑더니	去時十日晴
올 때는 열흘이나 비 내려	來時十日雨
이로움과 해로움 대략 비슷하건만	乘除略相當
나그네 절로 괴로워라	行者自勞苦
맑으면 먼지바람 싫고	晴旣厭風埃
비 오면 젖어 걱정이니	雨亦憂沾濕
맑은 바람 들어오는 내 집에	未若吾廬下
누워 있음만 못하구나	臥看淸風入

인제현의 관리 이현규는 바로 옛날 묵었던 집의 주인이다. 서로 소식을 듣지 못한 지 이십 년[266]이 지났는데, 이번에 또 그의 집에 머물게 되었다. 현규가 처음에는 알아보지 못하다가 한참 뒤에야 나를 알아보았다. 서로 마주하고 옛 일을 이야기하니 마음이 매우 서글펐다

麟蹄縣吏李玄奎 卽舊主人也 不相聞者二十年 今來又接于其家 玄奎初不相識 久乃知其爲余 仍相對道故 意殊愴然

인제현에서 비에 막혀 滯雨麟蹄縣
옛 주인을 만나게 되었네 相逢舊主人
목소리는 듣자마자 익숙하고 語音初聽熟
얼굴도 점차 알아보게 되네 面目漸看眞
지난 일 너무나 마음 아파 往事傷心極
남은 사람 자주 눈물 닦네 餘生拭淚頻
그대의 쇠함 어찌 이상하랴 爾衰亦何怪
나도 벌써 머리 세었어라 吾已鬢如銀

266 이십 년 : 《두타초(頭陀草)》 책5 〈간성을 지나며 감회가 있어서〔過杆城有感〕〉에 "계유년 가을 수연이 열려, 이십 년 전에 이 멋진 곳 유람했었지.〔慶壽筵開癸酉秋, 廿年前已此奇遊.〕"라고 읊은 것으로 보아, 이하곤이 1693년(숙종19)에 관동 지역에 다녀올 당시 이현규의 집에서 묵은 것으로 보인다.

비가 많이 내려 출발하지 못하고 저녁 내내 잠을 잤으니 매우 걱정되었다

雨甚未能發去 終夕昏睡 殊可悶也

남계역 북쪽에 구름 걷히지 않고	藍溪驛北雲未收
서화천 서쪽은 물이 세차게 흐르네	瑞化川西水亂流
비가 절로 먼 길 나그네를 막고	雨意自能妨遠客
하늘은 끝내 맑은 유람 허락하지 않네	天公終不借清遊
설악산 가고픈 평소 소원 어그러졌고	空違雪嶽平生願
또 인제에서 한나절이나 머물렀네	又作麟蹄半日留
베개 베고 누워 지겹게 잘 뿐	一枕只堪成倦睡
깊은 시름 이야기할 사람도 없구나	無人更與話深愁

이번 여행에서 설악산(雪嶽山)에 가려고 했으나 비 때문에 가지 못하였으므로, 함련(頷聯)에서 언급하였다.

날씨가 조금 개어 합강정에 올라 삼연 김 선생의 운에 맞춰 짓다[267]

少晴往登合江亭 次三淵金丈韻

료 자처럼 물줄기가 만나는 곳에	交會了形水
십 자 모양의 정자가 외로이 있네	孤懸十字亭
구름 백사장이 아득히 이어지고	雲沙連漠漠
바람 부는 여울에서 맑은 소리 보내오네	風瀨送泠泠
빼어난 경치는 원래 얻기 어려운 법	勝槪元難得
올라 보기를 어찌 그치랴	登臨詎可停
몇몇 봉우리가 새로 씻은 듯 솟았는데	數峰新洗出
가랑비 맞으며 먼 물가를 바라보네	細雨望遙汀

267 합강정(合江亭)에……짓다 : 합강정은 강원도 인제군 인제읍 합강리에 있는 정자이다. 내린천과 인북천이 합류하는 곳에 자리잡고 있다. 삼연(三淵) 김창흡(金昌翕)의 시는 《삼연집(三淵集)》 권6의 〈합강정(合江亭)〉이다.

간의진

簡儀津

간의강물 세차게 흘러	簡儀江水來洶洶
탁한 물결이 곧장 푸른 하늘을 밀쳐내려는 듯	濁浪直欲排蒼穹
널린 바위 뾰족뾰족 송곳처럼 날카롭고	亂石槎牙利如錐
외로운 배는 높은 파도 속에 출몰하네	孤舟出沒跳波中
백장 당기는 나그네들 다급하고[268]	牽挽百丈行人急
뱃사공의 삿대질 바람처럼 빠르네	舟子運篙疾若風
산꼭대기 먹구름 크기가 방석만 하더니	山頭黑雲大如席
순식간에 동쪽 하늘 가득히 빗방울 날리네	忽作飛雨滿天東

268 백장(百丈)……다급하고 : 물살이 세차서 강의 양쪽 기슭에 밧줄을 묶은 다음, 배에 탄 사람들이 밧줄을 잡아당겨 건너는 모습을 묘사한 것이다.

마뇌역을 지나며 감회가 있어서

過馬腦驛有感

간성(杆城)을 오갈 때에 김갑(金甲)의 집에 머물렀는데, 이번에 물어보니 김갑이 죽은 지 이미 오래되었다. 자식이 네 명인데 모두 기억하지 못했다.

만나고도 누구인지 모르니	相逢不省是某誰
이십 년 세월에 인생사 슬프구나[269]	二十年中事可悲
오직 역 앞에 이정표[270]만 남아	唯有驛前雙堠在
내가 오간 때를 기억하겠지	定應記我往來時

269 이십 년……슬프구나 : 1693년(숙종19)에 이하곤이 이곳을 다녀갔는데, 이제는 김갑(金甲)이 고인이 되었기에 한 말이다.

270 이정표 : 쌍후(雙堠)는 10리마다 세운 이정표이다. 후(堠)는 흙을 쌓아 돈대를 만들어 이수(里數)를 표기한 것인데, 10리마다 쌍후를 두고 5리마다 척후(隻堠)를 두었다고 한다.

천감역[271]으로 가는 길에

泉甘驛途中

옛 고을 앞두고 인제에서 비에 막혔다가	滯雨麟蹄古縣前
오늘 아침에야 홍천으로 향하네	今朝始復向洪川
엉긴 구름이 교묘하게 해를 가리고	輪囷雲自工遮日
가파른 산 때문에 넓은 하늘 볼 수 없네	峭削山無剩放天
길 험해 오래도록 돌 잔도 걸어가고	路險長時行石棧
마을 드물어 십 리 가야 민가 만나네	村稀十里見人烟
먼 유람에 집으로 가는 게 좋은 줄 알아	遠游更覺歸家好
안장 기대어 두견새 소리 차마 듣지 못하겠네	不耐憑鞍聽杜鵑

271 천감역(泉甘驛) : 강원도 홍천군 두촌면 역내리(驛內里)에 있던 역으로, 보안도(保安道)의 속역 가운데 하나이다.

지은이 **이하곤(李夏坤)**

1677(숙종3)~1724(경종4). 조선 후기의 문인으로, 본관은 경주(慶州), 자는 재대(載大), 호는 담헌(澹軒)·소금산초(小金山樵)이다. 회와(晦窩) 이인엽(李寅燁)의 맏아들로, 농암(農巖) 김창협(金昌協)에게 수학하였다. 1708년 생원시와 진사시에 장원으로 합격하여 세자익위사 세마(世子翊衛司洗馬)와 세자익위사 부솔(世子翊衛司副率)에 임명되었으나 나가지 않고, 고향인 진천에 내려가 학문과 서화에 힘썼으며 장서(藏書)가 1만권을 헤아렸다. 전국 방방곡곡을 두루 여행하였으며, 이병연(李秉淵), 윤순(尹淳), 정선(鄭敾), 윤두서(尹斗緖) 등과 교유하였다. 저서로 《두타초(頭陀草)》가 있다.

옮긴이

정만호(鄭晩浩)

1971년 충남 부여에서 태어났다. 충남대학교와 단국대학교에서 한문학을 전공하였으며, 현재 충남대학교 한자문화연구소 책임연구원으로 재직 중이다. 번역서로《취암선생시집》과 공역으로《기려수필》,《승암시화》,《지호집》,《오재집》,《옥오재집》,《좌계부담》,《해동사부》,《동주집》 등이 있다.

오승준(吳承峻)

1979년 충북 청주에서 태어났다. 충남대학교에서 박사과정을 수료하였다. 학산 조종업, 아당 이성우 선생에게서 한문을 배웠다. 현재 한자문화연구소 선임연구원으로 재직 중이다. 공역으로《옥오재집》,《동주집》이 있다.

이재숙(李在淑)

1975년 대전에서 태어났다. 충남대학교 한문학과를 졸업하고 동 대학원에서 석사학위, 고려대학교에서 박사학위를 취득하였다. 학산 조종업, 아당 이성우 선생에게서 한문을 배웠다. 현재 충남대학교 한자문화연구소 연구원으로 재직 중이다. 공역서로《기려수필》,《승암시화》,《좌계부담》,《해동사부》가 있다.

권역별거점연구소협동번역사업
충남대학교 한자문화연구소 연구진

연구책임자 **이향배**(충남대학교 한문학과 교수)
공동연구원 **박우훈**(충남대학교 한문학과 교수)
자문위원 **이성우**(한국고전번역원 자문위원)
책임연구원 **강원모**
정만호
선임연구원 **김문갑**
오승준
연구원 **이규춘**
이재숙

두타초 2

이하곤 지음 | 정만호 · 오승준 · 이재숙 옮김
2018년 12월 28일 초판 1쇄 발행
편집 · 발행 문진 | 등록 2002. 5. 6. 제2006-000011호
주소 (34168) 대전광역시 유성구 대학로 31 한진리조트오피스텔 2004호
전화 042-933-6510 | 팩스 042-367-5510
인쇄 현대그래픽스 | 제본 은정제책사

값 30,000원
ISBN 979-11-87638-24-7 94810
979-11-87638-22-3 (세트)

이 도서의 국립중앙도서관 출판예정도서목록(CIP)은 서지정보유통지원시스템 홈페이지(http://seoji.nl.go.kr)와 국가자료공동목록시스템(http://www.nl.go.kr/kolisnet)에서 이용하실 수 있습니다.(CIP제어번호: CIP2018040320)